Theologischer Dialog mit dem Ökumenischen Patriarchat

Die Bedeutung der Konzilien und Bekenntnisse
für den Ökumenischen Dialog

Beziehungen zwischen Kirche und Staat
unter historischem und ekklesiologischem Aspekt

Mit einem Vortrag S. A. des Ökumenischen
Patriarchen Bartholomaios I im Berliner Dom

Beihefte zur Ökumenischen Rundschau Nr. 101

Theologischer Dialog mit dem Ökumenischen Patriarchat

Die Bedeutung der Konzilien und Bekenntnisse für den Ökumenischen Dialog

14. Begegnung im bilateralen Theologischen Dialog

Beziehungen zwischen Kirche und Staat unter historischem und ekklesiologischem Aspekt

15. Begegnung im bilateralen Theologischen Dialog

Mit einem Vortrag S. A. des Ökumenischen Patriarchen Bartholomaios I im Berliner Dom

Herausgegeben von Petra Bosse-Huber und Martin Illert

EVANGELISCHE VERLAGSANSTALT
Leipzig

Bibliographische Information der Deutschen Nationalbibliothek
Die Deutsche Nationalbibliothek verzeichnet diese Publikation in der Deutschen Nationalbibliographie; detaillierte bibliographische Daten sind im Internet über http://dnb.dnb.de abrufbar.

Printed in Germany · H 7833

Das Buch wurde auf alterungsbeständigem Papier gedruckt.

Cover: Kai-Michael Gustmann, Leipzig
Satz: Steffi Glauche, Leipzig
Druck und Binden: Hubert & Co., Göttingen

ISBN 978-3-374-04077-3
www.eva-leipzig.de

Vorwort

Der vorliegende Band dokumentiert die vierzehnte und fünfzehnte Begegnung im bilateralen Theologischen Dialog zwischen der Evangelischen Kirche in Deutschland und dem Ökumenischen Patriarchat Konstantinopel sowie die Rede Seiner Allheiligkeit des Ökumenischen Patriarchen Bartholomaios I im Berliner Dom. Vom 10. bis zum 15. Oktober 2007 trafen sich die Delegationen beider Kirchen zu ihrer vierzehnten Begegnung auf Schloss Oppurg (Thüringen), um das Thema »Die Bedeutung der Konzilien und Bekenntnisse für den Ökumenischen Dialog« zu behandeln. Die fünfzehnte Begegnung war dem Thema »Beziehungen zwischen Kirche und Staat unter historischem und ekklesiologischem Aspekt« gewidmet und fand vom 16. bis zum 20. März 2011 in der Orthodoxen Akademie auf Kreta statt. Seinen Vortrag »Nachhaltigkeit und das Lob des Schöpfers. Plädoyer für eine ökologische Ethik aus orthodoxer Sicht« hielt Patriarch Bartholomaios I am 14. Mai 2014 in der Oberpfarr- und Domkirche zu Berlin.

Seit 1969 ist der bilaterale Theologische Dialog zwischen dem Ökumenischen Patriarchat und der Evangelischen Kirche in Deutschland ein Ort ökumenischer Verständigung beider Kirchen. Dabei wurde die Frage der Gestaltung der sozialen und politischen Lebenswirklichkeit niemals ausgeblendet. Denn nicht allein auf der Ebene des Ökumenischen Rates der Kirchen ist das Ökumenische Patriarchat ein bedeutender Impulsgeber. Vielmehr traten bereits seit den 1960er Jahren die evangelische Kirche und ihre Diakonie in den intensiven partnerschaftlichen Austausch mit der 1963 gegründeten Griechischen Metropolie zu den Fragen des Alltags der Migrantinnen und Migranten in der Bundesrepublik Deutschland ein. Schon früh stellten beide Seiten deshalb in ihrem Dialog fest, dass Gottesdienst, christliches Zeugnis und diakonischer Dienst untrennbar zusammengehören. In den 1980er Jahren ergänzte das Ökumenische Patriarchat diese theologischen Grundlinien durch eine profilierte Schöpfungstheologie, die in der weltweiten Ökumene große Beachtung fand.

Fragen wir, was Orthodoxie und evangelische Kirche verbindet, so ist neben dem biblischen Zeugnis das gemeinsame Glaubensbekenntnis als eine für beide wichtige Grundlage zu nennen. Dem Bekenntnis widmete sich die *vierzehnte Begegnung*, deren Kommuniqué und Referate hier dokumentiert werden. Diese Dokumente rufen in Erinnerung, dass das gemeinsame Glaubensbekenntnis nicht ohne eine konziliar bzw. synodal verfasste Kirche gedacht werden kann. Im Vorfeld des 500. Reformationsjubiläums hat außerdem der in mehreren Referaten enthaltene Hinweis Beachtung verdient, dass die Reformatoren in ihrem theologischen Denken vielfach an das gemeinsame Erbe der frühen Kirche anknüpften, um die Fragen ihrer Gegenwart zu beantworten.

Dass unsere Kirchen heute erneut vor großen Herausforderungen stehen, bedachte die *fünfzehnte Begegnung* mit Blick auf das Verhältnis von Kirche und Staat. Aus den Referaten wird deutlich, dass sich beide Kirchen in kritischer Auseinandersetzung mit den staatskirchlichen Ordnungsmodellen ihrer Tradition befinden und im ökumenischen Gespräch neue Modelle des Verstehens und der Zusammenarbeit von Kirchen und Staat im Kontext einer – auch in religiöser Hinsicht – pluralistischen Gesellschaft diskutieren. Mit ihrer jahrhundertelangen Erfahrung des interreligiösen Dialoges kann die Orthodoxie auch in diesem Diskurs ein wichtiger Gesprächspartner sein, wie der Ökumenische Patriarch bei der Begegnung im Berliner Dom feststellte. Der *Vortrag* des Oberhauptes der Orthodoxie, der im Rahmen seiner Pastoralreise anläßlich des 50-jährigen Jubiläums der Griechischen Metropolie auf Einladung des Rates der EKD im Berliner Dom zur Schöpfungsethik sprach, zeigt eindrücklich, dass das ökologische Engagement aus orthodoxer Sicht immer auch Ausdruck des Dankes und des Schöpferlobes ist.

Bischöfin Petra Bosse-Huber
Leiterin der Hauptabteilung Ökumene und Auslandsarbeit der EKD

Inhalt

DIE BEDEUTUNG DER KONZILIEN UND BEKENNTNISSE FÜR DEN ÖKUMENISCHEN DIALOG

14. Begegnung im bilateralen Theologischen Dialog zwischen dem Ökumenischen Patriarchat Konstantinopel und der Evangelischen Kirche in Deutschland (Konstantinopel XIV)

DIE BEDEUTUNG DER KONZILIEN UND BEKENNTNISSE FÜR DEN ÖKUMENISCHEN DIALOG

14. Begegnung im bilateralen Theologischen Dialog zwischen dem Ökumenischen Patriarchat Konstantinopel und der Evangelischen Kirche in Deutschland (Konstantinopel XIV)

Kommuniqué der 14. Begegnung im bilateralen Theologischen Dialog zwischen dem Ökumenischen Patriarchat und der Evangelischen Kirche in Deutschland

Die Bedeutung der Konzilien und Bekenntnisse für den ökumenischen Dialog

Schloss Oppurg/Thüringen, 10. bis 15. Oktober 2007

Κατέχωμεν τὴν ὁμολογίαν τῆς ἐλπίδος ἀκλινῆ, πιστὸς γὰρ ὁ ἐπαγγειλάμενος, καὶ κατανοῶμεν ἀλλήλους εἰς παροξυσμὸν ἀγάπης καὶ καλῶν ἔργων.

Lasst uns festhalten am Bekenntnis der Hoffnung und nicht wanken; denn er ist treu, der sie verheißen hat; und lasst uns aufeinander achthaben und uns anreizen zur Liebe und zu guten Werken *(Hebräer 10,23–24).*

I

Versammelt im Namen Gottes des Vaters und des Sohnes und des Heiligen Geistes fand von Mittwoch, dem 10. bis Montag, dem 15. Oktober 2007 auf Einladung des Rates der Evangelischen Kirche in Deutschland die 14. Begegnung im bilateralen Theologischen Dialog zwischen der Evangelischen Kirche in Deutschland (EKD) und dem Ökumenischen Patriarchat auf Schloss Oppurg/Thüringen statt.

Die Delegation der Evangelischen Kirche in Deutschland bestand aus:
- Bischof Martin Schindehütte, Hannover (Leiter der Delegation)
- Pfarrerin Privatdozentin Dr. Ruth Albrecht, Hamburg
- Pfarrerin Univ. Prof. Dr. Christine Axt-Piscalar, Göttingen
- Pfarrer Univ. Prof. Dr. Wolfgang Bienert, Marburg
- Privatdozent Dr. Reinhard Flogaus, Berlin
- Pfarrerin Dr. Christina Kayales, Lübeck
- Pfarrer Univ. Prof. Dr. Christof Landmesser, Tübingen
- Dekan Klaus Schwarz, Blaubeuren
- Pfarrer Univ. Prof. Dr. Reinhard Thöle, Bensheim (Berater)

– Pfarrer Oberkirchenrat Dr. Johann Schneider, Hannover (Geschäftsführung)

Die Delegation des Ökumenischen Patriarchats bestand aus:
– Metropolit Dr. h.c. Augoustinos von Deutschland, Bonn (Leiter der Delegation)
– Metropolit Prof. Dr. Athanasios von Helioupolis und Theira, Konstantinopel
– Metropolit Dr. Michail von Austria, Wien
– Bischof Vasilios von Aristi, Stuttgart
– Archimandrit Dr. Elpidophoros Lambriniadis, Konstantinopel
– Erzpriester des Ökumenischen Patriarchats Constantin Miron, Brühl
– Univ. Prof. Dr. Dr. Grigorios Larentzakis, Graz (wegen Krankheit verhindert)
– Univ. Prof. Dr. Konstantinos Delikostantis, Athen
– Univ. Prof. em. Dr. Dr. Dr. h.c. mult Theodor Nikolaou, Ottobrunn
– Dr. Athanasios Basdekis, Kriftel
– Dr. Konstantinos Vliagkoftis, Bonn (Sekretariat)

II

Aus Anlass der Begegnung sandte Seine Allheiligkeit der Ökumenische Patriarch Bartholomaios I. eine Botschaft an die Delegierten, in der er die Wichtigkeit und Notwendigkeit des ökumenischen Dialogs hervorhob. Der Glaube an Christus ist unser gemeinsamer Ausgangspunkt. Zugleich ist die Gemeinschaft mit dem Herrn und das Verbleiben in ihm Weg und Ziel jedes innerchristlichen Dialogs.

Bei diesem Dialog wurde die gemeinsame Bibelarbeit (Johannes 5,1–16) nach einer Einführung von Bischof Martin Schindehütte und Archimandrit Dr. Elpidophoros Lambriniadis gehalten.

An den Werktagen wurden die Arbeiten jeweils mit einem Morgengottesdienst begonnen und mit einem Nachtgebet beschlossen, die abwechselnd von evangelischer und orthodoxer Seite geleitet wurden. Am Samstagmorgen wurde in der evangelischen Kirche von Oppurg die Orthodoxe Göttliche Liturgie und am Sonntag der evangelisch-lutherische Abendmahlsgottesdienst in der Erfurter Augustinerkirche gefeiert. Nach einem Besuch des Augustinerklosters und der Wartburg gab Landesbischof Prof. Dr. Christoph Kähler, stellvertretender Ratsvorsitzender der EKD, einen Empfang im Haus Hainstein/Thüringen.

III

Das Hauptthema der Begegnung war:
Die Bedeutung von Konzilien und Bekenntnissen für den ökumenischen Dialog.
Es wurde in folgenden Referaten von evangelischer und orthodoxer Seite entfaltet und ausführlich diskutiert:

- Dr. Athanasios Basdekis: »Bekenntnisse« und »Glaubensbekenntnis«. Die Entstehung des Nizäno-Konstantinopolitanums und seine Bedeutung für die eine Kirche
- PD Dr. Reinhard Flogaus: Die altkirchlichen Bekenntnisse als Grundlage der reformatorischen Bekenntnisse und die Bedeutung der ökumenischen Konzilien für die Reformation
- Prof. Dr. Christine Axt-Piscalar: Der Umgang mit den reformatorischen Bekenntnissen in konkreten historischen Situationen (Barmen, Leuenberg)
- Prof. Dr. Konstantinos Delikostantis: Der normative Charakter der Lehre der Ökumenischen Konzilien für die orthodoxe Kirche
- Prof. Dr. Grigorios Larentzakis: Das Nizäno-Konstantinopolitanum und die sieben Ökumenischen Konzilien in ökumenischer Perspektive (in Abwesenheit verlesen)
- Prof. Dr. Wolfgang Bienert: Welche Rolle spielen die reformatorischen Bekenntnisse angesichts heutiger Herausforderungen für die gemeinsame Bezeugung des Evangeliums?

IV

Bei dieser Begegnung wurde die grundlegende Bedeutung von Konzilien und Bekenntnissen für den ökumenischen Dialog sowohl von evangelischer als auch von orthodoxer Seite erörtert. Durch die oben genannten Referate wurden die Positionen unserer beiden kirchlichen Traditionen in historischer und systematisch-theologischer Sicht dargestellt. Dabei wurde die herausragende Bedeutung der altkirchlichen Bekenntnisse für beide Seiten unterstrichen. Weiter wurde gezeigt, wie sich die reformatorischen Bekenntnisse auf die Lehre der altkirchlichen Konzilien zurückbeziehen. Außerdem wurden die in konkreten historischen Situationen entstandene Barmer Theologische Erklärung und die Leuenberger Konkordie in ihrer Bedeutung für die evangelischen Kirchen erörtert. Hilfreich für den Dialog waren hierbei die Ergebnisse der VII. Plenarsitzung der Gemeinsamen lutherisch-orthodoxen Kommission von Sandbjerg/Dänemark vom Juli 1993.

Reinhard Flogaus führte aus, dass die drei altkirchlichen Symbole und die Lehrentscheidungen der ersten sechs Ökumenischen Konzilien ein die reformatorischen Kirchen mit den orthodoxen Kirchen verbindendes Band der normativen kirchlichen Tradition darstellen. Die durch die Reformation wieder neu zur Geltung gebrachte Überzeugung, dass die sachliche »Mitte« der Heiligen Schrift Gottes Heilstat in Jesus Christus ist, der uns im Heiligen Geist die Gnade des Vaters zuteil werden lässt, hat dazu geführt, dass gerade wieder die Christologie, Pneumatologie und Trinitätslehre in das Zentrum des Glaubens gestellt wurden. Der soteriologische Schwerpunkt der Christologie und Trinitätslehre stellt zwar in gewisser Weise eine neue Akzentuierung des altkirchlichen Dogmas dar, ist aber zugleich zutiefst schriftgemäß. Schärfer als die anderen christlichen Traditionen unterscheiden die reformatorischen Kirchen zwischen der Heiligen Schrift als der alleinigen Grundlage und Richtschnur der Lehre und den auf dieser Grundlage zu verschiedenen Zeiten der Kirchengeschichte formulierten Symbolen und Bekenntnissen.

Athanasios Basdekis wies darauf hin, dass in der orthodoxen Kirche zwischen dem Glaubensbekenntnis von Nizäa-Konstantinopel (325/381) einerseits und späteren Bekenntnisschriften unterschieden wird: Während dem Glaubensbekenntnis Gültigkeit und Autorität mit verpflichtendem Charakter für die ganze Kirche beigemessen wird, kommt den späteren orthodoxen Bekenntnisschriften nur eine Hilfsfunktion bei der Auslegung des Glaubens zu. Das Apostolikum und das Athanasianum (ohne filioque) sind zwar in der orthodoxen Kirche bekannt und werden als rechtgläubig angesehen, aber im Gottesdienst nicht gebraucht. In der ökumenischen Bewegung auf dem Weg zur sichtbaren Einheit der Kirche spielt das Glaubensbekenntnis von Nizäa-Konstantinopel eine herausragende Rolle.

In dem Referat von *Grigorios Larentzakis* wurde darauf hingewiesen, dass die Rezeption der Konziliarität in der Gesamtkirche und die Verwendung des Glaubensbekenntnisses von Nizäa-Konstantinopel in der Originalfassung in unseren Kirchen einen sehr wichtigen, unverzichtbaren ökumenischen Beitrag leisten kann. Dies gilt in jedem Fall für die Eucharistiefeier, aber auch für die Taufe, die den rechten Glauben voraussetzen. Die bewusste Re-Rezeption, die Anerkennung und Verwendung dieses Glaubensbekenntnisses mit seinen bis heute wesentlichen theologischen Inhalten und in seiner ursprünglichen Fassung ist für die Verwirklichung der Kirchengemeinschaft notwendig.

Christine Axt-Piscalar entfaltete, dass die reformatorischen Bekenntnisse als Bezeugung des schriftgemäßen Heilsglaubens an Jesus Christus von der freien, durch kein eigenes Verdienst bedingten Gnade Gottes gegenüber dem Sünder verstanden werden. Sie anerkennen und rezipieren die altkirchlichen Symbola als authentische Bezeugung dieses Heilsglaubens und beanspruchen damit zugleich für sich selber, Ausdruck des wahrhaft ökumenischen Glaubens zu sein. Den Bekenntnisschriften kommt bindender Charakter für Verkündigung, Lehre und Leben der evangelischen Kirchen zu. Sie sind jedoch als norma normata bleibend der Heiligen Schrift als norma normans unterstellt. Die Barmer Theologische Erklärung und die Leuenberger Konkordie wollen kein neues Bekenntnis sein, wohl aber eine schriftgemäße Bezeugung des Evangeliums. Erstere reagierte auf die Bedrohung des Kircheseins der Kirche. Die Leuenberger Konkordie bildet die Grundlage für die Kirchengemeinschaft bekenntnisverschiedener Kirchen. Dabei halten beide Erklärungen fest, dass sie den schriftgemäßen Heilsglauben bezeugen, sich darin sowohl in Kontinuität zu den altkirchlichen Symbolen als auch in Kontinuität zu den reformatorischen Bekenntnissen verstehen.

Konstantinos Delikostantis führte aus, dass das rege synodale Leben der Alten Kirche der »Urkonziliarität« der Kirche entspringt, welche ihren Sitz im Leben in der Praxis der eucharistischen Versammlungen hatte. Höhepunkt des synodalen Lebens der Kirchen stellen die ökumenischen Konzilien dar, die jedoch keine Institution, keine ständige kirchliche Einrichtung sind, sondern ad-hoc-Zusammenkünfte als Antwort auf konkrete Gefahren für Glauben und Leben der Kirche. Die Ökumenizität eines solchen Konzils entscheidet sich durch seine Rezeption seitens des Kirchenvolks oder des »Bewusstseins der Kirche«. Dabei handelt es sich um einen offenen Prozess, in dem sich die Konformität der Beschlüsse des Konzils mit dem Glauben und dem Leben der Kirche erweisen muss. Wie das Konzil selbst, so ist auch seine Rezeption ein charismatisches Ereignis. Wenn die Lehre eines ökumenischen Konzils sich durch den Rezeptionsprozess als authentischer Ausdruck des »In-der-Wahrheit-Seins« der Kirche erwiesen hat, erhält sie normativen Charakter für die Gesamtkirche.

Wolfgang Bienert beschrieb den spezifischen Beitrag evangelischer Tradition für das gemeinsame Zeugnis des Evangeliums gegenüber einer säkularen Welt als Bekenntnis zu Jesus Christus als Herrn und Gott. Vor dem Hintergrund des Konkordienbuches von 1580 als Dokument der Einigung der lutherischen Kirchen richtete er sein Augenmerk auf den Umgang mit dem Erbe der Alten Kirche, insbesondere der Bekenntnistradition – Apostolikum, Nizäno-Konstantinopolitanum und Athanasianum – und ihre Rezeption durch Martin Luther und Philipp Melanchthon, die gemeinsam und doch unterschiedlich dieses Erbe bewahrt haben. Dieses Erbe ist als biblisches Zeugnis und als gemeinsames Bekenntnis der Kirche zugleich Chance und Herausforderung für die Einheit aller Christen.

V

Bei den anschließenden Gesprächen wurde herausgearbeitet, daß sowohl das Glaubensbekenntnis von Nizäa-Konstantinopel als auch die reformatorischen Bekenntnisschriften und die Barmer Theologische Erklärung in solchen historischen Situationen entstanden sind, in denen es galt, die apostolische Wahrheit gegen Irrlehren und Fehlentwicklungen zu verteidigen. Unter Rückgriff auf das Zeugnis der Heiligen Schrift wurde dabei der christliche Glaube in einer über die jeweilige historische Situation hinaus gültig bleibenden Weise formuliert. Das Nizäno-Konstantinopolitanum ist das auch uns verbindende Glaubensbekenntnis.

Nach evangelischem Verständnis ist und bleibt »alleine Gottes Wort die einige Richtschnur und Regel aller Lehre …, nach welcher zugleich alle Lehre und Lehrer gerichtet und geurteilt werden sollen« (Formula Concordiae, Epitome [BSLK 767]).

Die orthodoxe Kirche kennt diesbezüglich die Unterscheidung zwischen norma normans und norma normata nicht. Sie hebt vielmehr die Einheit des Offenbarungsflusses (Heilige Schrift, Heilige Tradition und sakramentales Leben der Kirche) hervor. Sie formuliert deshalb ihre Lehre in Konsens und Kontinuität mit dem von Anfang an überlieferten Glauben.

Gemeinsam wurde festgestellt, dass auf allen Ebenen des kirchlichen Lebens Konziliarität bzw. Synodalität der Kirche grundlegend ist. Dies gilt auch im Hinblick auf die Wiederherstellung der kirchlichen Einheit. Außerdem wurde bekräftigt, dass die Kenntnis der altkirchlichen Symbola sowie der Kirchenväter des Ostens und des Westens eine unerlässliche Hilfe auch für das ökumenische Gespräch, das gegenseitige Verständnis und das gemeinsame Glaubenszeugnis darstellt. Eine Berücksichtigung dieses Anliegens wird die theologische Verständigung unserer Kirchen erleichtern. Auch wurde die Notwendigkeit der Rezeption bereits erreichter Ergebnisse unserer ökumenischen Dialoge unterstrichen. Ebenfalls setzten wir uns mit den altkirchlichen Bekenntnissen in ihrer Bedeutung für das Gemeindeleben auseinander.

Den Teilnehmenden am Dialog wurde bewusst, wie wichtig eine kontinuierliche Suche nach vorhandenen Gemeinsamkeiten auf dem Weg unserer Kirchen zueinander ist. Bereits jetzt haben wir in unserem Dialog wachsende Gemeinschaft und gegenseitige Bereicherung erfahren, die uns für die Zukunft ermutigen.

VI

Die Delegationen danken herzlich für die Gastfreundschaft:
- Landesbischof Prof. Dr. Christoph Kähler, Eisenach
- Pröpstin Elfriede Begrich, Erfurt
- Propst Siegfried Kasparick, Wittenberg
- Oberpfarrerin Gisela Möcker und der evang.-luth. Gemeinde in Oppurg
- den Mitarbeitenden des Christlichen Jugenddorfes Schloss Oppurg

VII

Gemäß den Empfehlungen der Charta Oecumenica und der Botschaft der Dritten Europäischen Ökumenischen Versammlung von Sibiu/Hermannstadt empfehlen beide Delegationen ihren Kirchenleitungen, die Ergebnisse dieser Begegnung zu veröffentlichen, insgesamt die Rezeption der Dialoge in den Kirchen zu fördern und unseren bilateralen Dialog weiterzuführen.

Eisenach, den 14. Oktober 2007

Für die
Evangelische Kirche in Deutschland

Landesbischof
Dr. Christoph Kähler
Stellvertretender Ratsvorsitzender
der Evangelischen
Kirche in Deutschland

Für das
Ökumenische Patriarchat

Metropolit Dr. h.c. Augoustinos
von Deutschland
und Exarch von Zentraleuropa

Botschaft Seiner Allheiligkeit des Ökumenischen Patriarchen Bartholomaios zum Beginn der 14. Begegnung von Theologen des Ökumenischen Patriarchats mit der Evangelischen Kirche in Deutschland (10.–15. Oktober 2007)

In der heutigen Zeit, in der die Religionen oft als Faktor von Spannungen und Zwietracht zwischen den Völkern erscheinen, betrachten wir die Fortschritte im innerchristlichen Dialog zum Zweck der Annäherung und Zusammenarbeit als Segen Gottes. So begrüßen wir voll Freude die Fortsetzung des Dialogs unseres Ökumenischen Patriarchats mit Vertretern der Evangelischen Kirche in Deutschland. Denn wir sehnen uns stets nach einer Stärkung der freundschaftlichen Beziehungen, des gegenseitigen Respekts, des Verständnisses füreinander und der Perichorese untereinander.

Der Glaube an Christus ist unser gemeinsamer Bezugspunkt. Außerhalb Christi gibt es weder Leben noch Wahrheit. Das Verweilen des Menschen in Christus und Christi im Menschen ist das wahre christliche Leben in dieser und in der zukünftigen Welt. Dadurch sind wir Kinder Gottes, dadurch erlangen wir die gottgeschenkte Freiheit. Die ganze Wahrheit des Neuen Testaments beruht auf diesem Verbleiben des Gottmenschen in uns und auf unserem Verbleiben in Ihm. Wenn das erreicht wird, dann werden auch die Wahrheit, die Gerechtigkeit und die Liebe in uns wohnen, sofern es sich dabei um Eigenschaften Gottes handelt.

Auf solche Grundlage kann auch unser Dialog fundiert werden, so dass er Anlass werde, die Gemeinschaft mit dem Herrn, der selbst die Wahrheit (Autoaletheia) ist, zu erstreben, was der eigentliche Zweck jedes solchen Dialoges ist.

Die orthodoxe Kirche hat keinen Augenblick aufgehört, jene Mittel bereitzustellen, die zur Vergöttlichung des Menschen, d. h. zu seiner Vereinigung mit Christus führen. Sie sucht nicht den unverstehbaren, unnahbaren, nichtpersonalen, »unbekannten« Gott, wie ihn die Athener zur Zeit des Apostels Paulus suchten. Sie erstrebt allein die Angleichung an Christus, der in jeder Äußerung ihres Lebens gegenwärtig ist. Denn sie atmet sein Wort, sie isst und trinkt in Gestalt der Heiligen Gaben seinen

Leib und sein Blut, die für sie keine bloßen Symbole sind, sondern eine konkrete, wahrhafte und täglich gegenwärtige Wirklichkeit darstellen.

Darum haben wir die unerschütterliche Überzeugung, dass der Mensch in demselben Maß, in dem er seine Vergöttlichung erstrebt und die inneren Regungen seines Herzens mit dem Willen und dem Beispiel des Herrn in Übereinstimmung bringt, auch fähig ist, sich mit seinen Mitmenschen zu vereinigen.

Wir dürfen allerdings nicht vergessen, dass der Glaube an Christus nicht möglich ist, ohne die Dogmen anzunehmen, in denen dieser Glaube Ausdruck findet. Für uns hat jeder Teil der geoffenbarten Wahrheit eine immense Bedeutung, und es ist uns unmöglich anzunehmen, der Leib Christi, d. h. seine Kirche, sei fähig, in ihrer dogmatischen Lehre zu irren. Denn Christus selbst, die einzige Wahrheit, ist ihr Haupt. Die unverzichtbare Voraussetzung jeder innerchristlichen Annäherung ist deswegen die Ausbildung eines gemeinsamen dogmatischen Bewusstseins auf der Grundlage der Heiligen Schrift und der Lehre unserer Kirchenväter, die die Ersten waren, welche den Kanon der Heiligen Schrift festgelegt, die Schrift im Heiligen Geist interpretiert und uns überliefert haben.

Und noch etwas: Für uns ist ein christliches Leben außerhalb der Kirche unvorstellbar. »Extra ecclesiam nulla salus« haben unsere Väter verkündet. Demzufolge kann christliches Leben jenseits der Grenzen der Kirche nicht wachsen, denn die Kirche allein ist die Arche des Heils. Das betrachten wir als die zweite Voraussetzung für eine substantielle innerchristliche Annäherung.

Schließlich bedarf es des persönlichen Kampfes, einer asketischen Lebensführung, wie wir in der orthodoxen Kirche sagen, eines unablässigen Ringens mit den Leidenschaften und mit der Sünde, damit wir innere Freiheit erwerben und die Angleichung an Christus aneignen können. Die Askese, d. h. der geistliche Kampf, ist ein integraler Bestandteil aller Religionen und Kulturen. Allerdings muss die geistige Grundlage der Askese sorgfältig untersucht werden, damit die verschiedenen asketischen Mittel richtig und vernünftig angewandt werden können. Andernfalls laufen wir Gefahr, unter anderem, einem pantheistischen Mystizismus zu verfallen.

Wir glauben, dass sich die aufrichtige Suche nach der Wahrheit auf der Basis dieser drei Prinzipien: des Dogmas, des kirchlichen Lebens und der Askese, welche einen einzigen Lebenszusammenhang ausmachen, als überaus fruchtbar erweisen kann und überdies, dass sie der einzige Weg der Annäherung der christlichen Kirchen darstellt.

Als demütige Diener der Wahrheit beten wir zu Gott, er möge Sie alle reichlich erleuchten, damit diese Begegnung zu einer Gelegenheit wird, diese Wahrheit tatkräftig und intensiver zu suchen, persönliche Gemeinschaft zu erfahren und konstruktive Gedanken auszutauschen.

Das Erbarmen und der Segen unseres Herrn Jesus Christus seien mit Ihnen allen, von uns geliebten Schwestern und Brüdern.

10. Oktober 2007 Patriarch Bartholomaios von Konstantinopel
Inständiger Fürbitter bei Gott

Eröffnungsansprache

Metropolit Augoustinos von Deutschland

Im 29. Kapitel der Genesis lesen wir: »Laban hatte zwei Töchter; die ältere hieß Lea, die jüngere Rahel. Die Augen Leas waren matt, Rahel aber war schön von Gestalt und hatte ein schönes Gesicht. Jakob hatte Rahel lieb, und so sagte er: Ich will dir um die jüngere Tochter Rahel sieben Jahre dienen. Laban entgegnete: Es ist besser, ich gebe sie dir als einem anderen. Bleib bei mir! Jakob diente also um Rahel sieben Jahre. Weil er sie liebte, kamen sie ihm wie wenige Tage vor« (Gen 29,16–20). Und wir alle kennen die Fortsetzung der Geschichte; letztendlich sind es nicht sieben Jahre, sondern weil Laban darauf besteht, sind es *vierzehn* Jahre, die Jakob dem Laban dient. Und auch über dieser Zeitspanne könnte der Satz stehen: »Weil er sie liebte, kamen sie ihm wie wenige Tage vor.«

In unserem Dialog, verehrte, liebe Schwestern und Brüder, sind wir mehr als vierzehn Jahre beisammen. Wir beginnen aber heute unsere vierzehnte Begegnung und so gestatte ich mir, da ich seit Jahrzehnten Teilnehmer des Dialoges bin, die Bemerkung, dass auch mir diese Zeit »wie wenige Tage« vorkommt. Denn es war ja die Liebe, die unsere Kirchen seinerzeit diese Gespräche zwischen Theologen der Evangelischen Kirche in Deutschland und des Ökumenischen Patriarchats beginnen ließ, nicht kirchliche Diplomatie, nicht Politik, nicht Suche nach ökumenischen Koalitionspartnern, sondern die Liebe zu den uns anvertrauten Menschen, aus der dann die Nähe unserer Kirchen erwuchs.

Ohne die Metapher des Liebeswerbens Jakobs überstrapazieren zu wollen, meine ich doch behaupten zu können, dass unser Dialog zu einer fortschreitenden Annäherung unserer Kirchen, zu einer besseren Kenntnis, ja, zu einer tatsächlichen Beziehung unserer Kirchen, ihrer Amtsträger und ihrer Gläubigen geführt hat, welche die beste Voraussetzung für gegenseitige Liebe ist. Dazu hat sicherlich die Tatsache beigetragen, dass dieser Dialog neben der theologischen Ebene von Anfang an mit der pastoralen Dimension verknüpft war. Anders gesagt: die gegenseitige Kenntnis voneinander war nicht nur eine Frage des theologischen Quellenstudiums und der bibliographischen Suche, sondern symbiotische Koexistenz am gleichen Ort. An anderer Stelle habe ich laut über den »Sitz im Leben« der Theologie nachgedacht; hier ist er evident und, wie ich meine, konsequent angewandt.

Nur so war und ist es möglich, auch aufkommende Irritationen, die in unseren vielfältigen jeweiligen ökumenischen Beziehungen auftreten, in dialogischer und vor allem in aufrichtiger Art und Weise auszuräumen. Dass dies so ist, erfüllt mich mit tiefer Dankbarkeit und Zuversicht für die Zukunft. Die vielfach vertretene Meinung, dass die Zeit der Ökumene vorbei sei oder dass gar eine Eiszeit zwischen den christlichen Kirchen drohe, vermag ich deshalb nicht zu teilen. Die dreizehn bisherigen Begegnungen haben es doch bewiesen, dass unsere Kirchen auch in scheinbar schwierigen Zeiten gesprächsbereit und -fähig sind.

Bei der Eröffnung der 3. Europäischen Ökumenischen Versammlung in Sibiu vor einem Monat sagte Seine Allheiligkeit der Ökumenische Patriarch Bartholomaios: »An dieser Stelle wiederholen und betonen wir, dass die Orthodoxie in ihrer Gesamtheit und auch wir persönlich unerschütterlich und unverrückbar unserer Überzeugung treu bleiben, dass wir verpflichtet sind, alles zu tun, um die heilige Sache der Wiederherstellung der vollen kirchlichen und sakramentalen Gemeinschaft der Kirchen auf der Grundlage desselben Glaubens in Liebe und gegenseitigem Respekt der jeweils spezifischen Ausdrucksformen desselben apostolischen Glaubens voranzubringen. (...) Aus diesen Gründen fördern und stützen wir uneingeschränkt jeden ökumenischen theologischen Dialog *par cum pari* als absolut unverzichtbar selbst in den kritischsten Momenten unserer Beziehungen. Denn ohne den Dialog ist das Erreichen des erstrebten Zwecks der christlichen Versöhnung, Gemeinschaft und Einheit unmöglich.«

Mit diesem programmatischen Zitat Seiner Allheiligkeit übermittle ich Ihnen allen, den Mitgliedern der Delegationen der Evangelischen Kirche in Deutschland und des Ökumenischen Patriarchats, die Segenswünsche und die persönlichen Grüße des Ökumenischen Patriarchen, den ich in diesen Tagen sehen durfte. Wie Ihnen bekannt ist, habe ich in diesem Jahr die Ehre, Mitglied der heiligen Synode des Ökumenischen Patriarchats zu sein und bin deshalb einmal im Monat für einige Tage am Sitz des Patriarchats. Seine Allheiligkeit erinnert sich gern an unsere letzte Begegnung im Phanar und erbittet Gottes Segen für diese nun beginnende Phase unseres Dialoges.

Bibelarbeit zu Johannes 5,1–16:

Bischof Martin Schindehütte

Danach war ein Fest der Juden, und Jesus zog hinauf nach Jerusalem. Es ist aber in Jerusalem beim Schaftor ein Teich, der heißt auf Hebräisch Betesda. Dort sind fünf Hallen; in denen lagen viele Kranke, Blinde, Lahme, Ausgezehrte. Sie warteten darauf, dass sich das Wasser bewegte. Denn der Engel des Herrn fuhr von Zeit zu Zeit herab in den Teich und bewegte das Wasser. Wer nun zuerst hineinstieg, nachdem sich das Wasser bewegt hatte, der wurde gesund, an welcher Krankheit er auch litt. Es war aber dort ein Mensch, der lag achtunddreißig Jahre krank. Als Jesus den liegen sah und vernahm, dass er schon so lange gelegen hatte, spricht er zu ihm: Willst du gesund werden? Der Kranke antwortete ihm: Herr, ich habe keinen Menschen, der mich in den Teich bringt, wenn das Wasser sich bewegt; wenn ich aber hinkomme, so steigt ein anderer vor mir hinein. Jesus spricht zu ihm: Steh auf, nimm dein Bett und geh hin! Und sogleich wurde der Mensch gesund und nahm sein Bett und ging hin. Es war aber an dem Tag Sabbat. Da sprachen die Juden zu dem, der gesund geworden war: Es ist heute Sabbat; du darfst dein Bett nicht tragen. Er antwortete ihnen: Der mich gesund gemacht hat, sprach zu mir: Nimm dein Bett und geh hin! Da fragten sie ihn: Wer ist der Mensch, der zu dir gesagt hat: Nimm dein Bett und geh hin? Der aber gesund geworden war, wusste nicht, wer es war; denn Jesus war entwichen, da so viel Volk an dem Ort war. Danach fand ihn Jesus im Tempel und sprach zu ihm: Siehe, du bist gesund geworden; sündige hinfort nicht mehr, dass dir nicht etwas Schlimmeres widerfahre. Der Mensch ging hin und berichtete den Juden, es sei Jesus, der ihn gesund gemacht habe. Darum verfolgten die Juden Jesus, weil er dies am Sabbat getan hatte.

Da wartet ein Mensch auf das Wunder, das sein Leben verändert – 38 Jahre lang. Er hatte fast sein ganzes Leben in den fünf Hallen am Teich Betesda zugebracht, in Häusern für Kranke, Lahme, Blinde, Ausgezehrte.

Beth Hesda, das Haus der Barmherzigkeit. Es ist schon eindrücklich, in Jerusalem an dem Ort zu stehen und in der Tiefe der Ausgrabung Reste dieser Gebäude zu sehen. Der Gelähmte lebte in einer »sozialen Einrichtung«, würden wir heute sagen, in der alle das gleiche Schicksal und die gleiche Hoffnung verband. Sie alle waren schwer krank oder behindert. Sie alle waren nicht mehr in der Lage, ihr Leben selbst zu gestalten. Sie alle brauchten Hilfe. Sie alle waren angewiesen auf andere Menschen. Ja mehr noch, sie alle waren angewiesen auf ein Wunder. Sonst gab es keine Hoffnung mehr.

Das Wunder war aus dem Teich Betesda zu erwarten. Wenn man die spätere Überlieferung der Verse 3b und 4 hinzunimmt, dann kam dann und wann ein Engel und bewegte das Wasser. Wer zuerst hineinkam, der wurde gesund. So war wohl der Blick all der kranken Menschen auf das Wasser gebannt. Füreinander hat man dann keinen Blick mehr, höchstens den abschätzenden, ob man gegen den anderen eine Chance hat, im Fall des Falles, wenn das Wasser sich bewegte. Der Michael Gorbatschow zugeschriebene Satz hatte bittere Realität: »Wer zu spät kommt, den bestraft das Leben.« Es herrschte offenkundig knallharter Wettbewerb in diesen Markthallen für Pflege und Heilung, in diesen Markthallen für Wunder.

Und Heilung war rationiert. Immer nur einer konnte gesund werden – und immer der Reihe nach. So waren in den fünf Hallen zwar viele Menschen beisammen. Aber sie alle waren wohl sehr allein und einsam. Jeder war der Konkurrent des anderen. Es konnte immer nur einen geben, der gesund wurde.

Untereinander, unter den Kranken und Heilungsbedürftigen – so muss man vermuten – gab es also keine Hilfe. Manche hatten allerdings mehr Glück als die anderen. Sie hatten Angehörige oder Freunde, die regelmäßig vorbei kamen oder gar mit ihnen warteten. Und wer es bezahlen konnte, hatte sich vielleicht sogar jemanden engagiert, für den Fall der Fälle. Und wenn es sich denn fügte, waren sie gerade da, wenn das Wasser in Wallung geriet und seine heilenden Kräfte wirksam wurden. Dann schaffte es einer mit der Hilfe seiner Verwandten, Freunde oder professionellen Helfer. Der Rest blieb zurück. Verbittert, wieder zu spät gekommen zu sein. Das Warten ging weiter. Der Blick blieb auf das Wasser gebannt. Mehr konnte man anscheinend nicht tun. Das Wunder war unter der spiegelglatten Oberfläche verborgen. Es war ein Schicksal, dem man ausgeliefert war, das man geduldig zu ertragen hatte.

Ein Mensch, unser Mensch, wartete nun schon 38 Jahre. Es ist ein Wunder, so lange und so geduldig zu warten. Aber vielleicht hatte er die Hoffnung längst aufgegeben. Nur hatte er keine Alternative. Er hatte immer zu den Verlierern gehört beim Rennen in das heilende Wasser. Er wartete wohl eigentlich auf nichts mehr. Er war chancenlos, weil er niemanden hatte, der im rechten Augenblick da sein konnte, um ihn ins Wasser zu tragen. »Wunder gibt es zwar immer wieder, aber gewiss nicht mehr für mich«, dachte er resigniert und bitter. »Das Wunder liegt unerreichbar weit außerhalb meiner Möglichkeiten.«

So interessierte auch das Fest der Juden unseren kranken Menschen schon lange nicht mehr. Wenn man Johannes 2, Vers 13 hinzuzieht, dann handelte es sich um das Passahfest. Das jüdische Fest schlechthin, das Fest der Erinnerung an Rettung und Befreiung des ganzen Volkes durch den Herrn. An diesem Fest wird es unserem Kranken eher noch schlechter gegangen sein. Die Erinnerung wird ihn eher wütend gemacht haben. Damals war der Herr noch großzügig – ein ganzes Volk führte er aus der Knechtschaft. Und jetzt schickte er seine Engel unberechenbar selten, um nur einen aus der Knechtschaft seiner Behinderung zu befreien. Nein, für den Gelähmten schien es nichts zu feiern zu geben, zu erinnern, zu hoffen. Dieses Fest war eher lästig. Da kamen besonders viele Menschen in die Hallen. Sie besuchten ihre Angehörigen oder fühlten ihr soziales Herz schlagen – oder auch ihr schlechtes Gewissen – und machten daher verlegen ihre Aufwartung. An solchen Tagen fühlte sich unser Kranker besonders elend. Niemand sah ihn mehr. Er gehörte längst zum Inventar.

So muss es für ihn besonders überraschend und verwirrend gewesen sein, als dieser Mann, umgeben von einer ganzen Gruppe von Menschen, die Halle betrat und ausgerechnet zu ihm herüberschaute. Er sprach mit einigen Umstehenden. Offensichtlich erkundigte er sich nach dem Kranken. Und dann kam er unmittelbar auf ihn zu.

Er stellte eine seltsame, eine scheinbar vollkommen überflüssige Frage: »Willst du gesund werden?« Was soll die Frage, werden wir denken. Es liegt doch klar auf der Hand, was dieser Kranke will, wollen muss, und was für ihn gut ist. Die Antwort des Kranken jedoch zeigt uns, dass dies keine überflüssige, sondern die zentrale Frage war. Der Kranke beantwortet sie nämlich gar nicht. Er redet in seiner Antwort nicht von seiner Krankheit und seiner verlorenen Hoffnung. Er redet von anderen und von der Enttäuschung, die sie ihm bereiten: »Herr, ich habe keinen Menschen, der mich in den Teich bringt, wenn das Wasser sich bewegt; wenn ich aber hinkomme, so steigt ein anderer vor mir hinein.« In seinem Denken ist er gar nicht mehr bei sich und seinen Möglichkeiten: »Die anderen sind es, die mir den Weg verbauen. Der Teich ist zu weit weg. Das Wunder liegt viel zu weit außerhalb von mir.«

Jesus durchschaut diese Antwort. Er durchbricht diese Mauer von Vorwürfen und Selbstmitleid mit einer ungeheuren Aufforderung: »Steh auf, nimm dein Bett und geh hin!« Der Kranke muss sich im ersten Augenblick brüskiert und nicht ernst genommen vorgekommen sein. Doch dann begreift er: »Die Kraft meiner Heilung steckt nicht in dem Teich, weder unter der glatten noch der aufgewühlten Oberfläche. Sie ist auch nicht abhängig von Menschen, die mir helfen oder eben nicht helfen. Ob ich nun Geld habe, um Helfer zu bezahlen oder nicht. Darauf kommt es nicht an, jedenfalls nicht in erster Linie. Die Kraft zur Heilung steckt in mir selber! Und dieser Mann traut sie mir zu! Dieser Mann hat mir Herz und Sinne für mich selbst geöffnet, für die Kraft des Glaubens, die in mir steckt. Ich habe das alles immer bei anderen, irgendwo außerhalb gesucht. Das Wunder geschieht aber nicht *an* mir. Es geschieht zuerst *in* mir. Ich war blind für mich selbst. Ich habe meiner Hoffnung, meiner Kraft, meinem Glauben nichts mehr zugetraut. Das ist meine eigentliche Schwäche. Dieser Mann hat mir das klar gemacht.«

So versucht der Kranke das eigentlich nicht für möglich Gehaltene – und es gelingt: Er richtet sich auf, nimmt seine Matte und geht davon. Kein weiteres Zwiegespräch, kein Wort des Dankes wird an dieser Stelle überliefert. Der Kranke scheint nur bei sich selbst zu sein und Jesus vergessen zu haben. Er fragt nicht einmal nach seinem Namen. Als er wenig später nach Jesus gefragt wird, kann er nicht sagen, wen er da eigentlich vor sich hatte.

Und auch Jesus macht offensichtlich kein Aufheben von dem Ereignis. Er verlässt fluchtartig die Hallen am Teich Betesda, damit möglichst niemand diese Heilung mit ihm in Verbindung bringt. Später begegnen beide einander ganz gewiss nicht zufällig im Tempel. Der Kranke war sicherlich dort, um Gott für seine Heilung zu danken. Er wusste wohl, dass das alles nicht allein aus seiner Kraft geschehen war. Sein Glaube an Gott, sein Verhältnis zu Gott war ebenso geheilt worden wie sein Körper. Und genau das sagt Jesus ihm bei dieser Begegnung. Er spricht ihn auf seine Sünde an, auf das gestörte und gebrochene Verhältnis zu Gott, auf den Sund, jene tiefe Trennung zwischen ihm und seinem Gott. Jesus sagt: »Siehe, du bist gesund geworden, sündige hinfort nicht mehr, dass dir nicht etwas Schlimmeres widerfahre.«

Die Geschichte aber nimmt in ihrer Ausrichtung und ihrem Interesse nun jedoch noch eine ganz andere und seltsame Wendung. Auf einmal geht es nicht mehr um das Wunder, sondern darum, dass dies alles am Sabbat geschehen ist. Der Mann wird angehalten, weil er am Sabbat sein Bett trägt. Das aber ist verboten, denn: »Am Sabbat sollst du ruhen!« Und als er erzählt, wer ihn aufgefordert hat, sein Bett zu tragen, da ist niemand erstaunt über das Wunder. Stattdessen ist man empört darüber, dass Jesus am Sabbat geheilt hat. Es scheint, als seien die Menschen insgesamt blind gewesen für das Wunder. Es passte einfach nicht in ihr Denkschema. Ein solches Ereignis gibt es einfach nicht, darf es nicht geben, kann es gar nicht geben, schon gar nicht am Sabbat. Schlimmer noch: Das Wunder war ihnen so ungelegen wie der, der dieses Wunder getan hatte. Der letzte Satz unseres Textes lautet: »Und sie verfolgten Jesus, weil er dies am Sabbat getan hatte.«

Vielleicht, liebe Schwestern und Brüder, sind wir heute nicht besser dran. Vielleicht trauen wir den heilenden Kräften, die Gott in uns und durch uns wirken lassen will, nichts zu, weil wir statt der Freiheit der liebenden Zuwendung auch nur sehr starre Vorstellungen davon haben, was sein darf und sein kann. Vielleicht sind wir auch in Routinen und Schemata erstarrt, die uns blind machen für das, was in uns und anderen an heilender Kraft der Liebe steckt, der Liebe zu uns selbst und zu anderen. Vielleicht sind auch wir viel zu fixiert auf die äußeren Bedingungen, auf Hilfestrukturen, Finanzbedingungen, Personalzahlen, Marktchancen und glatte Oberflächen auf dem Pool unserer kirchlichen und diakonischen Angebote. Nicht, dass das nicht alles nötig wäre, bedacht und erarbeitet werden müsste. Schließlich waren auch die fünf Hallen am Teich Betesda wichtig für all die Kranken und Behinderten, die auf Heilung hofften. Aber mitten in den fünf Hallen, mitten in dem Geschiebe und Gedränge um den besten Platz sieht Jesus den einen, den einsamen und vergessenen Menschen. Sein Blick wird auch unseren Blick immer neu öffnen in unserer Arbeit in der Gemeinde und in unserer Diakonie und Caritas. Geschichten wie diese richten unseren Blick immer wieder neu aus. Darin bleibt unser Arbeiten und unsere Mühe in Wort und Tat Verkündigung des Evangeliums, bleibt heilsam für die Menschen, wird Vorschein des Heils, das Gott uns schenken will. Wenn wir diesen Blick verlieren, dann jedoch muss auch zu uns einer kommen und sagen: »Steh auf, nimm dein Bett und geh!«

»Bekenntnisse« und »Glaubensbekenntnis«

Die Entstehung des Nizäno-Konstantinopolitanum und seine Bedeutung für die eine Kirche aus orthodoxer Sicht

Athanasios Basdekis

Vorbemerkung

Die Formulierung des Themas gibt an, dass wir zunächst über die in unseren Kirchen, in der orthodoxen Kirche, geltenden Bekenntnisse bzw. Bekenntnisschriften oder – wie es auf Griechisch heißt –, über das Σύμβολον της Πίστεως und über die Συμβολικά Κείμενα sprechen sollen, bevor wir uns dem Glaubensbekenntnis von Nizäa-Konstantinopel und seiner Bedeutung für die eine Kirche zuwenden. Das will ich auch in einem ersten Abschnitt meines Referates in der Absicht tun, indem ich zunächst über Sinn und Bedeutung von Bekenntnissen und Bekenntnisschriften in der orthodoxen Kirche spreche und dabei den besonderen, ja einmaligen Platz des Glaubensbekenntnisses von Nizäa-Konstantinopel im Rahmen solcher Texte herausstelle. In einem zweiten Abschnitt werde ich kurz auf die zwei ersten Ökumenischen Konzilien von Nizäa (325) und Konstantinopel (381), die das Glaubensbekenntnis von Nizäa-Konstantinopel verfasst bzw. verabschiedet haben, eingehen. Kurz deshalb, weil ich der Auffassung bin, dass wir uns im Rahmen dieser theologischen Gesprächsrunde nicht über die Geschichte dieser Ökumenischen Konzilien, über deren Zustandekommen und deren spezifische Problematik, auch nicht über deren theologisch-dogmatische, kanonische und sonstige Leistung – das wäre auch nicht mein Thema – unterhalten sollten. Ein dritter Abschnitt wird schließlich diesem Glaubensbekenntnis selbst und seiner ökumenischen Bedeutung gewidmet sein. Auf diesen Punkt sollten wir unser besonderes Augenmerk richten.

I Bekenntnisse und Bekenntnisschriften in der orthodoxen Kirche

I.1 Allgemein

Als an mich die Bitte herangetragen wurde, über dieses Thema zu sprechen, dachte ich sofort an das gleichnamige, zweibändige klassische Standardwerk des auch manchen der hier anwesenden evangelischen Teilnehmern sicherlich bekannten griechisch-orthodoxen Dogmatikers, Ioannis Karmiris. Dieses Werk trägt auf Griechisch den Titel: Τα Δογματικά και Συμβολικά Μνημεία της Ορθοδόξου Καθολικής Εκκλησίας (Deutsch: »Die Dogmatischen und Symbolischen Monumente der Orthodoxen Katholischen Kirche«).[1]

Die mir zur Verfügung stehende, kurze Vorbereitungszeit und die Tatsache, dass ich mich in meiner ökumenischen Tätigkeit mit diesem Thema fachspezifisch kaum oder sehr wenig beschäftigt habe, ließen mir keine andere Wahl, als auf Prof. Karmiris zurückzugreifen und entlang seinen Ausführungen über die Bekenntnisse und Bekenntnisschriften der orthodoxen Kirche zu referieren. Seine Ausführungen dürften in der Orthodoxie insgesamt unstrittig sein. In der orthodoxen Theologie und Kirche unterscheiden wir zwischen Bekenntnissen (Symbola) einerseits und Bekenntnisbüchern, Bekenntnistexten oder Bekenntnisdokumenten (symbolika biblia oder symbolika keimena) andererseits. Den Charakter eines Bekenntnisses oder Symbols haben in der orthodoxen Kirche nur die dogmatischen Definitionen (Horoi) und die Glaubensentscheidungen der sieben Ökumenischen Konzilien der alten und ungeteilten Kirche, darunter insbesondere das Glaubensbekenntnis von Nizäa-Konstantinopel. Diese ökumenischen Synoden oder Konzilien sind Träger und Organe der authentischen Auslegung und des authentischen Ausdrucks des Glaubens und der Unfehlbarkeit der Kirche. Aus diesem Grunde wird in der orthodoxen Kirche nur den dogmatischen Glaubensentscheidungen dieser Konzilien »ewige Gültigkeit, absoluter Wert, Autorität, katholischer und verpflichtender Charakter, ... beigemessen; sie werden als die eigentlichen schriftlichen Dokumente der Heiligen Überlieferung und als kanonische und authentische Richtschnur des orthodoxen Glaubens« angesehen.[2]

1 »Τα Δογματικά και Συμβολικά Μνημεία της Ορθοδόξου Καθολικής Εκκλησίας«, Bd. I, Athen ²1960, Bd. II Graz 1968. Siehe auch Despo A. Lialiou, »Ερμηνεία των Δογματικών και Συμβολικών Κειμένων της Ορθοδόξου Εκκλησίας«, Bd. I, Thessaloniki 1992.

2 Karmiris, a. a. O., I, 17.

Demzufolge werden in der orthodoxen Kirche nur die dogmatischen Definitionen der sieben Ökumenischen Konzilien als Hauptquelle ihrer dogmatischen Lehre benutzt, die den gleichen Rang und Wert beanspruchen wie die Heilige Schrift, weil sie die unverfälschte Überlieferung, die Paradosis, der Kirche sind und weil nach orthodoxem Verständnis Schrift und Tradition die zwei gleichwertigen und gleich-gültigen Quellen des orthodoxen Glaubens sind. Karmiris sagt, dass darüber hinaus, also über die dogmatischen Definitionen der sieben Ökumenischen Konzilien, auch die Beschlüsse der Lokalsynoden der Alten Kirche, die von Ökumenischen Synoden anerkannt bzw. bestätigt wurden, wie auch die Beschlüsse der Synode von Troullon (691/2) – weil sie sozusagen als die das V. und VI. Ökumenische Konzil ergänzende Synode anzusehen ist – zu den orthodoxen Bekenntnissen hinzugezählt werden sollten. Die Anerkennung der dogmatischen Definitionen der sieben Ökumenischen Konzilien impliziert nach Karmiris folgerichtig auch die Anerkennung der sogenannten dogmatischen Kanones derselben, der Apostolischen Kanones wie auch der Kanones von Kirchenvätern und von lokalen Synoden der frühen Kirche, die von Ökumenischen Konzilien als solche anerkannt wurden, weil auch sie den orthodoxen Glauben richtig und authentisch wiedergeben und auslegen.

I.2 Orthodoxe Bekenntnisse (Σύμβολα)

Im oben genannten Sinn also kommt zuallererst dem Glaubensbekenntnis von Nizäa und Konstantinopel der Charakter eines Bekenntnisses zu. Dieses Glaubensbekenntnis ist der kat' exochen Bekenntnistext der orthodoxen Kirche, der Gesamtorthodoxie, durch die Jahrhunderte hindurch. Sodann sollte nach Karmiris auch den anderen zwei Symbolen und Glaubensbekenntnissen, dem Apostolicum und dem Athanasianum, wenn nicht als gleichbedeutend mit dem Nizäno-Konstantinopolitanum, so doch als in zweiter Linie und sekundär der Charakter eines Bekenntnisses beigemessen werden. Denn – so Karmiris weiter– diese beiden Texte werden zwar in der orthodoxen Kirche offiziell nicht zur Kenntnis genommen und in ihrem gottesdienstlichen und liturgischen Leben auch nicht benutzt. Das Apostolicum aber beansprucht für sich das Zeugnis der gesamten frühen Kirche, was an die Stelle der Anerkennung und Bestätigung durch ein Ökumenisches Konzil treten könnte. Ähnliches gilt auch im Blick auf das Athanasianum, welches (ohne den Zusatz des Filioque versteht sich) auch als orthodoxer Bekenntnistext anerkannt werden könnte, weil auch dieses Bekenntnis die Trinitätslehre und die Christologie der alten und geeinten Kirche der ersten fünf Jahrhunderte richtig formuliert. Darüber hinaus könnte in der offiziellen Anerkennung des Apostolicum und des Athanasianum durch die orthodoxe Kirche als »orthodoxer Bekenntnisse« eine Art ökumenische Geste zu erkennen sein, ein Ausdruck des guten Willens zur Verständigung mit der römisch-katholischen und mit den reformatorischen Kirchen, bei denen das Apostolicum mehr im Gebrauch ist als das Glaubensbekenntnis von Nizäa-Konstantinopel.

Zu den orthodoxen Bekenntnissen sollte schließlich auch die »Orthodoxe Liturgie«, die orthodoxen liturgischen Texte, hinzugezählt werden, weil sie der lebendige Ausdruck und das lebendige Band des Glaubens aller orthodoxen Christen durch alle Zeiten sind (Lex credenti – Lex orandi).

I.3 Orthodoxe Bekenntnisschriften (Συμβολικά Κείμενα)

Hingegen werden andere Bekenntnisse im weiteren Sinne des Wortes Ομολογίαι Πίστεως (Confessiones fidei), Synodalakten, Enzykliken und ähnliche Verlautbarungen von kleinen, lokalen orthodoxen Synoden, von orthodoxen Patriarchen bzw. Metropoliten und Bischöfen, die vor allem nach dem Ost-West-Schisma von 1054 und im Zuge der Reformation entstanden sind, nicht als Bekenntnisse im eigentlichen Sinn, sondern als einfache orthodoxe symbolische Bücher und Texte bezeichnet.

Neben den o. g. eigentlichen Bekenntnissen kennt – immer nach Karmiris – die orthodoxe Kirche auch eine Reihe von Texten, die »symbolische Texte« (συμβολικά Κείμενα) oder »Symbolische Bücher« (συμβολικά Βιβλία) bzw. Bekenntnisschriften genannt werden. Diese, verfasst weitgehend erst im zweiten Jahrtausend und infolge der theologischen Auseinandersetzung mit den Kirchen des Westens, beanspruchen nicht dieselbe Autorität und denselben Rang wie die o. g. Glaubensbekenntnisse, weil sie von keiner ökumenischen Synode – also von der orthodoxen Kirche insgesamt – als solche anerkannt bzw. bestätigt wurden. Diese Texte können als einfache und unvollständige Auslegungen des orthodoxen Glaubens angesehen werden, die in einer bestimmten Zeit entstanden sind und deren Epoche Geist sie ausdrücken. Nicht selten sind diese Texte aus der Auseinandersetzung mit den Kirchen der Reformation entstanden, weshalb sie auch deren Einfluss erkennen lassen. Diese Texte haben also einen sekundären und relativen Wert innerhalb der orthodoxen Theologie und Kirche, weshalb sie – sozusagen – als Hilfsmittel der orthodoxen Theologie und bei der Auslegung des orthodoxen Glaubens in Anspruch genommen werden.

Zu dieser Kategorie von orthodoxen Bekenntnistexten zählt nach Karmiris eine große Anzahl von orthodoxen Schriften aus dem ausgehenden ersten Jahrtausend bis zur zeitgenössischen ökumenischen Bewegung des 20. Jahrhunderts. Diese Übersicht von Karmiris beginnt mit der Enzyklika des Patriarchen Photius aus dem Jahr 866 »An die Östlichen Erzbischöflichen Throne (Bischöfe)« und endet mit den Erklärungen der IV. Panorthodoxen Konferenz von 1966 in Belgrad über den Theologischen Dialog mit den Anglikanern und den Altkatholiken. Besonders erwähnenswert sind hier die sogenannten »Confessiones fidei« des Patriarchen Metrophanes Kretopoulos (1625), des Metropoliten von Kiew Petrus Mogilas (1638 und 1642), des Patriarchen von Jerusalem Dositheos (1672) sowie die Protokolle und Beschlüsse einer Reihe von orthodoxen Lokalsynoden, stattgefunden zumeist in Konstantinopel (1638, 1642, 1672, 1691, 1722, 1727, 1836, 1848, 1838, 1872), und in Jerusalem (1672), und nicht zuletzt die Enzykliken des Ökumenischen Patriarchats aus den Jahren 1902–1904, 1920, 1954 u. a. Selbstverständlich zählt zu dieser zweiten Kategorie von orthodoxen Bekenntnisschriften auch der Briefwechsel des Ökumenischen Patriarchen Jeremias II. mit den Tübinger Theologen im 16. Jahrhundert.

Diese Aufzählung macht deutlich, dass der Umfang solcher Texte mit dogmatischem bzw. Bekenntnischarakter, welche mit der orthodoxen, dogmatischen Lehre und dem Glauben der orthodoxen Kirche weitgehend übereinstimmen und auf diese Weise zugleich die orthodoxe Identität und die Einheit der Orthodoxie insgesamt dokumentieren, nach hinten offen ist.

Die ökumenisch relevante Frage, die in diesem Zusammenhang auch im Rahmen unseres theologischen Dialogs gestellt werden muss, ist die: In welchem Verhältnis stehen die Bekenntnisschriften der Reformation, der evangelisch-lutherischen, der evangelisch-unierten und der evangelisch-reformierten Kirche (Confessio Augustana, Großer und Kleiner Katechismus u. a.), zu den Bekenntnissen der orthodoxen Kirche (Glaubensbekenntnisse der Alten Kirche und dogmatische und kanonische Definitionen der Ökumenischen Konzilien des ersten Jahrtausends) und wie werden diese von den Evangelischen bzw. den Orthodoxen bewertet? Sind sie nach evangelischem Verständnis diesen gleichzusetzen oder müssen sie eher als evangelische Bekenntnisschriften im Sinne der zweiten Kategorie von orthodoxen Bekenntnistexten verstanden werden? Und wie werden die evangelischen Bekenntnisschriften von den Orthodoxen bewertet? Darauf erhoffen wir uns in diesen Tagen eine Antwort.

II Die Entstehung des Glaubensbekenntnisses von Nizäa-Konstantinopel (GBNC) und seine Bedeutung für die Einheit der Kirche

Vorbemerkung

Im Blick auf diese Frage kann meine Aufgabe sicherlich nicht darin bestehen, die Geschichte, die Gründe und die Modalitäten der Einberufung der ersten zwei Ökumenischen Konzilien, die das GBNC entworfen und verabschiedet haben, zu schildern. Diese sind jedem von uns mehr oder weniger bekannt und darüber gibt es hinreichend Literatur,[3] auf die man zurückgreifen kann. Ich bin aber auch kein Kirchen- und Dogmenhistoriker, um diesem Fragenkomplex ordentlich nachzugehen, aber ich denke, dass dies nicht Aufgabe und Schwerpunkt unserer Dialogbegegnung sein kann. Vielmehr sollten wir uns nach einer kurzen Darlegung der Gründe, die zur Abfassung des GBNC geführt haben, mit dem Selbstverständnis dieses Glaubensbekenntnisses aus der Sicht der Konzilien von Nizäa und Konstantinopel selbst befassen, bevor wir uns der eigentlichen Frage widmen, nämlich welche Bedeutung und welchen Stellenwert dieses Glaubensbekenntnis für die eine Kirche, für unsere Kirchen und für die Einheit der Kirche überhaupt hat.

II.1 Das Glaubensbekenntnis des Konzils von Nizäa (325)

Folgende Gründe dürften Kaiser Konstantin den Gr. zur Einberufung des I. Ökumenischen Konzils in Nizäa am 30. Mai 325 geführt haben:

Zum einen der arianische Streit, der damals im ganzen Orient hohe Wellen schlug, und zum anderen innerkirchliche Streitigkeiten, u. a. der Streit um den Ostertermin, die die Einheit der Kirche gefährdeten. Darüber hinaus sollte mit diesem Konzil nicht nur die neue Stellung der Kirche gegenüber dem Staat geklärt, sondern auch ein möglichst breiter und tieferer Frieden zwischen den Bischöfen erreicht werden, damit auf diese Weise eine liturgische Einheit (Communio, Kirchengemeinschaft) als Voraussetzung für die Einheit der einen Kirche geschaffen werde. Die Koinonia zwischen den lokalen Kirchen, zu der sie bzw. ihre Bischöfe verpflichtet waren, konnte und sollte auch konziliar manifestiert werden.

Der uns allen gut bekannte Metropolit Damaskinos (Papandreou), langjähriger Leiter des Orthodoxen Zentrums des Ökumenischen Patriarchats in Chambésy und Sekretär zur Vorbereitung der Heiligen und Großen Syn-

3 U. a.: Ignatio Ortiz de Urbina, Nizäa und Konstantinopel (= Geschichte der Ökumenischen Konzilien Bd. I), Mainz 1964.

ode der orthodoxen Kirche, sagte in seinem Festvortrag im Rahmen des 1650. Gedenktages des I. Ökumenischen Konzils 1975 in Regensburg: »Das Anliegen Nizäas ist die volle Kommunion im Bereich des Glaubens und des sakramentalen Lebens. Da die Eucharistie in Übereinstimmung mit der Orthodoxie gesehen wird, und die eucharistische Gemeinschaft die Einheit in dem geoffenbarten Christusglauben voraussetzt, verpflichtete sich Nizäa zur Formulierung eines Christusbekenntnisses, damit Mißverständnisse und Abweichungen beseitigt werden könnten. So werden bestimmte Grenzen der Kirchenzugehörigkeit gesetzt, ein wesentliches Kriterium, nach dem Wahrheit oder Irrtum einer Lehre beurteilt werden kann«.[4]

In diesem Sinne stellt das Glaubensbekenntnis des Konzils von Nizäa, das zugleich die erste Definition des kirchlichen Lehramtes ist, eine Gewähr und ein Kriterium für die Rechtgläubigkeit und einen Ausdruck von universeller Gültigkeit des Glaubens an Jesus Christus dar. Wer dieses Christusbekenntnis bekennt, ist orthodox, wer es verwirft, ist ein Häretiker. Wichtig scheint mir in diesem Zusammenhang die Betonung der Bedeutung der Kommunion unter den Bischöfen der einzelnen Lokalkirchen, die gestört oder gefährdet ist, wenn der gemeinsame Glaube fehlt, und welche durch die Einberufung des Konzils bzw. durch ein von ihm proklamiertes Glaubensbekenntnis wiederhergestellt werden soll.

Das heißt also – und das ist aus meiner Sicht sehr wichtig –, das Glaubensbekenntnis des Konzils von Nizäa (jeden Konzils) ist kein Selbstzweck und keine dogmatische Definition für sich, sondern es steht im Dienste der Gemeinschaft der Kirche, die ihren Ausdruck im liturgischen und sakramentalen Bekennen des Glaubens findet: »Lasst uns einander lieben, damit wir in Eintracht bekennen, Vater, Sohn und Heiligen Geist, eine wesensgleiche und ungetrennte Trinität«, wie wir Orthodoxe in unserer Göttlichen Liturgie vor dem Sprechen und Beten des Glaubensbekenntnisses singend bekennen. Der Sitz im Leben des Glaubensbekenntnisses ist also nicht so sehr das Fach Dogmatik an unseren Theologischen Fakultäten, sondern die Liturgie, der Gottesdienst und die Sakramente unserer Kirchen.

Auch wenn uns die genaueren Umstände, welche die 318 Väter des Konzils von Nizäa zur Abfassung eines eigenen Symbols geführt und welche ältere Taufsymbole (der Kirche von Jerusalem, Antiochien oder der Kirche von Caesarea) den Vätern des Konzils als Textvorlagen und Quellen gedient haben, nicht bekannt sind (es gibt keine Konzilsakten oder Ähnliches), so kann doch als sicher angesehen werden, dass das Konzil in Nizäa

4 Damaskinos Papandreou, Nizäa heute, Manuskript, 3.

die ersten sieben Artikel unseres Glaubensbekenntnisses niedergeschrieben hat, die später vom II. Ökumenischen Konzil in Konstantinopel (381) in das eigene Bekenntnis modifiziert und ergänzt übernommen wurden. Dafür können als Zeugen u. a. Eustathios von Antiochien, Athanasios von Alexandrien und Eusebius von Caesarea, die am Konzil anwesend waren, sowie Marcellus von Ancyra und Basilius der Gr., und vor allem das II., III. und das IV. Ökumenische Konzil in Konstantinopel (381), Ephesus (431) und in Chalcedon (451) angeführt werden.[5] Was also mit Sicherheit gesagt werden kann, ist, »daß das nizänische Glaubensbekenntnis keine völlig neu geschaffene Formulierung darstellt«,[6] sondern auf andere, ältere Vorlagen – am ehesten wahrscheinlich auf das Taufsymbol der Kirche von Caesarea – zurückgreift.

Erwähnt sei schließlich, dass das Symbolon des Konzils von Nizäa über den uns gewöhnlich bekannten Text hinaus einige Anathematismen dogmatischen Charakters als organischen Bestandteil enthält, wodurch arianische Lehren verurteilt werden. Das lässt vermuten, dass die eigentlichen Gründe zur Abfassung des Symbols von Nizäa rein dogmatischer Natur waren, indem dieses als »Kriterium der Orthodoxie« und zur Abwehr der Irrlehren des Arius diente.

II.2 Das Glaubensbekenntnis des Konzils von Konstantinopel (381)

Das I. Ökumenische Konzil und sein Symbol brachten offensichtlich nicht den ersehnten und erhofften Frieden in der Kirche. Die Häresie des Arius setzte sich unter verschiedenen Formen (Arianismus, Semi-Arianismus u. a.) fort. Hinzu kamen neue Häresien und Irrlehren, wie z. B. die der sogenannten Pneumatomachen, die die Gottheit des Heiligen Geistes leugneten, wie auch die Häresien des Apollinarius, des Sabellius, des Marcellus von Ancyra und anderer.[7]

Zur Entgegnung all dieser Häresien lud Kaiser Theodosius der Gr. im Jahr 381 die Bischöfe des östlichen Teiles des Römischen Reiches zu einer Synode in die Kirche der Hl. Irene in Konstantinopel ein. Der Synode standen zunächst der Bischof von Antiochien, Meletios und später der Patriarch von Konstantinopel, Gregor der Theologe, vor. Am Konzil nahmen 150 Väter teil.

5 Ortiz de Urbina, Nizäa und Konstantinopel, a. a. O., 78 ff., Damaskinos Papandreou, Nizäa heute, a. a. O., 4 und D. Lialiou, Ερμηνεία των Δογματικών και Συμβολικών Κειμένων της Ορθοδόξου Εκκλησίας, Bd. I, Thessaloniki 1992, 26 ff.
6 Ortiz de Urbina, Nizäa und Konstantinopel, a. a. O., 83.
7 Karmiris, a. a. O., Bd. I, 68 ff.

Die Synode des Ökumenischen Patriarchats von Konstantinopel erklärte das Jahr 1981 zum Jahr des II. Ökumenischen Konzils, hat dieses Jubiläum feierlich begangen, in Istanbul ein hochkarätig besetztes, wissenschaftliches theologisches Symposion zum Thema abgehalten und eine Enzyklika über dieses Ereignis verabschiedet.[8] Einen ähnlichen Festakt zum selben Jubiläum veranstaltete 1981 auch die Wiener Stiftung PRO ORIENTE in Wien.[9]

In dieser Enzyklika führt das Ökumenische Patriarchat Folgendes bezüglich der Ziele, der Absichten und der Arbeiten dieses Konzils aus: »Auseinandersetzung mit den christologischen Komplikationen, die durch den Arianismus und andere Mißstände entstanden waren, die den orthodoxen Glauben untergruben; Ablehnung und Bekämpfung der neuen pneumatomachischen Irrlehren von Makedonius; eine klare und knappe Formulierung und Verkündigung des orthodoxen Glaubens und der Lehre; Verurteilung der verurteilungswürdigen Irrlehren; Auferlegung der kirchlichen Ordnung und Disziplin durch verschiedene Mittel, besonders aber auch durch die konkrete Anerkennung der Entscheidungen des Ökumenischen Konzils in Glaubensfragen; Zurückschneidung und Bestrafung von Auswüchsen und Festlegung der Grenzen kirchlicher Jurisdiktionen und der einzelnen Regionen und schließlich, durch entsprechende Kanones, Festschreibung und Anerkennung der Stellung der Kirche von Konstantinopel im Verwaltungssystem des Ostens« (Enzyklika Nr. 6).

Wie schlimm es um die kirchliche Situation zur Zeit des Konzils bestellt war, überlieferte uns Basilius der Gr. in einem »Bericht über die gegenwärtige Situation der Kirche«. »Manche Kirchen«, sagt er, »stoßen gleichsam unter Wasser an häretische Klippen und gehen mit der ganzen Mannschaft unter, andere von Feinden des heilbringenden Leidens erleiden, wenn sie das Steuer übernommen haben, Schiffbruch im Glauben [...]. Überall (ist) die Liebe erkaltet und die Einigkeit unter Brüdern verschwunden [...], nicht einmal der Name der Eintracht wird noch gekannt. Es gibt keine Ermahnungen mehr aus Liebe, [...] nirgends Tränen des Mitleids«.[10]

8 ΜΝΗΜΗ ΣΥΝΟΔΟΥ Αγίας Β΄ Οικουμενικής εν Κωνσταντινουπόλει 381, Οικουμενικόν Πατριαρχείον / Πατριαρχικόν Ίδρυμα Πατερικών Μελετών, Θεσσαλονίκη 1983. Text der Enzyklika hier S. 59–70 sowie Deutsch als Sonderdruck des Ökumenischen Patriarchats wie auch in PRO ORIENTE 6, Das gemeinsame Credo. 1600 Jahre seit dem Konzil von Konstantinopel, Wien 1983, 99–106.

9 PRO ORIENTE 6, Das gemeinsame Credo. 1600 Jahre seit dem Konzil von Konstantinopel, Wien 1983.

10 Basilius der Gr., Über den Heiligen Geist, XXX, 77–78; PG 32,213,216, zitiert nach der o. g. Enzyklika des Ökumenischen Patriarchats, Nr. 7.

Ein ähnlich erschütterndes Bild der Bedrängnisse, der Gewalttaten, der Kirchenbeschlagnahmungen, der Plünderungen, der Verunglimpfungen der Altäre, der Verwirrung über die heiligen Sakramente, der persönlichen Verfolgungen, der körperlichen Verletzungen und Steinigungen sowie der tödlichen Angriffe auf den jeweiligen Gegner malte auch Gregor von Nazianz.[11]

Im Blick auf unser Thema (Glaubensbekenntnis) ging es den Vätern des Konzils von Konstantinopel wesentlich darum, die Lehre, den Glauben und das Symbol der Väter des Konzils von Nizäa (325) ungekürzt und unverfälscht zu bewahren. Schon zwei Jahrzehnte zuvor hatte Athanasios der Gr. die Notwendigkeit unterstrichen, das nizänische Glaubensbekenntnis in Bezug auf den Heiligen Geist zu vervollständigen, obwohl er (offensichtlich) von der christologischen Vollkommenheit dieses Symbols überzeugt war.

»In der Tat«, führt die Enzyklika des Ökumenischen Patriarchats zum 1600jährigen Konzilsjubiläum aus, »gab es eine innere und nicht zu übersehende Notwendigkeit, das Zweite Ökumenische Konzil einzuberufen. Einerseits ging es dabei um den Kampf gegen die anderen Häretiker, die das Konzil (von Nizäa) namentlich in seinem ersten Kanon verurteilt hatte, und andererseits wollte man – als Hauptanliegen – die Pneumatomachen widerlegen (Nr. 8)«. Zudem (waren) die Konzilsväter aufgerufen, die Lehre der Kirche in einem weiteren Sinne zu formulieren und sich auch spezieller über Fragen außerhalb des trinitarischen Problemkreises zu äußern – wie z. B. über die Kirche, das Sakrament der Taufe, den Glauben an die Auferstehung der Toten und das ewige Leben, zu denen das Erste Konzil von Nizäa noch nicht Stellung genommen hatte (Nr. 9).

Jedenfalls verstehen die Konzilsväter ihr Symbol als Bestätigung und – sozusagen – als »Fortschreibung« des Glaubens von Nizäa, schrieben sie doch im ersten Kanon des Konzils sehr eindeutig: »Den Glauben der in Nizäa zu Bithynien zusammengekommenen heiligen Väter nicht zu ignorieren sondern jenen weiterhin gültig sein lassen und jede Häresie mit dem Anathema belegen.« Μή αθετείσθαι τήν πίστιν τών αγίων πατέρων, τών εν Νικαία της Βιθυνίας συνελθόντων, αλλά μένειν εκείνην κυρίαν, και αναθεματισθήναι πάσαν αίρεσιν.[12]

11 Gregor von Nazianz, Homilie, Über die Märtyrer und gegen die Arianer, PG 37,1022 ff. und 82,1213, zitiert nach der o. g. Enzyklika des Ökumenischen Patriarchats, Nr. 7.

12 Mansi, 3,557, zitiert nach D. Lialiou, a. a. O., 95. Die Texte des Konzils von Konstantinopel, das Glaubensbekenntnis, die Kanones und der Synodalbrief, in: PRO ORIENTE, Das gemeinsame Credo, a. a. O., 9–13.

So entstand das Glaubensbekenntnis des Konzils von Konstantinopel, das nach Präzisierung einiger Sätze des Symbols von Nizäa und Erweiterung um die Aussagen über den Hl. Geist, die Kirche, die Taufe, den Glauben an die Auferstehung der Toten und das ewige Leben, seine definitive und integrale Gestalt annahm.

Das von den Konzilsvätern zu Konstantinopel 381 formulierte Glaubensbekenntnis, also der Glaube von Nizäa und Konstantinopel, wurde auf dem IV. Ökumenischen Konzil in Chalkedon (451) vom Diakon Aetios aus den offiziellen Konzilsakten verlesen und von den Vätern des Konzils als das Glaubensbekenntnis der Kirche schlechthin feierlich bestätigt:

»Der heilige Glaube, den die hundertfünfzig heiligen Väter (des Konzils von Konstantinopel 381, der Verf.) in Übereinstimmung mit dem Glauben des heiligen und Großen Konzils von Nizäa ... formuliert hatten« und »alle die sehr frommen Bischöfe, bestätigten ihn durch Akklamation und sagten: Dies ist unser aller Glaube, dies ist der Glaube der Orthodoxen, so glauben wir alle«.[13]

So kann das Ökumenische Patriarchat auch heute noch sagen: »Seitdem besitzt die Kirche Christi ihr eigenes Glaubenssymbol, das verbindlich den einen Glauben der gesamten Kirche ausdrückt, ein Symbol, das kirchlich auf breiter Ebene verwandt werden kann und das den Glauben der Kirche ... bekräftigt und bezeugt, einen Glauben, der die gegenseitige Liebe als Bedingung des gemeinsamen Bekenntnisses voraussetzt«, wie wir in unserer orthodoxen Liturgie bekennen. Dieses Bekenntnis ist seit seiner Proklamation »zu einem universalverbindlichen Text geworden« (Enzyklika Nr. 13). [...] »Daher obliegt der Kirche Christi die Verpflichtung zu gewährleisten, daß das Symbol rein, unantastbar und unverfälscht bleibt«. Und in Anlehnung an das III. Ökumenische Konzil von Ephesus: »Niemand hat das Recht, einen anderen Glauben als den der heiligen Väter zu verkünden oder schriftlich zu formulieren oder zu predigen«, wie zuvor auch das III. Ökumenische Konzil in Ephesus (431) in seinem 7. Kanon formulierte, und das IV. Ökumenische Konzil zu Chalkedon (451) sowie ausnahmslos alle anderen nachfolgenden Ökumenischen Konzile die Reinheit und Unverfälschtheit des Konstantinopolitanischen Symbols bekundet haben.[14]

13 Mansi VI,956–957, zitiert nach der Enzyklika des Ökumenischen Patriarchats, Nr. 11.

14 Mansi, VII,108–117, zitiert nach der Enzyklika des Ökumenischen Patriarchats, Nr. 13; vgl. auch D. Lialiou, a. a. O., 96, Anm. 3.

III Das Glaubensbekenntnis von Nizäa-Konstantinopel (NC) in der zeitgenössischen ökumenischen Bewegung und seine Bedeutung für die Einheit der Kirche

In den letzten fünfzig Jahren wurde so viel über das GBNC und seine ökumenische Bedeutung gesagt und geschrieben, so viele Symposien, Konsultationen und Konferenzen abgehalten, offizielle Erklärungen und Resolutionen von Kirchen, kirchenleitenden Persönlichkeiten und ökumenischen Gremien verabschiedet und unzählige Beiträge in Zeitschriften, Berichtsbänden und Monographien veröffentlicht, so dass eigentlich alles gesagt und geschrieben wurde, was darüber zu sagen wäre. Besonders zu nennen wären hier:

Die offiziellen Feierlichkeiten in Konstantinopel und Rom aus Anlass des 1650jährigen Jubiläums des I. Ökumenischen Konzils im Jahr 1975 und des 1600jährigen Jubiläums des II. Ökumenischen Konzils im Jahr 1981. Aus diesen Anlässen wurden a) die o. g. Enzyklika des Ökumenischen Patriarchats[15] aus dem Jahr 1981, b) das Schreiben des Papstes Johannes Pauls II.[16] zur 1600-Jahrfeier des II. Ökumenischen Konzils, c) die »Erklärung« der deutschen Bischöfe »Das Christusbekenntnis«[17] und d) die Handreichung des Rates der EKD, »Das Christusbekenntnis der Kirche« (1975),[18] herausgegeben. Eine weitere wichtige Publikation zu unserem Thema ist sicherlich auch die Dokumentation eines theologischen Symposions mit hochkarätigen orthodoxen, katholischen und evangelischen Persönlichkeiten und Theologen, das das Orthodoxe Zentrum des Ökumenischen Patriarchats in Chambésy aus Anlass der 1600-Jahrfeier des Konzils von Konstantinopel (381) im Jahr 1981 in Chambésy/Genf abgehalten hat.[19]

Von besonderer Bedeutung für unser Thema sind sicherlich die diesbezüglichen Erklärungen der III. Ökumenischen Begegnung des Rates der Katholischen Bischofskonferenzen Europas und der Konferenz Europäischer Kirchen (CCEE und KKE) in Riva del Garda (1984),[20] »Unser Credo – Quelle der Hoffnung« und der Arbeitsgemeinschaft Christlicher Kirchen in Deutschland (1981).[21]

15 In: ΜΝΗΜΗΥ ΣΥΝΟΔΟΥ, a. a. O., 59–70, und PRO ORIENTE, a. a. O., 99–106.
16 In: Verlautbarungen des Apostolischen Stuhls Nr. 30.
17 In: KNA-Dokumentation-Nr. 35/1. 10. 1975.
18 Bei mir vorhanden nur als Manuskript.
19 Le IIe Concile Oecuménique. »Signification et actualité pour le monde chrétien d aujourd hui«, Chambésy 1982.
20 In: Una Sancta, 39 (1984), 289–299.
21 Als Sonderdruck der ACK und in: PRO ORIENTE, Das gemeinsame Credo, a. a. O., 160–161.

Aus dem Bereich des Ökumenischen Rates der Kirchen (ÖRK) ist sicherlich das gleichnamige Projekt der Kommission für Glauben und Kirchenverfassung »Gemeinsam den einen Glauben bekennen«[22] mit den Begleitstudien speziell zur Frage des Filoque erwähnenswert.

Dann wäre sicherlich die Studie des Deutschen Ökumenischen Ausschusses (DÖSTA) »Wir glauben, wir bekennen, wir erwarten« (1997) zu nennen. Dieses sind nur einige aus einer Reihe offizieller Verlautbarungen der Kirchen und der ökumenischen Gremien zu unserem Thema.

Für unseren »lokalen« theologischen Dialog, überhaupt für alle theologischen Dialoge der EKD mit orthodoxen Kirchen, sind sicherlich die Ergebnisse des weltweiten offiziellen theologischen Dialogs zwischen den orthodoxen Kirchen und dem Lutherischen bzw. dem Reformierten Weltbund zu berücksichtigen, denn die Frage »Konzil und Glaubensbekenntnis« wurde auch im Rahmen dieser Dialoge behandelt. Auch im Rahmen des bilateralen theologischen Dialogs zwischen den verschiedenen Autokephalen Orthodoxen Kirchen (Moskauer Patriarchat, Ökumenisches Patriarchat, Rumänische und Bulgarische Orthodoxe Kirche) und der Evangelischen Kirche in Deutschland (EKD) wurde dieses Thema – wenn nicht gerade so, wie es im Programm unserer heutigen Begegnung formuliert ist, so doch in ähnlicher Weise – etwa im Rahmen des allgemeineren Themas »Schrift und Tradition« mehrfach behandelt, wie etwa beim ersten Gespräch zwischen dem Patriarchat von Moskau und der EKD (Thema: Tradition und Glaubensgerechtigkeit) oder zwischen der EKD und der Rumänischen Orthodoxen Kirche »Thema: Die Heilige Schrift, die Tradition und das Bekenntnis« (1979)[23] und andere.

Speziell aus orthodoxer Sicht schließlich sind orthodoxe Erklärungen und Stellungnahmen zum Thema, die von orthodoxen Kirchen, Persönlichkeiten, Delegierten bei Konferenzen und Konsultationen im Rahmen der Ökumenischen Bewegung bzw. des ÖRK abgegeben wurden, zu berücksichtigen.

Wir haben also vor uns eine Fülle von offiziellen Erklärungen und Stellungnahmen unserer Kirchen sowie zahlreiche ökumenische Texte

22 Ökumenischer Rat der Kirchen, Gemeinsam den einen Glauben bekennen. Eine ökumenische Auslegung des apostolischen Glaubens, wie er im Glaubensbekenntnis von Nizäa-Konstantinopel (381) bekannt wird. Studiendokument der Kommission für Glauben und Kirchenverfassung, Faith and Order-Paper-Nr. 153, Frankfurt a. M./Paderborn 1991. S. auch den vorausgegangenen Entwurf dazu: »Den einen Glauben bekennen«. Auf dem Weg zu einem gemeinsamen Ausdruck des apostolischen Glaubens auf der Grundlage des Glaubensbekenntnisses von Nizäa-Konstantinopel (381), FO-Paper-Nr. 140, Genf 1988.

23 Beiheft zur Ökumenischen Rundschau Nr. 42.

und Dokumente, so dass eine Auswahl und Beschränkung unausweichlich, ja geboten ist, wobei offizielle Erklärungen den Vorrang und eine gewisse Priorität haben müssen.

Was kann man also zum Thema über das hinaus noch sagen, was in den o. g. Erklärungen und Dokumenten gesagt worden ist? Eigentlich nichts. Deshalb ziehe ich es vor, nach dem weisen griechischen Spruch, »ερώ εμόν ουδέν« (ich sage nichts Eigenes), daraus nur einige, besonders markante Äußerungen bzw. Aussagen zu zitieren:

Das Ökumenische Patriarchat von Konstantinopel hat in seiner hier mehrfach zitierten Enzyklika anlässlich des 1600jährigen Jubiläums des Ökumenischen Konzils von Konstantinopel die ökumenische Bedeutung des Glaubensbekenntnisses von Nizäa-Konstantinopel hinreichend und deutlich hervorgehoben und eigentlich alles dazu gesagt, so dass jede weitere persönliche Äußerung von mir bzw. von uns als Einzelpersonen oder gar als orthodoxe Dialoggruppe das Gesagte nur relativieren und verwässern könnte. Deshalb noch einmal die Enzyklika selbst: Das Glaubenssymbol von Nizäa-Konstantinopel ist das Symbol, »das von allen Christen gemeinsam gesprochen und bekannt [...] und als solches von allen heiligen Kirchen Gottes in Ehren gehalten wird (Nr. 3). »Wir bezeugen allen, daß die beste und heiligste Weise, gemeinsam den einen Glauben an Christus zu bekunden und zu bezeugen, in dem Bekenntnis des durch die Väter des ökumenischen Konzils der einen und ungeteilten Kirche Christi formulierten Glaubens liegt« (Nr. 17).

Nicht weniger deutlich hat auch Papst Johannes Paul II. die Bedeutung des GBNC gewürdigt, als er im Juni 1981 aus Anlass des Jubiläums des Konzils von Konstantinopel (381) an den Ökumenischen Patriarchen Dimitrios schrieb: »Dieses Glaubensbekenntnis wurde in seinem konziliaren und ökumenischen Wert, der normativ und unwiderruflich ist, durch das Konzil von Chalcedon [...] anerkannt und daraufhin von allen Kirchen übernommen. [...] Die Glaubensbekenntnisse der ökumenischen Konzilien bringen den christlichen Glauben in unabänderlicher Weise zum Ausdruck«.[24] Und im Blick auf die Einheit der Kirche schrieb er in seinem »Schreiben an den Episkopat der katholischen Kirche zur 1600-Jahrfeier des I. Konzils von Konstantinopel und zur 1550-Jahrfeier des Konzils von Ephesus« vom 25. März 1981: »Was könnte denn auch mehr den Weg zu dieser Einheit beschleunigen als die Erinnerung und damit die Verlebendigung dessen, was durch so viele Jahrhunderte der Inhalt des gemeinsam bekannten Glaubens gewesen ist und sogar auch jetzt noch ist, nach den

24 Stiftung PRO ORIENTE, Das gemeinsame Credo, a. a. O., 151.

schmerzlichen Trennungen, die im Laufe der Jahrhunderte eingetreten sind?«[25]

Die deutschen katholischen Bischöfe formulierten 1975 in ihrer Erklärung »Das Christusbekenntnis«: »Das Bekenntnis von Nizäa und Chalcedon ist für uns verbindlicher Ausdruck des Glaubens an Jesus Christus. Es bringt die Christusbotschaft des Neuen Testamentes zur Geltung, die von der Kirche von Anfang an bis heute bezeugt wird. [...] Das Bekenntnis von Nizäa ist also eine gültige Auslegung des Neuen Testamentes; [...] Die Kirche würde ihre Identität verlieren, würde sie sich heute oder in Zukunft nicht mehr eindeutig zu diesem Glauben bekennen«.[26]

Im Zusammenhang unseres Dialogs ist natürlich von besonderer Bedeutung die Position der evangelischen Kirchen, so z.B. in der Handreichung des Rates der EKD »Das Christusbekenntnis der Kirche« vom 19. Juni 1975 aus Anlass der 165-Jahrfeier des I. Ökumenischen Konzils, in der »die bleibende Bedeutung des in Nicäa formulierten Glaubens für Lehre und Leben der evangelischen Kirche« hervorgehoben ist. »Auch in der Evangelischen Kirche in Deutschland ist seine Geltung unangefochten und muß es bleiben. Liturgischen Ausdruck findet dies darin, daß es zunehmend als Glaubensbekenntnis im Gottesdienst gesprochen wird, und zwar in der auf dem zweiten ökumenischen Konzil in Konstantinopel beschlossenen Form«.[27]

Von besonderer ökumenischer Relevanz ist sicherlich die gemeinsame Erklärung von KEK und CCEE »Unser Credo – Quelle der Hoffnung«, die bei deren III. Ökumenischer Begegnung in Riva del Garda 1984 verabschiedet wurde, und in der es heißt: »Mit diesem Credo bekennen wir unseren Glauben an Gott. [...] Es ist das Band, das die getrennten Kirchen eint. [...] Eine Neuformulierung des Glaubensbekenntnisses unter Aufgabe dieser kirchlichen Tradition könnte den wesentlichen und notwendigen Zusammenhang des christlichen Glaubens an allen Orten und zu allen Zeiten gefährden. Erst ein Konzil, an dem alle Kirchen wieder teilnehmen,

25 In: Verlautbarungen des apostolischen Stuhls Nr. 30, 8.

26 Erklärung der Deutschen Bischöfe »Das Christusbekenntnis«, in: KNA-Dokumentation, Nr. 35/1. Oktober 1975, 1.

27 Text als EKD-Manuskript, 1. Vgl. auch: Vom Gebrauch der Bekenntnisse. Zur Frage der Auslegung von Bekenntnissen der Kirche. Ein Beitrag der Kammer für Theologie der Evangelischen Kirche in Deutschland, Hannover 1995, EKD-Texte 53 sowie die Erklärung der IX. Vollversammlung des LWB 1990 in Curitiba zur Aufnahme des Nizänums in den Gottesdienst: »das Nizänische Glaubensbekenntnis in Katechese und Liturgie stärker zu berücksichtigen und auch dort, wo dies noch nicht Praxis ist, es in Zukunft zumindest an den hohen Festtagen im Gottesdienst zu gebrauchen«, (Lutherische Welt-Informationen Nr. 2/97,14).

hätte das Recht, auf der Grundlage des apostolischen Glaubens eine Neuformulierung des [...] universalen Glaubensbekenntnisses vorzunehmen. Das Symbol von Konstantinopel ist uns eine Mahnung zur vollen Verwirklichung der Einheit der Kirchen«[28]. Es sei an dieser Stelle in Erinnerung gerufen, dass die aus diesem Anlass in Riva del Garda versammelten Vertreter nahezu aller europäischer Kirchen im Dom zu Trient einen eindrucksvollen ökumenischen Gottesdienst gefeiert und dabei das Nizäno-Konstantinopolitanische Glaubensbekenntnis in seinem ursprünglichen Wort – also ohne das Filioque – gesprochen haben.

Von kaum zu unterschätzender Bedeutung ist sicherlich auch die im April 2001 von den Kirchen Europas (KEK-CCEE) verabschiedete Erklärung »Charta Oecumenica. Leitlinien für die wachsende Zusammenarbeit unter den Kirchen in Europa«, die im Abschnitt »Gemeinsam zur Einheit im Glauben berufen« den Glauben an den dreieinigen Gott unter Hinweis auf das Glaubensbekenntnis von Nizäa-Konstantinopel hervorhebt: »Mit dem Evangelium Jesu Christi, wie es in der Heiligen Schrift bezeugt wird und im Ökumenischen Glaubensbekenntnis von Nizäa-Konstantinopel (381) zum Ausdruck kommt, glauben wir an den dreieinigen Gott«[29].

Natürlich kann ich die Arbeitsgemeinschaft Christlicher Kirchen in Deutschland nicht unerwähnt lassen, die im Laufe meiner dreißigjährigen Tätigkeit in ihr sich mehrfach mit der Frage des Glaubensbekenntnisses befasst hat. Ergebnis dieser Beschäftigung war zunächst die zu Pfingsten 1981 verabschiedete ACK-»Erklärung zur 1600-Jahrfeier des Glaubensbekenntnisses von Nizäa Konstantinopel«[30]. An dieser Stelle sei nur ein Abschnitt aus der ACK-Erklärung, den ich für besonders wichtig halte, zitiert: »Dieses Bekenntnis zum dreieinigen Gott ist das einzige ökumenische Glaubensbekenntnis, das die östliche und die westliche, die römisch-katholische und die reformatorische Christenheit durch alle Trennungen hindurch verbindet. Diese gemeinsam bezeugte Wahrheit des Evangeliums zeigt, daß die Trennung unserer Kirche nicht bis in die Wurzel gegangen ist. Die Gemeinsamkeit im Bekenntnis zum dreieinigen Gott ist unaufgebbare Bedingung für die Einheit der einen, heiligen, katholischen und apostolischen Kirche« (Nr. 2). Spätestens seit der ACK-Erklärung von 1981 über das GBNC ist es uns in Deutschland gelungen (dies natürlich nicht

28 In: Una Sancta 4/1984, 291.

29 Charta Oecumenica, I.1.

30 In: PRO ORIENTE, Das Gemeinsame Credo, a. a. O., 160–162 sowie als ACK-Sonderdruck, sowie die Studie des Deutschen Ökumenischen Ausschusses »Wir glauben, wir bekennen, wir erwarten. Eine Einführung in das Gespräch über das Ökumenische Glaubensbekenntnis von 381«, hrsg. von Wolfgang Bienert, Eichstätt 1997.

ohne Widerstände seitens mancher Kirchen), dieses Glaubensbekenntnis zum festen Bestandteil – und zwar ohne den Zusatz des Filioque – bei ökumenischen Gottesdiensten, die die ACK verantwortet, zu machen, darunter auch die jährlichen Gebetswochen für die Einheit der Christen. Ich denke, das ist eine – wenn auch bescheidene – Errungenschaft unserer ökumenischen Bemühungen in Deutschland.

Wenn wir über die Bedeutung des Glaubensbekenntnisses von Nizäa-Konstantinopel für die Einheit der Kirche sprechen, dann können wir natürlich nicht all das unberücksichtigt lassen, was das GBNC innerhalb des Ökumenischen Rates der Kirchen (ÖRK) bewirkt hat bzw. wozu die Beschäftigung des ÖRK mit den Fragen des Glaubensbekenntnisses geführt hat. Ich fange von hinten an:

Die IX. Vollversammlung des ÖRK in Porto Alegre in Brasilien im Februar 2006 beschloss auf Vorschlag des Zentralausschusses des ÖRK (Februar 2005) und infolge der Arbeiten der »Sonderkommission zur Orthodoxen Mitarbeit im Ökumenischen Rat der Kirchen« eine aus orthodoxer Sicht gewichtige Änderung der Satzung des ÖRK, indem sie im Abschnitt »Theologische Kriterien« im Blick auf Kirchen, die einen Antrag auf Mitgliedschaft in ihm stellen, das Bekenntnis zum dreieinigen Gott, wie er im GBNC formuliert ist, hinzufügte und es zur Voraussetzung für eine Mitgliedschaft im ÖRK machte. Diese Satzungsänderung im Abschnitt I.3.a lautet: »Die Kirche (die einen Antrag stellt) bekennt in ihrem Leben und Zeugnis den Glauben an den dreieinigen Gott, wie er in der Heiligen Schrift zum Ausdruck gebracht wird und sich im Glaubensbekenntnis von Nizäa-Konstantinopel widerspiegelt«.[31]

Soweit ich sehe, ist dies das erste Mal, dass das Bekenntnis zum NC Zugang zu einem solchen Dokument, wie der Satzung des ÖRK, gefunden hat. Dies stellt ohne Zweifel einen Höhepunkt der ökumenischen Bemühungen all derer dar, die dieses Anliegen seit den Anfängen der neuzeitlichen Ökumene zu einem Herzensanliegen gemacht hatten bzw. haben, und dazu zählen gewiss in erster Linie die Orthodoxen. Indem das GBNC, und zwar in seinem ursprünglichen Wortlaut – also ohne den Zusatz des Filioque – in die Satzung des ÖRK aufgenommen und zur Voraussetzung und zum Kriterium für die Aufnahme von neuen Mitgliedskirchen in ihm gemacht wird, stellt es (das GBNC) eine Präzisierung der trinitarischen Basis-Formel des ÖRK (Neu Delhi 1961) dar und wird so zur trinitarischen Norm für alle Kirchen des ÖRK (also nicht nur für neue Mitgliedskirchen).

[31] In: In deiner Gnade, Gott, verwandle die Welt. Porto Alegre 2006. Neunte Vollversammlung des Ökumenischen Rates der Kirchen, hrsg. von Klaus Wilkens, Frankfurt a. M. 2007, 456.

Aber wie kam es dazu im Ökumenischen Rat der Kirchen?

Begonnen hatte das Gespräch darüber bereits auf der I. Weltkonferenz für Glauben und Kirchenverfassung in Lausanne 1927, die in ihrer Erklärung »Das gemeinsame Glaubensbekenntnis der Kirche« (Bericht der Vierten Sektion) formulierte: »Ungeachtet der zwischen uns bestehenden Lehrunterschiede sind wir einig in dem gemeinsamen christlichen Glauben, wie er in der Heiligen Schrift verkündet wird, wie er in dem gemeinhin als Nizaenum bezeichneten ökumenischen Bekenntnis sowie im Apostolikum bezeugt und bewahrt ist«.[32]

Diese Formulierung war für die orthodoxen Vertreter auf der Konferenz von Lausanne offenkundig ein unannehmbarer Kompromiss (Nizaenum und Apostolicum!), weshalb sie ihn ablehnten und in ihrer eigenen »Erklärung« unterstrichen: »Die Orthodoxe Kirche hält streng an dem Grundsatz fest, dass die Grenzen der individuellen Glaubensfreiheit durch die Definition, welche die Gesamtkirche gegeben hat, festgelegt ist. ... Überdies erhalten die Symbole, welche von der vereinigten Kirche angenommen werden würden ihre Bedeutung nach der Auffassung von uns Orthodoxen nicht nur durch die Tatsache, dass sie historische Zeugnisse für den Glauben der Urkirche sind, sondern vor allem auch dadurch, dass die Kirche auf ihren ökumenischen Konzilien ihre Geltung bestätigt hat ... Was für uns hinsichtlich des ökumenischen Symbols gilt, das gilt auch hinsichtlich der dogmatischen Definitionen der sieben ökumenischen Konzilien, deren Autorität zu erschüttern kein Orthodoxer berechtigt wäre. Daher vertritt die Orthodoxe Kirche die Meinung, dass eine Wiedervereinigung nur auf der Grundlage des gemeinsamen Glaubens und des Bekenntnisses der alten ungeteilten Kirche der sieben ökumenischen Konzilien in den ersten acht Jahrhunderten erfolgen kann«.[33]

So oder ähnlich scharf und deutlich formulieren auch orthodoxe Delegierte auf den nachfolgenden ökumenischen Konferenzen bzw. Vollversammlungen und Konsultationen des ÖRK, wenn es darum ging, die Autorität, Verbindlichkeit und ökumenische Geltung der ökumenischen Konzilien der frühen Kirche, und vor allem des Glaubensbekenntnisses von Nizäa-Konstantinopel, zu verteidigen.[34]

32 In: Ökumenische Dokumente. Quellenstücke über die Einheit der Kirche, hrsg. von Hans-Ludwig Althaus, Göttingen 1962, 27–28.

33 Athanasios Basdekis (Hrsg.), Orthodoxe Kirche und Ökumenische Bewegung. Dokumente – Erklärungen – Berichte 1900-2006, Frankfurt a. M. 2006, 23.

34 So z. B. auf der Ökumenischen Konferenz von Edinburgh 1937 (Ziff. 4): »... Wir Orthodoxen Abgeordneten ... hegen die Überzeugung, dass allein die dogmatische Lehre der alten Kirche, wie wir sie in der Heiligen Schrift, dem Glaubensbekenntnis, den Entscheidungen der ökumenischen Synoden, der Lehre der Väter, dem

Allen diesen orthodoxen Erklärungen ist die Überzeugung gemeinsam, dass sie die Bedeutung und den Stellenwert des ökumenischen Glaubensbekenntnisses von NC im engen Zusammenhang mit der orthodoxen Auffassung von der Autorität und Gültigkeit der ökumenischen Konzilien der Alten Kirche sehen. Grundlage der ökumenischen und diachronen Geltung des GBNC ist die ökumenische und diachrone Geltung und Autorität der Sieben Ökumenischen Konzilien der geeinten Kirche des ersten Jahrtausends.

Das Beharren der orthodoxen Kirchen und deren Vertreter in der ökumenischen Bewegung in der Frage des GBNC und seiner Bedeutung für die Einheit der Kirche hat erste Früchte auf der V. Vollversammlung des ÖRK 1975 in Nairobi gezeigt, auf der der ÖRK am Ende der Debatte über die Kirche als einer konziliaren Gemeinschaft die Empfehlung annahm, in der er die Mitgliedskirchen dazu aufrief, »zu dem Ziel der sichtbaren Einheit im einen Glauben und der einen eucharistischen Gemeinschaft, die ihren Ausdruck im Gottesdienst und im gemeinsamen Leben in Christus findet und auf diese Einheit zuzugehen, damit die Welt glaube« (Art. III,1).[35] »Ein Ansatz für dieses Projekt«, so die Empfehlung des ÖRK weiter, »ist die Anerkennung der besonderen Stellung und Funktion des Nicänums. Der Ruf nach einem gemeinsamen Ausdruck unseres apostolischen Glaubens gehört nämlich zusammen mit einer wachsenden Konvergenz in unserem Verständnis von Taufe, Eucharistie und Amt zur Bewegung auf die Einheit der Kirche zu. Will man auf einen solchen gemeinsamen Ausdruck hinarbeiten, dann ist es unmöglich, den besonde-

Gottesdienst und dem ganzen Leben der Kirche finden, eine tragfähige Grundlage abgeben kann. [...] Zweideutige und kompromissartige Ausdrücke des Glaubens sind nur von geringem Wert« (A. Basdekis, a. a. O., 29–30); in der Erklärung der orthodoxen Delegierten auf der II. Vollversammlung des ÖRK 1954 in Evanston (Ziff. 2), in: A. Basdekis, a.a.O., 63–65; in der orthodoxen Erklärung zur Einheit der Kirche, 1957 in Oberlin/Ohio: »Getreu ihrem historischen Bewusstsein erklärt die Orthodoxe Kirche, dass sie durch unverfälschtes Bewahren des apostolischen Glaubens und der apostolischen Verfassung die ungebrochene Kontinuität mit der Kirche von Pfingsten erhalten hat ... Jede Vereinbarung über den Glauben muss die Autorität der Beschlüsse der sieben ökumenischen Konzile zur Grundlage haben, die den Geist der einen ungeteilten Kirche der alten Zeit und die darauf folgende Tradition, wie sie im Leben der Orthodoxen Kirche sicher bewahrt ist, repräsentieren«, in A. Basdekis, a. a. O., 77–78, oder auch in der Erklärung der orthodoxen Delegierten auf der III. Vollversammlung des ÖRK 1961 in Neu Delhi, im Zusammenhang mit der Diskussion über die Einheit der Kirche, die bekanntlich zur trinitarischen Erweiterung der Basis-Formel des ÖRK führte.

35 Schritte zur sichtbaren Einheit, Lima 1982. Sitzung der Kommission für Glauben und Kirchenverfassung, Frankfurt a. M. 1983, 65.

ren Stellenwert des Nicänums außer Acht zu lassen. Es ist das eine gemeinsame Glaubensbekenntnis, das am weitgehendsten von den Kirchen überall als Formulierung des apostolischen Glaubens angenommen wird; es dient dabei in erster Linie als Glaubensbekenntnis in der eucharistischen Liturgie«.[36]

Diese Empfehlung der V. Vollversammlung des ÖRK ist, wenn man so will, die Geburtsstunde des Projekts »Gemeinsam den einen Glauben bekennen«,[37] welches nach vielen Konsultationen und Änderungen von der Plenarkommission von Faith and Order auf ihrer Sitzung 1989 angenommen wurde.[38]

Das Studiendokument der Kommission für Glauben und Kirchenverfassung in seiner nunmehr letzten Version von 1991 begründet in ausführlicher und zutreffender Weise die Tatsache, warum das GBNC eine herausragende Rolle auf dem Weg zur sichtbaren Einheit der Kirche spielt. Dort heißt es: »Die Kommission für Glauben und Kirchenverfassung beschloß, das Glaubensbekenntnis von Nizäa-Konstantinopel aus dem Jahr 381 als theologische Grundlage und methodisches Werkzeug für die Auslegung des apostolischen Glaubens zu benutzen, um die Grundaussagen des apostolischen Glaubens, die bei diesem ökumenischen Unternehmen ausgelegt werden sollen, herauszustellen. Dieses Glaubensbekenntnis

- ist mehr als jedes andere Glaubensbekenntnis weltweit als normativer Ausdruck des wesentlichen Inhalts des apostolischen Glaubens angenommen worden,
- ist Teil des geschichtlichen Erbes der heutigen Christenheit,
- ist durch die Jahrhunderte hindurch liturgisch verwendet worden, um den einen Glauben der Kirche zum Ausdruck zu bringen (Ziff. 12), und
- das Nizänum ist ein konziliares Bekenntnis, das durch seine breite Aufnahme zum ökumenischen Symbol der Einheit der Kirche im Glauben wurde« (Ziff. 16)[39].

36 Ebd.

37 Glauben und bekennen. Eine ökumenische Auslegung des apostolischen Glaubens, wie er im Glaubensbekenntnis von Nizäa-Konstantinopel (381) bekannt wird. FO-Paper-Nr. 153, Frankfurt/Paderborn 1991. Siehe auch FO-Paper-Nr. 140.

38 Eine Übersicht über die verschiedenen Stationen des Projekts bietet Hans-Georg Link in seinem Beitrag: Fülle des Glaubens. Zum Prozess einer ökumenischen Auslegung des apostolischen Glaubens, in: Ein Gott – ein Herr – ein Geist. Zur Auslegung des apostolischen Glaubens, hrsg. von Hans-Georg Link in Zusammenarbeit mit Dietrich Ritschl und Dan-Ilie Ciobotea, Beiheft zur Ökumenischen Rundschau Nr. 56, 7–19, sowie Gennadios Limouris, in: Gemeinsam den einen Glauben bekennen, FO-Paper-Nr. 153, 109–115.

39 A. a. O., 11–12.

Insofern war es folgerichtig, dass sich die nächsten Vollversammlungen des ÖRK, 1983 in Vancouver, 1991 in Canberra und 2006 in Porto Alegre an den Ergebnissen des Projekts über das Glaubensbekenntnis von Nizäa-Konstantinopel orientieren würden, nämlich sowohl bei der Erklärung zur Einheit von Canberra »Die Einheit der Kirche als Koinonia. Gabe und Berufung«[40] als auch in der Ekklesiologie-Erklärung von Porto Alegre »Berufen, die eine Kirche zu sein«.[41] Prof. Vlassios Pheidas[42] und Prof. Georgios Martzelos[43] heben deshalb zu Recht die Bedeutung der einstimmigen Annahme des GBNC auf der Vollversammlung des ÖRK in Porto Alegre als gemeinsame Grundlage für die theologischen Kriterien und Voraussetzungen bei der Annahme von neuen Mitgliedern in den ÖRK wie auch für den verantwortungsvollen Beitrag der Orthodoxen bei künftigen Arbeiten des ÖRK hervor.

40 In: Im Zeichen des Heiligen Geistes. Bericht aus Canberra 1991, Frankfurt a. M., 1991, 175: »Die Herausforderung … der ökumenischen Bewegung als einer versöhnenden und erneuernden Bewegung auf dem Weg zu voller sichtbarer Einheit besteht für die Siebte Vollversammlung des ÖRK darin, alle Kirchen aufzurufen: […] auf die Anerkennung des apostolischen Glaubens zuzugehen, wie er durch das Glaubensbekenntnis von Nizäa-Konstantinopel im Leben und Zeugnis der anderen zum Ausdruck kommt«. In seiner Grußbotschaft an die V. Weltkonferenz für Glauben und Kirchenverfassung, 3.–14. August 1993 in Santiago de Compostela, Spanien, forderte der Ökumenische Patriarch, Bartholomaios, auf, das Glaubensbekenntnis von 381 als das alle Kirchen verbindende und verbindliche ökumenische Glaubensbekenntnis in einem offiziellen Akt anzuerkennen. Wörtlich sagte er. »Mit großer Genugtuung begrüßen wir die Tatsache, daß Glauben und Kirchenverfassung das Glaubensbekenntnis von Nizäa-Konstantinopel (381) in seiner ursprünglichen Form als Grundlage unseres Ausdrucks des apostolischen Glaubens anerkannt hat. Wir ergreifen die Gelegenheit, den Vorschlag zu machen, daß an der Schwelle zum dritten Millenium die Führer der großen christlichen Gemeinschaften eine gemeinsame feierliche Erklärung ablegen, die alle Christen auffordert, ihre Einheit auf dieser Grundlage aufzubauen« (Santiago de Compostela. Fünfte Weltkonferenz für Glauben und Kirchenverfassung, 3. bis 14. August 1993. Berichte, Referate, Dokumente. Beiheft zur Ökumenischen Rundschau. Nr. 67, Frankfurt a. M., 1994, 259).

41 In deiner Gnade, Gott, verwandle die Welt. Porto Alegre 2006. Neunte Vollversammlung des Ökumenischen Rates der Kirchen, hrsg. von Klaus Wilkens, Frankfurt a. M. 2006. Erklärung zur Ekklesiologie »Berufen, die eine Kirche zu sein«, II.3: »Wir bekennen die eine, heilige, katholische und apostolische Kirche, wie sie im Glaubensbekenntnis von Nizäa-Konstantinopel (381) zum Ausdruck kommt«, in: epd-Dokumentation, Nr. 11/2006, 35.

42 Vlassios Pheidas, Die 9. Vollversammlung des ÖRK in Porto Alegre und die Orthodoxe Kirche/griechisch, in: EPISKEPSIS-Nr. 659, 25.

43 Georgios Martzelos, Die Bedeutung der Kirchenväter bei den multilateralen theologischen Dialogen der Orthodoxie (Manuskript, griechisch, 8).

Exkurs: Das Problem des Filioque

Es versteht sich von selbst, dass im Rahmen unseres Themas bzw. meines Referates auch einige Sätze zur Frage des Filioque gesagt werden sollten, ist doch dieser Zusatz in dem ursprünglichen Wortlaut des GBNC mitunter der Stein des Anstoßes für die Orthodoxen. Dabei geht es mir hier nicht darum, die Geschichte und das Für und Wider des Filioque nachzuzeichnen – das kann nicht Gegenstand unseres Gesprächs sein –, sondern einige Fakten und Streiflichter aus unserer ökumenischen Diskussion zu benennen, von denen ich meine, dass sie bei unserem Gespräch über das GBNC nicht außer Acht bleiben sollten.

1. Ich nenne hier vor allem die umfangreichen Arbeiten speziell zur Frage des Filioque, die einen Teil des Studienprojektes der Kommission für Glauben und Kirchenverfassung des ÖRK über den Apostolischen Glauben ausmachten.[44] Darin sind neben den Referaten von orthodoxen, katholischen und evangelischen Vertretern auch das sog. »Klingenthal-Memorandum« als Ergebnis der damaligen Diskussionen zur Filioque-Problematik zu nennen. Gestatten Sie mir, die zweite Empfehlung dieses nach wie vor ökumenisch bedeutsamen Dokuments zu zitieren: »Deshalb empfehlen wir, [...] daß die ursprüngliche Form des dritten Artikels des Glaubensbekenntnisses ohne das Filioque überall als normativ anerkannt und wiederhergestellt werden sollte, so daß die gesamte Christenheit mit dieser Formel ihren gemeinsamen Glauben an den Heiligen Geist zu bekennen vermag«. Es folgt sodann der Text des NC ohne das Filioque.[45]

2. Die FO-Studie »Gemeinsam den einen Glauben bekennen« selbst konnte leider nicht zu einer so deutlichen Aussage wie das Klingenthal-Memorandum kommen, sondern sie beließ es bei einer »versöhnlicheren« Formulierung, die meines Erachtens einer weiteren Präzisierung bedarf: Dort heißt es: »Trotz der Kontroverse, hervorgerufen durch die Einführung des Begriffs Filioque durch die Christen im Westen, [...] wollten beide, westliche und östliche Christen, der Aussage des Bekenntnisses von Nizäa-Konstantinopel treu bleiben, daß der Geist vom Vater ausgeht. Heute stimmen beide darin überein, daß die enge Beziehung zwischen dem Sohn und dem Geist bekräftigt werden muß, ohne den Eindruck zu erwecken, daß der Geist dem Sohn untergeordnet sei. Diesem Verhältnis können alle Christen zustimmen, und dies erlaubt einer wachsenden Zahl von westli-

44 Dokumentiert sind sie u. a. im Beiheft zur Ökumenischen Rundschau Nr. 39 unter dem Titel »Geist Gottes – Geist Christi. Ökumenische Überlegungen zur Filioque-Kontroverse«, hrsg. von Lukas Vischer, Frankfurt a. M. 1981.

45 A. a. O., 23.

chen Kirchen, die Verwendung des Credos in seiner ursprünglichen Form zu erwägen«[46].

3. Aus dem deutschen Sprachraum möchte ich die gleichnamige Studie des Deutschen Ökumenischen Studienausschusses der Arbeitsgemeinschaft Christlicher Kirchen in Deutschland »Wir glauben, wir bekennen, wir erwarten«[47] nennen, die das GBNC ohne den Zusatz des Filioque zugrunde gelegt bzw. den Mitgliedskirchen der ACK und allen Benutzern der Studie empfohlen hat. Ich möchte in diesem Zusammenhang nicht unerwähnt lassen, dass die Vereinigte Evangelisch-Lutherische Kirche Deutschlands (VELKD) in ihrer Stellungnahme zu der o. g. DÖSTA-Studie die Empfehlung des GBNC ohne das Filioque gerügt hat. Sie führte aus: »Die Kirchenleitung der VELKD spricht sich jedoch insgesamt gegen solche Änderung aus. [...] Deshalb stellt die Kirchenleitung fest, dass einem generellen Verzicht auf das ›filioque‹ nicht zugestimmt werden kann«.[48] Ist dies die Position der VELKD bzw. der EKD noch heute?

4. Da die Filioque-Kontroverse eigentlich ein Problem zwischen Orthodoxen und Katholiken ist – manchmal frage ich mich, ob die evangelischen Kirchen und Christen die Filioque-Lehre tatsächlich kennen und bis zu welchem Grad diese sie wirklich interessiert – möchte ich das vatikanische Dokument »Die griechische und die lateinische Überlieferung über den Ausgang des Heiligen Geistes. Eine Klarstellung in Verantwortung des Päpstlichen Rates zur Förderung der Einheit der Christen« (1995) nennen, welches leider nicht die erhoffte Verständigung in dieser Frage brachte. Auch eine speziell zu diesem Dokument abgehaltene Konsultation der Wiener Stiftung PRO ORIENTE (15.–17. Mai 1998) brachte keine Verständigung. Prof. Georgios Martzelos, Thessaloniki, ein orthodoxer Teilnehmer an dieser Konsultation, schreibt dazu: »Leider jedoch konnten römische Katholiken und Protestanten die alte patristische Unterscheidung zwischen Theologie und Ökonomie innerhalb der Trinität nicht verstehen, wenn sie sich auf neuere theologische Auffassungen, wie K. Barth und K. Rahner beziehen und a priori annehmen, dass die Beziehungen der Personen der Heiligen Trinität in der Oikonomie die ewigen innertrinitarischen Beziehungen untereinander widerspiegeln«.[49] Die orthodoxe Posi-

[46] Den einen Glauben bekennen, FO-Paper-Nr. 140, Ziff. 189, 65–66 und »Gemeinsam den einen Glauben bekennen«, FO-Paper-Nr. 153, Ziff. 210, Paderborn/Frankfurt a. M., 1991, 84.

[47] »Wir glauben, wir bekennen, wir erwarten. Eine Einführung in das Gespräch über das Ökumenische Glaubensbekenntnis von 381«, hrsg. von Wolfgang Bienert, Eichstätt 1997.

[48] Schreiben der VELKD an die ACK vom 09. 07. 1997 und Stellungnahme der VELKD vom 26. 06. 1997, Ziff. 4 und I.7.

tion und die Bedenken gegen diesen Vatikan-Text wurden auf dieser Konsultation allseits akzeptiert und in das Kommunique als eine der grundlegenden Empfehlungen zur Erlangung der kirchlichen Einheit aufgenommen, schreibt G. Martzelos in seinem Beitrag.

So bleibt mir am Ende nichts anderes übrig, als den Standpunkt des Ökumenischen Patriarchats zur Filioque-Problematik, wie er in der hier mehrfach erwähnten Enzyklika zum 1600jährigen Jubiläum des Ökumenischen Konzils von Konstantinopel (381) enthalten ist, zu zitieren: »Die erfundene, nachträglich eingeführte und der Tradition widersprechende Hinzufügung des bedauerlichen Ausdrucks ›filioque‹ [...], (eine historisch gesehen spätere Hinzufügung, die theologisch kaum haltbar ist und von verschiedenen Seiten bekämpft wird und die im Laufe der Kirchengeschichte zu vielen Streitigkeiten zwischen dem Osten und dem Westen geführt hat), wurde daher von der orthodoxen Kirche und der östlichen Tradition immer als ein Stein des Anstoßes, als ein Streit- und Kontroversthema betrachtet. Diese Hinzufügung hat jahrhundertelang die beiden Kirchen einander entfremdet und ist in diesem Sinne – und um mit Photius zu sprechen – ›zur Krönung aller Übel‹ für die Kirche geworden, und somit ist sie unannehmbar und abzulehnen«.[50]

Schlussbemerkung

Orthodoxe und Lutheraner (LWB) haben im Rahmen des internationalen Theologischen Dialogs in einer Gemeinsamen Erklärung über »Die ökumenischen Konzile und die Autorität der Kirche und in der Kirche« 1993 in Sandbjerg/Dänemark (Erklärung VII) den normativen Charakter der ökumenischen Konzilien der Alten Kirche für den Glauben und das Leben unserer Kirche heute unterstrichen und die trinitarischen und christologischen Formulierungen derselben als eine unerlässliche Anleitung zum Ver-

49 Georgios Martzelos, Die Bedeutung der Kirchenväter bei den multilateralen theologischen Dialogen der Orthodoxie (Manuskript, griechisch, 12).

50 Enzyklika-Nr. 14. Zur Problematik des Filioque siehe u. a.: Lukas Vischer, Die Debatte um die Filioque-Frage in der Bedeutung für Glauben und Kirchenverfassung, in: Orthodoxes Zentrum des Ökumenischen Patriarchats (Hrsg.), Le IIe Concile Oecuménique, a. a. O., 339–351; Damaskinos Papandreou, Überlegungen zum Zweiten Ökumenischen Konzil von Konstantinopel (381), in: Den einen Glauben bekennen. Confessio fidei – Ein römisches Kolloquium, hrsg. von Gerard Békés und Harding Meyer, Ökumenische Perspektiven – Nr. 11, Frankfurt a. M. 1982, 113–128; Gregor Larentzakis, Das Glaubensbekenntnis von Konstantinopel (381) und das Filioque in der heutigen Ökumene, in: ΜΝΗΜΗ ΣΥΝΟΔΟΥ, a. a. O., 563–597.

ständnis von Gottes Heilswerk in Christus und die Grundlage für alle späteren dogmatischen Klärungen bezeichnet. Im Blick auf die Bedeutung des GBNC wird in derselben Erklärung gesagt: »Das nikaino-konstantinopolitanische Glaubensbekenntnis ist die bekannteste Glaubensaussage aus den alten Konzilen, und da jetzt seine ursprüngliche Form im Westen immer gebräuchlicher wird, ist es ein immer lebendiges Band zwischen unseren Kirchen«.[51] Können auch wir heute gemeinsam diese Erklärung der Internationalen Theologischen Kommission zwischen der orthodoxen Kirche und dem Lutherischen Weltbund mittragen?

51 In: Evmenios von Lefka/Athanasios Basdekis/Nikolaus Thon, Die Orthodoxe Kirche. Eine Standortbestimmung an der Jahrtausendwende. Festschrift für Anastasios Kallis, Frankfurt a. M. ^{2}2000, 263–264.

Die altkirchlichen Bekenntnisse als Grundlage der reformatorischen Bekenntnisschriften und die Bedeutung der ökumenischen Konzilien für die Reformation

Reinhard Flogaus / Berlin

I Das altkirchliche Dogma und die Reformation

Welche Bedeutung haben die altkirchlichen Bekenntnisse und Konzilien für den ökumenischen Dialog des 21. Jahrhunderts? Gehören die Symbole und Konzilsentscheidungen der ersten Jahrhunderte zum gemeinsamen theologischen Erbe der orthodoxen und reformatorischen Kirchen, über das es keinen ernsthaften Dissens gibt und das uns – jenseits aller sonstiger Lehrdifferenzen – miteinander verbindet, oder stellt die Reformation auch in dieser Hinsicht eine Zäsur und vielleicht sogar einen Bruch dar? So lautet, in knappen Worten formuliert, die Frage, auf die ich im Folgenden eine Antwort zu geben versuchen möchte. Dabei scheint es zunächst, als sei diese Frage schon längst beantwortet. Gerade im Kontext des ökumenischen Gesprächs werden die altkirchlichen Bekenntnisse – und hier insbesondere das Nizänum-Konstantinopolitanum – gerne als die unverbrüchliche Grundlage der Ökumene und als die unhintergehbare Voraussetzung des Dialogs bezeichnet.[1] Schon auf der ersten Weltkonferenz für Glauben und Kirchenverfassung 1927 in Lausanne war erklärt worden: »Ungeachtet

[1] Diese verbindende Dimension des Nizänum-Konstantinopolitanums wurde beispielsweise in einer von der Arbeitsgemeinschaft Christlicher Kirchen in Deutschland (ACK) verabschiedeten Erklärung anlässlich des 1600. Jubiläums des Konzils von Konstantinopel nachdrücklich hervorgehoben, vgl. MD 32 (1981), 63. In ähnlicher Weise wurde beim 450-jährigen Jubiläum des Augsburger Bekenntnisses im Hinblick auf die von CA 1 und CA 3 im Anschluss an das Nizänum-Konstantinopolitanum bzw. das Apostolikum festgehaltene altkirchliche Trinitätslehre und Christologie von »einer ungebrochenen Mitte des gemeinsamen christlichen Glaubens« gesprochen und erklärt, dass der im 16. Jahrhundert entstandene »Riß im Blick auf die tragenden Grundlagen des Christlichen nicht bis an die Wurzeln« gegangen sei (vgl. K. Lehmann u. H. G. Pöhlmann, Gott, Jesus Christus, Wiederkunft Christi, in: Confessio Augustana – Bekenntnis des einen Glaubens, hrsg. v. H. Meyer u. H. Schütte, Paderborn 1980, 78).

der zwischen uns bestehenden Lehrunterschiede sind wir einig in dem gemeinsamen christlichen Glauben, wie er in der Heiligen Schrift verkündet wird, wie er in dem gemeinhin als Nicaenum bezeichneten ökumenischen Bekenntnis sowie im Apostolicum bezeugt und bewahrt ist und wie er zu allen Zeiten in der geistlichen Erfahrung der Kirche Christi seine Bestätigung gefunden hat.«[2] Wäre damit wirklich schon alles gesagt, gäbe es keinen Grund, sich weiterhin im Rahmen ökumenischer Gespräche mit den altkirchlichen Symbolen zu beschäftigen. Sollte sich unser Dialog also eher anderen, nach wie vor wirklich kontroversen Themen zuwenden?

Allein, es gibt auch gewichtige Gegenstimmen zu solch ökumenisch wohlmeinenden Einschätzungen der Rezeption des altkirchlichen Dogmas durch die Reformation. Kein Geringerer als der Berliner Kirchenhistoriker Karl Holl (1866–1926) vertrat etwa die Auffassung, dass »Luther das alte Dogma nicht nur aufgenommen, sondern *fortgebildet*« habe, »und zwar in einer Weise, die, wenn man den Standpunkt der alten Konzilien einnimmt, überall nahe an das Ketzerische anstreifte«.[3] Könnte es also vielleicht doch gerechtfertigt sein, die altkirchlichen Bekenntnisse nicht nur zu den Voraussetzungen des ökumenischen Gespräches zu zählen, sondern sie auch selbst zum Gegenstand solcher Gespräche zu machen? Es wäre ja durchaus möglich, dass unbeschadet ihrer Rezeption und Geltung in unseren Kirchen doch ein je unterschiedliches Verständnis ihres Inhalts und ihrer normativen Bedeutung vorliegt.

Dieselbe Frage stellt sich im Übrigen auch (und vielleicht sogar noch dringender) im Hinblick auf die sieben Ökumenischen Konzilien, jene Synoden, auf denen das trinitarische und christologische Dogma der Alten Kirche autoritative Gestalt gewann. Sind auch sie ein die reformatorischen Kirchen mit der römisch-katholischen Kirche und den orthodoxen Kirchen verbindendes Band der normativen kirchlichen Tradition, oder bestehen

2 Vgl. Die Einheit der Kirche, hrsg. v. L. Vischer, München 1965, 35f.

3 K. Holl, Was verstand Luther unter Religion?, in: [Ders.,] Gesammelte Aufsätze zur Kirchengeschichte, Bd. I: Luther, Tübingen [6]1932, 71. Holl sah – m. E. freilich zu Unrecht – Parallelen zwischen Luthers Christologie und dem altkirchlichen Modalismus, Monophysitismus und Subordinatianismus. Er schloss seine Ausführungen mit der Bemerkung (a. a. O., 72): »Der Fehler lag in alledem nicht bei Luther, sondern beim alten Dogma. Mit dessen aus der alten Naturmetaphysik geschöpften Begriffen von ›Substanz‹ und ›Natur‹, die wie verharrende, nur durch ihre Wesensart bestimmte Größen angesehen wurden, und dem entsprechenden flachen Begriff von ›Person‹ mußte eine auf Wille und Willensgemeinschaft abgestellte Frömmigkeit überall zusammenstoßen.« Für eine Kritik des Hollschen Bildes von Luthers Christologie und Trinitätslehre vgl. C. Markschies, Luther und die altkirchliche Trinitätstheologie, in: Luther zwischen den Zeiten, hrsg. v. C. Markschies u. M. Trowitzsch, Tübingen 1999, 81–83.

auch hier tiefgreifende Unterschiede zwischen den Traditionen, und zwar sowohl hinsichtlich des Inhalts und Umfangs der als »ökumenisch« anerkannten Lehre als auch hinsichtlich der Art und Weise ihrer normativen Geltung? Zwar wurde in den bisherigen ökumenischen Gesprächen zwischen unseren Kirchen mehrfach die Verbindlichkeit der Lehrentscheidungen der sieben Ökumenischen Konzilien auch durch die evangelischen Kirchen prinzipiell anerkannt, doch folgte in den entsprechenden Kommuniqués in fast allen Fällen von evangelischer Seite zumindest ein Hinweis auf die eingeschränkte Geltung des siebten Ökumenischen Konzils und seines Horos in den Kirchen der Reformation.[4] Offenbar ist also

4 Vgl. hierzu beispielsweise das Kommuniqué des 2. Theologischen Gespräches der Russischen Orthodoxen Kirche und der EKD vom 21.–25. 10. 1963 in Zagorsk, wo einerseits die sieben Ökumenischen Konzilien anerkannt wurden und die evangelische Seite erklärte »Wir hören in den dogmatischen Entscheidungen der Synoden in Wahrheit die Stimme des Heiligen Geistes«, andererseits aber zu Nizäa festgestellt wurde »Für die evangelischen Theologen bedarf ebenfalls weiterer Klärung die Frage der Bilderverehrung und im Zusammenhang damit die Autorität einzelner Beschlüsse des 7. Ökumenischen Konzils« (Orthodoxie im Dialog. Bilaterale Dialoge der orthodoxen und der orientalisch-orthodoxen Kirchen 1945–1997, hrsg. v. Th. Bremer, Trier 1999, 317f.). Nicht ganz klar ist in diesem Punkt auch die am 10. 7. 1993 unterzeichnete Erklärung der Gemeinsamen Lutherisch/Orthodoxen Kommission von Sandbjerg/Dänemark: »3. Die sieben ökumenischen Konzile der Alten Kirche waren Versammlungen der Bischöfe der Kirche aus allen Teilen des Römischen Reiches, die den apostolischen Glauben klären und zum Ausdruck bringen sollten. … Sie haben nicht nur historische Bedeutung, sondern sind für das kirchliche Leben unverzichtbar. … 7. Als Lutheraner und Orthodoxe versichern wir, dass die Lehren der ökumenischen Konzile für unsere Kirchen verbindlich sind. … Das siebte ökumenische Konzil, das zweite Konzil von Nikaia vom Jahre 787, das den Ikonoklasmus verwarf und die Verehrung der Ikonen in den Kirchen wiederherstellte, gehörte nicht zu der von der Reformation übernommenen Tradition. Die Lutheraner haben jedoch den Ikonoklasmus des sechzehnten Jahrhunderts verworfen und zwischen der dem Dreieinigen Gott einzig gebührenden Anbetung und anderen Formen der Verehrung (CA 21) unterschieden. Durch Geschichtsforschung ist dieses Konzil besser bekannt geworden. Nichtsdestoweniger hat es für die Lutheraner nicht die gleiche Bedeutung wie für die Orthodoxen. Doch stimmen Lutheraner und Orthodoxe miteinander überein, dass das zweite Konzil von Nikaia das christologische Lehren der früheren Konzile anerkannt und mit seiner Beschreibung der Rolle von Bildern (Ikonen) im Leben der Gläubigen die Realität der Inkarnation des ewigen Wortes Gottes … neu bestätigt hat …« (Dokumente wachsender Übereinstimmung, Bd. III: 1990–2001, hrsg. v. H. Meyer u. a., Paderborn – Frankfurt a. M. 2003, 97f.). Vgl. auch die hierauf folgende Erklärung von Limassol vom August 1995: »Das siebte ökumenische Konzil zog aus der Bestätigung der hypostatischen Union in Christus Schlussfolgerungen für die Ikonenverehrung. 5b. Wir stimmen diesen grundlegenden Lehren zu …« (a. a. O., 100); »10. Lutheraner und Orthodoxe sind sich einig, dass die ökumenischen Konzile der Alten Kirche eine spezielle Gabe Gottes an seine Kirche

trotz mancher anderslautenden Behauptung auch der Rang und die Bedeutung der Ökumenischen Konzilien ökumenisch doch nicht ganz unumstritten.

Dass die altkirchlichen Bekenntnisse als Grundlage für eine Einigung der verschiedenen theologischen Richtungen dienen könnten, ist ein Gedanke, der uns schon in den ersten Jahren der Reformation begegnet. Es war kein Geringerer als Erasmus von Rotterdam (1469–1536), der 1524 in seinem Dialog *Inquisitio de fide* zwischen einem Lutheraner (»Barbatius«) und einem Altgläubigen (»Aulus«) eine solche Verständigung auf der Basis des Apostolikums nahelegte.[5] Diese Hoffnung des großen Gelehrten und Befürworters einer kirchlichen Reform sollte sich jedoch rasch zerschlagen. Sechs Jahre später wurde auf dem Augsburger Reichstag in einem ersten Entwurf der *Confutatio* von altgläubiger Seite festgestellt, dass das gemeinsame Bekenntnis zur nizänischen Trinitätslehre im Grunde wertlos sei, wenn die Protestanten nicht auch den übrigen Lehren der katholischen Kirche zustimmen würden, wie z. B. dem Messopfer, der Fastenpraxis oder der Heiligenanrufung. Das Hauptargument der Protestanten nämlich, dass diese von ihnen abgelehnten kirchlichen Traditionen keinen Anhalt in der Schrift hätten, träfe ebenso auf die angeblich akzeptierte Lehre von den drei göttlichen Hypostasen zu. Auch sie fände sich nicht explizit in der Schrift und sei doch von der Kirche allgemein rezipiert und gebilligt worden.[6] Das gleiche Argument wurde dann von den Confutato-

sind. Die Konzile sind über die Jahrhunderte hinweg ein verbindliches Erbe gewesen, …« (a. a. O., 102). Im Kommuniqué der 11. Begegnung der EKD und der Rumänischen Orthodoxen Kirche von 2006 wird dieser Gedanke weitergeführt: »(3) Die Ökumenischen Konzilien sind eine Gabe Gottes an seine Kirche. … Weil die Ökumenischen Konzilien die apostolische Tradition bewahrt haben und mit ihr übereinstimmen – und dies gilt auch für das fünfte, sechste und siebte Ökumenische Konzil –, sind sie auch in der Evangelischen Kirche in Geltung. Jedoch erfolgte die Rezeption der einzelnen Beschlüsse in Ost und West in unterschiedlicher Weise. … 4. Die Ökumenischen Konzilien werden gemeinsam als Ausdruck der Katholizität der Kirche und deshalb von unseren theologischen Traditionen als autoritativ anerkannt.« Das Bemerkenswerte an diesem letzten Kommuniqué ist die Tatsache, dass hier m. E. erstmals nicht mehr die eingeschränkte Geltung des siebten Ökumenischen Konzils in den Kirchen der Reformation festgehalten ist, sondern jetzt das VII. Ökumenische Konzil hinsichtlich seiner Autorität ausdrücklich mit den anderen gleichgestellt und lediglich eine unterschiedliche Rezeption festgestellt wird.

5 Erasmi Opera Omnia I, 3, Amsterdam 1972, 363–374; vgl. H. Baron, Erasmus-Probleme im Spiegel des Colloquium »Inquisitio de fide«, ARG 43 (1952), 254–263.

6 Vgl. die von Cochlaeus überlieferte Erstfassung der Confutatio zu CA 1 (CR 27, 85 f.): »… in primo articulo, ab omnibus Orthodoxis procul dubio probabitur, …,

ren auch bei der Entgegnung auf den dritten Artikel der *Confessio Augustana* bemüht: Weder würde die Zweinaturenlehre noch das Apostolische Symbol irgendwo in der Heiligen Schrift erwähnt, und doch würden sie zu Recht geglaubt.[7] Im Übrigen sollten die Protestanten auch die Kanones des Konzils von Nizäa akzeptieren und ebenso auch die Kanones der Konzilien von Konstantinopel, Ephesus und Chalzedon. Schließlich, so erklärten die altgläubigen Theologen weiter, sei es auch offenbar, dass Luther, Melanchthon und andere Reformatoren das Konzil von Nizäa an anderer Stelle scharf kritisiert hätten. So habe etwa Luther in seiner Schrift gegen den Löwener Theologen Jacobus Latomus (Masson, ca. 1475–1544) erklärt, er hasse das in Nizäa gebrauchte Wort »Homousios«.[8]

Diese harsche Entgegnung von altgläubiger Seite wurde in der Folge zwar nicht dem Kaiser übergeben, sondern eine andere, deutlich gemäßigtere Fassung, die im ersten und dritten Artikel prinzipielle Übereinstimmung mit den Aussagen des Augsburger Bekenntnisses zum Ausdruck brachte,[9] doch der Vorwurf, die Protestanten würden sich nicht wirklich zum Konzil von Nizäa bekennen oder würden mit der Anerkennung des

ubi fatentur, Decretum Nicaenae Synodi de unitate essentiae divinae et de tribus personis, sine ulla dubitatione credendum esse. Ex qua sane Confessione poterit Caesarea Maiestas vestra illos benigne admonere, Primumm, ut quaecunque approbat Ecclesia Catholica communi consensu, etiam si in literis sacris expressa propriis vocabulis non fuerint, ipsi quoque approbatis habere velint, utpote sacrificium Missae, ieunium quadragesimale, Invocationem sanctorum, ... De quibus novae ab eorum Concionatoribus contentiones, ... in vulgus temere dispersae sunt, hanc praecipuam causam praetendentibus illis, quia Evangelium et sacrae literae ista non habeant. At si causa ista valeret, utique confessio haec de unitate essentiae divinae et de Trinitate personarum nihil valeret. Quandoquidem in sacris literis et in Evangelio, nusquam sub istis verbis reperitur.«

7 CR 27, 91.

8 CR 27, 86; vgl. M. Luther, Rationis Latomianae confutatio [1521] (WA 8, 117, 16–118, 5): »Paulus praecipit et praecipiendi ius habuit, ut vitares prophanas vocum novitates et loquereris, ut ipse loquitur, et sacris vocum antiquitatibus inhereres. ... Nec est, quod mihi ›homousion‹ illud obiectes adversus Arrianos receptum. Non fuit receptum a multis iisque praeclarissimis, quod et Hieronymus optavit aboleri, ... Quod si odit anima mea vocem homousion, et nolim ea uti, non ero haereticus. Quis enim coget uti, modo rem teneam, quae in Concilio per scripturas definita est? Et si Arriani male senserunt in fide, hoc tamen optime, sive malo sive bono animo, exegerunt, ne vocem prophanam et novam in regulis fidei statui liceret. Scripturae enim sinceritas custodienda est, nec praesumat homo suo ore eloqui, aut clarius aut securius, quam deus elocutus est ore suo.« Zu dieser Stelle sowie zu Luthers ungenauer Erinnerung an Hieronymus, vgl. StA 2, 505, Anm. 775, und W. Bienert, Christologische und trinitätstheologische Aporien der östlichen Kirche aus der Sicht Martin Luthers, in: Luther und die trinitarische Tradition: Ökumenische und philosophische Perspektiven, hrsg. v. J. Heubach, Erlangen 1994, 105f.

9 Vgl. CR 27, 84f. u. 90f.

trinitarischen und christologischen Dogmas und der altkirchlichen Symbole zumindest ihrem eigenen Grundsatz »sola scriptura« widersprechen, wurde aufrechterhalten. So forderte etwa Johannes Cochlaeus (1479–1552) in Entgegnung auf die *Schmalkaldischen Artikel* (1537), welche erneut ein klares Bekenntnis zur altkirchlichen Trinitätslehre und Christologie enthielten,[10] Luther müsse entweder die Trinitätslehre und ihre Terminologie preisgeben oder aber sich auch in allen anderen Fragen der kirchlichen Autorität unterwerfen.[11] In klarer Abgrenzung vom reformatorischen Schriftprinzip bezeichnete schließlich 1546 das Konzil von Trient das Nizänum-Konstantinopolitanum als den »Ursprung, in dem alle, die den Glauben an Christus bekennen, übereinstimmen« und als das »feste und einzige Fundament« und stellte es an den Anfang seiner gegen die reformatorische Lehre gerichteten Dekrete.[12] Zumindest hinsichtlich der normativen Bedeutung der altkirchlichen Symbole scheint es also durchaus Differenzen zwischen den Konfessionen zu geben.

Vor dem Hintergrund der neuzeitlichen historisch-kritischen Exegese und Kirchengeschichtsschreibung wurde im Hinblick auf die altkirchlichen Dogmen und Symboltexte der Vorwurf der Inkonsequenz auch von evangelischen Theologen erhoben, allen voran von Adolf von Harnack (1851–1930) und Friedrich Loofs (1858–1928).[13] In seiner Dogmen-

10 Schmalkaldische Artikel I, 1–4 (Die Bekenntnisschriften der evangelisch-lutherischen Kirche, herausgegeben im Gedenkjahr der Augsburgischen Konfession 1930, Göttingen [10]1986, 414, 10–415, 3).

11 J. Cochlaeus, Ein nötig und christlich bedencken auff des Luthers artickeln, die man gemeynem concilio fürtragen soll (1538), in: Drei Schriften gegen Luthers Schmalkaldische Artikel von Cochlaeus, Witzel und Hoffmeister (1538 und 1539), hrsg. v. H. Volz, Münster 1932, 5, 19–6, 20.

12 DH 1500.

13 F. Loofs, Leitfaden zum Studium der Dogmengeschichte, Halle [4]1906, 740f.: »Die Entwicklung der lutherischen Reformation würde zu einem anderen dogmengeschichtlichen Abschluß gekommen sein, als es schließlich der Fall war, wenn Luther die Konsequenzen, die aus seinem Grundgedanken folgen, vollständig und der gesamten Tradition gegenüber durchgreifend geltend gemacht hätte. ... Sodann ist zu beachten, daß Luther auch die besondere, abendländische Ausprägung der regula in den sog. ökumenischen Symbolen in Geltung gelassen hat ...«; a. a. O., 750: »Bereits auf Luther selbst haben die im vorigen erwähnten Reste altkatholischer Anschauungen unter Einwirkung der exegetischen und dogmatischen Tradition solchen Einfluß geübt, daß die kritische Anwendung seiner Grundgedanken vor den drei sog. ökumenischen Symbolen und den in ihnen enthaltenen altkirchlich dogmatischen Formeln Halt gemacht hat. Ansätze zur Kritik finden sich freilich auch hier.«; a. a. O., 752: »Man übernahm also faktisch, wenn auch zunächst religiös umgedeutet, die lex fidei der alten Kirche, obwohl dieselbe, richtig verstanden, von dem wiederentdeckten religiösen Glauben so gut wie gar nichts sagt, vielmehr seine Bedeutung durch Betonung der fides historica und dogmatica verhüllt, ja

geschichte hatte Harnack zwar eingeräumt, dass die Reformation das altkirchliche Dogma als solches nicht in Frage gestellt und es als mit dem Evangelium übereinstimmend verstanden habe, doch meinte er gerade hierin eine Inkonsequenz der Reformatoren zu erblicken, da sich nach seiner Meinung jenes altkirchliche Dogma im Sinne eines Glaubensgesetzes letztendlich nicht mit dem reformatorischen Prinzip des rechtfertigenden Glaubens vereinbaren ließ.[14] Von daher kritisierte Harnack selbst die *Confessio Augustana* als eine lehrmäßige Verengung des Evangeliums und als einen Versuch, »den neuen Wein in die alten Schläuche zu gießen«, wobei er das reformatorische Entgegenkommen gegenüber der Alten Kirche als geradezu »peinlich« bezeichnete.[15] Noch bekannter als diese Äußerung ist dann Harnacks Stellungnahme im Streit um die liturgische Verwendung des Apostolikums, wonach ein »an dem Verständnis des Evangeliums und an der Kirchengeschichte gebildeter Christ an mehreren Sätzen des Apostolikums Anstoß nehmen müssen« werde.[16] Damit hatte Harnack auch klar seine inhaltlichen Vorbehalte gegenüber dem altkirchlichen Dogma zum Ausdruck gebracht.

Mit diesen kritischen Bemerkungen zum Apostolikum, zum Augsburger Bekenntnis und zur Übernahme des altkirchlichen Dogmas durch die Reformation verstand sich Harnack freilich nicht als Gegner, sondern als Vollender der Reformation. Doch erfolgte seine Berufung auf das reformatorische Prinzip wirklich zu Recht? Zu denken gibt in diesem Zusammenhang, dass Harnack und Loofs durchaus keine Einzelfälle waren. Solche Vorbehalte gegenüber dem altkirchlichen Dogma gediehen keineswegs nur auf dem Boden des liberalen Protestantismus des 19. Jahrhunderts,

(man denke an den Eingangssatz des Athanasianum) unter falschen Vorstellungen vom Glauben begräbt.«

14 A. Harnack, Lehrbuch der Dogmengeschichte, Bd. III, Tübingen ^{4}1910, 683: »Dennoch haben die Reformatoren das alte Dogma bestehen lassen, ja es nicht einmal einer Revision unterzogen. Freilich nicht als Glaubensgesetz neben dem Glauben, ... sondern in der kaum je erschütterten Ueberzeugung, daß es dem Evangelium, dem Worte Gottes, genau entspräche und sich als sein selbstverständlicher und nächster Inhalt Jedem erweise.«; a. a. O., 684 f.: »Hat die Reformation (im 16. Jahrhundert) das alte Dogma abgethan? Es ist sicherer, auf diese Frage mit einem Nein zu antworten, als mit einem Ja. Allein wenn man zugiebt, daß sie seine Grundlagen entwurzelt hat ..., daß sie ein mächtiges Princip ist und nicht eine neue Lehrordnung ..., dann muß man auch zugestehen, daß die völlig conservative Stellung der Reformation zum alten Dogma ... nicht dem Principe angehört, sondern der Geschichte. Somit bezeichnet die Reformation als fortwirkende Bewegung doch einen Ausgang der Dogmengeschichte und, wir hoffen, den rechten und eigentlichen Ausgang.«

15 A. a. O., 684 mit Anm. 2.

16 A. Harnack, In Sachen des Apostolikums, ChW 6 (1892), 769.

sondern schlugen auch in konservativeren Kreisen Wurzeln. So erklärte beispielsweise Holl im Jahre 1919, das heißt, nach seinem endgültigen Bruch mit der liberalen Theologie, es gebe heutzutage »keinen Theologen, auch keinen Gläubigen aus der Gemeinde mehr, der das apostolische Symbol in seinem wirklichen Sinne sich anzueignen vermöchte.«[17] Hatte Harnack mit seiner Kritik am Ende doch Recht? Können die altkirchlichen Symbole und Konzilsentscheidungen dann aber im strengen Sinne wirklich noch als »Grundlage« der reformatorischen Bekenntnisschriften bezeichnet werden?

Nach reformatorischer Auffassung gründet sich die Autorität der kirchlichen Lehre auf die Heilige Schrift. Sie allein ist grundlegende Norm aller christlichen Lehre. Diese Auffassung wurde von den Vätern der lutherischen *Konkordienformel* deshalb auch an die Spitze ihrer 1577 entstandenen Bekenntnisschrift gestellt: »Wir glauben, lehren und bekennen, daß die einige Regel und Richtschnur, nach welcher zugleich alle Lehren und Lehrer gerichtet und geurteilet werden sollen, seind allein die prophetischen und apostolischen Schriften Altes und Neues Testamentes, ...«[18] In ähnlicher Weise stellten beispielsweise auch die *Confessio Tetrapolitana* (1530) und das *Genfer Bekenntnis* (1536) diesen reformatorischen Grundsatz an den Beginn ihrer Lehre.[19] Nach reformatorischer Überzeugung ruht das christliche Lehrgebäude also nicht auf den zwei Säulen der Heiligen Schrift und der kirchlichen Überlieferung,[20] sondern es ist in der Tat die Schrift allein (sola scriptura), welche Quelle und zugleich Kriterium der christlichen Lehre ist.

Nun bedeutet dieses reformatorische Prinzip aber keineswegs, dass die Reformation deswegen das altkirchliche Dogma als unbiblisch verworfen hätte. Richtig ist allerdings, dass die Trinitätslehre und die Christologie, wie sie von den altkirchlichen Konzilien und Symbolen definiert worden war, für die Reformatoren des 16. Jahrhunderts nicht auf der Lehrautorität der Kirche, des Papstes, der Bischöfe oder Bischofskonzilien beruhte. Viel-

[17] K. Holl, Zur Auslegung des 2. Artikels des sog. apostolischen Glaubensbekenntnisses, in: [Ders.,] Gesammelte Aufsätze zur Kirchengeschichte, Bd. II: Der Osten, Tübingen 1928, 121. Holl verwies hierfür auf die im Apostolikum angeblich formulierte Begründung der Gottessohnschaft Christi allein durch die Jungfrauengeburt sowie auf ein Verständnis der »Vergebung der Sünden« im Sinne der einmaligen Sündenvergebung durch die Taufe.

[18] Vgl. FC, Epitome, Von dem summarischen Begriff 1 (BSLK 767, 14–19).

[19] Vgl. Die Bekenntnisschriften der reformierten Kirche, hrsg. v. E. F. K. Müller, Leipzig 1903, 55, 20–23; 111, 13–18.

[20] Das Konzil von Trient hingegen definierte im Jahr 1546, dass die heilsame Wahrheit des Evangeliums sowohl in geschriebenen Büchern als auch in ungeschriebenen kirchlichen Überlieferungen enthalten sei (DH 1501).

mehr sahen sie das trinitarische Dogma ebenso wie das christologische fest im Zeugnis der Schrift verankert.[21] Es war dies der Punkt, an dem Harnack, Loofs und andere Kirchenhistoriker die Reformatoren der Inkonsequenz geziehen hatten. Doch ist diese reformatorische Auffassung insofern zunächst einmal sachgemäß, als in der Tat die altkirchliche Trinitätstheologie und Christologie selbst nichts anderes sein wollten als Auslegung der Heiligen Schrift, auch wenn sich diese Auslegung mitunter einer schriftfremden, philosophischen Sprache bediente.

Ebendies war der Grund für Luthers anfängliche Vorbehalte gegenüber dem nizänischen Begriff »Homousios«. Wo sich dieser unbiblische Begriff vermeiden ließ bei gleichzeitigem Festhalten an der mit ihm gemeinten Sache, verzichtete der Reformator lieber auf ihn.[22] Ähnliches gilt übrigens auch für das Wort »trinitas« bzw. »Trinität«, das er nur um der Schwachen willen gebrauchen wollte und in seiner deutschen Übersetzung des Symbolum Quicumque beispielsweise ganz vermied.[23] Die von den Confutatoren insinuierte Feindschaft Luthers gegenüber dem trinitarischen Dogma war freilich nicht mehr und nicht weniger als eine böswillige Unterstellung. Luther wollte lediglich – in einer auch dem heutigen Exegeten nicht unsympathischen Weise – im Hinblick auf das göttliche Mysterium nicht weiser sein als die Heilige Schrift. In seiner Entgegnung auf Latomus heißt es deshalb: »Niemand redet besser als der, der am besten versteht; wer aber verstünde die Sache Gottes besser als Gott selbst?«[24] Hatte er aus diesem Grund damals noch Verständnis geäußert für den Protest der Arianer gegen die Einführung eines neuen, schriftfremden Begriffes in die

21 Vgl. hierzu z.B. M. Luther, Promotionsdisputation v. G. Major u. J. Faber [12.12.1544] (WA 39/II, 305, 9–26): »Ita tres personae et unus Deus in scriptura clarissime probantur. Neque enim crederem vel Augustini vel Magistri scriptis, nisi hunc de trinitate articulum vetus et novum testamentum liquidissime ostenderent. ... Trinitas macht ein seltzam cogitation, man muß aber propter infirmos et docendi causa also reden. Ita vocabulum originale non est valde proprium, nostrum Erbsundt ist besser. Et tamen docendi causa ad res ipsas tradendas propria vocabula tenenda sunt. Rem mussen wir behalten, wir redens mit Vocabln, wie wir wöllen. Es bleyben auch die vocabl, wie sie wöllen. Esell sein Eccius und Cochleus, qui non per scripturas, sed per doctores et papam articulum trinitatis stabilitum et confirmatum esse volunt. Das ist erlogen.«

22 Vgl. o. Anm. 8 das entsprechende Zitat.

23 Vgl. hierzu die entsprechende Äußerung in der Promotionsdisputation von 1544 (s.o. Anm. 21); zum deutschen Wortlaut des Symbolum Quicumque vgl. BSLK 28–30.

24 M. Luther, Rationis Latomianae confutatio (WA 8, 118, 6–9): »Qui verba dei non intelligit in rebus dei per se loquentis, non credat se intellecturum verba hominis de rebus alienis loquentis. Nemo melius loquitur, quam qui optime intelligit. Quis autem res dei intelligat melius quam deus ipse?«

Glaubensregel, so musste er später in seiner Schrift *Von den Konziliis und Kirchen* (1539) einräumen, dass es durchaus Situationen geben könne, in denen es legitim sei, das vielgestaltige Schriftzeugnis mit einem solchen neuen Begriff auf den Punkt zu bringen, um die Verdrehung der Schrift durch die Häretiker zu unterbinden.[25] Doch dass die Trinitätslehre und die Zweinaturenchristologie zutiefst biblisch begründet waren, obschon sie expressis verbis in der Heiligen Schrift nicht vorkamen, daran hielt Luther zeitlebens fest. Die exegetischen Begründungen, die er hierfür anführte, mögen in Einzelfällen der heutigen historischen Kritik nicht mehr genügen, ebensowenig wie manche der exegetischen Argumente der altkirchlichen Theologie. Doch Luthers soteriologische Deutung der neutestamentlichen Christologie und Pneumatologie behält auch auf dem Boden der historisch-kritischen Exegese ihre Gültigkeit. Bei alldem dürfen wir allerdings nicht vergessen, dass Luthers Quellenkenntnis der altkirchlichen Theologie, zumal der griechischen, aus heutiger Sicht eher bescheiden war. Neben der *Kirchengeschichte* des Rufinus von Aquileia, Cassiodors *Historia tripartita*, den Schriften Augustins und den *Sentenzen* des Lombarden waren es gerade die drei altkirchlichen Symbole, denen er seine diesbezüglichen Kenntnisse verdankte.[26] Wenden wir uns nun also diesen altkirchlichen Symbolen zu.

II Die Rezeption der altkirchlichen Symbole durch die Reformation

Die drei altkirchlichen Symbole – das Apostolikum, das Nizänum-Konstantinopolitanum und das sogenannte Athanasianum – bilden den Auftakt zu der Sammlung reformatorischer Bekenntnisschriften im lutherischen *Konkordienbuch* (1580). Sie sollen die Kontinuität der reformatorischen Bekenntnisse mit der christlichen Tradition der Alten Kirche zum Ausdruck bringen. Diese Kontinuität war nicht nur aus formalen Gründen geboten – etwa um nicht unter das Reichsketzerrecht zu fallen sowie um

[25] M. Luther, Von den Konziliis und Kirchen (WA 50, 572, 20–29): »Denn es ist ja war, Man sol ausser der schrifft nichts leren in Göttlichen sachen, wie S. Hilarius schreibt. .1. de Tri. das meinet sich nicht anders, Denn man sol nichts anders leren, Aber das man nicht solt brauchen mehr oder ander wort, weder in der Schrifft stehen, das kan man nicht halten, sonderlich im zanck, und wenn die Ketzer die sachen mit blinden griffen wollen falsch machen und der Schrifft wort verkeren. Da war von noeten, das man die meinung der Schrifft, so mit vielen sprüchen gesetzt, in ein kurtz und Summarien wort fasset und fragt, ob sie Christum homousion hielten, wie der Schrifft meinung in allen worten ist, …«

[26] Vgl. hierzu Ch. Markschies, a. a. O., 44–52.

eine gemeinsame Gesprächsgrundlage mit den Altgläubigen herzustellen –, sondern sie war »zutiefst sachlich begründet«.[27] Die Reformation sah nämlich in diesen Symbolen eine Summe der Heiligen Schrift, genauer gesagt eine Zusammenfassung ihrer Mitte und ihres Kerns – des Glaubens an das Evangelium von der rechtfertigenden Gnade Gottes in Jesus Christus.[28] So hatte Melanchthon bereits in seinen 1521 erschienenen *Loci communes* mit Blick auf das Nizänum-Konstantinopolitanum erklärt: »Man darf nichts für einen Glaubensartikel halten, was die Schrift nicht klar lehrt ... Hinsichtlich der Gottheit des Sohnes glaube ich deshalb dem Konzil von Nizäa, weil ich der Schrift glaube, die die Gottheit Christi uns so klar bezeugt ...«[29]

Deshalb, das heißt eben aufgrund ihrer substantiellen Schriftgemäßheit und nicht etwa in erster Linie aufgrund ihrer kanonischen, dogmatischen oder liturgischen Bedeutung nahmen diese Symbole auch für die Reformation eine herausgehobene Stellung in der kirchlichen Überlieferung ein.[30] Melanchthon selbst verfasste aus diesem Grund später zwei umfangreiche Auslegungen des Nizänum-Konstantinopolitanums, die *Enarratio symboli Niceni* (1548/50) und die *Explicatio symboli Niceni* (1555/57).[31] Luther hatte zuvor schon in seiner Schrift *Die Drei Symbola oder Bekenntnis des Glaubens Christi* (1538) sein Verständnis der altkirchlichen Trinitätslehre und Christologie dargelegt.[32] Demnach geht es auch bei diesen Lehrstücken um den Grund und um die Voraussetzung für den rechtfertigenden und gewissmachenden Glauben. Seine für diese Schrift neu geschaffenen

27 Vgl. W.-D. Hauschild, Die Confessio Augustana und die altkirchliche Tradition, KuD 26 (1980), 143. Damit wendet sich Hauschild gegen die ältere Auffassung von A. Ritschl, Rechtfertigung und Versöhnung, Bd. 1, Bonn ²1882, 146f., und F. Loofs, Symbolik oder christliche Konfessionskunde, Tübingen 1902, 60f., die hierfür in erster Linie kirchenpolitische Erwägungen geltend machten.

28 In diesem Sinne versteht auch U. Kühn, Evangelische Rezeption altkirchlicher Bekenntnisse, MD 38 (1987), 105, die reformatorische Hochschätzung der altkirchlichen Symbole.

29 Ph. Melanchthon, Loci primae aetatis (CR 21, 134): »Haec mihi plane persuadent, nihil pro articulo fidei habendum esse, quod non palam scriptura docet, ut rumpantur interim Parisienses, qui in sua illa inepta et impia condemnatione Lutheri principia fidei vocant conciliorum et scholarum dogmata. De divinitate filii credo Nicaeno concilio, quia scripturae credo, quae Christi divinitatem tam clare nobis probat ...«

30 Vgl. E. Kinder, Der Gebrauch des Begriffs ›ökumenisch‹ im älteren Luthertum, KuD 1 (1955), 182.

31 CR 23, 197–346; 355–584; Enarratio secundae tertiaeque partis symboli Niceni, hrsg. v. H.-P. Hasse, Gütersloh 1996.

32 M. Luther, Die drei Symbola oder Bekenntnis des Glaubens Christi (WA 50, 262–283).

Übersetzungen des Athanasianums und des Nizänum-Konstantinopolitanums wurden später in das deutsche *Konkordienbuch* aufgenommen. Calvin schließlich bezeichnete in der ersten Fassung seiner *Institutio* (1536) das Apostolikum als »Zusammenfassung und Kurzform des Glaubens, in dem die katholische Kirche übereinstimmt.«[33] Im Übrigen hielten auch die Protestanten am liturgischen Gebrauch der altkirchlichen Symbole fest. Im Bereich des Luthertums wurde weiterhin das Nizänum-Konstantinopolitanum im sonntäglichen Abendmahlsgottesdienst benutzt, wenngleich zum Teil auf Deutsch von der Gemeinde gesungen[34]. Im sonntäglichen Wortgottesdienst hingegen erklang das athanasianische Symbol.[35] Allein in den reformierten Gemeinden wurde das Nizänum im Gottesdienst schon früh durch das Apostolikum ersetzt.

Das lateinische *Konkordienbuch* bezeichnet nun die drei altkirchlichen Symbole als »Tria symbola catholica sive oecumenica« und unterstreicht dadurch ihre gesamtkirchliche Bedeutung.[36] Zwar trifft dies im strengen Sinn allenfalls auf das Nizänum-Konstantinopolitanum zu, doch auch das Apostolikum besitzt eine alte, mindestens bis ins 10. Jahrhundert zurückgehende griechische Texttradition,[37] und selbst das Athanasianum, das in

[33] J. Calvin, Institutio, c. 2 [1536] (CR 29, 56): »Hoc nunc superest, qualis esse haec fides debeat: id quod ex symbolo quod Apostolico vocant, facile discemus, quo breviter compendium collectum et quasi epitome quaedam fidei in quam consentit ecclesia.« Vgl. auch den ersten Satz bei Ph. Melanchthon, Enarratio symboli Niceni (CR 23, 197): »Ideo Symbola condita sunt in Ecclesia Dei, ut doctrinae summa breviter comprehensa, semper in conspectu sit, et docti et indocti non mutilam doctrinam, sed quasi corpus integrae doctrinae secum in mente circumferant, et hac confessione se erudiant et confirment, et eam in omni invocatione intueantur.«

[34] Vgl. z. B. Die Evangelischen Kirchenordnungen des XVI. Jahrhunderts, hrsg. v. E. Sehling, Bd. V, 348, 527f. u. 531; Bd. VI/1, 143 u. 544; Bd. XI/1, 195, 498 u. 645f.; Bd. XII/2, 319). In seiner Schrift über Die Drei Symbola von 1538 fügte Luther am Ende auch noch »den Nicenisschen Glauben« hinzu, »welcher alle Sontag im Ampt gesungen wird« (WA 50, 282).

[35] So z. B. in der Brandenburg-Nürnbergischen Kirchenordnung von 1533 (EKO XI/1, 199).

[36] BSLK 19. Diese Bezeichnung geht auf Nikolaus Selnecker (1530–1592) zurück, den Übersetzer des Konkordienbuches in die lateinische Sprache (vgl. G. Wenz, Theologie der Bekenntnisschriften der evangelisch-lutherischen Kirche, Bd. I, Berlin – New York 1996, 156).

[37] Dabei handelt es sich um einen zuerst von Binterim veröffentlichten und danach von C. P. Caspari, Quellen zur Geschichte des Taufsymbols und der Glaubensregel, Bd. III, [ND Brüssel 1964], 20 (vgl. 234–237), erneut abgedruckten griechischen Wortlaut dieses Symbols (in lateinischer Schrift) in einer (heute verschollenen) liturgischen Handschrift aus dem Frankenreich sowie um eine ebenfalls aus dem 10. Jahrhundert stammende Handschrift des Klosters St. Gallen (a. a. O., 11f.; vgl.

seiner lateinischen Originalfassung wie der spätere lateinische Text des Nizänum-Konstantinopolitanums den Hervorgang des Heiligen Geistes aus dem Vater und dem Sohn lehrt, findet sich in einer in diesem Punkt abgeänderten Version bis zum heutigen Tag im griechischen *Horologion,* und zwar als ein dem eigentlichen Stundengebet vorangestellter Symboltext.[38] Auch das 1642 durch eine Synode in Iaşi und 1643 durch die griechischen Patriarchen von Konstantinopel, Alexandrien, Antiochien und Jerusalem kirchlich approbierte Lehrbekenntnis des Kiewer Metropoliten Petrus Mogilas (1596–1646) verweist hinsichtlich der Trinitätslehre auf das Athanasianum.[39] Insofern handelt es sich bei diesen drei altkirchlichen Symbolen in gewisser Weise tatsächlich auch um »ökumenische« Texte, wenn wir einmal absehen von der nachträglichen einseitigen Veränderung des Nizänum-Konstantinopolitanums auf der einen und derjenigen des Athanasianums auf der anderen Seite. Es ist deshalb nur folgerichtig, dass der bekannte griechische Theologe Johannes Karmires (1904–1991) alle drei Symbole der von ihm veranstalteten Sammlung orthodoxer Bekenntnis- und Lehrtexte vorangestellt hat.[40]

Schon vor der Entstehung des *Konkordienbuchs* hatten die drei altkirchlichen Symbole auch für die reformatorischen Kirchen normative Bedeutung erlangt. Auf lutherischer Seite war ein erster Meilenstein dieser Entwicklung die Anerkennung der trinitätstheologischen und christologischen Definitionen der ersten vier Ökumenischen Konzilien in den 1533 von Melanchthon verfassten Statuten der Wittenberger Theologischen Fakultät.[41] Der wohl ebenfalls zu dieser Zeit eingeführte Wittenberger Pro-

204–234), wobei Caspari eine Entstehung dieser Fassung im 5. oder 6. Jahrhundert in Gallien nicht ausschließt. Caspari hat im Übrigen den gesamten dritten Band seiner Symbolgeschichte der griechischen Textüberlieferung des altrömischen und des apostolischen Bekenntnisses gewidmet. Zu weiteren griechischen Fassungen des Apostolikums vgl. a. a. O., 11 f., 23–27.

38 Vgl. Ὡρολόγιον τὸ μέγα περιέχον ἅπασαν τὴν ἀνήκουσαν αὐτῷ ἀκολουθίαν κατὰ τὴν τάξιν τῆς ἀνατολικῆς ἐκκλησίας καὶ τῶν ὑποκειμένων αὐτῇ εὐαγῶν μοναστηρίων, Athen 2003, [3]f.; dieser Text entspricht weitgehend dem in PG 28, 1585D–1588C, abgedruckten, wobei dort das Filioque natürlich nicht getilgt ist. Auch im Westen war das Athanasianum oft den Stundenbüchern beigegeben und wurde teilweise in der Prim gesungen (vgl. E. Kinder, a. a. O., 181, Anm. 7). Zur Kenntnis und Rezeption des Athanasianums in Byzanz vgl. V. Laurent, Le Symbole «Quicumque» et l'Eglise byzantine (notes et documents), EOr 35 (1936), 385–404.

39 Vgl. P. Mogilas, Confessio orthodoxa 10 u. 71 (J. Karmires, Τὰ δογματικὰ καὶ συμβολικὰ μνημεῖα τῆς ὀρθοδόξου καθολικῆς ἐκκλησίας, Bd. II, Graz ²1968, 597 u. 625).

40 Vgl. J. Karmires, a. a. O., Bd. I, Graz ²1968, 35–104.

41 Vgl. Urkundenbuch der Universität Wittenberg, Teil I: 1502–1611, hrsg. v. W. Friedensburg, Magdeburg 1926, 154: »Severissime etiam prohibemus, spargi ac

motionseid enthielt dann eine explizite Verpflichtung auf die drei altkirchlichen Symbole sowie auf die *Confessio Augustana*.[42] Die Festlegung auf diese Texte verteidigte Melanchthon später mit Nachdruck gegenüber den Angriffen Andreas Osianders (1498–1552), der im Streit um das rechte Verständnis der Rechtfertigung unter anderem einen solchen Eid auf außerbiblische Normen kritisiert hatte.[43] Eine weitere Etappe der Entwicklung war die Aufnahme der altkirchlichen Symbole als Lehrnorm in die sogenannte *Wittenberger Reformation* von 1545 und dann in verschiedene lutherische Kirchenordnungen.[44] 1560 schließlich wurden die drei Sym-

defendi haereses verteres damnatas in synodis Nicena, Constantinopolitana, Ephesina et Chalcedonensi; nam harum synodorum decretis de explicatione doctrinae et deo patre, filio et spiritu sancto et de duabus naturis in Christo nato ex virgine Maria assentimur eaque judicamus in scriptis apostolicis certo tradita esse.«

42 Vgl. Liber Decanorum. Das Dekanatsbuch der theologischen Fakultät zu Wittenberg. In Lichtdruck nachgebildet, hrsg. v. J. Ficker, Halle 1923, [Rückseite des Titelblattes]: »Ego promitto DEO aeterno patri Domini nostri IESV CHRISTI, Conditori generis humani et Ecclesiae suae, cum filio suo domino nostro IESV CHRISTO & Spiritu Sancto, Me, DEO iuuante, fideliter seruiturum esse Ecclesiae in docendo Euangelio sine ullis corruptelis & constanter defensurum esse Symbola, Apostolicum, Nicenum, & Athanasianum, & perseueraturum esse in consensu doctrinae compraehensae in confessione Augustana, quae per hanc Ecclesiam exhibita est Imperatori, Anno Millesimo, Quingentesimo, Tricesimo.«

43 Vgl. Ph. Melanchthon, De calumnia Osiandri oratio (CR 12, 6). Melanchthon bezog sich mit seiner Rede auf die im April 1552 von Osiander veröffentlichte »Widerlegung«, in welcher dieser die eidliche Verpflichtung der Wittenberger Theologen auf außerbiblische Texte angeprangert hatte (vgl. A. Osiander d. Ä., Gesamtausgabe, hrsg. v. G. Müller u. G. Seebaß, Bd. X, Gütersloh 1997, 574, 8–582, 17). Zu Osianders Kritik und Melanchthons Verteidigung des Eides vgl. jetzt A. Briskina, Philipp Melanchthon und Andreas Osiander im Ringen um die Rechtfertigungslehre. Ein reformatorischer Streit aus der ostkirchlichen Perspektive, Frankfurt a. M. 2006, 200–217 u. 253–255; H. Schulz, Andreas Osianders reformatorische Lehre vom Eid, ARG 84 (1993), 195–205.

44 Zur Wittenberger Reformation vgl. CR 5, 581 f., sowie EKO I, 210: »Darum wir auch für nöthig halten, … dass der verstand der selbigen lahr, die wir in unsern kirchen, confession und catechismis bekennen und lehren, einträchtiglich in allen kirchen gepredigt und gehalten würde. Nemlich von allen artikeln des glaubens, wie in symbolo apostolico und Niceno erzählet und gefasst sind, und wie die selbigen artikel von den alten heiligen conciliis Niceno, Constantinopolitano, Ephesino und Chalcedonensi nothdurftiglich und recht erkäret sind.« Eine Erwähnung der drei altkirchlichen Symbole findet sich dann beispielsweise auch in der Mecklenburgischen Kirchenordnung von 1552 (EKO V, 162). In der ersten Halleschen Kirchenordnung von Justus Jonas (1493–1555) fehlen sie hingegen noch (gegen W. Hauschild, Corpus Doctrinae und Bekenntnisschriften, in: Bekenntnis und Einheit der Kirche. Studien zum Konkordienbuch, hrsg. v. M. Brecht u. R. Schwarz, Stuttgart 1980, 238). Erst in der in den sechziger Jahren durch den Superintendenten Sebastian Boetius (1515–1573) revidierten Fassung werden sie ausdrücklich zu den Lehrgrundlagen gezählt (vgl. EKO II, 437).

bole auch dem *Corpus Philippicum* vorangestellt,[45] welches seinerseits später zahlreichen weiteren Corpora doctrinae zum Vorbild dienen sollte.[46] Die Aufnahme der drei Symbole in das *Konkordienbuch* ist vor diesem Hintergrund keineswegs überraschend, sondern die logische Konsequenz einer fast fünfzigjährigen Entwicklung.

Die Bedeutung der altkirchlichen Symbole für die reformatorischen Bekenntnisschriften erschöpft sich nun aber keineswegs in ihrer Aufnahme in das lutherische *Konkordienbuch* bzw. in die vorausgegangenen lokalen Corpora doctrinae. Vielmehr wäre dieser höchste Grad der kirchlichen Anerkennung nicht verständlich, wenn sich nicht zuvor schon eine ganze Reihe reformatorischer Bekenntnisschriften selbst unmittelbar auf das Apostolikum, das Nizänum-Konstantinopolitanum und das Athanasianum als Lehrnorm bezogen hätten. An erster Stelle ist hier sicherlich Luthers *Kleiner* und sein *Großer Katechismus* (1529) zu nennen, der als zweites Hauptstück jeweils eine Auslegung des Apostolikums enthält,[47] wobei diese Auslegung durchaus auch Anspielungen auf den Wortlaut des Nizänum-Konstantinopolitanums enthält.[48] Zwar ist nach reformatorischer Auffassung allein die Heilige Schrift die Grundlage des christlichen Glaubens, doch da dieser Glaube in komprimierter Form in den altkirchlichen Symbolen enthalten ist, eignen sich diese besonders gut für die erste christliche Unterweisung. In seiner Auslegung des Apostolikums im *Großen Katechismus* schreibt Luther, dass dieses Symbol »das gantze göttliche Wesen, Willen und Werck mit ganz kurzen und doch reichen Worten aufs allerfeinste abgemalet« und dass Gott in diesen drei Artikeln sich »selbs offenbaret« habe.[49]

Zwei Dinge sind hierbei allerdings zu beachten: Zum einen ist mit dieser göttlichen Selbstoffenbarung im Apostolikum keine zusätzliche Offenbarung außer oder neben der Schrift gemeint, sondern es ist eben jene Offenbarung Gottes in der Schrift, welche in den Worten des Apostolikums ihren knappsten summarischen Ausdruck findet. Die Heilige Schrift als solche ist nach reformatorischer Auffassung nämlich suffizient und nicht

45 Vgl. Ph. Melanchthon, Corpus Doctrinae Christianae ..., Leipzig 1560 (VD 16: M2883), f. A7r–A8r; vgl. CR 21, 587.

46 Zur Erwähnung der Symbola in Kirchenordnungen und zu ihrer Aufnahme in verschiedene Corpora doctrinae vgl. W.-D. Hauschild, Corpus Doctrinae, 235–252.

47 M. Luther, Kleiner Katechismus, Der Glaube (BSLK 510, 25–512, 14); Großer Katechismus, Von dem Glauben (646, 2–662, 4).

48 Vgl. z. B. M. Luther, Kleiner Katechismus, Der Glaube (BSLK 511, 23 f. u. 37): »Ich gläube, daß Jesus Christus, wahrhaftiger Gott vom Vater in Ewigkeit geborn ... regieret in Ewigkeit«.

49 M. Luther, Großer Katechismus, 3. Artikel (BSLK 660, 18-32).

ergänzungsbedürftig. Zum anderen handelt es sich für Luther bei dieser Offenbarung nicht um eine Offenbarung innergöttlicher Geheimnisse, sondern um die Offenbarung dessen, was Gott für uns getan hat und was wir von ihm erwarten dürfen, das heißt, um eine Offenbarung des »Deus pro nobis«. Diese Beschreibung des Werkes Gottes für uns und an uns ist aber nach Luthers Ansicht völlig ausreichend, um Gott wirklich zu erkennen.[50] Oder umgekehrt formuliert: Das Wesen Gottes kann nicht unabhängig von Gottes Werk für uns beschrieben werden.[51] Es ist diese soteriologische Deutung der altkirchlichen Symbole bzw. ihrer Grundlage, der Heiligen Schrift, welche wohl der bedeutendste Beitrag der Reformation zur Rezeption des altkirchlichen Dogmas war.

Außer in Luthers Katechismen liegen auch in anderen lutherischen Bekenntnisschriften direkte Bezugnahmen auf die altkirchlichen Symbole vor. Im lutherischen Grundbekenntnis etwa, in der *Confessio Augustana*, wird im ersten Artikel hinsichtlich der Lehre von einem göttlichen Wesen und drei göttlichen Personen explizit auf das »decretum Nicaenae Synodi« verwiesen.[52] Entsprechende Formulierungen finden sich allerdings weder im Symbol von 325 noch in seinem ergänzten Wortlaut von 381, sondern erst im Synodalbrief an die römische Kirche von 382.[53] Der Hinweis auf das Konzil von Nizäa war im Übrigen bereits 1529 im ersten *Marburger Artikel* eingefügt worden.[54] Faktisch schließt sich der hieraus entstandene erste Artikel der *Confessio Augustana* jedoch eher an den Wortlaut des Symbolum Quicumque an,[55] wobei mit »creator (et conservator) omnium rerum, visibilium et invisibilium« auch eine Wendung des Nizänum-Konstantinopolitanums aufgegriffen wird.[56] Auch die Erläuterung des Begriffs

50 M. Luther, Großer Katechismus, Von dem Glauben (BSLK 646, 6–10): »Darauf folgt nu billich der Glaube, der uns fürlegt alles, was wir von Gott gewarten und empfahen mussen, und, aufs kürzeste zu reden, ihn ganz und gar erkennen lehret.«; ebd., 3. Artikel (a. a. O., 661, 21–25): »Aus dem siehest Du nu, daß der Glaube gar viel ein andere Lehre ist denn die zehen Gepot. Denn jene lehret wohl, was wir tuen sollen, diese aber sagt, was uns Gott tue und gebe.«

51 Vgl. hierzu M. Luther, Großer Katechismus, 1. Artikel (BSLK 647, 27–29): »Das ist aufs allerkürzeste abgemalet und furgebildet, was Gottes des Vaters Wesen, Wille, Tuen und Werk sei.«

52 BSLK 50, 4–6.

53 Theodoret von Cyrus, Historia ecclesiastica V, 9, 9 (GCS 44, 292, 12–16).

54 Marburger Artikel 1 (BSLK 52, 31f.). Im ersten Schwabacher Artikel fehlte ein solcher Hinweis hingegen noch (vgl. a. a. O., 52, 3–26).

55 Vgl. z. B. die Stichworte »coaeternus«, »immensus«, »et tamen« und »tres personae«, die sich sowohl in CA 1 als auch im Athanasianum finden (BSLK 28, 19f. 26f.30f.; 29, 28f.).

56 Vgl. CA 1 (BSLK 50, 11f.) mit dem Nizänum-Konstantinopolitanum (a. a. O., 26, 4f.).

»Person« im Sinne des griechischen »ὑπόστασις« sowie die Verurteilung einer Reihe von christologischen und trinitarischen Häresien zeugt von der Verwurzelung dieses Artikels in der konziliaren und theologischen Tradition der Alten Kirche.[57]

Der dritte Artikel der *Confessio Augustana* verbindet dann diverse Aussagen des zweiten Artikels des Apostolikums (»natus ex virgine Maria«, »passus, crucifixus, mortuus et sepultus«, »descendit ad inferos ... resurrexit tertia die ... ascendit ad coelos« etc.)[58] mit der Zweinaturenchristologie des Konzils von Chalzedon (»vere Deus et vere homo«, »duae naturae ... inseparibiliter coniunctae«).[59] Im dritten Artikel seiner *Apologie* weist Melanchthon erneut auf die Übereinstimmung dieses von den Widersachern gebilligten Artikels mit dem Symbol der Apostel und dem Symbolum Nicaenum hin.[60] Doch auch dort, wo die Confutatoren der *Confessio Augustana* widersprochen haben, meint er sich auf das altkirchliche Zeugnis der Symbole berufen zu dürfen. So verteidigt er etwa im siebten Artikel der *Apologie* sein Verständnis der Kirche als Gemeinschaft der Heiligen unter Hinweis auf den Wortlaut des dritten Artikels des Apostolikums.[61]

Eine der interessantesten Bezugnahmen auf die altkirchlichen Symbole findet sich im vierten und mit Abstand umfangreichsten Artikel der *Apologie*, der der Rechtfertigung des Sünders gewidmet ist. Melanchthon kommt dort auf die Klausel »Vergebung der Sünde« des Apostolikums zu sprechen und erklärt sie zur zentralen Wendung des Symbols. Mit Glauben sei eben nicht nur eine Kenntnis der Geschichte Christi, seiner Geburt, seines Todes und seiner Auferstehung gemeint, sondern auch ein Festhalten an der göttlichen Verheißung, dass mir selbst um Christi willen die Sünde vergeben sei. Diese Wendung sei die Zweckursache (»causa finalis«) der Geschichte und deshalb müsse auch alles andere auf sie bezogen werden.[62] Mit anderen Worten: So wie es das entscheidend Christliche des

[57] CA 1 (BSLK 50, 15–51, 13).

[58] CA 3 (BSLK 54, 8–23).

[59] CA 3 (BSLK 54, 4–8); vgl. Conciliorum oecumenicorum generaliumque decreta, Bd. I: The Oecumenical Councils. From Niceae I to Nicaea II (325–787), ed. G. Alberigo, Turnhout 2006 (= CChr.COD 1), 137, 365f.377–379.

[60] AC 3 (BSLK 158, 2–11).

[61] AC 7 (BSLK 235, 25–36; vgl. auch den deutschen Text a. a. O., 236, 12-17).

[62] AC 4, 51 (BSLK 170, 30–37): »Quamquam facile erit iudicare, quid sit fides, si symbolum consideremus, ubi certe ponitur hic articulus: remissionem peccatorum. Itaque non satis est credere, quod Christus natus, passus, resuscitatus sit, nisi addimus et hunc articulum, qui est causa finalis historiae: remissionem peccatorum. Ad hunc articulum referri cetera oportet, ...«; vgl. auch den in BSLK abgedruckten ausführlicheren deutschen Quarttext sowie den noch stärker ausgearbeiteten deutschen Oktavtext von 1533 (CR 28, 95f.).

Glaubens ist, nicht nur an Gott, sondern an die mir verheißene Vergebung der Sünde zu glauben, so ist auch die tragende Mitte des christlichen Glaubensbekenntnisses jene meist wenig beachtete Wendung des dritten Artikels »Vergebung der Sünden«. Hier zeigt sich deutlich, wie Melanchthon, der ja an anderer Stelle den berühmten Satz geprägt hat, »das heißt Christus zu erkennen: seine Wohltaten zu erkennen, und nicht, wie jene lehren, seine Naturen und Weisen der Menschwerdung zu betrachten«[63], eben auch die altkirchliche Überlieferung und die altkirchlichen Symbole ganz vom Heilswerk Christi her verstanden hat.

Von den weiteren lutherischen Bekenntnisschriften sind in diesem Zusammenhang noch Luthers *Schmalkaldische Artikel* (1537), sowie die *Konkordienformel* zu nennen. In Luthers *Schmalkaldischen Artikeln* wird das Apostolikum und das Athanasianum nur im ersten Teil, der bekanntermaßen »den hohen Artikeln der gottlichen Majestät« gewidmet ist, im Rahmen der Christologie erwähnt, während in dem unmittelbar daran anschließenden »Häuptartikel«, dass Jesus Christus »umb unser Sunde willen gestorben und umb unser Gerechtigkeit willen auferstanden« ist, ein solcher Hinweis fehlt. Dennoch legt Luthers enge Paraphrase des Apostolikums[64] im ersten Teil nahe, dass er auch die christologischen Aussagen des Apostolikums ganz von der Soteriologie her verstanden hat. Diese Vermutung wird zur Gewissheit, wenn wir den letzten Satz dieses trinitätstheologischen bzw. christologischen Teils der Schmalkaldischen Artikel näher betrachten. Hatte Luther dort zunächst formuliert, »[d]iese Artikel sind in keinem Zank noch Streit, weil wir zu beiden Teilen dieselbigen gläuben und bekennen«, so strich er später in seinem Manuskript wieder die Worte »gläuben und«.[65] Es war offenbar jenes soeben an Hand von Melanchthons *Apologie* skizzierte Verständnis des christlichen Glaubens, welches Luther hierzu veranlasste. Seiner Meinung nach blieb ein dogmatisch korrektes Bekennen der Trinitätslehre und Christologie letztlich eine Chimäre, wenn es nicht einherging mit einem persönlichen Glauben an Jesus Christus, mit einem Vertrauen auf die uns von Gott um Christi willen geschenkte Vergebung der Sünden und dem demütigen Eingeständnis, dass wir selbst nicht durch fromme Werke an unserem Heil mitwirken können.[66] Einen solchen Glauben aber vermochte Luther bei seinen

63 Ph. Melanchthon, Loci primae aetatis (CR 21, 85): »... hoc est Christum cognoscere, beneficia eius cognoscere, non, quod isti docent, eius naturas, modos incarnationis contueri, ...«.

64 Schmalkaldische Artikel I, 4 (BSLK 414, 20–26); vgl. II, 1 (a. a. O., 415, 4–9).

65 Schmalkaldische Artikel I, 4 (BSLK 415, 1 f.).

66 Vgl. hierzu M. Ohst, Luther und die altkirchlichen Dogmen, in: Luther zwischen den Zeiten, hrsg. v. C. Markschies u. M. Trowitzsch, Tübingen 1999, 152 f.

Gegnern nicht zu erkennen, wiewohl er ihnen zugestand, dass sie den altkirchlichen Dogmen und Symbolen durchaus die ihnen gebührende Reverenz erwiesen. Die *Konkordienformel* schließlich erwähnt die altkirchlichen Symbole einerseits im Zusammenhang der Trinitäts-[67] und Zweinaturenlehre[68], andererseits aber im Rahmen einer ausgearbeiteten Theorie über die Grundlagen der christlichen Lehre, auf die im Folgenden noch gesondert einzugehen sein wird.

Doch werfen wir an dieser Stelle auch einen kurzen Blick auf die reformierten Bekenntnisschriften. Schon Zwingli griff in seiner *Fidei ratio* (1530) zur Begründung der Trinitätslehre auf das Nizänum-Konstantinopolitanum und das Athanasianum zurück. Die *Confessio belgica* (1561) sowie die *Confessio bohemica* (1609) verwiesen in diesem Zusammenhang sogar auf alle drei altkirchlichen Symbole.[69] Für Heinrich Bullinger (1504–1575) war es hingegen das Heilswerk Jesu Christi, das im elften Artikel der *Confessio helvetica posterior* (1562) Anlass zu dem Hinweis gab, dass alles, was vom Athanasianum und ähnlichen Symbolen sowie von den ersten vier Hauptkonzilien aus der Heiligen Schrift über das Mysterium der Inkarnation definiert worden sei, aufrichtigen Herzens geglaubt und alle Gegenlehre verworfen werde.[70] Doch diese Offenheit für die altkirchliche Tradition ist nicht die einzige Besonderheit von Bullingers Bekenntnis. Die *Confessio helvetica posterior* ist nämlich zugleich auch die einzige reformierte Bekenntnisschrift überhaupt, der ein altkirchliches Symbol vorangestellt ist. Dabei handelt es sich allerdings nicht um eines der drei »ökumenischen« Symbole, sondern um das Symbolum Damasi, ein zweigliedriges Glaubensbekenntnis vom Ende des 5. Jahrhunderts, welches von der Tradition Papst Damasus I. (305–384) zugeschrieben

67 FC, Solida Declaratio XII (BSLK 1099, 6–12): »Item da etliche Antitrinitarier die alte bewährte Symbola, Nicaenum et Athanasianum, beide, was die Meinung und Wort belangt, vorwerfen und vordammen und lehren, daß nicht ein einig, ewig, göttlich Wesen sei des Vaters, Sohns und Heiligen Geistes, ...«

68 FC, Solida Declaratio VIII (BSLK 1047, 4–10).

69 H. Zwingli, Fidei ratio 1 (BSRK 79, 37–39): »Primo igitur, et credo et scio unum ac solum esse Deum, ... Esse patrem, filium, et spiritum sanctum personas quidem tres, sed essentiam horum unam ac simplicem. Et omnino iuxta expositionem symboli tam Niceni quam Athanisici per singula de numine ipso deque nominibus, sive personis tribus sentio.«; Confessio belgica 9 (BSRK 236, 20–23); Confessio bohemica III, 5 (BSRK 458, 1–4).

70 H. Bullinger, Confessio helvetica posterior 11 (BSRK 186, 4–9): »... quaecunque de incarnationis domini nostri Iesu Christi mysterio definita sunt ex scripturis sanctis, et comprehensa symbolis ac sententijs quatuor primarum et praestantissimarum Synodorum, celebratarum Niceae, Constantinopoli, Ephesi et Chalcedone, una cum beati Athanasij Symbolo, et omnibus his similibus symbolis, credimus corde syncero, et ore libero ingenue profitemur, condemnantes omnia his contraria.«

wurde.[71] Bullinger, der sich auch sonst wiederholt mit den altkirchlichen Symbolen und Konzilien beschäftigte,[72] wollte durch diese Beigabe die Übereinstimmung seiner *Confessio* mit der Lehre der Alten Kirche demonstrieren.[73]

Auch die *42 Anglikanischen Artikel* (1552) und die davon abhängigen *Irischen Artikel* (1615), die *Confessio rhaetica* (1552), der *Consensus Bremensis* (1595), das *Staffortsche Buch* (1599) sowie die brandenburgische *Confessio Sigismundi* (1614) rechnen die drei altkirchlichen Bekenntnisse und teilweise auch die Lehrentscheidungen der Konzilien von Ephesus und Chalzedon zu den anerkannten Lehrüberlieferungen der Kirche.[74] Die *Confessio gallicana* (1559) erläutert dies allerdings dahingehend, dass auch Dekrete und Konzilien stets von der Schrift her zu beurteilen und gegebenenfalls zu reformieren seien. Die drei altkirchlichen Symbole werden von ihr jedoch ausdrücklich als schriftgemäß bestätigt.[75]

71 Vgl. die lateinischen und deutschen Ausgaben der Confessio helvetica posterior, wo sich das Symbolum Damasi (vgl. DH 71f.) bis zum frühen 19. Jahrhundert regelmäßig im Anschluss an das Edikt »Cunctos populos« (vgl. Codex Iustinianus I,1,1 [Corpus Iuris Civilis, Bd. II: Codex Iustinianus, ed. P. Krüger, Berlin 1895, 5]) von Theodosius I. (346-395) vor Bullingers Bekenntnis abgedruckt findet (Heinrich Bullinger Werke, Erste Abteilung: Bibliographie, hrsg. v. F. Büsser, Bd. I: Beschreibendes Verzeichnis der gedruckten Werke von Heinrich Bullinger, bearb. v. J. Staedtke, Zürich 1972, 207–214 [Nr. 433–446], 219–225 [Nr. 465–475.477]).

72 S. dazu unten Anm. 94 und 96.

73 Vgl. hierzu den von Bullinger stammenden Titel der deutschen Erstausgabe: »Bekannnuß Deß waaren Gloubens ... von den Dienern der kyrchen Christi in der Eydgenoschafft, ... einhällig vßgegangen, yederman zu bezügen, daß sy in der einigkeit der waaren, vralten, Christenlichen kyrchen bestond, vnnd keine nüwe jrrige leeren, ouch gar kein gemeinsamme mit einichen Secten oder Kätzeryen habend ...« (Heinrich Bullinger Werke I/1, 219 [Nr. 465]); vgl. a. BSRK 170, 19–24.

74 Confessio rhaetica (BSRK 163, 34 – 164, 7): »... credimus unanimiter, et ore confitemur uno, eam demum esse veram et integram et incorruptam fidem, christianam et servantem, quae in scripturis sanctis Novi et veteris Testamenti Canonicorum illorum librorum traditur atque docetur: et pauculis est verbis perscripta in Symbolis quibusdam, quae fideles omnes, et qui cognoverunt veritatem, a priscis temporibus semper agnoverunt pro piis et rectis. Symbola autem illa, de quibus loquimur sunt haec. Primum quod dicitur Apostolrum, ... Secundum quod incipit: Credo in unum Deum ... Tertium, quod Athanasii illius Magni.«; Anglican Articles [1552] 7 (508, 12-15); Irish Articles 7 (527, 8-11); Consensus Bremensis I, 3 (740, 37f.); Staffortsches Buch (804, 45f.); Confessio Sigismundi (836, 27–31).

75 Confessio gallicana 5 (BSRK 222, 37–44): »Dont il s'ensuit que ... ne les decrets, ne les conciles, ne les visions, ne les miracles, ne doivent estre opposez à icelle Escripture saincte, ains au contraire toutes choses doivent estre examinees, reiglees, et reformees selon icelle. Et suyvant cela nous avoüons les trois symboles, ascavoir des Apostres, de Nice et d'Athanase, pource qu'ilz sont conformes à la Parole de Dieu.«

Die übrigen reformierten Bekenntnisschriften nennen hingegen lediglich das Apostolikum, das als Summe und Kurzfassung des evangeliumsgemäßen Glaubens aufgefasst und in einer Reihe reformierter Katechismen auch ausgelegt wird.[76]

Freilich wäre dieser Überblick nicht vollständig, wenn in diesem Zusammenhang nicht auch die Weigerung Calvins zur Sprache käme, im Jahr 1537 die drei altkirchlichen Symbole offiziell als Lehrnorm zu unterschreiben.[77] Dieser Weigerung vorausgegangen war der von dem Lausanner Pfarrer Pierre Caroli (1481–1545)[78] erhobene Vorwurf, der Genfer Reformator Guillaume Farel (1489–1565) sei nicht rechtgläubig, weil in dessen *Sommaire* die Begriffe »Trinität« und »Person« fehlten. Als Calvin zu Farels Verteidigung schritt, wurde auch er von Caroli angegriffen und aufgefordert, zum Erweis seiner Rechtgläubigkeit die altkirchlichen Symbole offiziell zu unterzeichnen. Mit dem Hinweis, er lasse sich nicht erpressen und wolle durch ein Nachgeben in dieser Frage nicht einen Präzedenzfall für die Aufrichtung einer neuen Tyrannei in der Kirche schaffen, lehnte Calvin jedoch eine solche Unterzeichnung der Symbole ab. Zugleich beteuerte er, er wolle nicht die altkirchlichen Glaubensbekenntnisse abschaffen oder diesen die Glaubwürdigkeit absprechen, doch Carolis Ansinnen, dass niemand ohne eine förmliche Anerkennung der drei altkirchlichen Symbole Christ sein könne, sei zurückzuweisen. Nicht die Formulierung des Glaubens sei das Entscheidende, sondern dessen Inhalt.[79] Das spätere unerbittliche Vorgehen Calvins gegen den modalistischen Antitrinitarier Michael Servet (1511–1553) lässt in der Tat keinen Zweifel an seiner Anerkennung der kirchlichen Trinitätslehre zu. Im Kontext seiner Auseinandersetzung mit Caroli bestritt er jedoch zugleich, dass das Nizänum(-Konstantinopolitanum)

76 Vgl. z. B. Genfer Katechismus (BSRK 118, 8–129, 6); Heidelberger Katechismus, Fr. 23–58 (688, 10–698, 7) etc.

77 Zu diesem vieldiskutierten Vorgang vgl. J. Koopmans, Das altkirchliche Dogma in der Reformation, München 1955, 45–48.

78 Nach seiner Absetzung im Jahre 1537 kehrte Caroli wieder zur römisch-katholischen Kirche zurück und verfasste antireformatorische Schriften.

79 J. Calvin, Adversus P. Caroli calumnias (CR 35, 315): »Calvino quidem et aliis propositum nequaquam erat symbola abiicere aut illis derogare fidem, sed quia sic aggressus erat eos Carolus, suspectam sibi esse eorum fidem, donec symbolorum subscriptione eam probassent, nolebant in praeteritum tempus tali invidia gravari. Et sane quid aliud hoc erat quam iugulum porrigere? … Deinde nolebant hoc tyrannidis exemplum in ecclesiam induci; ut is haereticus haberetur qui non ad alterius praescriptum loquutus esset. Huc enim incubuerat Carolus, nullum absque tribus symbolis esse Christianum. Quid autem contentiosius, inquit Augustinus ad Pascentium, quam ubi de re convenit, de vocabulo litigare? Falsum ergo est quod ait, Calvinum adversus tria symbola declamitasse.«

tatsächlich auf dem Konzil von Nizäa als Glaubensbekenntnis beschlossen worden sei.[80] Von daher ist es nicht überraschend, dass die calvinistische Antwort auf das Konkordienbuch, die auf Betreiben des Pfalzgrafen Johann Kasimir (1543–1592) 1581 in Genf erschienene *Harmonia confessionum fidei orthodoxarum et reformatarum ecclesiarum* nicht die altkirchlichen Symbole enthält. Erst das 1612 von Gaspard Laurent herausgegebene und dann 1654 erneut gedruckte umfänglichere *Corpus et syntagma confessionum* enthält das Apostolikum, zusammen mit einem ausführlichen Katalog von Schriftbelegen zu den einzelnen Klauseln des Bekenntnisses, während die beiden anderen altkirchlichen Symbole weiterhin fehlen.[81] Bei aller Reverenz, die den altkirchlichen Symbolen und der in ihnen enthaltenen Lehre auch von reformierter Seite in der theologischen Lehre und der liturgischen Praxis erwiesen wird – sie sind, ebenso wie auch die reformierten Bekenntnisschriften des 16. und 17. Jahrhunderts nach reformierter Überzeugung für die Kirche selbst, nicht konstitutiv oder unverzichtbar. Vielmehr gelten auch sie als ein zeitgebundener Ausdruck der christlichen Wahrheit, wie sie grundlegend in der Heiligen Schrift offenbart worden ist.

III Die Bedeutung der ökumenischen Konzilien für die Reformation

Die beiden oben dargelegten Grundsätze für die Rezeption der altkirchlichen Symbole durch die reformatorische Theologie gelten auch im Hinblick auf die altkirchlichen Konzilien. Zum einen hängt ihre Anerkennung selbstverständlich von der Übereinstimmung mit dem Zeugnis der Heiligen

[80] Vgl. a. a. O., 315 f.: »De symbolo Nicaeno ita loquutus est: Quid si negem hanc formulam, quam mihi obtrudis, a synodo Nicaena profectam esse? Neque enim credibile est, quum sancti patres, quam maxime possent brevitate, complecti vellent formulam compositam ex rebus adprime necessariis, lusisse supervacuo verborum circuitu. Vides autem in his verbis esse battologiam, Deo de Deo, lumen de lumine, Deum vero de Deo vero. Quorsum ista repetitio? An vel emphasim habet ullam, vel maiorem expressionem? Vides ergo carmen esse, magis cantillando aptum quam formulam confessionis, in qua syllabam unam redundare absurdum est.«

[81] Vgl. zu diesen beiden ältesten Sammlungen reformierter Bekenntnisschriften, die aber nie eine dem Konkordienbuch vergleichbare Stellung erlangten, Ph. Schaff, The Creeds of Christendom, with a History and Critical Notes, Grand Rapids [6]1983, Bd. I, 354 f. Das Apostolikum findet sich zusammen mit den Schriftbelegen auf S. 14 f. der Ausgabe von 1612. Während diese Ausgabe jeweils den vollständigen Wortlaut der einzelnen Bekenntnisschriften enthält, bietet die Ausgabe von 1581 nur ein nach der Lokalmethode untergliedertes Florilegium bzw. eine »Harmonie« einzelner Abschnitte aus den verschiedenen Bekenntnisschriften.

Schrift ab, zum anderen werden auch die dogmatischen Definitionen der Konzilien als Ausdruck der rechten kirchlichen Lehre über die Rechtfertigung des Sünders aufgefasst, und zwar deshalb, weil aus evangelischer Perspektive Christologie und Pneumatologie stets soteriologische Fragen sind.[82] Da die altkirchlichen Konzilsbeschlüsse prinzipiell nur dann als gültig und verpflichtend anzuerkennen sind, wenn die von ihnen definierten Lehren schriftgemäß sind, kommt letzte Autorität nie den Konzilien selbst, sondern nur der Heiligen Schrift zu.[83] Die Glaubensentscheidungen der ersten vier Konzilien finden jedoch die uneingeschränkte Zustimmung der Reformation. Sie sind – im Unterschied zu den zeitlich bedingten Kanones dieser Konzilien – autoritative Auslegungen der Heiligen Schrift, die den alten Glauben wider neue Irrtümer verteidigt haben. Wo hingegen Konzilien neue Glaubensartikel aufstellen oder bestimmte Werke oder

82 Vgl. E. Kinder, Die soteriologischen Motive der altkirchlichen Glaubensbekenntnisse, LR 11 (1961), 20: »Die Reformation hat die trinitarischen und christologischen Entscheidungen der ersten vier ökumenischen Konzile und der drei altkirchlichen Glaubensbekenntnisse so rezipiert, daß sie sie im Sinne der reformatorischen Rechtfertigungslehre als der soteriologischen Mitte der Heiligen Schrift interpretierte.« Davon, dass die Trinitätslehre bei Luther »wie ein erratischer Block stehen geblieben« sei, wie dies W. Elert, Morphologie des Luthertums, Bd. I: Theologie und Weltanschauung des Luthertums hauptsächlich im 16. und 17. Jahrhundert, München 1931, 191, behauptet hatte, kann überhaupt keine Rede sein. Sowohl seine Katechismen als auch besonders seine Schrift über die drei Symbole belegen das Gegenteil.

83 Vgl. Ph. Melanchthon, Enarratio Symboli Niceni (CR 23, 200): »Synodi non gignunt nova dogmata, sed tantum profitentur sententias prius in scriptis Propheticis et Apostolicis traditas, et ostendunt, quomodo intelligant haec dicta Prophetica et Apostolica, et testantur hunc intellectum ab Apostolis ad posteros transmissum esse. Sunt igitur Synodi testes seu testificationes de aliquo veteri dogmate, quod testantur se amplecti, quia non sit commenticium seu novum, sed vera autoritate in ipsis scriptis Propheticis et Apostolicis traditum, …«; M. Luther, Von den Konziliis und Kirchen (WA 50, 546, 29–547, 9): »Und summa, thu sie alle zusamen, beide, Veter und Concilia, so kanstu doch nicht die gantze Lere Christlichen glaubens aus jnen klauben, ob du ewig dran klaubst, Und wo die Heilige Schrifft nicht gethan und gehalten hette, were die Kirche der Concilij und Veter halben nicht lange blieben. Und zu warzeichen: Woher habens die Veter und Concilia, was sie leren oder handeln? Meinstu, das sie es zu jrer zeit erst erfunden oder vom Heiligen geist jmer ein neues jnen eingegeben sey? Wodurch ist denn die Kirche bestanden vor solchen Concilien und Vetern? Oder sind keine Christen gewest zuvor, ehe die Concilia und Veter auffkamen? Darumb müssen wir anders von den Concilien und Vetern reden, … «; a. a. O., (606, 3-7): »Auff diese weise mus man nu auch alle andere Concilia verstehen, sie seien gros oder klein, und wenn jr viel tausent weren, das sie nichts neues, weder im glauben noch guten wercken setzen, sondern als der höheste Richter und der grössest Bisschoff unter Christo den alten glauben und alte, gute werck verteidigen nach der Heiligen schrifft, …«

Zeremonien für heilsnotwendig erklären, gehen sie nach Meinung der Reformatoren in die Irre und überschreiten ihre Kompetenz.

Martin Luther hat seine Sicht der Geschichte der christlichen Konzilien 1539 in den ersten beiden Teilen seiner Schrift *Von den Konziliis und Kirchen* dargelegt und begründet.[84] Neben dem Apostelkonzil (Apg 15) erkannte er lediglich die ersten vier ökumenischen Konzilien als »heubt Concilia« an, wobei er der Auffassung war, dass das Konzil von Nizäa »das beste« dieser Universalkonzilien gewesen sei und von seiner Bedeutung her gleich hinter dem Apostelkonzil rangiere.[85] In Bezug auf das fünfte und sechste Ökumenische Konzil verfügte Luther zwar aus der 1538 erschienenen zweibändigen Konzilsgeschichte von Petrus Crabbe OFM (ca.1470–1554) über gewisse Kenntnisse,[86] doch billigte er diesen beiden Konzilien offenbar nicht dieselbe Bedeutung zu wie den ersten vier. Das zweite Konzil von Nizäa hingegen, dessen Akten erst 1540 in lateinischer Übersetzung veröffentlicht wurden,[87] war Luther bei Abfassung seiner Konzilsschrift wohl praktisch unbekannt, ebenso wie auch das Concilium Quinisextum (691/2), dessen 102 Kanones ebenfalls erstmals 1540 in Paris veröffentlicht wurden, in diesem Fall allerdings in griechischer Sprache.[88]

84 Zur Lehre über das Konzil bei Luther, Melanchthon und in der lutherischen Orthodoxie vgl. M. Seils, Das ökumenische Konzil in der lutherischen Theologie, in: Die ökumenischen Konzile der Christenheit, hrsg. v. H. J. Margull, Stuttgart 1961, 333–372, sowie jetzt: Ch. Spehr, Luther und das Konzil, Zur Entwicklung eines zentralen Themas in der Reformationszeit, Tübingen 2010.

85 M. Luther, Von den Konziliis und Kirchen (WA 50, 522, 6–13): »Denn es sind nicht mehr, weder vier grosse heubt Concilia in allen Büchern fast berümbt und bekand, ... Das erst ist Nicenum, Welchs zu Nicea in Asia gehalten ist, ... Das ander zu Constantinopel, ... Das dritte zu Epheso ... das vierde zu Calcedon ...«; a. a. O. (531, 16–18): »... mus auch des Concilium zu Nicea nicht vergessen, welchs das beste und erste vniuersal ist, nach der Apostel Concilium.«

86 Concilia omnia, tam generalia, quam particularia, ab apostolorum temporibus in hunc vsque diem a sanctissimis patribus celebrata, & quorum acta literis mandata, ... his duobus tomis continentur, ed. P. Crabbe, Köln: Petrus Quentel 1538 (VD16: C 5643).

87 Der rheinische Humanist Gisbert Longolius (Gijsbert van Langerack, 1507–1543), der Leibarzt des Kölner Kurfürsten Hermann von Wied (1477–1552) war und als Erster eine Professur für Griechisch an der Kölner Universität innehatte, veröffentlichte damals eine von ihm selbst angefertigte lateinische Übersetzung der griechischen Konzilsakten: Concilium Nicenum. Synodi Nicenae quam Graeci septimam vocant ... actiones omnes contra iconoclastos & iconomachos, ed. G. Longolius, Köln: Peter Quentel 1540 (VD16: K 2031). Zu Longolius vgl. H. Finger, Gisbert Longolius – ein niederrheinischer Humanist, 1507-1543, Düsseldorf 1990.

88 Κανόνες τῶν ἀποστόλων καὶ τῶν ἁγίων συνόδων. Apostolurum et sanctorvm conciliorvm decreta. Hinc sarcienda ecclesiæ concordia, ed. J. Du Tillet, Paris: Conrad

Am Beispiel des Apostelkonzils, wo Petrus die Rettung durch die Gnade des Herrn verkündet habe (vgl. Apg 15,11), machte Luther deutlich, dass das Hauptanliegen der alten Konzilien stets die Verteidigung der Rechtfertigung aus Gnaden um Christi willen gewesen sei, wohingegen die disziplinarischen Beschlüsse, wie in diesem Fall das sogenannte Aposteldekret, die Nebensache gewesen seien.[89] Auch bei der Behandlung der ersten vier ökumenischen Konzilien unterschied Luther zwischen der Hauptsache, das heißt, den dogmatischen Beschlüssen, und den Kanones, welche als »leibliche, eusserliche, zeitliche stücke ... weltlich zu achten sind, nicht den Artickeln des glaubens zu vergleichen, auch nicht als ein ewiges recht zu halten« sind.[90] Sodann betont er immer wieder, dass diese Konzilien »nichts neues erdacht noch gesetzt, Sondern den alten glauben wider den neuen jrthum ... durch die heiligen Schrifft« verteidigt hätten.[91] Schließlich formulierte er eine erstaunlich präzise Lehre in zehn Punkten über die Vollmacht des Konzils und deren Grenzen: Demnach könne ein Konzil (1) keine neuen Glaubensartikel aufstellen, (2) wohl aber mit der Heiligen Schrift neue Glaubensartikel verwerfen, (3) keine neuen guten Werke gebieten, (4) wohl aber schlechte und böse Werke verwerfen, (5) keine neuen Zeremonien als heilsnotwendig auferlegen, (6) wohl aber solche neuen Zeremonien nach der Schrift verurteilen. Es dürfe (7) sich nicht ins weltliche Regiment einmischen, (8) wohl aber Übergriffe des weltlichen Regiments abwehren, (9) keine Beschlüsse über eine grenzenlose Ausweitung der bischöflichen Vollmacht fassen, (10) wohl aber Zeremonien festsetzen, welche um der guten Ordnung willen nötig und nützlich seien.[92]

Neobar 1540, f. 86v-110r. Zu einer späteren Zurückweisung einer ganzen Reihe von Kanones des Quinisextums durch den Tübinger Kirchenhistoriker Lucas Osiander (1571–1638) vgl. L. Osiander, Epitomes historiae ecclesiasticae centuria septima ..., Tübingen: Georg Gruppenbach 1599 (VD16: ZV 4854), 281–312.

89 Op.cit. (WA 50, 561, 8–13): »Dis ist ja die substantz und heubtsache dieses Concilij, Nemlich, das die Phariseer wolten wider das wort der gnaden die werck oder verdienst des Gesetzes, als zur seligkeit nötig, auffrichten, damit were das wort der gnaden zu nicht worden, sampt Christo und dem Heiligen Geist. Darumb fichtet und schleust S. Petrus so hart dawider und wil schlecht on alle werck, allein aus der gnaden Jhesu Christi selig werden, ...«; (563, 5–9): »Das, sage ich, ist das substantial oder heubtsache dieses Concilij, darumb es ist zusamen gefoddert oder komen, ist auch damit beschlossen und alles ausgericht. Aber der Bapst Esel sihet und achtet solchs heubtstuecks nicht, und gaffet die andern vier stuecke an, so Jacobus dazuthut vom blut, ersticktem, goetzenopffer und hurerey, ...«

90 Op.cit. (WA 50, 559, 34–36).

91 Op.cit. (WA 50, 575, 4f.; vgl. 605, 16–606, 7).

92 Op.cit. (WA 50, 607, 7–614, 27).

Auch der Zürcher Reformator Heinrich Bullinger hat sich mehrfach zur Bedeutung der Konzilien geäußert. Neben dem bereits erwähnten Passus aus dem elften Artikel der *Confessio helvetica posterior*[93] ist in diesem Zusammenhang die kleine Abhandlung »De quatuor universalibus synodis sive conciliis« zu nennen, welche er 1549 dem ersten Band seiner *Sermonum decades quinque* voranstellte.[94] Nach einem kurzen Abriss über Anlass und Teilnehmer dieser Konzilien, auf welchen »durch die Veröffentlichung von Bekenntnissen nichts an der Lehre der Apostel verändert und nichts hinzugefügt wurde, was die Kirchen Christi nicht schon zuvor aus der Heiligen Schrift besessen oder geglaubt hätten«, ließ der Reformator eine Reihe von altkirchlichen Symbolen folgen, und zwar das Nizänum, das Nizänum-Konstantinopolitanum (ohne Filioque!), einen Auszug aus dem Horos von Ephesus, die Definition von Chalkedon nach dem Wortlaut der Pseudoisidorischen Dekretalen zusammen mit einer Wiedergabe und Würdigung dieser Definition bei Vigilius von Thapsus († um 490), dann ebenfalls nach Pseudoisidor das Symbol des ersten Konzils von Toledo (um 400) sowie das Glaubensbekenntnis des vierten Konzils von Toledo (633/4), von Irenäus von Lyon († um 200) und Tertullian von Karthago († um 230) zwei antihäretische Formulierungen der »regula fidei«, das Athanasianum und schließlich das Symbolum Damasi zusammen mit dem Edikt »Cunctos populos«.[95] Damit erweist sich Bullinger als ein erstaunlich guter Kenner der altkirchlichen Symbole und Konzilsdefinitionen, wobei insbesondere die Differenzierung zwischen den beiden Symbolen von 325 und 381 hervorgehoben zu werden verdient.

Schließlich hat sich Bullinger auch noch monographisch mit dem Konzilsthema befasst. In seiner 1561 erschienenen Schrift *Von den Conciliis*[96] bewegte sich der Zürcher zwar auf Luthers Spuren, insofern auch er sich

93 S. o. Anm. 70.

94 H. Bullinger, Sermonum decades duae. De potissimis verae religionis capitibus, ... Accesserunt item vetustissimi morum conciliorum & antiquissimorum orthodoxorum patrum symbola. ... Zürich: Christoph Froschauer 1549 (VD16: B9692; vgl. Heinrich Bullinger Werke I/1, 88 [Nr. 179]).

95 A. a. O., f. 7r-12v; vgl. DH 75 f., 125, 150, 188–190, 271–273, 301 f., 485; Pseudoisidor, Decretalium collectio (PL 130, 307B-308B; 437A-D; 463B-D); Vigilius v. Thapsus, Conta Eutychetem (PL 62, 153B-1254C); Irenäus v. Lyon, Adversus haereses I, 10, 1 f. (SC 264, 154, 1–160, 48); Tertullian v. Karthago, De praescriptione 13 (CChr.SL 1, 197, 1–198, 18); Cassiodor, Historia ecclesiastica tripartita IX, 7 (CSEL 71, 503, 10–504, 24).

96 H. Bullinger, Von den Conciliis, wie von den Aposteln unsers Herren Christi, in der allerersten Kirchen ein Concilium zu Hierusalem gehalten, ... Zürich: Christoph Froschauer 1561 (VD 16: B9584; vgl. Heinrich Bullinger Werke I/1, 192 [Nr. 405]); zu der etwas knapperen lateinischen Ausgabe vgl. VD16: B9581 f.; Heinrich Bullinger Werke I/1, 190 f. [Nr. 402 f.]).

hier zunächst mit dem Apostelkonzil und dann mit den späteren Konzilien beschäftigte, doch stellt seine Arbeit zugleich einen deutlichen Fortschritt dar. Dies hängt in erster Linie damit zusammen, dass zwanzig Jahre nach dem Erscheinen von Luthers *Von den Konziliis und Kirchen* auf Seiten der Reformation die Kenntnisse über die altkirchlichen Konzilien doch erheblich zugenommen hatten. An dem Grundsatz, dass die Heilige Schrift eine größere Autorität besitzt als die Konzilien, änderte sich hierdurch zwar nichts,[97] doch berücksichtigte Bullinger in seiner Konzilsgeschichte neben vielen kleineren altkirchlichen Lokalsynoden nun erstmals auch ausführlich das fünfte und sechste Ökumenische Konzil und erklärte ausdrücklich, dass »die 6. grossen allgemeinen Concilien alle jre bekannnussen vom glouben, vß der heiligen geschrifft genommen habind.«[98] Als siebtes Konzil zählte er freilich die Synode von Hiereia (754)[99], während das zweite Konzil von Nizäa (787), das er aus der zuerst 1546 erschienenen Konziliensammlung des Bartholomé Carranza O.P. (1503–1576) kannte,[100] ihm als unvereinbar mit der Heiligen Schrift galt, wofür er auf Dtn 4,15–18, Joh 4,24, Apg 4,29 und andere Schriftstellen verwies.[101]

Calvin hat sich mit der Frage des Konzils ausführlich in der letzten Fassung seiner *Institutio* (1559) befasst. In einem eigenen Kapitel »De conciliis eorumque autoritate«[102] wies er darauf hin, dass nicht einfach jede Versammlung der geistlichen Hirten ein wahres Konzil sei, sondern nur eine solche Versammlung, welche im Namen Jesu Christi stattfinde (vgl. Mt 18,20) und vom Heiligen Geist regiert werde.[103] Jeder Konzilsbeschluss aber solle zweifach geprüft werden: Zum einen sei zu erwägen,

97 A. a. O., f. 82v: »Vnd wiewol ouch ich gar keinen zwyfel trag an den bekanntnussen deß gloubens, in disen 4. Concilien vfgericht oder gemacht vnd gethon, sunder die selben allenklich one alles widersprächen vnn arguieren annimm, bekenn oder vergich, noch dennocht gilt das anfähen der göttlichen geschrifft me by mir, dann einicher Concilien. Dann göttlicher geschrifft sol man glouben, wenn sy etwas sagt, wenn schon kein wytere zügnuß vorhanden ist: Den Concilien aber gloubt man nit mee, dann eben so vil sy mit göttlicher geschrifft erwysen mögend.«

98 A. a. O., f. 86r; die Darstellung des fünften und sechsten Konzils ebd., f. 84v-86r.

99 A. a. O., f. 93r-94r.

100 Summa conciliorum & pontificum a Petro usque ad Paulum tertium succincte complectens omnia …, ed. B. Carranza, Venedig: Giovanni della Speranza 1546 (IA 132.575). Dieses Werk, das eine regestenartige Zusammenfassung der sieben in Nizäa abgehaltenen Sitzungen des Konzils, einen Auszug aus dem Horos sowie erstmals auch Auszüge der 22 Kanones enthält, wurde bis ins 18. Jahrhundert europaweit in Dutzenden von Auflagen nachgedruckt und später auch mehrfach ergänzt.

101 A. a. O., f. 94v-96r.

102 J. Calvin, Institutio religionis christianae IV, 9 (CR 30, 858–867).

103 Op.cit., IV, 9, 1 f. u. 7 (CR 30, 858 f. u. 861).

aus welchem Grund ein bestimmtes Konzil abgehalten worden sei und wer an ihm teilgenommen habe, zum anderen aber sei dessen Beschluss dahingehend zu überprüfen, ob er mit dem Richtmaß der Heiligen Schrift übereinstimme.[104] Als Beispiel für ein falsches Konzil, das diesen Kriterien nicht genüge, führte Calvin unter anderem die sogenannte Räubersynode von Ephesus (449) an, nannte in diesem Zusammenhang aber auch das siebte Ökumenische Konzil in Nizäa (787).[105] Die ersten vier Ökumenischen Konzilien hingegen sollten hinsichtlich ihrer dogmatischen Entscheidungen in hohen Ehren gehalten werden, da diese mit der Heiligen Schrift übereinstimmten. Die späteren Konzilien hingegen seien in der Regel deutlich negativer zu beurteilen, wie sich ja die Dinge insgesamt zum Schlechteren hin entwickelt hätten.[106] Doch auch an den früheren Konzilien gebe es noch einiges auszusetzen, wie das Beispiel des ersten Konzils von Nizäa (325) zeige, wo zunächst innerhalb des orthodoxen Lagers Zwietracht und persönlicher Streit geherrscht habe, bis schließlich Kaiser Konstantin diesen Zänkereien der Bischöfe ein Ende bereitet habe.[107]

Abgesehen von der einmaligen Nennung des Konzils von Nizäa im ersten Artikel der *Confessio Augustana*, mit der allerdings lediglich das Nizänum-Konstantinopolitanum gemeint ist, spielen die altkirchlichen Konzilien in den lutherischen Bekenntnisschriften keine Rolle.[108] Allerdings

[104] Op.cit., IV, 9, 8 (CR 30, 862).

[105] Op.cit., IV, 9, 9 u. 13 (CR 30, 862f. u. 866).

[106] Op.cit., IV, 9, 8 (CR 30, 862): »Sic fieret ut conciliis sua esset quae esse debet maiestas; interim tamen superiore loco emineret scriptura, ne quid esset quod non illius regulae subiiceretur. Sic priscas illas synodos, ut nicaenam, constantinopolitanam, ephesinam primam, chalcedonensem ac similes, quae confutandis erroribus habitae sunt, libenter amplectimur, reveremurque ut sacrosanctas, quantum attinet ad fidei dogmata. Nihil enim continent quam puram et nativam scripturae interpretationem, quam sancti patres spirituali prudentia, ad frangendos religionis hostes qui tunc emerserant accommodarunt. In posterioribus quoque nonnullis videmus elucere verum pietatis studium, notas ad haec ingenii, doctrinae, prudentiae non obscuras. Sed quemadmodum solent res in deterius fere prolabi, ex recentioribus conciliis videre est quantum subinde ecclesia a puritate illius aurei saeculi degeneraverit.«

[107] Op.cit., IV, 9, 10 (CR 30, 863f.).

[108] Das Konzil spielt lediglich als aktuelle Größe eine Rolle. So erklärte Luther beispielsweise in der Vorrede zu seinen Schmalkaldischen Artikeln (BSLK 411, 17–26), er wolle »wohl gern ein recht Concilium sehen«, fügte jedoch sofort hinzu, die evangelischen Kirchen hätten ein solches Konzil nicht nötig, da sie mit Gottes reinem Wort erleuchtet seien und den rechten Gebrauch der Sakramente übten. In Melanchthons Tractatus de potestate papae wird die Suprematie des Papstes über das Konzil bestritten (BSLK 484, 34–39; 487, 1–6; 488, 21–33), doch die altkirchlichen Konzilien werden in diesem Zusammenhang nicht erwähnt.

enthält die von Johannes Brenz (1499–1570) konzipierte *Confessio Virtembergica* (1551), die auf dem Konzil in Trient vorgelegt wurde, einen eigenen Artikel über die Konzilien. Demnach sollen »die rechten ordentlichen Konzilien hoch geacht und gehalten werden«. Doch obschon die rechte und wahre Kirche vom Heiligen Geist regiert werde, hätten in der Vergangenheit »nicht allein die Bäpst, sonder auch die Concilia geirret«. Deshalb solle man keine Lehrmeinung eines Menschen oder einen Konzilsbeschluss »ohn ferner Bedenken für die gewiß meinung des heiligen Geists annehmen, sonder man soll sie halten gegen der Richtschnur der prophetischen und apostolischen Lehr, und was mit deren einschlecht, das soll angenommen, was aber deren zuwider, soll verworfen werden.«[109]

Deutlich ausführlicher mit diesem Thema befassen sich hingegen die reformierten Bekenntnisschriften.[110] Bereits erwähnt wurde Bullingers Zustimmung zu den schriftkonformen Lehrentscheidungen der ersten vier Ökumenischen Konzilien im elften Artikel der *Confessio helvetica posterior*.[111] Im zweiten Artikel dieses Bekenntnisses, der sich mit der Auslegung der Heiligen Schrift, den Zeugnissen der Väter, den Konzilien und den Traditionen befasst, hatte Bullinger außerdem erklärt, dass man, sofern die Definitionen und Kanones der Konzilien mit der Heiligen Schrift übereinstimmten, diese ebenso wenig verwerfe wie die Schriften der griechischen und lateinischen Väter.[112] Das *Niederländische Bekenntnis* (1566) nennt in seinem ersten Artikel neben der Heiligen Schrift und dem Apostolikum auch »die vier allgemeinen Konzilien« als Quelle der Lehre über Gott.[113] In ähnlicher Weise rechnete auch die *Confessio Sigismundi* (1614) neben dem »Apostolischen, Athanasianischen, Nicenischen« Symbol auch die »Ephesinischen unnd Chalcedonischen« Symbole zu den – gegenüber der Heiligen Schrift nachgeordneten – Lehrgrundlagen.[114]

109 Confessio Virtembergica. Das Württembergische Bekenntnis von 1551, hrsg. v. E. Bizer, Stuttgart 1952, 184.

110 Zur Lehre über das Konzil bei Calvin, den reformierten Bekenntnisschriften und der reformierten Orthodoxie vgl. J.-L. Leuba, Das ökumenische Konzil in der reformierten Theologie, in: Die ökumenischen Konzile der Christenheit, hrsg. v. H. J. Margull, Stuttgart 1961, 373–392.

111 S. o. Anm. 70.

112 H. Bullinger, Confessio helvetica posterior 2 (BSRK 172, 14–23).

113 Corte Belydinghe des Gheloofs 1 (BSRK 935, 20–22): »Wy ghelooven na utwysen der Schrift, ende twaelf Articulen des Geloofs, metden vier algemeynen Concilien, datter is een eenich, eewich God, ...«.

114 Confessio Sigismundi (BSRK 836, 20–31): »Anfenglich und fürs erste, bekennen sich S. Churf. Gn. von hertzen zu dem wahren unfeilbahren unnd allein seligmachenden Wort Gottes, wie dasselbige in den schrifften der heiligen Propheten und

Einen eigenen Abschnitt widmen die *Anglikanischen Artikel* (1552) und in ihrem Gefolge später auch die *Irischen Artikel* (1615) dem Thema des Konzils, wobei die Konzilsgeschichte mitberücksichtigt wird. Demnach könne ein Generalkonzil nicht ohne den Befehl eines Herrschers einberufen werden. Konzilien könnten irren und hätten auch geirrt, und zwar auch in Glaubensdingen. Deshalb besäßen die von den Konzilien als heilsnotwendig festgesetzten Dinge keinerlei Autorität, es sei denn, sie seien aus der Heiligen Schrift genommen.[115] Das *Schottische Bekenntnis* (1560) nennt als Hauptgrund für die Einberufung eines Konzils die Bekämpfung von Häresien und die Weitergabe von allgemeinen Glaubensbekenntnissen. Die Autorität der Konzilsentscheidungen beruhe jedoch allein auf der Heiligen Schrift und nicht auf der Tatsache der konziliaren Versammlung als solcher oder einer angeblichen Irrtumslosigkeit ihrer Teilnehmer. Auch seien manche Konzilien lediglich zur Ordnung der Disziplin einberufen worden. Die Entscheidungen dieser Konzilien würden jedoch nicht als ein Gesetz geachtet, sondern als etwas, das aufgrund der zeitlichen Umstände verändert werden könne und auch dann verändert werden müsse, wenn es mehr den Irrglauben nähre, als der Erbauung der Kirche diene.[116] Aus naheliegenden Gründen am differenziertesten behandelt schließlich der 31. Artikel der *Westminster-Konfession* (1647) dieses Thema. Hier finden sich Darlegungen über den Zweck, das Zustandekommen, die Aufgaben und Grenzen sowie natürlich auch über die Autorität des Konzils. Diese beruhe nicht nur auf der Übereinstimmung des Beschlossenen mit der Heiligen Schrift, sondern – und hier besteht eine deutliche Differenz zu den vorgenannten Bekenntnisschriften – auch auf ihrer von Gott angeordneten und in seinem Wort hierzu bestimmten Beschlussvollmacht.[117] Im Hinblick auf die Konzilien der Vergangenheit fällt das Urteil der *Westminster-Konfession* jedoch ähnlich negativ aus wie in

Aposteln in der heiligen Bibel verfasset, welches aller frommen einige Richtschnur ist und seyn soll ... Hernacher auch zu den Christlichen und allgemeinen Haupt-Symbolis, als den Apostolischen, Athanasianischen, Nicenischen, Ephesinischen unnd Chalcedonischen, darinnen die Articul Christliches glaubens, kutz und rund begriffen, unnd wieder alte und neue ketzereyen aus der Schrifft gnugsamb bewehrt, unnd behaubtet seynd.«

115 Anglican Articles [1552] 22 (BSRK 513, 13–20); vgl. a. Irish Articles 75–80 (536, 1–36).

116 Confessio Scotica 20 (BSRK 258, 19–259, 3).

117 Westminster Confession XXXI, 4 (BSRK 609, 17–26): »Which Decrees and Determinations, if consonant to the Word of God, are to be received with Reverence and Submission; not only for their Agreement with the Word, but also for the Power whereby they are made, as being an Ordinance of God, appointed thereunto in his Word.«; vgl. XXXI, 1–5 (608, 25–610, 3).

den *Anglikanischen Artikeln*: Viele dieser Versammlungen hätten geirrt, weshalb Konzilien generell nicht zur Norm des Glaubens oder der Praxis gemacht werden dürften, sondern lediglich als eine Hilfe zu beidem gebraucht werden sollten.[118]

Generell auf Ablehnung stieß hingegen auf reformatorischer Seite die Lehre des siebten Ökumenischen Konzils. Zwar war gerade hier zunächst keine präzise Kenntnis des Wortlauts der dogmatischen Beschlüsse von 787 vorhanden, doch die reformatorische Ablehnung betraf Grundsätzlicheres. Eine Verehrung der Bilder erschien nämlich unvereinbar zu sein mit dem Hauptkriterium für die Anerkennung eines Konzils – der Übereinstimmung mit dem Zeugnis der Heiligen Schrift. Melanchthon bezeichnete deshalb im 21. Artikel der *Apologie* des Augsburger Bekenntnisses die Bilderverehrung als »Greuel«, welcher sich aus dem Irrglauben speise, »daß die Bilder ein eigen heimliche Kraft hätten«.[119] Johannes Calvin lehnte in seinem soeben zitierten Konzilskapitel die von Nizäa gebotene Bilderverehrung sogar mit noch schärferen Worten ab.[120] Die meisten reformierten Bekenntnisschriften enthalten deshalb auch einen Passus gegen die Bilderverehrung.[121]

118 Westminster Confession XXXI, 4 (BSRK 609, 28-34): »All Synods or Councils since the Apostles Times, whether general or particular, may err, and many have erred: Therefore they are not to be made the Rule of Faith or Practice, but to be used as an Help in both.«

119 Apologie 21, 34 (BSLK 324, 4–6). Für eine knappe Skizze der unterschiedlichen reformatorischen Positionen in dieser Frage vgl. U. Köpf, Die Bilderfrage in der Reformationszeit, BWKG 90 (1990), 38–64; G. Kretschmar, Die Entscheidungen des VII. Ökumenischen Konzils und die Stellung der aus der Reformation hervorgegangenen Kirchen zu den Bildern, OFo 1 (1987), 237–252; M. Stirm, Die Bilderfrage in der Reformation, Gütersloh 1977; H. v. Campenhausen, Die Bilderfrage in der Reformation, ZKG 68 (1957), 69–128 (= [ders.,] Tradition und Leben. Kräfte der Kirchengeschichte, Tübingen 1960, 361–407).

120 Vgl. Institutio [1559] IV, 9, 9 (CR 30, 863): »Quod si et vera narrant historici, et actis ipsis creditur, non imagines tantum ipsae, sed earum cultus illic receptus fuit. Tale vero placitum palam est a satana manasse.«; vgl. I, 11, 14–16 (CR 30, 85f.). Calvins Äußerungen beruhten allerdings nicht auf dem Horos von 787, sondern auf der verzerrten Darstellung der Libri Carolini, genauer gesagt, auf Exzerpten aus einer Handschrift, welche er sich im Sommer 1536 im Hause des späteren Ersteditors der Libri Carolini, Jean du Tillet († 1570), gemacht hatte (vgl. hierzu A. Freeman in MGH.Conc. II, Suppl. I, 77-81; J.R. Payton, Calvin and the Legitimation of Icons. His Treatment of the Seventh Ecumenical Council, ARG 84 [1993], 222–241; [ders.,] Calvin and the Libri Carolini, SCJ 18 [1997], 467–480).

121 Stellvertretend sei hier der Heidelberger Katechismus, Fr. 96–98 (BSRK 710, 5–27) zitiert: »96. Frag. Was wil Gott im andern Gebott? Antwort. Daß wir Gott in keinen weg verbilden, noch auff jrgend eine andere weise, denn er in seinem wort befohlen hat, verehren sollen. 97. Frag. Sol man denn gar kein bildnuß ma-

Dass die Dinge gerade im Hinblick auf dieses Konzil nicht so einfach waren, zeigte sich schon im Verlauf des ersten lutherisch-orthodoxen Dialogs überhaupt, der im 16. Jahrhundert in brieflicher Form zwischen dem Patriarchat von Konstantinopel und Theologen der Württembergischen Kirche geführt wurde. Damals teilten die Württemberger zunächst in einem Brief vom 20. März 1575 Patriarch Jeremias II. (1536–1595) mit, auch sie hätten den Glauben der sieben Konzilien bewahrt, mussten dann später aber einräumen, dass sie die Bilderlehre des Patriarchen, der sich hierfür auf das ihnen weitgehend unbekannte zweite Konzil von Nizäa berief, in keiner Weise billigen konnten.[122] Im Hintergrund dieser und anderer Differenzen zwischen Tübingen und Konstantinopel stand die uns hier beschäftigende Frage nach den Normen der kirchlichen Lehre. Zwar war man prinzipiell darin einig, dass alle kirchliche Lehre im Einklang mit der Schrift stehen müsse, doch jenseits dieser Übereinstimmung maßen beide Seiten den Vätern und Konzilien unterschiedliches Gewicht zu.

Schon in seinem ersten Brief an die Tübinger Theologen vom Jahr 1574 führte Jeremias in einem Atemzug Christus, die Apostel, die Konzilien und die Kirchenväter als Normen des Glaubens an und ermahnte die Tübinger, die schriftliche Tradition der Kirche ebenso wie die mündliche zu bewahren.[123] Zwei Jahre später, in seiner ersten Antwort auf die *Confessio Augustana graeca* (1559), wurde er dann noch deutlicher und er-

chen? Antwort. Gott kan unnd soll keines weges abgebildet werden: die Creaturen aber, ob sie schon mögen abgebildet werden, so verbeut doch Gott derselbigen bildtnuß zu machen und zuhaben, daß man sie verehre oder jm damit diene. 98. Frag. Mögen aber nicht die bilder als der Leyen bücher, in den Kirchen geduldet werden? Antwort. Nein: Denn wir nicht sollen weiser sein denn Gott, welcher seine Christenheyt nicht durch stumme Götzen, sonder durch die lebendige predig seines worts wil underwiesen haben.«

122 M. Crusius, Turcograeciae libri octo …, Basel: Leonhard Ostein 1584 (VD16: C6153), 424: »… ἡμᾶς … τῶν ταῖς θεοδότοις γραφαῖς ἐπῳκοδομημένων ζ’ συνόδων παραδοθεῖσαν πίστιν (ὅσον ἡμᾶς γε συνιέναι) περιπτύσσεσθαί τε καὶ διαφυλάττειν.« = Acta et scripta theologorum Wirtembergensium …, Wittenberg: Johann Krafft [Erben] 1584 (VD16: A2491), 3. Vgl. dazu D. Wendebourg, Reformation und Orthodoxie. Der ökumenische Briefwechsel zwischen der Leitung der Württembergischen Kirche und Patriarch Jeremias II. von Konstantinopel in den Jahren 1573 bis 1581, Göttingen 1986, 59–61, 96–98 u. 261–265. Crusius erklärte dann später zur Entschuldigung dieser offensichtlich zu vollmundigen Behauptung: »Mihi tunc non admodum notae erant illae synodi« (Tübingen, UB, Cod. Mh 466/I, 392).

123 M. Crusius, Turcograeciae libri octo, 421: »… τῆς ὑγιοῦς ἡμῶν πίστεως ἀεὶ ἔχεσθαι καὶ μὴ χωλαίνειν, μὴ νεωτζερίζειν ἢ ἀποσκάζειν, ἐν τοῖς θείως λαληθεῖσιν, ὑπό τε τοῦ σωτῆρος ἡμῶν τοῦ χριστοῦ, καὶ τῶν ἁγίων ἀποστόλων, καὶ μαθητῶν αὐτοῦ, τῶν τε ἱερῶν ἑπτὰ συνόδων, καὶ λοιπῶν θεοφόρων ἁγίων πατέρων, ἐπ᾽ ἀρετῇ διαλαμψάντων, καὶ θαύμασιν: ἀλλὰ διαφυλάττειν, ὅσα ἡ τοῦ χριστοῦ ἐκκλησία, ἐγγράφως τε καὶ ἀγράφως παρέλαβεν …«

klärte, die Schrift dürfe nur so ausgelegt werden, wie jene Theologen sie ausgelegt hätten, welche hierzu von den heiligen Synoden anerkannt worden seien.[124] Zwar ist also auch für Jeremias die Heilige Schrift die Grundlage der Lehre, doch Kriterium der rechten Lehre ist nicht die Schrift als solche, sondern deren Auslegung durch die kanonisch anerkannten Väter und Konzilien. Im Übrigen könne das Band der Glaubensgemeinschaft nur dadurch bewahrt werden, dass alles, was von den Aposteln und Konzilien angeordnet worden sei, in Wort und Tat beachtet werde. Nur derjenige, der die Kanones der Apostel und Synoden respektiere und einhalte, folge Christus in allen Dingen nach.[125]

In ihrer ersten Antwort an den Patriarchen vom Juni 1577 protestierten die Tübinger Theologen energisch gegen den von Jeremias verfochtenen hermeneutischen Grundsatz für die Schriftauslegung und legten ihrerseits dem Patriarchen dar, dass nicht die Kanones der Synoden und Väter, sondern der Kanon der Heiligen Schrift die Richtschnur der rechten Lehre sei. Es gebe keinen zuverlässigeren, wahrhaftigeren und besseren Maßstab zur Beurteilung aller Dogmen und kirchlichen Überlieferungen als die Heilige Schrift.[126] Keine theologische Schrift und keine Synode könne nämlich die Wahrheit besser darlegen, als es die von Christus selbst dazu erwählten Verfasser der Heiligen Schrift getan hätten. Doch wolle man gerne das Zeugnis der Konzilien und auch aller anderen Autoren anerkennen, wenn dieses mit dem Kanon der Heiligen Schrift übereinstimme.[127] Im Übrigen aber müsse man darauf bestehen, dass die Lehre

124 Acta et Scripta, 142 (= J. Karmires, a. a. O., Bd. I, 502): »Οὐ γὰρ ἡμῖν ἔξεστι, τῇ ἰδίᾳ καταθαρροῦσιν ἐξηγήσει, τὶ τῶν τῆς θεοπνεύστου γραφῆς ῥητῶν συνιέναι καὶ κατανοεῖν, ἢ διερμηνεύειν: εἰ μὴ κατὰ τοὺς παρὰ τῶν ἁγίων συνόδων, ἐν ἁγίῳ πνεύματι, πρὸς τὸν εὐσεβῆ σκόπον δοκιμασθέντας θεολόγους, …«

125 Acta et Scripta, 142 (= J. Karmires, a. a. O., Bd. I, 502): »Ἀλλὰ ποία ἄν τις εἴποι διόρθωσις ἔσται τούτοις, ποία; Θεοῦ συναιρουμένου, αὕτη: τὸ μηδὲν παρὰ τὰ διατεταγμένα τοῖς ἱεροῖς ἁγίαις συνόδοις μεταχειρίζεσθαι ἢ φρονεῖν. Ὁ γὰρ τοῦτον τὸν ὅρον φυλάττειν ὀρθῶς, συγχορευτὴς ἡμῖν ἔσται, συγκοινωνὸς καὶ ὁμόπιστος. Ὁ γὰρ τοὺς προειρημένους κανόνας ἀπαναινόμενος καὶ κατὰ τῶν ἀποστόλων ὁμόσε χωρῶν καὶ κατὰ τῶν ἁγίων ἀναίδην φερόμενος ἀποστόλων, τίνα ἂν σχοίη πρὸς ἡμᾶς κοινωνίαν; … Ὅπου τοίνυν τοσοῦτοι καὶ τοιοῦτοι ἡμετέροι θεολόγοι δοξάζειν ἄλλως κωλύουσι, μία καὶ μόνη διόρθωσις αὕτη, τὸ ταῖς συνόδοις συστοιχεῖν καὶ τοῖς τῶν ἀποστόλων ἕπεσθαι κανόσι: καὶ οὕτω διὰ πάντων ἀκολουθεῖν τῷ χριστῷ.«

126 Acta et Scripta, 149: »Non potest autem certior, et verior, ac melior Regula haberi, ad dija dijudicanda omnia dogmata, atque omnes caeremonias, religionis exercitia, & hominum opera: quàm verbum Dei omnipotentis, reuelatum humano generi per Prophetas, Christum, & Apostolos: quod, singulari bonitate diuina, in vsum totius Ecclesiae, consignatum est in Veteri & Nouo Testamento.«

127 A. a. O., 144f.: »Quis enim nobis viam, ad supera regna ducentem, meliùs illo monstet: qui est ipsa via, ipsa veritas, ipsa vita? cùm vero hic idem … immutabilem

Christi, der Propheten und Apostel ohne Ausnahme für Gottes Wort zu halten sei, während die Beschlüsse der Konzilien und die Schriften der Väter diesen in keiner Weise ebenbürtig seien und von ihnen auch nur dies angenommen und in Ehre gehalten werden könne, was mit der Heiligen Schrift übereinstimme, wie z. B. das Dogma von Nizäa.[128]

Auf diese Erwiderung hin erklärte der Patriarch am Ende seiner nächsten Antwort an die Tübinger im Jahr 1579 klipp und klar, dass seine Briefpartner offensichtlich die Schrift falsch ausgelegt hätten, und bat sie nochmals, sie mögen diese nur so verstehen, wie dies die ökumenischen Lehrer der Kirche getan hätten und hierin von den sieben Ökumenischen Konzilien und den übrigen lokalen Synoden bestätigt worden seien.[129] Auf eine abermalige Entgegnung der Tübinger hin schrieb der Patriarch ein letztes Mal zurück, man möge ihm keine weiteren theologischen Schreiben schicken, da die Württemberger offenbar nicht auf die Worte der Leuchten der Kirche hören, sondern diesen nur widersprechen wollten.[130] Das Band der zunächst erhofften ökumenischen Gemeinschaft im Glauben zwischen den Schwaben und den Griechen war damit für alle Beteiligten sichtbar durchtrennt.

illam & firmissimam veritatem, in Propheticis & Apostolicis libris proposuerit, nobisque notam esse voluerit: planè nos non dubitamus: quin germana illa, & invicta, adeoque pulcherrima, quam nobis S. tua commendat, Domini & Saluatoris nostri Philosophia, nullis aliorum hominum scriptis, aut Synodis, rectiùs exposita & declarata sit: quàm mente & spiritu illorum, quos ipse Dominus suae voluntatis ad humanum genus interpretes, sapientia sua delegit. ... Quocirca non modò ea, quae in sacris Synodis: sed etiam illa, quae à quouis alio homine, Regulis sacrarum literarum congruenter dicta & scripta fuerint, approbanda & recipienda statuimus.«

128 A. a. O., 153: »Et ipsorum [sc. Patrum] scripta in precio habemus: & synodorum decreta, quae cum sacris literis consentiunt, (qualia sunt illa primae synodi Nicęnae) reuerenter amplectimur & exosculamur. Sed non possumus omnia vel Patrum scripta, vel Synodorum decreta, indifferenter recipere. Omnino enim discrimen est retinendum inter Prophetas, Christum & Apostolos, & inter Patres atque Synodos. Quae enim Prophetae, Christus & Apostoli, docuerunt: simpliciter omnia, sine vlla exceptione, pro oraculis diuinis sunt habenda. Quae verò à Patribus sanctis scripta, & à Synodis decreta sunt: nequaquam prioribus illis exaequanda.«

129 Acta et Scripta, 260 [– 264] (= J. Karmires, a. a. O., Bd. II, 475 [555]): »Ἡμεῖς γὰρ καλῶς σκοπήσαντές τινα τῶν ῥητῶν τῆς γραφῆς, ἅπερ καὶ ἐν τοῖς πρώτοις καὶ ἐν τοῖς δευτέροις ὑμῶν γράμμασι πρὸς ἡμᾶς ἐπέμψατε, ἔγνωμεν προφανῶς ὑμᾶς ταῦτα παρεξηγεῖσθαι, ἴσως ἑπόμενοι νέοις ὑμῶν διδασκάλοις. Διὸ καὶ αὖθις ἀξιοῦμεν ὑμᾶς, οὕτω νοεῖν τὰ ῥητὰ ὡς οἱ οἰκουμενικοὶ διδάσκαλοι τῆς ἐκκλησίας ἐξηγήσαντο, ὧν τὰς ἐξηγήσεις αἵ τε οἰκουμενικαὶ ζ΄ σύνοδοι καὶ αἱ λοιπαὶ τοπικαὶ ἐπεκύρωσαν.« Vgl. auch den Anfang dieses zweiten Schreibens in Acta et Scripta, 201 (Karmires II, 435 [515]), wo der Patriarch dieselbe Regel für die Schriftexegese aufstellt und hierfür auf Kanon 19 des Concilium Quinisextum (FC 82, 208, 24–29) verweist.

130 A. a. O., 370 (=J. Karmires, a. a. O., Bd. II, 489 [569]).

IV Die Normativität der altkirchlichen Konzilien und Symbole in den reformatorischen und orthodoxen Kirchen

Kein Zweifel – der tiefere Grund für das Scheitern dieses ersten ökumenischen Dialogs zwischen Reformation und Orthodoxie war ein auf beiden Seiten unterschiedliches Verständnis der Normen christlicher Lehre. Diese Differenz wurde besonders im Hinblick auf die Beurteilung der konziliaren Tradition deutlich. Kann diese normierende Kraft für die Auslegung der Heiligen Schrift besitzen, oder sind umgekehrt Lehre und Kanones der altkirchlichen Konzilien von der Norm der Heiligen Schrift her kritisch zu sichten und zu beurteilen?

Für die reformatorischen Kirchen ist, wie bereits erwähnt, allein die Heilige Schrift »iudex«, »norma«, »regula« und »Lydius lapis«, das heißt, Prüfstein aller Lehre unter Einschluss auch der konziliaren Überlieferung.[131] Sie kann diese Funktion erfüllen, weil sie geistgewirkt (»θεόπνευστος«, vgl. 2 Tim 3,16) ist und ihr Suffizienz und Klarheit zu eigen ist. Gleichwohl hat sich auch die reformatorische Theologie eindeutig zu den Lehrentscheidungen der ersten vier und später – im Gefolge einer besseren Kenntnis der Konzilien von 553 und 680/1 – auch zu den Lehrentscheidungen der ersten sechs Ökumenischen Konzilien bekannt und diese als schriftkonform angenommen. Die Orthodoxie versteht ihrerseits die Heilige Schrift im Lichte der konziliaren und patristischen Tradition und ist der Auffassung, dass sich ihr Zeugnis erst im harmonischen Zusammenklang mit dieser Überlieferung sachgerecht erschließen lässt.

Was auf den ersten Blick wie ein unüberbrückbarer Gegensatz erscheint, ist allerdings noch nicht das letzte Wort in dieser Sache. Beide Normvorstellungen bedürfen nämlich weiterer Präzisierungen, um nicht allzu schnell hohl und unbrauchbar zu werden. Zum einen ist es ja beileibe nicht so, dass die Orthodoxie die patristische und konziliare Tradition insgesamt als normativ für das Verständnis der Heiligen Schrift und die Formulierung der kirchlichen Lehre betrachten würde. Tatsächlich sind es vielmehr nur ganz bestimmte altkirchliche Konzilien und ganz bestimmte Vätertheologen, denen eine solche normativ-kanonische Bedeutung für die Kirche und ihre Lehre zuerkannt wird, während dies für andere Konzilien und Theologen nicht gilt. Die von der Orthodoxie als normativ rezipierte dogmatische und kanonische Tradition ist, zumindest was die Zeit bis zum 7. Jahrhundert anbelangt, in den ersten beiden Kanones des Concilium Quinisextum verbindlich dargelegt. Demnach gehören hierzu die dogmatischen Lehren der ersten sechs Ökumenischen Konzi-

[131] FC, Epitome, Von dem summarischen Begriff 7 (BSLK 769, 22–26).

lien,[132] zu denen dann später auch noch das zweite Nizänum hinzutritt. Die kanonisch verbindliche Tradition, wie sie in Kanon 2 des Concilium Quinisextum festgelegt ist, umfasst neben den Kanones der ersten vier Ökumenischen Konzilien die sogenannten Kanones der Apostel, die Kanones zahlreicher Lokalsynoden sowie Auszüge aus den Schriften der drei großen Kappadozier und zehn weiterer Kirchenväter.[133] Zu diesen Kanones wurden dann nach Ausweis des *Syntagma XIV titulorum*, welches 883 unter Patriarch Photios (ca. 810–893) seine endgültige Form erlangt hat,[134] noch die Kanones des Quinisextums, des zweiten Nizänums und diejenigen der Konstantinopolitanischen Synoden von 861 und 879 hinzugefügt. Es lässt sich fragen, nach welchen Kriterien gerade diese Auswahl normativer Konzilsentscheidungen zustande gekommen ist. Gab es hierfür ein theologisches Kriterium oder nicht? Im weiteren Verlauf der Kirchengeschichte jedenfalls scheint dieser Teil der sich ursprünglich doch auch nur als »norma normata« begreifenden konziliaren Tradition aufgrund seiner allgemeinen Rezeption quasi gleichberechtigt neben die Heilige Schrift getreten oder dieser als hermeneutischer Schlüssel sogar in gewisser Weise übergeordnet worden zu sein.

Unbestreitbar ist jedenfalls, dass wir es hier mit einem historisch gewachsenen Kanon von Konzilsentscheidungen und Väterschriften zu tun haben, die keineswegs von Anfang an die Auslegung der Heiligen Schrift normiert haben. Dies ist selbstverständlich schon aus historischen Gründen nicht möglich, doch zeigt darüber hinaus der exegetische Umgang der Theologen der ersten Jahrhunderte mit der Schrift eine große Eigenständigkeit. Normative Bedeutung für die Exegese ist der konziliaren Tradition erst nach und nach zugewachsen. Einen gewissen Abschluss dieser Entwicklung stellt sicherlich der von Patriarch Jeremias zitierte Kanon 19 des Concilium Quinisextum dar, der festlegt, dass die Bischöfe das Schriftwort »nicht anders auslegen sollen, als es die Leuchter und Lehrer der Kirche durch ihre eigenen Schriften dargelegt haben.«[135] Bedeutet dies nicht zwangsläufig, dass in der homiletischen Praxis die Auslegung der Väter faktisch an die Stelle der Schriftverkündigung tritt?

Doch auch das reformatorische Insistieren auf dem Grundsatz »sola scriptura« bedarf weiterer Präzisierung. Mit der kriteriologischen Funktion

[132] Concilium Quinisextum, can. 1 (FC 82, 168, 26–178, 12).

[133] Concilium Quinisextum, can. 2 (FC 82, 178, 15–184, 4).

[134] Syntagma XIV titulorum sine scholiis secundum versionem palaeo-slovenicam, adjecto textu graeco e vetustissimis codicibus manuscriptis exarato, ed. V. N. Beneševič, St. Petersburg 1906 [ND Leipzig 1974].

[135] Concilium Quinisextum, can. 19 (FC 82, 208, 24–29); vgl. o. Anm. 129.

der Heiligen Schrift ist nämlich keineswegs eine kriteriologische Funktion jedes einzelnen Verses oder Kapitels der Schrift gemeint. Mit einem solchen »Kriterium« ließe sich schon bald vor lauter Schriftworten der Wald des in der Schrift bezeugten christlichen Kerygmas nicht mehr erkennen. Wenn tatsächlich die Heilige Schrift Norm und Prüfstein aller Lehre sein soll, dann kann sie dies nur von ihrer sachlichen Mitte her sein – dem Kerygma von der Heilstat Gottes in Christus. Kriterium aller kirchlichen Lehre, aller Konzilsentscheidungen und aller Glaubenssymbole ist es, um das berühmte Lutherwort zu zitieren, ob diese »Christum treiben oder nicht«.[136] Von daher erweist sich nun aber der reformatorische Grundsatz »sola scriptura« als inhaltlich deckungsgleich mit dem Grundsatz »solus Christus«. Und nicht nur dies, sondern, insofern diese Heilstat nach dem apostolischen Zeugnis in der uns umsonst geschenkten Gnade der Erlösung in Christus besteht (Röm 3,24), stimmt diese auch sachlich mit dem Grundsatz »sola gratia« überein. Dieses spezifische Verständnis der Heiligen Schrift als Kriterium aller christlichen Lehre dürfte im Übrigen der sachliche Grund gewesen sein, weshalb alle Reformatoren die in Nizäa beschlossene Bilderverehrung als nicht schriftgemäß ablehnten, und zwar auch jene, die wie Luther prinzipiell an einem legitimen Gebrauch des religiösen Bildes festhielten.[137] Ob diese Begründung auch heute noch für die reformatorischen Kirchen Gültigkeit besitzt, kann und muss allerdings gefragt werden.

Einen besonders prominenten Teil der konziliaren wie auch der nichtkonziliaren kirchlichen Tradition stellen schließlich die Glaubenssymbole der Alten Kirche dar. Die Reformation hat sich klar zu diesem Teil des christlichen Erbes bekannt und die ökumenische Bedeutung dieser alt-

136 M. Luther, Vorrede auf die Episteln S. Jakobi und Juda [1522] (WA.DB 7, 384, 25–32): »Vnd daryn stymmen alle rechtschaffene heylige bucher vber eyns, das sie alle sampt Christum predigen vnd treyben, Auch ist das der rechte prufesteyn alle bucher zu taddelln, wenn man sihet, ob sie Christum treyben, odder nit, Syntemal alle schrifft Christum zeyget Ro. 3. vnnd Paulus nichts denn Christum wissen will .1. Cor. 2. Was Christum nicht leret, das ist nicht Apostolisch, wens gleich Petrus odder Paulus leret, Widerumb, was Christum predigt, das ist Apostolisch, wens gleych Judas, Annas, Pilatus vnd Herodes thett.«

137 M. Luther, Invokavitpredigten [12.3.1522] (WA 10/III, 30, 28–31, 18): »Und sonderlich von den Bildern hab ich am nehsten also gered, das man sie solle abthun, wenn sie angebet, sonst mag man sie wol leiden. Wiewol ich wolte, die Bilder weren in der gantzen Welt abgethan umb leidigen misbrauchs willen, welchen misbrauch ja niemand leugnen kan. Denn wenn einer ein Bild in der Kirchen setzen lest, der meinet balde, er thu Gott einen dinst und wolgefallen dran und habe ein gut werck gethan, damit er etwas von Gott wolle verdienen, welchs denn recht abgötterey ist. Dis ist die gröste und fuornemeste ursach, warumb die Bilder weren abzuthun.«

kirchlichen Symbole unterstrichen. Auch wenn diese nicht überall in den reformatorischen Kirchen formalen Bekenntnisrang haben, so stehen sie doch hinsichtlich der in ihnen formulierten Grundwahrheiten des christlichen Glaubens praktisch überall in Geltung.

Wie sich die Normativität der altkirchlichen Symbole zu den übrigen Normen der Lehre verhält, wird in der *Epitome articulorum* der lutherischen *Konkordienformel* dargelegt. Im Anschluss an die bereits eingangs zitierte Aussage, dass das Alte und das Neue Testament »die einige Regel und Richtschnur« der christlichen Lehre seien,[138] heißt es weiter, dass alle anderen Schriften der Väter und der neueren Theologen der Schrift nicht gleichzustellen, sondern als spätere Zeugen der Schrift zu unterwerfen seien.[139] Die drei altkirchlichen Bekenntnisse aber, welche nach Meinung der Väter der Konkordienformel in nachapostolischer Zeit zur Abwehr ketzerischer Irrlehrer verfasst worden seien, würden als Bekenntnisse des katholischen Glaubens und der orthodoxen, das heißt rechtgläubigen Kirchen anerkannt und die von ihnen bekämpften Irrlehren verworfen.[140] In Parallelisierung zu diesen altkirchlichen Bekenntnissen wird die *Confessio Augustana,* die wider das Papsttum »und dessen falschen Gottesdienst, Abgötterei und Aberglauben« sowie gegen andere Irrlehren gerichtet sei, als das gegenwärtige »Symbolo« des Glaubens bezeichnet und ebenso auch die anderen reformatorischen Bekenntnisschriften.[141] An anderer Stelle betonte man allerdings, man habe in Kirchen und Schulen »zuvörderst auf die Heilige Schrift und Symbola«, dann aber auch auf die *Confessio Augustana* verwiesen.[142] Hier zeigt sich also eine lehrmäßige

[138] S. o. Anm. 18.

[139] FC, Epitome, Von dem summarischen Begriff 1 (BSLK 767, 25–768, 7): »Andere Schriften aber der alten oder neuen Lehrer, wie sie Namen haben, sollen der Heiligen Schrift nicht gleich gehalten, sondern alle zumal miteinander derselben unterworfen und anders oder weiter nicht angenommen werden, dann als Zeugen, welchergestalt nach der Apostel Zeit und an welchen Orten solche Lehre der Propheten und Apostel erhalten worden.« Eine ähnliche Formulierung hatten im Übrigen die Tübinger, wohl durch Vermittlung von Jakob Andreä (1528–1590), auf den die Epitome zurückgeht, schon im Juni 1577 in ihrem Schreiben an den Patriarchen verwendet, s. o. Anm. 128.

[140] Op. cit., 2 (BSLK 768, 8–21): »Und nachdem gleich nach der Apostel Zeit, auch noch bei ihrem Leben, falsche Lehrer und Ketzer eingerissen und wider dieselbige in der ersten Kirchen Symbola … gestellet, welche für den einhelligen, allgemeinen christlichen Glauben und Bekenntnis der rechtgläubigen und wahrhaftigen Kirchen gehalten, als nämblich Symbolum Apostolicum, Symbolum Nicaenum und Symbolum Athanasii: bekennen wir uns zu denselben und vorwerfen alle Ketzereien und Lehr, so denselben zuwider in die Kirche Gottes eingeführt worden seind.«

[141] Op.cit., 3 (BSLK 768, 23–769, 10).

[142] FC, Vorrede (BSLK 759, 5–8).

Vorordnung der altkirchlichen Symbole vor die *Confessio Augustana* und die übrigen reformatorischen Bekenntnisschriften, welche dem Alter dieser Symbole und ihrem ökumenischen Charakter entspricht. Die *Konkordienformel* selbst wiederum beansprucht lediglich, eine »Wiederholung und Erklärung etlicher Artikel Augsburgischer Confession« zu sein.[143]

Damit ergibt sich nach der *Konkordienformel* für die Lehre der Kirche ein dreifach gestuftes Normengefüge: Grundlage und Maßstab aller christlichen Lehre ist allein die Heilige Schrift. Von dieser klar unterschieden sind die drei altkirchlichen Symbole, als kurze Zusammenfassungen des christlichen Glaubens.[144] Diesen nachgeordnet sind die lutherischen Bekenntnisschriften, unter denen die *Confessio Augustana* in sachlicher und reichsrechtlicher Hinsicht zweifellos den ersten Rang einnimmt.

V Zusammenfassung

Als Ergebnis dieser Untersuchung lässt sich festhalten, dass die drei altkirchlichen Symbole und die Lehrentscheidungen der ersten sechs Ökumenischen Konzilien ein die reformatorischen Kirchen mit den orthodoxen Kirchen und der römisch-katholischen Kirche verbindendes Element der normativen kirchlichen Tradition darstellen. Diese Symbole und die dogmatischen Definitionen dieser Konzilien gehören zum gemeinsamen ökumenischen Erbe der chalzedonensischen Christenheit. Die reformatorischen Kirchen unterscheiden jedoch schärfer als die anderen christlichen Traditionen zwischen der Heiligen Schrift als der alleinigen Grundlage und Richtschnur der Lehre und den auf dieser Grundlage zu verschiedenen Zeiten der Kirchengeschichte formulierten Symbolen und Bekenntnissen. Doch auch diese mit dem Zeugnis der Heiligen Schrift übereinstimmenden späteren Texte besitzen für die Kirchen der Reformation normative Geltung, jedoch in einer abgeleiteten, stets an die Heilige Schrift gebunden bleibenden Form.

Die reformatorische Theologie hat die altkirchliche Christologie und Trinitätslehre nicht nur aus der vorfindlichen theologischen Tradition übernommen, sondern sie fest in die reformatorische Theologie integriert. Obschon diese Dogmen in ihrer Begrifflichkeit stark von der antiken griechischen Philosophie geprägt sind, waren alle Reformatoren von der Schriftgemäßheit ihres Inhalts überzeugt. Es hieße die reformatorische

[143] Vgl. den Titel der FC sowie die Vorrede (BSLK 735; 758, 29–759, 5).

[144] Vgl. FC, Vorrede (BSLK 742, 8f.); Solida Declaratio, Von dem summarischen Begriff 2 (834, 30–36).

Theologie gründlich zu verkennen, wollte man diese Übernahme des altkirchlichen Dogmas als Inkonsequenz, Zufälligkeit oder mangelnde Einsicht in den Charakter der altkirchlichen Dogmen abtun. Auch kann keineswegs davon die Rede sein, dass dieses dogmatische Erbe wie ein erratischer Block in einer ansonsten radikal mit der Tradition brechenden reformatorischen Theologie stehengeblieben sei. Vielmehr gehören die altkirchliche Christologie und Trinitätslehre zu den wichtigsten Voraussetzungen der reformatorischen Theologie überhaupt. Die durch die Reformation neu zur Geltung gebrachte Überzeugung, dass die sachliche Mitte der Heiligen Schrift Gottes Heilstat in Jesus Christus ist, der uns im Heiligen Geist die Gnade des Vaters zuteilwerden lässt, hat dazu geführt, dass die reformatorische Theologie gerade wieder die Christologie, Pneumatologie und Trinitätslehre in die Mitte des Glaubens gestellt hat. Dass diese reformatorische Form der Christologie, Pneumatologie und Trinitätslehre in gewisser Weise eine Weiterentwicklung des altkirchlichen Dogmas war, ist unbestritten. Dass diese Weiterentwicklung im Sinne einer soteriologischen Verdichtung jedoch sachlich legitim und vor allem zutiefst schriftgemäß war, wird die heutige evangelische Theologie mit der Reformation festzuhalten haben.

Der Umgang mit den reformatorischen Bekenntnissen in konkreten historischen Situationen – Barmen und Leuenberg[1]

Christine Axt-Piscalar

I Die Bedeutung des Themas für den ökumenischen Dialog

Das Verständnis, welches die verschiedenen Konfessionen von der Bedeutung des Dogmas und des Bekenntnisses für Leben und Lehre der Kirche sowie den persönlichen Glauben des Einzelnen haben, gehört zweifellos zu einem zentralen Auseinandersetzungspunkt in der ökumenischen Verständigung der Kirchen. Aus evangelischer Perspektive gilt dies umso mehr, als die Festlegung von Bekenntnisschriften und die Existenz von bekenntnisgebundenen Kirchen ein besonderes Kennzeichen gerade der evangelischen Kirchen sind. »Die Bekenntnisschriften sind ein typisches Phänomen der Reformation, der reformatorische Glaube hat sie hervorgebracht, und nur im reformatorischen Glauben sind sie recht zu würdigen«.[2] Aus orthodoxer Perspektive müssen Bekenntnisse, die über die von der orthodoxen Kirche anerkannten Dogmen hinausgehen und für Lehre und Leben der Kirche als verbindlich angesehen werden, in jedem Fall zumindest Befremden hervorrufen. Die ökumenische Relevanz der Frage nach der Bedeutung von Dogma und Bekenntnis der Kirchen liegt insofern auf der Hand.[3]

1 Leicht erweiterte und um Anmerkungen ergänzte Fassung des in Oppurg gehaltenen Vortrags.

2 Paul Jacobs, Theologie reformierter Bekenntnisschriften in Grundzügen. Neukirchen 1959, 9.

3 Der vorliegende Text, der als Referat auf der Tagung der Dialogkommission vorgetragen wurde, hatte der Dialogsituation Rechnung zu tragen; dies implizierte, dass die uferlose Debatte um das Verständnis der Barmer Theologischen Erklärung im Blick auf die Frage, ob sie als eine theologische Erklärung, als ein Akt aktuellen Bekennens und/oder als ein kirchliches Bekenntnis zu verstehen ist, nicht einlässig behandelt werden konnte. Hinzu kam, dass in dieser Kommission der EKD einseitig konfessionell bedingte Festlegungen m. E. möglichst zu vermeiden und die Breite der konfessionellen Überzeugungen in der besagten Frage zu berücksichtigen war.

Wir gehen im Folgenden nun so vor, dass wir (1.) die Funktion und Bedeutung der reformatorischen Bekenntnisse für die evangelischen Kirchen beleuchten und die Frage klären, warum und inwiefern ihnen diese grundlegende Bedeutung für das Selbstverständnis der reformatorischen Kirchen zukommt.

Sodann (2.) wird die Bedeutung der *Barmer Theologischen Erklärung* erläutert, um an ihr zu zeigen, dass und in welcher *politischen* Konstellation die Kirche im Gegenüber und in Abgrenzung zu einem übergriffigen Staat sich dazu aufgerufen sah, ein öffentliches, bekenntnismäßiges Zeugnis abzulegen von Jesus Christus als dem einen Herrn der Kirche. Die *Barmer Theologische Erklärung* ist für unseren konkreten Dialog von besonderem Interesse, weil an ihr die Bedeutung des aktuellen öffentlichen Bekennens der Kirche in einer *politischen* Situation gezeigt werden kann, und zwar *nicht in jeder beliebigen* politischen Situation, sondern in einer solchen, in der ein öffentliches Bekennen der Kirche gefordert ist; dann nämlich, wenn sie in ihrem *Kirchesein* angegriffen ist. Indem ich so formuliere, möchte ich festhalten, dass nicht alles und jedes mehr oder weniger Bedeutsame ein öffentliches Bekennen der Kirche fordert, dies vielmehr daran geknüpft ist, dass es dabei um Fragen geht, die das Kirchesein der Kirche berühren.

Schließlich (3.) tragen wir einige Überlegungen zur *Leuenberger Konkordie* vor, weil an ihr gezeigt werden kann, wie die evangelischen Kirchen auf eine bestimmte *ekklesiologische* Herausforderung geantwortet haben, und weil sie ein Modell von Kirchengemeinschaft formuliert, das nicht nur für die innerevangelische Verständigung, sondern auch für den ökumenischen Dialog insgesamt m. E. von grundlegender Bedeutung ist.

Der Text wurde für die Druckfassung beibehalten; er sucht dem beschriebenen Sachverhalt im Gesamtduktus dadurch nachzukommen, dass er im Blick auf die Barmer Theologische Erklärung vielfach vom »aktuellen Bekennen« spricht, etwas zum lutherischen und reformierten Verständnis vom kirchlichen Bekenntnis ausführt und vor diesem Hintergrund auf die unterschiedliche Rezeption der Barmer Theologischen Erklärung in den Kirchen hinweist. Dies lässt sich angesichts der komplizierten Deutungsversuche der Barmer Theologischen Erklärung in Geschichte und Gegenwart m. E. so verantworten, zumal einige weiterführende Literatur zur Sache angeführt wird. Jedenfalls ist dort, wo im vorliegenden Text vom »aktuellen Bekennen« die Rede ist, die besagte Differenzierung und Problematisierung als Verstehenshorizont mitzuführen.

II Selbstverständnis und Grundfunktion der reformatorischen Bekenntnisse

II.1

Grundfunktion des Bekennens ist die in Wort und Tat vollzogene öffentliche Bezeugung der Heilsoffenbarung des einen Gottes in Jesus Christus, wie sie sich durch das Wirken des Heiligen Geistes dem Glaubenden erschließt. So hält Paulus Röm 10,9 fest: »Denn so du mit deinem Munde bekennst Jesus, dass er der Herr sei, und glaubst in deinem Herzen, dass ihn Gott von den Toten auferweckt hat, so wirst du gerettet«. Und im Ersten Timotheusbrief heißt es: »Kämpfe den guten Kampf des Glaubens; ergreife das ewige Leben, dazu du berufen bist und bekannt hast das gute Bekenntnis vor vielen Zeugen« (1 Tim 6,12).

Diese urgemeindliche Funktion des öffentlichen Bekennens prägt alles Bekennen der Kirche; sie bekennt sich zu Jesus Christus als dem Herrn. Die Reformationskirchen knüpfen an diese urgemeindliche Funktion des Bekennens an. Zugleich begreifen sie ihre geschichtliche Situation, die sie im 16. Jahrhundert zum *lehrmäßigen* Bekenntnis herausfordert, in Entsprechung zur Situation der Urkirche und knüpfen damit an das Verständnis und die Funktion der *Symbola* der Alten Kirche an.[4] Die Bedeutung der reformatorischen Bekenntnisschriften als lehrmäßiger Ausdruck des evangelischen Glaubens gewinnt in der Reformationszeit und der Folgezeit bis hin zur Gegenwart grundlegendes Gewicht für das Selbstverständnis der evangelischen Kirchen, die in ihren Bekenntnissen dasjenige formulieren, an dem Lehre, Verkündigung und Unterricht sowie die Sozialgestalt der Kirche ausgerichtet sein sollen. Die evangelischen Bekenntnisse wollen lehrmäßiges Bekenntnis des Heilsglaubens sein, dessen *Mitte* sie im *Evangelium* von der durch kein eigenes Werk des Menschen bedingten Gnade Gottes gegenüber dem Sünder sehen. In der Reformationszeit formulieren die Evangelischen in lehrhafter Form das Bekenntnis des christlichen Glaubens, und zwar in einer Situation, in der sie das Evangelium von der freien Gnade Gottes gegenüber dem Sünder und damit die Mitte der Schrift verstellt sehen; in der sie durch die römisch-katholische Kirche angegriffen, in ihrem Kirchesein in Frage gestellt und schließlich verdammt werden. Es ist die Herausforderung durch die Vereitelung der Verkündigung des

4 Vgl. zum Verständnis und zum Gebrauch der reformatorischen Bekenntnisschriften auch den Text: Vom Gebrauch der Bekenntnisse. Zur Frage der Auslegung von Bekenntnissen der Kirche. Ein Beitrag der Kammer für Theologie der EKD, Texte der EKD Nr. 53, 1995.

Evangeliums von Seiten der römisch-katholischen Kirche, aufgrund derer es geboten war, ein Bekenntnis des evangeliumsgemäßen Glaubens, und zwar *öffentlich*, zu deklarieren und es als verbindliche Richtschnur für Lehre und Leben der Kirche zu behaupten.

II.2

Sinn und Funktion des Bekenntnisses ist es, den evangelischen Glauben zu bekennen, ihn als den *schriftgemäßen* Heilsglauben zu behaupten und ihn damit *zugleich als den wahrhaft ökumenischen* Glauben zu beanspruchen. Der evangelische Glaube an das Evangelium von der freien Gnade Gottes gegenüber dem Sünder wird als der schriftgemäße Ausdruck des Glaubens verstanden; und da die *Symbola* der Alten Kirche als Ausdruck des schriftgemäßen Heilsglaubens und als im Einklang mit den evangelischen Bekenntnissen begriffen werden, werden sie von den evangelischen Kirchen entsprechend rezipiert. Diesem Selbstverständnis des evangelischen als des wahrhaft ökumenischen Glaubens geben die reformatorischen Bekenntnisschriften dadurch Ausdruck, dass sie die *Symbola* der Alten Kirche in ihre Bekenntnisschriften aufnehmen und sich dadurch einstellen in die eine, heilige, allgemeine und apostolische Kirche. Noch einmal sei betont: Es ist das Evangelium von der freien und unverdienten Gnade Gottes gegenüber dem Sünder, das als die Mitte der Schrift und ihrer Auslegung und zugleich als das orientierende Zentrum des eigenen Bekenntnisses verstanden wird. Da die altkirchlichen *Symbola* begriffen werden als Ausdruck des evangeliumsgemäßen Glaubens, werden sie von den evangelischen Kirchen als der gemeinsame und insofern ökumenische Glaube anerkannt.[5]

Darin liegt der dezidierte Anspruch des Bekenntnisses der evangelischen Kirchen: Es ist zwar in einer bestimmten historischen Situation entstanden – nämlich aufgrund der Infragestellung durch Rom hervorgerufen –, seinem Inhalt nach aber ist es als Ausdruck des schriftgemäßen Heilsglaubens zu verstehen und damit zugleich als Ausdruck des wahren Kirchenseins der evangelischen Kirchen behauptet. Weil und insofern das Bekenntnis den schriftgemäßen und wahrhaft ökumenischen Glauben bezeugt, wird es als verbindliche Richtschnur für die Lehre und Verkündi-

[5] Von daher kommt den altkirchlichen Bekenntnissen eine hervorgehobene Bedeutung auch für die evangelischen Kirchen zu. Die Confessio Augustana stellt die altkirchlichen »Symbola« – Apostolicum, Nicaeno-Constantinopolitanum und Athanasianum – vorweg und versteht sie als im Einklang mit dem eigenen Bekenntnis und die lutherische Kirche als Kirche der einen, heiligen, katholischen und apostolischen Kirche.

gung der Kirche angesehen. Und insofern das Bekenntnis den schriftgemäßen und wahrhaft ökumenischen Glauben bezeugt, vollzieht es auch entsprechende Abgrenzungen zu Irrlehren hin, die als nicht schriftgemäße den wahren Heilsglauben verstellen, als solche das Kirchesein von Kirche tangieren und mithin verworfen werden.

II.3

Da die reformatorischen Bekenntnisse sich als schriftgemäßer Ausdruck des Evangeliums verstehen und selber nichts anderes sein wollen als Ausdruck des Heilsglaubens, wie ihn die Heilige Schrift bezeugt, bilden sie ihrem Selbstverständnis nach *nicht die schlechterdings unhinterfragbare* Lehre evangelischer Kirchen, wie das für die katholische und orthodoxe Auffassung vom Dogma gilt. Vielmehr sind die evangelischen Bekenntnisschriften als »*norma normata*« der heiligen Schrift als »*norma normans*« unterstellt, insofern »alleine Gottes Wort die einige Richtschnur und Regel aller Lehre sein und bleiben solle, nach welcher zugleich alle Lehren und Lehrer gerichtet und geurteilt werden sollen«.[6] Das heißt, die Bekenntnisschriften – und auch *jedes* Dogma – sind grundsätzlich als von der Schrift her kritisierbar und mithin auch als prinzipiell revidierbar anzusehen: Dann nämlich, wenn ihre Aussagen dem *zentralen* Schriftgehalt vom Evangelium von Jesus Christus widersprechen.

Es kann bei der Frage einer möglichen Revidierbarkeit der Bekenntnisaussagen freilich nicht um die Berücksichtigung der einen oder anderen neueren Erkenntnis der Exegese gehen, sondern nur um eine solche Erkenntnis, die den *Kerngehalt des Evangeliums* betrifft, wie ihn die Evangelischen als Mitte der Schrift und als Fokus zur Entfaltung ihres Bekenntnisses beanspruchen. Und selbstredend wäre bei dieser Frage auch das altkirchliche Prinzip der gesamtkirchlichen Rezeption in Geltung zu bringen. Prinzipiell liegt in der Unterordnung der verbindlichen Lehre der Kirche unter die Schrift als *norma normans* ein Spezifikum des evangelischen Verständnisses vom Bekenntnis, das in dieser Hinsicht nicht den Charakter des Dogmas hat, wenngleich auch es als *verbindliche* Lehre angesehen wird. An dieser Verhältnisbestimmung von Schrift und Bekenntnis ist aus evangelischer Sicht festzuhalten. Zugleich ist jedoch zu berücksichtigen, dass das Bekenntnis die Mitte der Schrift zum Ausdruck bringt und eine verbindliche Anleitung zum evangeliumsgemäßen Verstehen der Schrift darstellt.

6 Epitome, Bekenntnisschriften der evangelisch-lutherischen Kirche, 12. Aufl. Göttingen, 767.

II.4

Indem die reformatorischen Bekenntnisschriften den Anspruch erheben, schriftgemäße Bezeugung des Heilsglaubens zu sein, sind sie *keine bloß historischen* Zeugnisse, wenn auch in einer konkreten historischen Situation entstanden, sondern Zeugnisse mit *verbindlichem* Charakter für Lehre und Verkündigung der Kirche. Und weil die Bekenntnisse von den evangelischen Kirchen als schriftgemäßer Ausdruck des Evangeliums von Jesus Christus angesehen werden, kann und wird – im ökumenischen Dialog – an der grundlegenden Bedeutung der Bekenntnisse für das Selbstverständnis der evangelischen Kirchen festgehalten.

II.5

An dieser Stelle ist nun eine Einlassung zu machen im Blick auf einen Unterschied im Verständnis des kirchlichen Bekenntnisses in der lutherischen und reformierten Tradition. Im *Konkordienbuch* (1580)[7] hat das *Luthertum* seine Bekenntnisschriften abschließend zusammengefasst. Die Verbindlichkeit *aller* dieser Schriften ist indes nicht von allen lutherischen Kirchen anerkannt. Von *allen* lutherischen und unierten Kirchen als verbindlich für die evangelische Lehre und Verkündigung anerkannt sind nur die *Confessio Augustana*[8] und *Luthers Katechismen*. Die *reformierten* Kirchen im weltweiten Kontext haben demgegenüber weit über das 16. und 17. Jahrhundert hinaus mehrere Bekenntnisse formuliert, jeweils veranlasst durch eine konkrete Situation, die ein Wort der Kirche nötig machte. Die Bekenntnisbildung in den reformierten Kirchen wird als ein fortdauernder Prozess verstanden, in dem die Kirche auf die Herausforderungen der Zeit reagiert. Die reformierten Kirchen kennen im Unterschied zum Luthertum kein im 16. Jahrhundert als abgeschlossen angesehenes, *überregional* bindendes Bekenntnis. Darin zeigt sich ein unterschiedliches Verständnis im Blick auf die Bedeutung und Funktion des Bekenntnisses der Kirche in den reformierten Kirchen im Unterschied zum Luthertum. Die reformierte Tradition betont die *Zeitgemäßheit* des Bekenntnisses, das von einer je-

7 Es enthält die altkirchlichen Symbola, die von Melanchthon verfasste Confessio Augustana (1530) samt Apologie, von Luther die Schmalkaldischen Artikel (1537), den Kleinen und Großen Katechismus (1529), Melanchthons Traktat »de potestate papae« (1537) und die über die innerreformatorischen Streitigkeiten urteilende Konkordienformel (Epitome und Solida Declaratio 1577).

8 Hierbei ist zu beachten, ob die Confessio Augustana invariata oder variata in der jeweiligen Kirche rezipiert wird, was ohne weitere Ausführungen zur Sache nur genannt sei.

weiligen Partikularkirche angesichts einer konkreten aktuellen Herausforderung vollzogen wird. »*Wir, hier, jetzt* – bekennen *dies*«.[9]

Darin ist durchaus ein Unterschied im Verständnis des kirchlichen Bekenntnisses zwischen den evangelischen Konfessionsfamilien ausgedrückt, den man am besten dahingehend formuliert, dass die reformierte Tradition eine stärkere Offenheit für ein aktuelles Bekennen der Kirche angesichts konkreter Herausforderungen der Zeit zeigt, als dies für das Selbstverständnis der lutherischen Kirchen gilt. Zugleich ist jedoch darauf hinzuweisen, dass die in der EKD verbundenen Kirchen mit *rein reformierter* Tradition – neben den altkirchlichen Bekenntnissen – aus der Reformationszeit den Heidelberger Katechismus und von den neueren Erklärungen der Kirchen die *Barmer Theologische Erklärung* als Bekenntnisgrundlage anerkennen und die *Leuenberger Konkordie* als für Lehre und Leben ihrer Kirchen maßgebend betrachten. Mithin stellt sich unter deutschen Bedingungen die Frage einer überbordenden Vielzahl von jüngeren kirchlichen Bekenntnissen nicht. Wie sich dies in den Kirchen des Reformierten Weltbundes und bei diesem selbst darstellt, kann hier nicht weiter verfolgt werden.

II.6

Es ist wichtig, sich das Selbstverständnis evangelischen Bekenntnisses in seinen Ursprüngen vor Augen zu führen, um von da aus auch die *Barmer Theologische Erklärung* (1934) und die *Leuenberger Konkordie* (1973) zu verstehen. Für beide Texte gilt: Sie wollen den schriftgemäßen Heilsglauben an Jesus Christus bezeugen. Dies ist ihre primäre Funktion. Indem sie den schriftgemäßen Heilsglauben bezeugen und diesen auf der Basis eines kirchlichen Konsenses formulieren, kommt beiden Erklärungen die Bedeutung zu, Leben und Lehre der Kirchen zu orientieren, wobei beide ihrem Selbstverständnis nach – dies ist zu beachten – dezidiert nicht als »Bekenntnis« der Kirche verstanden werden. Für beide Erklärungen gilt: Sie wurden notwendig angesichts einer konkreten, das Kirchesein der Kir-

[9] Vgl. Karl Barth, Wünschbarkeit und Möglichkeit eines allgemeinen reformierten Glaubensbekenntnisses, in: Ders., Die Theologie und die Kirche, Bd. 2, München 1928, 78. Barth erläutert das reformierte Verständnis von kirchlichem Bekenntnis wie folgt näher. »Ein reformiertes Glaubensbekenntnis ist die von einer örtlich umschriebenen christlichen Gemeinschaft spontan und öffentlich formulierte für ihren Charakter nach außen bis auf weiteres maßgebende und für ihr eigenes Lehren und Leben bis auf weiteres richtunggebende Darstellung der der allgemeinen christlichen Kirche vorläufig geschenkten Einsicht von der allein in der Heiligen Schrift bezeugten Offenbarung Gottes in Jesus Christus« (a. a. O., 352).

che betreffenden Herausforderung, durch die sich die Kirchen zum Zeugnisablegen aufgerufen sahen.

Für die *Barmer Erklärung* ist dies eine vor allem politisch bestimmte Situation. Sie bezeugt den Glauben an Jesus Christus als den *einen* Herrn angesichts des Versuchs der Gleichschaltung der Kirche für die machtpolitischen und rassistischen Interessen durch den Nationalsozialismus. Die *Leuenberger Konkordie* hingegen reagiert auf die innerkirchlichen Spaltungen der evangelischen Kirchen aufgrund der Konfessionsunterschiede und ist der für die innerevangelische Ökumene zentrale Text der evangelischen Kirchen. Sie kann m. E. zugleich den Anspruch erheben, in ihrem Modell von Kirchengemeinschaft ein solches Konzept formuliert zu haben, das auch für die ökumenischen Gespräche mit den anderen Konfessionskirchen die Grundlage bilden kann und sollte. Anerkannter Ausdruck der Übereinstimmung im gemeinsamen Verständnis des Evangeliums ist die *Leuenberger Konkordie* für alle Signatarkirchen; und dies schließt die wechselseitige Anerkennung als Kirche sowie die Erklärung von Kirchengemeinschaft ein, mit der die Kanzel- und Abendmahlsgemeinschaft einhergeht.

Die *Barmer Theologische Erklärung*[10] ist von den Kirchen in deren jeweiligen Grundordnungen unterschiedlich rezipiert worden.[11] Sie ist in einigen, vor allem reformierten und unierten Kirchen, auch in die Ordinationsverpflichtung der Pfarrerinnen und Pfarrer übernommen worden. In den lutherischen Kirchen ist nicht die kirchengeschichtliche Bedeutung der *Barmer Erklärung*, wohl aber ihr Status als dezidiertes *Bekenntnis* der Kirche strittig, weil das Luthertum von der ›Abgeschlossenheit‹[12] der Bekenntnisbildung durch das Konkordienbuch ausgeht und die theologische Auslegung der Thesen der *Barmer Erklärung* aus lutherischer Sicht nicht unstrittig ist.[13]

10 Als Textausgabe vgl.: Die Barmer Theologische Erklärung. Einführung und Dokumentation, hrsg. v. Alfred Burgsmüller und Rudolf Weth, mit einem Geleitwort von Eduard Lohse, Neukirchen (1982), 2. Aufl. 1984.

11 Einen Überblick über die kirchenrechtliche Rezeption der Barmer Erklärung durch die deutschen evangelischen Kirchen findet sich a. a. O., 68–77.

12 Zum Verständnis vgl. die wenigen Bemerkungen in: Chr. Axt-Piscalar, Das lutherische Verständnis von Bekenntnis und die Frage nach einer möglichen Rezeption der Barmer Theologischen Erklärung durch die lutherische Kirche, in KuD, 4, 2011, 338–345, hier 339–341. Die Rede von der ›Abgeschlossenheit‹ des Bekenntnisses schließt seine aktuelle Bewährung im Kontext der jeweiligen Gegenwart nicht nur nicht aus, sondern dezidiert ein; und sie schließt auch nicht prinzipiell aus, dass ein weiterer Text als ein solcher rezipiert wird, an dem sich Leben und Lehre der Kirche zu orientieren haben.

13 Die Grundordnung der VELKD hält die »in Barmen geschenkte Gemeinschaft«

Die Grundordnung der EKD bezieht sich »bejahend« auf die Barmer Entscheidungen. Hier heißt es: »Mit ihren Gliedkirchen bejaht die Evangelische Kirche in Deutschland die von der ersten Bekenntnissynode in Barmen getroffenen Entscheidungen. Sie weiß sich verpflichtet, als bekennende Kirche die Erkenntnisse des Kirchenkampfes über Wesen, Auftrag und Ordnung der Kirche zur Auswirkung zu bringen. Sie ruft die Gliedkirchen zum Hören auf das Zeugnis der Brüder. Sie hilft ihnen, wo es gefordert wird, zur gemeinsamen Abwehr kirchenzerstörender Irrlehre«.[14] Ansonsten anerkennt die EKD[15] die jeweiligen Grundordnungen ihrer Gliedkirchen und die dort vorgenommene Festlegung der Bekenntnisgrundlage. Man ist für die Frage der Bekenntnisgrundlage der deutschen evangelischen Kirchen mithin darauf verwiesen, die Grundordnung der jeweiligen Kirche anzuschauen.

Eine Bekenntnishermeneutik, will heißen eine Orientierung, wie mit den reformatorischen Bekenntnissen umzugehen ist, welche Auslegungshierarchie innerhalb der Bekenntnisgrundlage zu beachten und wie das erneute Bekennen hier einzuordnen ist, geben sowohl die *Barmer Erklärung* als auch die *Leuenberger Konkordie* selber zu verstehen, wie im Folgenden dargelegt wird.

fest und erkennt den Verwerfungen der Erklärung – nicht jedoch den theologischen Thesen – eine maßgebende Bedeutung für ihr kirchliches Handeln zu. So heißt es: Die VELKD »wahrt und fördert die im Kampf um das Bekenntnis geschenkte, auf der Bekenntnissynode von Barmen 1934 bezeugte Gemeinschaft. Die dort ausgesprochenen Verwerfungen bleiben in der Auslegung durch das lutherische Bekenntnis für ihr kirchliches Handeln maßgebend.« Zitiert a. a. O., 72. Zur Frage der Rezeption der Barmer Theologischen Erklärung in den lutherischen Kirchen vgl. Chr. Axt-Piscalar, Das lutherische Verständnis von Bekenntnis und die Frage nach einer möglichen Rezeption der Barmer Theologischen Erklärung durch die lutherische Kirche, sowie N. Slenczka, Stellungnahme zur Barmer Theologischen Erklärung und ihrer Vereinbarkeit mit den Grundüberzeugungen der Lutherischen Kirche und Theologie, beide in KuD, 4, 2011, 338–345; 345–359.

14 Vgl. die Grundordnung der EKD; auch zitiert a. a. O. (wie Anm. 20), 72.

15 Die EKD hält in ihrer Grundordnung zudem fest: »Grundlage der Evangelischen Kirche in Deutschland ist das Evangelium von Jesus Christus, wie es uns in der Heiligen Schrift Alten und Neuen Testaments gegeben ist. Indem sie diese Grundlage anerkennt, bekennt sich die Evangelische Kirche in Deutschland zu dem Einen Herrn der einen heiligen, allgemeinen und apostolischen Kirche. Gemeinsam mit der alten Kirche steht die Evangelische Kirche in Deutschland auf dem Boden der altkirchlichen Bekenntnisse. Für das Verständnis der Heiligen Schrift wie auch der altkirchlichen Bekenntnisse sind in den lutherischen, reformierten und unierten Gliedkirchen und Gemeinden die für sie geltenden Bekenntnisse der Reformation maßgebend.«

III Das Selbstverständnis der Barmer Theologischen Erklärung und ihr Umgang mit den reformatorischen Bekenntnisschriften

III.1

Die *Barmer Theologische Erklärung* betont als die »unantastbare Grundlage« der Deutschen Evangelischen Kirche »das Evangelium von Jesus Christus, wie es uns in der Heiligen Schrift bezeugt und in den Bekenntnissen der Reformation neu ans Licht getreten ist«.[16] Damit ist das Selbstverständnis des evangelischen Bekennens in seinem reformatorischen Ursprung in der *Barmer Theologischen Erklärung* aufgenommen: Das Bekennen hat seine Mitte in der Bezeugung des Evangeliums von Jesus Christus; die Schrift ist die Norm für das Verständnis des Evangeliums von Jesus Christus; die Bekenntnisse der Reformation werden als Bezeugung des Evangeliums verstanden, und diese wiederum werden zugleich als die verbindliche Grundlage des eigenen Selbstverständnisses angesehen. Die *Barmer Theologische Erklärung* ist *als aktuelle Anwendung und Ausgestaltung des reformatorischen Grundbekenntnisses* angesichts einer historischen Situation – der Gleichschaltungspolitik des Nationalsozialismus – zu verstehen, und sie formuliert auf der Grundlage der reformatorischen Bekenntnisse in der notwendigen Abgrenzung zu der mit den Deutschen Christen aufgetretenen Häresie etwas, was von den reformatorischen Bekenntnissen so noch nicht gesagt war.

III.2

Für das Verständnis der *Barmer Theologischen Erklärung* ist des Weiteren wichtig, dass sie eine Erklärung von Vertretern lutherischer, reformierter und unierter Kirchen, freier Synoden, Kirchen und Gemeindekreise ist und mithin ein wichtiges Zeugnis innerevangelischen Konsenses. Sie ist damit gleichsam ein Vorschein dessen, was in der *Leuenberger Konkordie* innerevangelische Wirklichkeit geworden ist. Dass das durch die historische Situation notwendig gewordene *gemeinsame* Wort von lutherischen, reformierten und unierten Kirchen, wie es die *Barmer Theologische Erklärung* darstellt, auch etwas bedeutet für die konfessionelle Frage, ist den Synodalen bewusst, indem sie formulieren: »Wir befehlen es Gott, was dies für das Verständnis der Bekenntniskirchen untereinander bedeuten mag«.[17]

[16] Präambel, 32f. Die Barmer Theologische Erklärung nimmt damit Artikel 1 der damals geltenden Verfassung der Deutschen Evangelischen Kirche auf.

[17] Präambel, a.a.O., 33.

Dabei wird entschieden festgehalten – was dann auch für die *Leuenberger Konkordie* so gilt –, *dass die unterschiedliche Bekenntnistradition der konfessionsverschiedenen Kirchen durch das gemeinsame Zeugnis in Form der Barmer Theologischen Erklärung nicht aufgehoben wird*. Es wird vielmehr beides zusammen betont: die bleibende Geltung der unterschiedlichen Bekenntnistraditionen und das gemeinsame aktuelle Bekennen. »Gerade weil wir unseren verschiedenen Bekenntnissen treu sein und bleiben wollen, dürfen wir nicht schweigen, da wir glauben, daß uns in dieser Zeit gemeinsamer Not und Anfechtung ein gemeinsames Wort in den Mund gelegt ist«.[18] Als Basis dafür, als *bekenntnisverschiedene* Kirchen *gemeinsames* Zeugnis ablegen zu können, führt die *Barmer Theologische Erklärung* das den evangelischen Kirchen gemeinsame »Bekenntnis zu dem einen Herrn der einen, heiligen, allgemeinen und apostolischen Kirche«[19] an. Sie macht damit deutlich, dass es der Herr der Kirche – Jesus Christus – ist, der die Kirche als Kirche schafft und auferbaut, auf den sich alles Bekennen der Kirche zu richten hat. Die Einigkeit in *diesem* Bekennen ist die Grundlage dafür, *gemeinsam* aktuell bekennen zu können – unter Wahrung der verschiedenen Bekenntnistraditionen.[20]

III.3

Die *Barmer Theologische Erklärung* ist *öffentliche* Bezeugung des Evangeliums. Den Öffentlichkeitscharakter hält die Präambel ausdrücklich fest: »Wir erklären vor der Öffentlichkeit aller evangelischen Kirchen Deutschlands«.[21] Die Veranlassung zum öffentlichen Bekennen wird in der Machtpolitik der Deutschen Christen gesehen und deren Auswirkungen auf den Bund der Deutschen Evangelischen Kirche. Die Grundsätze der Deutschen Christen werden angeklagt als *Angriff auf das Kirchesein der Kirchen: »Bei deren Geltung hört die Kirche nach allen bei uns in Kraft stehenden Bekenntnissen auf, Kirche zu sein«.*[22] Angeklagt wird damit zugleich, dass die Grundsätze der Deutschen Christen dem reformatorischen Bekenntnisstand widersprechen. Damit werden die reformatorischen Bekenntnisse – ihr Verständnis vom Evangelium und damit zusammenhängend ihr Verständnis vom Kirchesein der Kirche – als entscheidender Maßstab für die Beurteilung der Machtpolitik der Deutschen Christen und ihres Einflusses auf und im

18 Präambel, a. a. O., 33.
19 Präambel, a. a. O., 31.
20 Eine ganz entsprechende Konsensvorstellung verfolgt dann die Leuenberger Konkordie.
21 Präambel, a. a. O., 31.
22 Präambel, a. a. O., 32.

Bund der Deutschen Evangelischen Kirche gehandhabt; in der Folge wird die Machtpolitik der Deutschen Christen als im Widerspruch zum Evangelium und zu den reformatorischen Bekenntnissen verworfen. Damit werden die Bekenntnisse und ihre verbindliche Geltung für das Selbstverständnis der Kirche in einer akuten historischen Herausforderung, die *das Kirchesein von Kirche* entscheidend betrifft, als kritischer und verbindlicher Maßstab für das Handeln der Kirche in aktueller Anwendung auf die konkrete historische Situation zum Zuge gebracht. »Gemeinsam dürfen und müssen wir als Glieder lutherischer, reformierter und unierter Kirchen heute in dieser Sache reden ... wir dürfen nicht schweigen, da wir glauben, daß uns in einer Zeit gemeinsamer Not und Anfechtung ein gemeinsames Wort in den Mund gelegt ist«.[23] An dieser Stelle spricht die *Barmer Theologische Erklärung* »vom gemeinsamen Wort« der konfessionsverschiedenen Kirche, das sie darstellt. Die positive Darlegung der theologischen Thesen und Verwerfungen beginnt indes damit, dass gesagt wird: »Wir bekennen uns angesichts der die Kirche verwüstenden [...] Irrtümer der Deutschen Christen [...] zu folgenden evangelischen Wahrheiten«.[24]

III.4

Im Anschluss an die Verabschiedung der *Barmer Theologischen Erklärung* gab es eine teilweise heftig geführte Debatte um die Bedeutung derselben. Es ging dabei neben ihrer inhaltlichen Interpretation auch um ihr Verständnis als vermeintliches *Bekenntnis*.[25] Diesbezüglich hat man sich zu vergegenwärtigen, dass die *Barmer Theologische Erklärung* angesichts der schwelenden innerkonfessionellen Differenzen im Verständnis von Bekenntnis mit gutem Grund als eine *Erklärung* bezeichnet ist und gerade nicht als Bekenntnis. Die Lutheraner machen von ihrem eigenen Verständnis des Bekenntnisses her Vorbehalte dagegen geltend, die *Barmer Theologische Erklärung* in *demselben Sinn* wie die reformatorischen Bekenntnisschriften als *Bekenntnis* der Kirche anzuerkennen. In den lutherischen Kirchen ist insofern nicht die kirchengeschichtliche Bedeutung der *Barmer Theologischen Erklärung* strittig, wohl aber ihr Status als *Bekenntnis*, was

23 Präambel, a. a. O., 33.

24 Ebd.

25 Vgl. aus der umfangreichen Literatur zur diesbezüglichen Debatte etwa den Beitrag von Helmut Zeddies, Bekennen und Verwerfen. Die Auseinandersetzung um die Barmer Theologische Erklärung als Bekenntnis der Kirche, in: Das eine Wort Gottes – Botschaft für alle. Barmen I und VI, Vorträge aus dem Theologischen Ausschuß der Evangelischen Kirche der Union, Bd. 1, hrsg. v. W. Hüffmeier, Gütersloh 1964, 225–250.

mit dem oben beschriebenen Verständnis des Bekenntnisses und dem aus lutherischer Sicht gemeinhin nicht unstrittigen Verständnis der theologischen Thesen der *Barmer Theologischen Erklärung* zu tun hat.[26] Indes haben zahlreiche Kirchen, vor allem unierte Kirchen und auch die EKD, die *Barmer Theologische Erklärung* in ihre Grundordnung und teilweise auch in die Ordinationsverpflichtung aufgenommen. Darin findet die Überzeugung ihren Ausdruck, dass die Theologische Erklärung von Barmen »als schriftgemäße Bezeugung des Evangeliums« und als eine für Lehre und Verkündigung der Kirche verbindliche Richtschnur angesehen wird.

IV Die Leuenberger Konkordie

IV.1

Die Bedeutung der *Leuenberger Konkordie*[27] liegt in ihrer Funktion für die innerevangelische Ökumene, und zwar unter Anerkennung der verschiedenen Bekenntnistraditionen der unterzeichnenden Kirchen. Die Grundlage für die Frage nach der *Einheit der Kirchen* bildet die Orientierung an Artikel VII der *Confessio Augustana*. Nach Artikel VII der CA ist die Kirche die Versammlung der Gläubigen, in der das Evangelium rein verkündigt und die Sakramente recht verwaltet werden. Und die Einigkeit in der Evangeliumsverkündigung und der Sakramentsverwaltung wird als das *einzige* Kriterium genannt, das zur wahren Einheit der Kirche notwendig und mithin genug ist. »Et veram unitatem ecclesiae satis est consentire de doctrina evangelii et de administratione sacramentorum«.[28] Anders gesagt, alles, was darüber hinaus in den Kirchen Bedeutung erlangt hat, ist für die Frage des Kircheseins von Kirche und damit für die Frage der Einheit der Kirche nicht konstitutiv, wobei das ordinationsgebundene Amt als Dienst an der Verkündigung des Evangeliums und der rechten Sakramentsverwaltung verstanden wird und insofern zum Sein der Kirche gehört.[29] Diesem Verständnis von CA VII entspricht die *Leuenberger Kon-*

26 Zur Diskussion vgl. die unter Anm. 13 angegebenen Aufsätze von Chr. Axt-Piscalar und N. Slenczka sowie den Band: Das eine Wort Gottes – Botschaft für alle. Barmen I und VI, Vorträge aus dem Theologischen Ausschuß der Evangelischen Kirche der Union, Bd. 1, hrsg. v. W. Hüffmeier, Gütersloh 1964.

27 Konkordie reformatorischer Kirchen in Europa. Im Auftrag des Exekutivausschusses für die Leuenberger Lehrgespräche hrsg. v. W. Hüffmeier. Dreisprachige Ausgabe mit einer Einleitung von Friedrich-Otto Scharbau, Frankfurt a. M. 1973.

28 Bekenntnisschriften der evangelisch-lutherischen Kirche, a. a. O., 61.

29 Die Frage nach der Bedeutung des ordinationsgebundenen Amtes für die Kirche kann hier nicht weiter verfolgt werden. Alle Kirchen der GEKE halten daran fest,

kordie. Sie erklärt die Einigkeit in der reinen Evangeliumsverkündigung und rechten Sakramentsverwaltung als die Grundbedingung wahren Kircheseins von Kirche. Daraufhin kann dann gesagt werden, dass, wo diese Einigkeit besteht, auch Kirchengemeinschaft zwischen den betreffenden Kirchen erklärt werden kann, mit der die Gewährung von Kanzel- und Abendmahlsgemeinschaft einhergeht. Die unterschiedlichen Bekenntnistraditionen der reformierten und lutherischen Kirchen werden anerkannt, und sie können anerkannt werden, weil und indem die Einigkeit in der rechten Evangeliumsverkündigung und der rechten Sakramentsverwaltung besteht, welche die alleinige Grundlage für das Verständnis des Kircheseins der Kirche darstellt.

Dabei hält die *Leuenberger Konkordie* entschieden fest, dass die Signatarkirchen den *schriftgemäßen* Heilsglauben als das ihnen gemeinsame Evangelium verstehen und darin sich sowohl in *Kontinuität zu den altkirchlichen Symbolen* als auch in der *Kontinuität zu den reformatorischen Bekenntnissen* verstehen. So heißt es *Leuenberger Konkordie* Nr. 12: »Mit diesem Verständnis des Evangeliums stellen wir uns auf den Boden der altkirchlichen Symbole und nehmen die gemeinsame Überzeugung der reformatorischen Bekenntnisse auf, daß die ausschließliche Heilsmittlerschaft Jesu Christi die Mitte der Schrift und die Rechtfertigungsbotschaft als die Botschaft von der freien Gnade Gottes Maßstab aller Verkündigung der Kirche ist.«

Dass bekenntnisverschiedene Kirchen, indem sie auf der Grundlage des gemeinsamen Verständnisses des Evangeliums und der Sakramente einander als wahre Kirche Jesu Christi anerkennen und Kirchengemeinschaft zwischen sich erklären und praktizieren, ist innerevangelische ökumenische Wirklichkeit in der GEKE (Gemeinschaft evangelischer Kirchen in Europa). Die erklärte und praktizierte Kirchengemeinschaft hat ihre

dass das ordinationsgebundene Amt von Christus eingesetzt ist und »zum Sein der Kirche« gehört. Vgl. Die Kirche Jesu Christi. Der reformatorische Beitrag zum ökumenischen Dialog über die kirchliche Einheit. Im Auftrag des Exekutivausschusses für die Leuenberger Lehrgespräche hrsg. v. W. Hüffmeier. Frankfurt a. M. These 1, 32. Dem ordinationsgebundenen Amt kommt diese Bedeutung zu, weil es als Dienst am Evangelium und der Sakramentsverwaltung zu verstehen ist. Insofern ist es ›sekundär notwendig‹, wie ich etwas unschön formulieren möchte, um die funktionale Zuordnung des ordinationsgebundenen Amtes zu den das Wesen der Kirche konstituierenden Vollzügen, wie sie in CA VII genannt sind, auszudrücken. Auch der episkopale Dienst ist in seiner Bedeutung für die Kirche unstrittig, dessen konkrete Ausgestaltung gehört jedoch nicht zur Frage nach dem wahren Kirchesein, sondern zur Frage nach dem bene esse von Kirche. Vgl. a. a. O., These 3, 33.

Grundlage in den sich aus dem evangelischen Kirchenverständnis ergebenden Kriterien für die Frage danach, wann eine christliche Gemeinschaft als wahre Kirche Jesu Christi zu verstehen ist. Nach evangelischem Verständnis ist dies dann gegeben, wenn in ihr das »Evangelium rein gepredigt und die heiligen Sakramente laut dem Evangelium gereicht werden«, wie die *Confessio Augustana* in ihrem siebten Artikel formuliert. In diesen Vollzügen – der reinen Evangeliumsverkündigung und der evangeliumsgemäßen Sakramentsverwaltung – bezeugt die Kirche die Selbstvergegenwärtigung des auferweckten Gekreuzigten im Heiligen Geist zum Heil der Glaubenden, der dadurch selbst der alleinige Grund der Kirche sowie ihrer Einheit ist.

Nach Auffassung der evangelischen Kirchen sind dieses die notwendigen Kriterien des Kircheseins. Sie sind *genug und für sich hinreichend* und sie sind, was sie sind, nämlich Kriterien wahren Kircheseins, indem sie die Selbstvergegenwärtigung des auferweckten Gekreuzigten durch den Heiligen Geist zum Heil der Glaubenden bezeugen. Darum steht, wo sie gegeben sind, der wechselseitigen Erklärung und Praktizierung von Kirchengemeinschaft nichts im Weg, wenn nämlich die Einigkeit im Blick auf die reine Evangeliumsverkündigung und die rechte Sakramentsverwaltung besteht, was durch Lehrgespräche geklärt und durch die Kirchenleitungen erklärt wird.

IV.2

Damit macht die *Leuenberger Konkordie* das für die evangelischen Kirchen unaufgebbar Wesentliche des evangelischen Verständnisses von Kirchesein zur Grundlage für die Erklärung von Kirchengemeinschaft, von dem sie nicht abrücken können, weil sie darin die *schriftgemäße* Bestimmung des Kircheseins von Kirche erkannt haben und als für das evangelische Selbstverständnis von Kirche verbindlich ansehen. Es ist dies ein Modell, das auf der Grundlage der Einigkeit in der Evangeliumsverkündigung und Sakramentsverwaltung zugleich die gegebenen Unterschiede der konfessionsverschiedenen Kirchen anerkennen kann und anerkennt. Die zustimmenden Kirchen erklären die Kirchengemeinschaft »in der Bindung an die sie verpflichtenden Bekenntnisse oder unter Berücksichtigung ihrer Traditionen,« wie Nr. 30 der *Leuenberger Konkordie* unterstreicht. Diesbezüglich wird ausdrücklich festgehalten – *Leuenberger Konkordie* Nr. 37: »Die Konkordie läßt die verpflichtende Geltung der Bekenntnisse in den beteiligten Kirchen bestehen. Sie versteht sich nicht als ein neues Bekenntnis. Sie stellt eine im Zentralen gewonnene Übereinstimmung dar, die Kirchengemeinschaft zwischen Kirchen verschiedenen Bekenntnisstandes ermöglicht«.[30] Diese Konzeption von Kirchengemeinschaft bedeutet, »daß sie verschiedene Kirchen bleiben und doch eine Kirche werden, aber in ihrem Verhältnis zueinander der Tatsache Rechnung tragen, daß sie von Gott her die ›eine, heilige, allgemeine, apostolische Kirche‹ sind«.[31] Voraussetzung ist der durch Lehrgespräche erreichte Konsens in dem für das Kirchesein von Kirche grundlegenden Verständnis des Evangeliums und der Sakramentsverwaltung. Unter dieser Bedingung des erreichten Konsenses in den für das Kirchesein von Kirche notwendigen und als solche hinreichenden Bedingungen wird erklärt, dass »die in den Bekenntnisschriften ausgesprochenen Lehrverurteilungen ... nicht den gegenwärtigen Stand der Lehre der zustimmenden Kirchen«[32] betreffen.

Mit diesem Modell von Kirchengemeinschaft, das gerne als Modell der *Einheit in versöhnter Verschiedenheit* verstanden wird,[33] ist der ökumenische Dialog grundsätzlich vor die Frage gestellt, ob er sich von einer Zielvorstellung geleitet sehen will, welche die konfessionsspezifischen Unterschiede der Kirchen und damit die Vielfalt der Kirchen anerkennen und denjenigen das wahre Kirchesein zuerkennen kann, die den Kriterien der reinen Evangeliumsverkündigung und der rechten Sakramentsverwaltung nachkommen.

IV.3

Die *Leuenberger Konkordie* ist neben der *Barmer Theologischen Erklärung* ein weiteres Beispiel dafür, dass und wie die evangelischen Kirchen – veranlasst durch eine Herausforderung, die das zentrale Verständnis von Kirche betrifft – auf der Grundlage von Schrift und Bekenntnis zu einer gegenwartsverantworteten Auslegung und Anwendung ihrer Bekenntnisse gelangt sind. Damit bringen sie zum Ausdruck, dass – wiewohl, ja gerade weil sie in den reformatorischen Grundbekenntnissen ein verbindliches Zeugnis haben – eine *aktuelle Applikation und Ausgestaltung des Bekennt-*

30 Leuenberger Konkordie Nr. 37.

31 Kundgebung der Bischofskonferenz der VELKD Ziffer 2, zitiert a. a. O., 12.

32 Leuenberger Konkordie Nr. 32.

33 Ich selbst spreche von »Einheit in gestalteter Vielfalt«. Zur Begründung vgl. den Beitrag Chr. Axt-Piscalar, Pluralität als ›Gewinn‹ der Reformation, in: Reformation erinnern. Eine theologische Vertiefung im Horizont der Ökumene, hrsg. v. M. Heimbucher, Neukirchen-Vluyn, 2013, 88–108, sowie dies., Die Leuenberger Konkordie aus lutherischer Sicht, in: 1973–2013. 40 Jahre Leuenberger Konkordie. Dokumentationsband zum Jubiläumsjahr 2013 der Gemeinschaft Evangelischer Kirchen in Europa. Im Auftrag des Rates der Gemeinschaft Evangelischer Kirchen in Europa hrsg. v. M. Bünker/B. Jaeger, Wien 2014, 169–182.

nisses angesichts einer Herausforderung, die das *Kirchesein von Kirche* betrifft, notwendig war und ein gemeinsames, öffentliches, lehrmäßiges Zeugnis der Kirchen möglich wurde. Die *Barmer Erklärung* und die *Leuenberger Konkordie* sind Beispiele für eine solche aktuelle Anwendung und Ausgestaltung der reformatorischen Bekenntnisse und sie geben selber die Auslegungshermeneutik vor, wie sie sich im Kontext der Bekenntnistradition der reformatorischen Kirchen verstehen, indem sie sich dezidiert nicht als Bekenntnis verstehen, die Bindung an die reformatorischen Bekenntnisse nicht aufheben, sie vielmehr bekräftigen, und zu begreifen sind als aktuelle Anwendung und Ausgestaltung der reformatorischen Bekenntnisse in einer für das Kirchesein der Kirche zentralen Frage. Dass und inwiefern der *Barmer Theologischen Erklärung* und der *Leuenberger Konkordie* eine die Lehre und Verkündigung der Kirche orientierende Bedeutung zukommt, unterliegt in der evangelischen Kirche – nach gut altkirchlichem Verständnis – dem Prozess ihrer Rezeption durch die Kirchen.

Der normative Charakter der Lehre der Ökumenischen Konzile für die orthodoxe Kirche

Konstantinos Delikostantis

Zur Einführung

In ökumenischen Begegnungen versuchen wir Orthodoxe immer an die gemeinsamen christlichen Archetypen zu erinnern, die heilsame Erinnerung an die ungeteilte Kirche wach zu halten. Unser Beharren auf die Tradition ist gewiss von der Treue der Katholiken und Protestanten zum je eigenen Weg unterschieden. Es ist eine Treue zum Gemeinsamen, nicht zu unserer Besonderheit. Sie sind fortgefahren auf ihrem Wege, wir treten auf der Stelle, standhafte Wächter des von uns allen gebauten väterlichen Hauses, das wir nach Kräften lebendig und offen erhalten haben. Die Treue zur ungeteilten Kirche wurde uns sogar von Adolf von Harnack bestätigt, nach dessen Ansicht in unserer Kirche der im neunten Jahrhundert erreichte Zustand »nicht wesentlich, ja nicht einmal unwesentlich mehr geändert worden«[1] ist. Mit all dem hängt es vielleicht zusammen, dass wir keinen Reformator gehabt haben, was ja bei weitem nicht negativ sein muss, nicht unbedingt Stagnation bedeutet.[2] Es kann durchaus Zeichen von Gesundheit, Lebendigkeit und Ursprünglichkeit sein.

Uns wurde und wird freilich vieles abgestritten, eine bittere Erfahrung wohl, unabhängig davon, dass wir Anlass genug dazu gegeben haben und noch geben. Von einem großen Mann wie Hegel haben wir über unsere gemeinsame byzantinische Vergangenheit, der auch unsere ökumenischen Synoden angehören, gesagt bekommen, dass das Oströmische Reich als

1 A. von Harnack, Das Wesen des Christentums, Leipzig 1900, 138.

2 Vgl. V. N. Makrides, »Ohne Luther. Überlegungen zum Fehlen eines Reformators im Orthodoxen Christentum«, in: H. Medick/P. Schmidt (Hrsg.), Luther zwischen den Kulturen. Zeitgenossenschaft – Weltwirkung, Göttingen 2004, 318–336, hier 336: »Das Fehlen eines Reformators wie Luther und einer Reformation im Orthodoxen Christentum wird als ein klarer ›Vorteil‹ für die Orthodoxie und ihre geschichtliche Entwicklung sowie als ein großes Problem für die fehlgeleitete westliche Christenheit erachtet«.

politische, soziale, kulturelle und religiöse Wirklichkeit »nichts großes an Gedanken, Taten und Individuen« aufzuzeigen hat, dass dort das Christentum »abstrakt« geblieben ist«[3]. Und der schon erwähnte Adolf von Harnack hat uns bescheinigt, dass unser Kirchentum »mit seinen Priestern und seinem Kultus, mit allen den Gefäßen, Kleidern, Heiligen, Bildern und Amuletten, mit seiner Fastenordnung und seinen Festen« mit »der Religion Christi gar nichts zu tun hat«[4].

Heute sitzen wir natürlich als gleichwertige ökumenische Partner, sei es auch als notorisch »schwierige« Partner, zusammen. Zuhause wohlgemerkt werden wir seitens konservativer orthodoxer Kreise allzu oft und lautstark als ökumenistisch, als »nicht orthodox«, ja als »häretisch« gebrandmarkt.

Gehen wir nun zu unserem eigentlichen Thema über, das wirklich ein heißes Eisen ist: zum normativen Charakter der Lehre der ökumenischen Synoden. Zweierlei muss sofort angemerkt werden: Es besteht kein Zweifel darüber, a) dass das synodale System in der orthodoxen Kirche eine zentrale Rolle gespielt hat und noch spielt, und b) dass es weitgehend Missdeutungen ausgesetzt und oft missbraucht worden ist.

Bischof Ioannis Zizioulas meint, dass dieser Missstand damit zusammenhängt, dass der ekklesiologische Gehalt und der Sinn der Synodalität ignoriert oder missverstanden wird. Alle kirchlichen Institutionen stehen in unmittelbarer Beziehung zur dogmatischen Lehre der Kirche, und das gilt natürlich auch für das synodale System. »Die kanonischen, liturgischen und historischen Seiten der Institution der Synode sind verbunden mit der ganzen dogmatischen Lehre der Kirche und sind fern von ihr unvorstellbar«[5]. Oder mit anderen Worten: »Die kirchlichen Institutionen können nicht ohne Bezug auf die Ekklesiologie verstanden werden«[6].

Wir erleben in der heutigen Ökumene eine Aufwertung der Ekklesiologie-Debatte, eines theologischen Feldes, wo die zentralsten Themen der Theologie zusammenlaufen, die Differenzen zwischen den ökumenischen Partnern sich verdichten und wo der Wert der ökumenischen Konvergenz auf die Probe gestellt wird. Das Thema »Kirche« bleibt im ökumenischen Gespräch weiterhin »das ›wehtuende‹ Thema«[7].

3 Vgl. G. W. F. Hegel, Vorlesungen über die Philosophie der Geschichte, Werke (Suhrkamp Ausgabe), XII, Frankfurt a. M. 1971, 406–412.

4 A. von Harnack, Das Wesen des Christentums, 150.

5 I. D. Zizioulas, »Das synodale System. Historische, kirchliche und kanonische Probleme«, in: Festschrift zu Ehren des Metropoliten Kitrous Barnabas, Athen 1980, 163–190 (gr.)

6 A. a. O., 163.

7 Vgl. O. H. Pesch, Hinführung zu Luther, Mainz 1983, 203.

Es ist nicht einfach für einen orthodoxen Theologen, das orthodoxe Proprium zur Frage »Kirche« herauszuarbeiten. Wenn ich versuchen würde, Ihnen eine orthodoxe Definition der Kirche zu geben, dann hätte ich vielleicht westlichem theologischen Empfinden Genüge geleistet, stünde ich aber fern von der alten theologischen Tradition des ungeteilten Christentums, in dessen Quellen sich eben keine dogmatische Definition der Kirche finden lässt.

Wir alle wissen, dass bei den Kirchenvätern ein systematischer ekklesiologischer Traktat fehlt, obwohl wir bei unseren Kirchenlehrern sehr vieles über die Kirche finden, über die Kirche als den existentiellen Ort und die Weise unseres Heils. Es ist nicht von ungefähr, dass der Vater der neopatristischen Wende in der zeitgenössischen orthodoxen Theologie, George Florovsky, bemerkte: »Die Kirche ist mehr Wirklichkeit, die wir erleben, als Gegenstand, den wir analysieren und studieren«[8]. Man kann bei Florovsky auch Folgendes lesen: »Extra ecclesiam nulla salus. Die ganze Kraft dieses aphoristischen Satzes besteht in der enthaltenen Tautologie: Außerhalb der Kirche gibt es kein Heil, weil die Kirche das Heil ist«[9]. »Extra salutem nulla salus« könnte man auch sagen, was für protestantische Ohren wohl annehmbar klingt. So ist wiederum für orthodoxes Glaubensempfinden der Satz von Johannes Chrysostomos, dass der göttliche Logos durch die Inkarnation »das Fleisch der Kirche angenommen hat«[10] durchaus einsichtig.

Deswegen ist die Ekklesiologie das Fundament jeder Theologie der Synodalität oder besser: diese ist eine Dimension der Ekklesiologie. »Die Synodalität gehört zum Wesen der orthodoxen Sicht der Kirche« schrieb Alexander Schmemann.[11] In einem solchen Rahmen werde ich versuchen, das mir gestellte Thema anzugehen. Die folgenden Ausführungen können als einige winzige, aber farbenreiche Mosaiksteine einer Theologie der Synodalität verstanden werden, in der Überzeugung, dass eine ausgestaltete Theologie der Synodalität unmöglich ist, wenn man den Boden der orthodoxen Tradition nicht verlassen will. Die ungeteilte Kirche hat Synoden einberufen und ihre Beschlüsse anerkannt, aber eine Theologie der Synodalität hat sie nicht formuliert. Wir lesen bei Theodor Nikolaou: »Die Geschichte der alten Kirche kennt Ökumenische Konzile, aber die Theo-

[8] G. Florovsky, Der Leib des lebenden Christus, aus dem Französischen übersetzt von I. K. Papadopoulos, Athen 1999, 13 (gr.).

[9] G. Florovsky, Heilige Schrift, Kirche, Tradition, aus dem Englischen übersetzt von D. G. Tsamis, Thessaloniki 1976, 51 (gr.).

[10] J. Chrysostomos, Homilie vor der Verbannung II, PG 52, 429.

[11] A. Schmemann, »Towards a Theology of Councils«, St. Vladimir's Seminary Quarterly 6 (1962), Nr. 4, 170–184, hier 170.

logen jener Zeit haben es nicht für erforderlich empfunden, sich theologisch mit diesem besonderen und überaus wichtigen kirchlichen Lebensvorgang auseinanderzusetzen. Von großem Interesse ist es, dass bis heute noch allen Kirchen – wohl aus den verschiedensten Gründen – eine ›Theologie‹ des Ökumenischen Konzils fehlt. Lediglich die Römisch-katholische Kirche hat der Frage nach dem Ökumenischen Konzil Rechnung getragen, indem sie es zu einer Angelegenheit des Kirchenrechts erklärt hat«[12]. Auch Hans Küng hat dazu die richtigen Worte gefunden: »Wie es im ersten Jahrtausend keine ausgestaltete Theorie von der Kirche gab, so auch keine ausgestaltete Theorie vom ökumenischen Konzil. Man lebte die Kirche, man lebte das ökumenische Konzil«[13].

Unsere Betrachtung der Synodalität erfolgt auf den Schritten der Wende der orthodoxen Theologie im letzten Jahrhundert, also im Rahmen jenes Versuchs, das orthodoxe theologische Denken vom scholastischen Erbe zu befreien, seine »Pseudomorphose« zu überwinden, die Trinitätstheologie, die Eucharistie und die Eschatologie für die Ekklesiologie fruchtbar zu machen, den Wert der liturgisch-sakramentalen Erfahrung und den soteriologisch-existentiellen Gehalt des Dogmas herauszustellen.

Wenn bei Ihnen durch meine Ausführungen der Eindruck entstehen sollte, dass die orthodoxe Ekklesiologie im Thema Synodalität ein uneinheitliches Bild aufweist, so würde ich Folgendes bemerken: Eine Theologie, die als System aufgeht, gehört nicht zu unserer apophatischen Tradition. Wenn manches dem evangelischen Empfinden akzeptabel erscheint, obwohl es nicht so »westlich« klingt, so sollte das ein Hinweis auf die alte gemeinsame Tradition unserer Kirchen sein, die weder westlich noch östlich, sondern einfach christlich ist.

Ich hoffe, dass alles, was folgt, unseren evangelischen Gesprächspartnern hilft, die Identität der orthodoxen Theologie besser zu verstehen. Die Unabgeschlossenheit, die Theologoumena, die gewissermaßen melodische Polyphonie, sind keine Schwäche – verglichen etwa mit der römisch-katholischen Vorliebe für offizielle Lehren und Fixierungen – sondern Ausdruck des Geistes der Freiheit, der lebendigen eschatologischen

12 Th. Nikolaou, »Zur Synodalität der Kirche. Kirchengeschichtliche Betrachtungen«, in: G. Wenz u. a. (Hrsg.), Ekklesiologie und Kirchenverfassung. Die institutionelle Gestalt des episkopalen Dienstes, Münster/Hamburg/London 2003, 43–62, hier 51.

13 H. Küng, Strukturen der Kirche, Freiburg/Basel/Wien 1962, 30. Für Hans Küng ist die Kirche »das Concilium oecumenicum, das Gott selbst berufen hat« (a. a. O., 24), während die ökumenischen Konzile »aus menschlicher Berufung« zustande kommen. Küng fügt hinzu: »Kirche kann sein auch ohne ökumenische Konzilien aus menschlicher Berufung« (a. a. O., 25).

Ausrichtung, des Schauderns vor der unermesslichen Tiefe der göttlichen Wahrheit. Die orthodoxe Theologie beharrt auf diese apophatische Offenheit als Grundzug der ungebrochenen christlichen Überlieferung, die unsere docta ecclesia lebendig zu erhalten wusste und noch weiß.

I Synodalität und Synoden – theologiegeschichtlich

Die historischen Wurzeln des synodalen Systems liegen in der Struktur und dem Leben der ersten apostolischen Gemeinden und sie sind primär mit der Praxis der eucharistischen Versammlungen verbunden – Zizioulas spricht von »Urkonziliarität«[14].

Es gab eine »reguläre konziliare Tätigkeit« in den ersten Gemeinden, die »im Rahmen der eucharistischen Gemeinschaft zum Ausdruck kam und um derentwillen sie bestand«, sowie »gelegentliche konziliare Versammlungen« zur Lösung dringender Probleme.[15] Die Struktur dieser Versammlungen blieb bedeutsam für die spätere Gestalt des Synodalwesens.

Die Tatsache, dass auf die Entwicklung als Synodalsystem in der Kirche auch äußere Einflüsse ihre Rolle spielten, bedeutet – so sieht es Theodor Nikolaou – nichts gegen die »biblische Grundlage« und die »apostolische Herkunft« des Synodalitätsprinzips. »Solche Einflüsse gehören zum Inkulturations-Prozess der Kirche; sie können überdies nicht den Umstand widerlegen, dass die synodale Verfassung der Kirche dem Wesen der Kirche als eucharistischer Gemeinschaft und deshalb auf Christus und seine Jünger zurückgeht«[16]. Unabhängig davon, was man von der Historizität der sogenannten Apostolischen Synode (Apg 15,1–35) hält, im Bewusstsein der orthodoxen Kirche wurde sie »als das Vorbild synodalen Lebens der Kirche schlechthin« verstanden.[17]

Es besteht kein Zweifel daran, dass ein ursprüngliches Band zwischen Synodalität und Eucharistie besteht, was sich auch darin erweist, dass das synodale Leben von Anfang an episkopozentrisch war. Der Bischof war

[14] I. D. Zizioulas, »Die Entwicklung konziliarer Strukturen bis zur Zeit des ersten ökumenischen Konzils«, in: Konzile und die Ökumenische Bewegung, Ökumenischer Rat der Kirchen, Genf 1968, 34–52, hier 34. Auch Theodor Nikolaou spricht »von der engen Verbindung der synodalen Verfassung der Kirche mit ihrem tieferen Selbstverständnis als einer eucharistischen Gemeinschaft« (Th. Nikolaou, »Zur Synodalität der Kirche«, 49).

[15] I. D. Zizioulas, Die Entwicklung konziliarer Strukturen bis zur Zeit des ersten ökumenischen Konzils, 36.

[16] Th. Nikolaou, Zur Synodalität der Kirche, 44.

[17] A. a. O., 46.

der Vorsteher der Eucharistie in jeder Ortskirche und es ist nachvollziehbar, dass die Theologie des Bischofsamtes und die Entwicklung der synodalen Praxis sich gegenseitig beeinflusst haben. Wegen seiner Stellung in der eucharistischen Versammlung war der Bischof das Zentrum und der Vertreter der Ortskirche und zugleich derjenige, durch den die Ortskirche mit den anderen Ortskirchen zu einer kirchlichen Einheit verbunden war. Es war also konsequent, dass diese Einheit auf synodaler Ebene sich durch den Bischof äußerte. Das hatte auch andere Implikationen: »An der Synode, die darauf zielt die Einheit der Kirche auf einer Ebene breiter als die der Ortskirche auszudrücken, nimmt jeder Bischof teil – nicht als Individuum, sondern als Inkarnation seiner Ortskirche. Genau aus diesem Grunde, gilt jeder synodale Beschluss, der in der Kirche allgemeine Geltung beansprucht, als unvollendet, bis er von dem sogenannten ›Bewusstsein‹ der Kirche, d. h. von jeder Ortskirche, akzeptiert wird«[18].

Für Zizioulas ist »die episkopale Zusammensetzung der Synoden historisch wie ekklesiologisch die einzig richtige«[19]. Das schließt natürlich nicht aus, dass auch Nicht-Bischöfe, Kleriker oder Laien, als Berater an den Synoden teilnehmen. Das Stimmrecht gehört jedoch ausschließlich den Bischöfen, als »Mund« ihrer kirchlichen Gemeinschaft, als ihre sichtbaren Häupter und Garanten ihrer Einheit. Es ist konsequent, dass für die orthodoxe Kirche »eine Trennung zwischen dem sakramentalen und dem verwaltenden Element der Ordination der Bischöfe« unvorstellbar ist.[20] Jede Änderung der episkopalen Synthese der Synoden favorisiert eine Individualisierung des kirchlichen Lebens.

Es kommt nicht von ungefähr, dass die Bischöfe durch Kanones verpflichtet sind, an den Synoden teilzunehmen. Die Beschlüsse der Synode können nicht im Vorhinein gesehen werden, so dass ein Bischof einem anderen Bischof die Befugnis erteilen könnte als sein Vertreter zu agieren. Die Präsenz kann durch nichts ersetzt werden. Sonst wäre auch der bloße briefliche Kontakt genügend. Deswegen kann auch kein Bischof mit von

18 I. D. Zizioulas, Das synodale System, 172. Vgl. auch Chr. Giannaras, Gegen die Religion, Ikaros Verlag, Athen 2006, 69 (gr.): »Jeder Bischof brachte in die Synode nicht eine individuelle Meinung und Ansicht ein, sondern die Erfahrung der Ortskirche, in der er selbst Vorsteher ihrer eucharistischen Konstituierung war, sowie Vater jeden Mitglieds im gemeinschaftlichen Leben des Leibes«.

19 I. D. Zizioulas, »Das synodale System«, 182. Nach Nikos Matsoukas hat sich die ausschließlich episkopale Zusammensetzung der Synoden letztlich aus »technischen«, d.h. aus praktischen Gründen durchgesetzt. (Vgl. N. A. Matsoukas, Dogmatische und Symbolische Theologie, B: Darstellung des orthodoxen Glaubens, Pournaras Verlag, Thessaloniki 1985, 440 [gr.])

20 I. D. Zizioulas, Das synodale System, 184.

vornherein fertigen Beschlüssen erscheinen, was ja der Anrufung des Heiligen Geistes in der Synode den Sinn nehmen würde. Die Synode hat die Funktion, die Balance zwischen der Ortskirche und der Gesamtkirche zu garantieren. Das ist wahrlich keine leichte Sache. »Es soll einerseits die Katholizität und die Selbständigkeit der Ortskirche von der synodalen Institution nicht tangiert werden, andererseits soll die Institution der Synode durch die Selbständigkeit der Ortskirche keinen Schaden erleiden«[21].

Vorbild für das synodale Leben ist hier das Leben der Personen der Heiligen Trinität. In den Worten des Metropoliten Maximos von Sardes: »Das erste und letzte Axiom der Einheit der heiligen Trinität ist die Liebe, nicht die subordinatio, welche der Integrität jeder Person schaden würde«[22]. Die alte ungeteilte Kirche hat durch die Synodalität, wie Maximos von Sardes hinzufügt, dem Problem der Einheit und Vielheit in der Kirche, auf trinitarischer Basis »die einzig richtige und kanonische, die allein biblische und traditionelle« Lösung gegeben.[23]

Alexander Schmemann charakterisiert die Kirche als »synodal« in der Ganzheit ihres Wesens und Lebens. Er spricht von »synodaler Ontologie« der Kirche.[24] Etymologisch ist der Begriff ›ἐκκλησία‹ übrigens sowohl mit ›σύνοδος‹, wie auch mit ›concilium‹ verwandt, was wohl, wie auch Hans Küng bemerkt, »keine Äußerlichkeit« sein kann.[25] Wenn wir die Kirche nicht als »synodal in ihrem Wesen« begreifen, können wir nicht die Funktion der Synoden in ihr verstehen. »Das ganze Leben der Kirche und nicht bloß eine Synode in der technischen Bedeutung des Wortes, ist synodal, da die Synodalität ihre wesenhafte Eigenschaft ist. Jeder Akt der Kirche: Kult, Gebet, Lehre, Predigt, Heilung ist synodal, da er auf der sobornost ihres neuen Lebens in Christo und auf ihrer Verwirklichung und Aktualisierung fundiert ist«[26].

Nichts in der orthodoxen Ekklesiologie ist ohne trinitarisches Fundament. Die Kirche ist eine Synode »im tiefsten Sinne dieses Wortes«, weil sie »die Offenbarung katexochen der Heiligen Trinität ist«, die wesenhaft »eine perfekte Synode« ausmacht.[27] Deshalb gilt es für die Synodalität der Kirche als Abbild der Trinität: »Die sobornost ist eine *Einheit von Personen*, die ihr Personsein in ›Synodalität‹ mit anderen Personen verwirkli-

21 A.a.O., 174.

22 Ebd.

23 Metropolit Maximos (von Sardes), Das Ökumenische Patriarchat in der Orthodoxen Kirche, Thessaloniki 1972, 5 (gr.).

24 A. Schmemann, Towards a Theology of Councils, 173.

25 H. Küng, Strukturen der Kirche, 19.

26 A. Schmemann, Towards a Theology of Councils, 173.

27 Ebd.

chen, die *Synode* sind, insofern sie Personen sind, so dass *die Vielen einer sind* (und nicht bloß ›vereint‹) *ohne aufzuhören viele zu sein*«[28].

Wir halten fest: Das gewiss rege synodale Leben der Alten Kirche entspringt der ursprünglichen Synodalität der Kirche, die mit ihrem Wesen als eucharistische Gemeinschaft zusammenhängt. Die um ihren Bischof zur Feier der Eucharistie versammelte Ortsgemeinde wurde anfänglich als »katholische Kirche« bezeichnet, im Sinne der Präsenz der Fülle des Leibes Christi. Die Ortskirche ist hier keine ergänzungsbedürftige Teil-Kirche, die ihre ekklesiologische Legitimität von einer Universalkirche schöpfte. Die Gesamtkirche ist ihrerseits keine »Additionsgröße«, keine Summe von Ortskirchen. »Gesamtkirche« wird als »Kategorie der *Relation*«[29] verstanden, als lebendige und volle Gemeinschaft von wesensgleichen, vollwertigen und gleichwertigen und zugleich pluriformen Ortskirchen, wo das rechte Gleichgewicht durch das synodale Leben gesichert wird. Daraus wird deutlich, dass Katholizität und Konziliarität in unmittelbarem Zusammenhang stehen und sich gegenseitig bedingen. Wie Anne Jensen sagt, »die Katholizität der Kirche muß (oder müßte) in den konziliaren Strukturen der Kirche sichtbar werden«, während die Synoden als »Organe und Garanten« der Katholizität funktionieren.[30]

II Ökumenische Konzile: kein »Papst« der Orthodoxie

Anastasios Kallis wendet sich zurecht gegen »die traditionelle orthodoxe Dogmatik«, welche den zwei extremen Richtungen der westlichen Ekklesiologie (Papozentrismus und Antiinstitutionalismus) eine »konziliare Ekklesiologie« entgegensetzt, die zwar in ihrem Grundzug die Kirche als eucharistische Gemeinschaft versteht, die jedoch die Konziliarität in einer apologetischen Gesinnung zur Institution erklärt, verabsolutiert und mit juridischen Elementen belastet und dadurch »zu einer Variante westlicher Ekklesiologie« macht.[31] Primat und Unfehlbarkeit des Papstes werden auf das ökumenische Konzil übertragen, das zur höchsten unfehlbaren Autorität in der Kirche erklärt wird. »Es ist bedauerlich, dass in der orthodoxen Theologie bei der Auseinandersetzung um die kirchliche Lehrautorität der eucharistische Koinonia–Gedanke verlorenging, indem in einem legalisti-

28 A. a. O., 174.
29 A. Kallis, Orthodoxie. Was ist das?, Mainz 1979, 30.
30 A. Jensen, Die Zukunft der Orthodoxie. Konzilspläne und Kirchenstrukturen, Zürich/Einsiedeln/Köln 1986, 196.
31 A. Kallis, Brennender, nicht verbrennender Dornbusch. Reflexionen orthodoxer Theologie, hrsg. von Ines und Ursula Kallis, Münster 1999, 100–101.

schen Denken, Grundkategorien orthodoxer Ekklesiologie und Theologie im eigentlichen Sinn zugunsten eines juridisch–institutionellen Pragmatismus, mit dem die orthodoxe Kirche, wenn sie sich selbst treu bleibt, nichts anfangen kann, aufgeopfert wurden. Die Suche nach einer Instanz, die das letzte Wort für immer, und dies unfehlbar, in der Kirche haben soll, entartet zu einer Sophisterei, die aus der Kirche als einem lebendigen Organismus ein Organisationssystem entwickelt, ohne wenigstens als System zu imponieren«[32].

Die Antwort auf die Frage, ob die orthodoxe Kirche eine solche papstähnliche, synodale unfehlbare Lehrinstanz besitzt, kann nach Kallis nur mit Nein beantwortet werden. Das bedeutet nicht, dass die Kirche nicht im Besitz der Wahrheit ist oder dass sie nicht verbindliches Zeugnis geben kann. »Die Kirche braucht keine äußerliche, juridische Autorität, um Zeugnis abzulegen; denn das gibt sie als Leib jenes, der ›der Weg und die Wahrheit und das Leben‹ ist (Joh 14,6), nicht aufgrund eines Systems ›von oben‹ oder ›von unten‹, sondern aus der Fülle ihrer lebendigen Glaubenserfahrung«[33].

Das ökumenische Konzil kann nicht die Rolle eines Papstes ausüben und die orthodoxe Kirche braucht keinen Papst. Wir brauchen keinen synodalen Zentralismus als orthodoxes Pendant zum Papozentrismus. »Daß die orthodoxe Kirche keinen Papst besitzt, ist richtig, aber daß sie stattdessen Konzilien hat, das ist falsch«, sagt Zizioulas.[34] Eine Autorität als »die letzte Sicherheit und Notwendigkeit für die Verbindlichkeit der Glaubenslehren« ist in der Orthodoxie ein »exogenes Phänomen«, das im Widerspruch zu unserer Tradition und Theologie steht.[35]

Nun, die orthodoxe Theologie scheint heute, im Rahmen der neopatristischen Wende, ihre Pseudomorphose überwunden, sich von scholastisch-juridischen Denkstrukturen weitgehend befreit zu haben. Es ist richtig, dass die sieben Ökumenischen Konzile zum Erfahrungsschatz der ungeteilten Kirche gehören und den Höhepunkt des konziliaren Lebens darstellen. Es stimmt auch, dass sie im Bewusstsein der orthodoxen Kirche eine solche Stelle haben, dass zu Recht unsere Kirche als »die Kirche der sieben Ökumenischen Konzile« charakterisiert wird. »Die Orthodoxen sind bekannt für ihre Devotion und ihren Respekt gegenüber den großen

32 A. a. O., 107.

33 A. a. O., 106.

34 J. Zizioulas, Christologie, Pneumatologie und kirchliche Institutionen aus orthodoxer Sicht, in: G. Alberigo u. a. (Hrsg.), Kirche im Wandel. Eine kritische Zwischenbilanz nach dem Zweiten Vatikanum, Düsseldorf 1982, 124–140, hier 133.

35 A. Kallis, Brennender, nicht verbrennender Dornbusch, 109.

Konzilen der Vergangenheit. Alle erkennen die sieben ökumenischen Konzile, die Definitionen des Glaubens, die sie gaben und die Kanones, die sie erließen, als ›höchste Autorität der Orthodoxie‹ an. In diesen Konzilen gibt es etwas Normatives, dem die Konziliarität der späteren Zeit und unserer Zeit nicht widersprechen kann, wenn sie orthodox sein will. Sehr oft, hört man die Orthodoxen sagen, dass die Anerkennung der Konzile von allen, die einzige Basis der Einheit ausmacht«[36].

Es ist hier äußerst bemerkenswert, dass die orthodoxe Kirche keiner regulären, ständigen Institution so hohes Ansehen verleiht, sondern einer »Ausnahmeerscheinung«[37] in ihrem Leben und in ihrer Geschichte. Es ist eine Tatsache, dass die Einberufung einer ökumenischen Synode ein außergewöhnliches Geschehen im Leben der Kirche war, eine gezielte Antwort auf eine große Gefahr für Leben und Glauben der Kirche. Im Falle der ökumenischen Konzile kann gewiss nicht von »Institution« die Rede sein.[38] Das erste Konzil von Konstantinopel (381) war eine wichtige lokale Synode, die nachträglich als ökumenisch anerkannt wurde, während das von Ephesos (449), welches als ökumenisch einberufen war, sich nicht als solches durchsetzen konnte. Übrigens, während für die lokalen Synoden eine regelmäßige Einberufung vorgesehen ist, wird nirgends Ähnliches über ökumenische Konzile gesagt. »Es handelt sich, schreibt Zizioulas, um eine ad-hoc-Handlung der Kirche, jedes Mal als sie ein ökumenisches Konzil einberuft, d.h. mehr um ein Ereignis als um eine Institution, für welches sogar die Charakterisierung als ›ökumenische Synode‹ a priori unmöglich ist«[39].

Deswegen ist es irreführend, das synodale System als eine »Pyramide« darzustellen, auf deren Spitze das ökumenische Konzil steht. Freilich, wenn eine solche Synode von Bischöfen stattgefunden hat und sie a posteriori als ökumenisch anerkannt wird, dann »erlangt sie die höchste Autorität in der Kirche«[40]. Diese Autorität liegt aber nicht in den institutionellen Voraussetzungen dieser Synode, sondern in anderen »kanonisch nicht voraussehbaren und beschreibbaren« Faktoren.[41] »Die Synode schöpft ihre Autorität nicht von ihrer Institutionalität, sondern von der Gemeinschaft der Kirchen zueinander, durch ihre Bischöfe. Die Kirche ist Leib von Gemeinschaft und Freiheit und nicht von gesetzlichem Zwang«[42].

36 I. D. Zizioulas, La conciliarité et le chemin qui mène à l'unité, 30.
37 Vgl. A. Kallis, Brennender, nicht verbrennender Dornbusch, 110.
38 Vgl. I. D. Zizioulas, Das synodale System, 177.
39 A. a. O., 178.
40 A. a. O., 179.
41 Ebd.
42 A. a. O., 181. Das alles hat weitreichende Konsequenzen: »Es erlaubt der Kirche

Es versteht sich, dass die Siebenzahl der ökumenischen Konzile keine magische Zahl ist, sondern das Resultat kirchlicher und theologischer Entwicklungen im geschichtlichen Weg der ungespaltenen einen, wenn auch in »Spannungseinheit«[43] lebenden, Kirche. Im Bewusstsein der orthodoxen Kirche gilt übrigens die Synode von 879–880 von Konstantinopel, die für die ganze christliche Welt relevante Entscheidungen traf, als das achte ökumenische Konzil. Nikolaou nennt es »das einzige wahre Unionskonzil«[44].

Der Umstand, dass die orthodoxe Kirche im zweiten christlichen Jahrtausend keine ökumenische Synode einberufen hat, mag Verschiedenes bedeuten. Sicherlich kann dies nicht als das Zeichen der »ontologischen Verarmung« der Kirche, des Fehlens der Erfahrungsgrundlage für ein mögliches ökumenisches Konzil angesehen werden. Wir hatten keine ökumenische Synode, hatten jedoch die eucharistische Gemeinschaft und die communio-Tradition, die verschiedenen Gestalten des synodalen Lebens, die Synodalität als Grundzug des kirchlichen Lebens, die Liturgie und die orthodoxe Spiritualität, das Mönchtum und die Diakonie u. a., in denen auch die Beschlüsse der alten ökumenischen Synoden lebendige Wirklichkeit waren.

III Zum Problem der Rezeption

Das Prinzip der »Rezeption« als Teil des konziliaren Prozesses gehört heute zum Gemeingut orthodoxer Theologie. Die Ökumenizität eines Konzils entscheidet sich durch die Rezeption, d. h. in einem lebendigen Prozess, in dem auf die Probe gestellt wird, ob die Beschlüsse des Konzils dem Leben des Leibes konform sind. Das Problem wurde schon im orthodox-lutherischen Dialog thematisiert. Im gemeinsamen Dokument von Sandbjerg/Dänemark (10. Juli 1993) wurden interessante Aspekte des Fragenkomplexes »Rezeption« festgehalten: »Die ökumenischen Konzile wurden zur Behandlung von spezifischen Problemen, die sich in den Kirchen

für ganze Jahrhunderte ohne ökumenische Synode zu leben, während auf der lokalen Ebene das synodale System als Institution weiter besteht. Ohne die Geltung und die Autorität der alten ökumenischen Synoden oder jeder Synode, die künftig als solche anerkannt wird, zu unterschätzen, führt diese Bemerkung zum ekklesiologischen Schluss, dass »die in der Ökumene katholische Kirche« sich institutionell nicht äußert und keine eigene kanonische Struktur hat. Das alles gilt für die orthodoxe Ekklesiologie« (a. a. O., 179).

43 A. Kallis, Orthodoxie. Was ist das?, 36.

44 Th. Nikolaou, Zur Synodalität der Kirche, 62.

stellten, einberufen. Sie waren nicht eine ständige, ordnungsgemäß einberufene kirchliche Institution, sondern ad-hoc-Zusammenkünfte, die zusammentrafen, wenn es erforderlich war. Die ökumenischen Konzile waren charismatische Ereignisse. Die Erklärungen der vom Heiligen Geist erleuchteten Bischöfe machten in den darauffolgenden Jahren einen Rezeptionsprozeß durch. Rezeption fand in allen Bereichen des kirchlichen Lebens – Gottesdienst, Katechese und Dienst – statt, selbst wenn diese Konzile nicht ausdrücklich erwähnt werden. Rezeption geschah auch durch spätere theologische Diskussionen, die die Bedeutung von auf früheren Konzilen formulierten Termini und Ausdrücken klärten. Ein bemerkenswertes Beispiel ist die theologische Diskussion nach Nikaia, die in den Dekreten und dem Glaubensbekenntnis des ersten Konzils von Konstantinopel im Jahre 381 ihren Höhepunkt fand«[45].

Der erste Eindruck bezüglich der Rezeption – auch wenn es hier nicht um eine »formale Billigung«[46] eines Konzils geht – ist, dass es sich um einen Widerspruch handelt, wenn man einerseits das ökumenische Konzil als die höchste Instanz der Kirche betrachtet, gleichzeitig aber die Gültigkeit seiner Beschlüsse von der Rezeption seitens des Ganzen der Kirche abhängig macht.[47] Man könnte einwenden, dass nur eine Betrachtungsweise, welche – wie es in der römisch-katholischen Theologie der Fall ist – die Rechtsstruktur der Kirche überbewertet, hier einen inneren Widerspruch konstatieren würde.

Man wird hier an A. S. Chomjakov (1804–1860) denken, der dem westlichen Christentum vorgeworfen hat, das Kirchenvolk seiner »unmittelbaren Verantwortung für die Bewahrung der geoffenbarten Wahrheit« beraubt und zwischen Gott und Mensch »die Autorität entweder des Papstes oder der Schrift als Buch« gestellt zu haben, womit dem Kirchenvolk die Freiheit der Kinder Gottes genommen wurde.[48] Diese Ideen hatten in Russland großen Einfluss, was in der Legende vom Großinquisitor bei Dostojewskij ersichtlich ist. Man könnte aber mit Chrestos Giannaras hier andere genuine Schwierigkeiten der westlichen Christenheit diagnostizieren.

45 Die ökumenischen Konzile und die Autorität der Kirche und in der Kirche, § 6.

46 Vgl. Der ökumenische Charakter des orthodoxen Zeugnisses, Neu-Valamo/Finnland 1977, in: Orthodoxe Kirche und Ökumenische Bewegung. Dokumente – Erklärungen – Berichte 1900–2006, hrsg. von Athanasios Basdekis, Frankfurt a. M./Paderborn 2006, 242–248, hier 245: »Rezeption bedeutet nicht eine ›formale Billigung‹ eines Konzils«.

47 Vgl. L. Stan, Über die Rezeption der Beschlüsse der Ökumenischen Konzile seitens der Kirche, in: Konzile und die Ökumenische Bewegung, 72–80, hier 72.

48 Vgl. John Meyendorff, Die Lehrautorität in der Tradition der orthodoxen Kirche, Concilium 12 (1976), 426–428, hier 426.

Er schreibt: »Es ist dem westeuropäischen Christen unvorstellbar, daß eine ökumenische Synode von Bischöfen der Zustimmung des Volkes unterliegt, weil für seine eigene Geschichte (aber auch für seine Mentalität und psychische Struktur) die Wahrheit mit der Macht verbunden ist, mit einem Prozeß objektiver Auferlegung, d. h. auch mit der Existenz einer vorhandenen Autorität, der das Volk sich bückt und sich unterwirft – oder manchmal gegen die es revoltiert und ihr den Kopf abschlägt«[49].

Wie dem auch sei, die Geltung der Beschlüsse der ökumenischen Konzile stellt ein zentrales ekklesiologisches Problem dar. Bedingung der Anerkennung eines großen Konzils als »ökumenisch« ist, dass es authentisch den Glauben der Kirche, die lebendige triadologisch-eucharistische Erfahrung des Leibes Christi, zum Ausdruck bringt und dass es eine authentische Kontinuität der früheren, vom Bewusstsein der Kirche schon anerkannten, ökumenischen Konzile ausmacht. In den Worten von Gregorios Larentzakis: »Die wichtigste Voraussetzung für die Gültigkeit eines Ökumenischen Konzils ... ist die Identität der Beschlüsse eines Konzils mit dem Geist der Wahrheit im Mysterium der Kirche«[50]. Anne Jensen trifft genau den zentralen Punkt, wenn sie bemerkt: »Sind Ökumenische Konzilien unfehlbar? Die orthodoxe Antwort ist eine Umkehrung der Frage: Unfehlbar wahre Konzilien sind ökumenisch!«[51] Das bedeutet, dass durch seine Rezeption seitens der Kirche ein Konzil nicht ökumenisch gemacht, sondern als solches anerkannt wird.[52]

Nach Theodor Nikolaou ist für die Ökumenizität eines Konzils die Authentizität seiner Beschlüsse von zentraler Bedeutung. Eine Konkretisierung dieser Authentizität ist zunächst die Gewissheit, dass dieses Konzil den »heiligen Vätern«, d. h. »den/der von den Vätern theologisch vertieften und verkündeten apostolischen Überlieferung/en« treu geblieben ist.[53] Darüber hinaus wird die Authentizität bekräftigt durch die Überzeugung, dass die dogmatischen Entscheidungen des Konzils ὅροι sind, dass sie eben Grenzziehung, Abgrenzung gegenüber der Häresie darstellen. Als »höchstes Kriterium«[54] für die Authentizität der Beschlüsse des Konzils erscheint jedoch die Rezeption durch die Gesamtheit der Kirche, durch Klerus und Laien.

49 Chr. Giannaras, Das Alphabetarion des Glaubens, Athen 1986, 213 (gr.).
50 Gr. Larentzakis, Die Orthodoxe Kirche. Ihr Leben und ihr Glaube, Graz/Wien/Köln 2000, 136.
51 A. Jensen, Die Zukunft der Orthodoxie, 123.
52 Vgl. a. a. O., 120–121.
53 Th. Nikolaou, Zur Synodalität der Kirche, 57.
54 A. a. O., 58.

Nach Nikolaou ist die Rezeption, obwohl sie »in mancher Hinsicht nicht unproblematisch erscheint«, dennoch »als ökumenische Bestätigung und Annahme der konziliaren Entscheidungen eine conditio sine qua non der Ökumenizität eines Konzils«[55]. Das ökumenische Konzil – »als mögliches Organ unterliegt es der Gesamtkirche«[56]. Die Synoden selbst haben wohl auf die Rezeption Wert gelegt, was sich darin zeigt, dass zum Schluss Synodalbriefe an alle Kirchen, auch an die nicht in der Synode vertretenen, gesandt wurden. Die von der Gesamtheit der Kirche angenommenen Beschlüsse erlangen Verbindlichkeit und können von späteren Konzilen nicht verändert werden.[57] Nikolaous Fazit lautet: »Das ökumenische Konzil ist höchster Ausdruck der Synodalität der Kirche. Es ist jedoch kein ständiges, formales Organ und keine ständige Einrichtung, sondern ein *mögliches Ereignis im Leben der kirchlichen Gemeinschaft* zur Bewahrung bzw. Wiederherstellung der kirchlichen Einheit und Eucharistiegemeinschaft auf Ökumene-Ebene. Als solches entspricht es der Verwirklichung der Kirche in der sakramentalen eucharistischen Gemeinschaft um den Bischof«[58].

In der Tatsache, dass die Geltung der ökumenischen Konzile durch das Amen des Volkes Gottes anerkannt wird, sieht Zizioulas seinerseits die Bestätigung des wesenhaften Bezugs der Synoden auf die eucharistische Gemeinschaft oder auf die Kirche als eucharistisches Geschehen. Er schreibt: »Damit kehrt die Institution der Synode zurück zu ihrer Quelle, welche auch Quelle und letzter Ausdruck der Einheit der Kirche als Ganzes ist, d. h. zur eucharistischen Gemeinschaft. Wie in der heiligen Eucharistie das ›Amen‹ des Volkes Gottes unerlässlich ist für die ekklesiologische Substanz des Geschehens, – das ist der Grund dafür, dass die Feier der Eucharistie allein durch den Priester (ohne Gemeinde) aus orthodoxer Sicht unmöglich ist –, so auch ist im synodalen System die Bestätigung durch die Zustimmung des Volkes unabdingbar. Es muss aber betont werden, dass die Quelle der Autorität der synodalen Beschlüsse und Handlungen nicht das Volk ist (wie in den Demokratien). Sie werden vielmehr aus Gott geschöpft *durch* die Bischöfe *in* der Gemeinschaft der Kirche«[59].

Es ist deutlich geworden, dass die Ökumenizität eines Konzils »kanonisch nicht vorherbestimmbar und erfaßbar«[60] ist. Für die Rezeption der Konzile gibt es keine institutionellen Vorgaben. Sie ist genauso wie das

55 A. a. O., 59–60.
56 A. a. O., 60.
57 Vgl. ebd.
58 A. a. O., 59.
59 I. D. Zizioulas, Das synodale System, 182.
60 Th. Nikolaou, Zur Synodalität der Kirche, 51.

Konzil selbst, »ein charismatisches Ereignis«. Liviu Stan schreibt: »Wie die ökumenischen Synoden als außerordentliche Werke des Heiligen Geistes nicht institutionell eingesetzt werden können, so kann auch die Rezeption ihrer Beschlüsse, die ebenfalls Frucht der charismatischen Arbeit des Heiligen Geistes ist, nicht institutionell eingesetzt, das heißt gesetzlich reglementiert werden«[61].

Ist damit das Thema der Rezeption der Konzile geklärt? Anne Jensen nennt die Probleme, die weiterbestehen: »Viele Fragen bleiben offen: Wann ist der Vorgang der Rezeption abgeschlossen? Was ist mit den Kirchen, die nicht sieben, sondern nur zwei Konzilien (die ›Nestorianer‹) oder drei Konzilien (die ›Monophysiten‹) anerkennen? *Küppers* hat mit Recht darauf verwiesen, dass 431 durch den Verlust der nestorianischen und 451 durch den Verlust der monophysitischen Kirchen ›die überwiegenden Teile der alten afrikanischen und asiatischen Christenheit, die Kernstücke ihres ältesten Bestandes, einer bis heute andauernden Trennung verfielen‹, und dass folglich die ›Einheit der Kirche des ersten Jahrtausends‹ nur relativ war. Ist der Vorgang der Rezeption überhaupt je abgeschlossen? Oder muss ihn vielmehr jede Generation von Christen neu vollziehen?«[62]

Exkurs I: Bestätigungen und Einsprüche

Wegen der Wichtigkeit und Multidimensionalität des Problems der Ökumenizität und Rezeption der großen Konzile gebe ich Ihnen im Exkurs die diesbezüglichen Ansichten von vier renommierten orthodoxen Theologen als Bestätigung oder Einwendung zum oben Angeführten:

1. Georges Florovsky

»Die definitive Trennung zwischen Wahrem und Falschem verwirklicht sich nur innerhalb der Kirche, in dem unaufhörlichen Leben des Leibes. Sie wird nicht von den Synoden ausgeführt oder von einer anderen offiziellen Autorität. Vielmehr wird sie von Autoritäten anerkannt und verkündet. Die ökumenischen Konzile sind beredsame Zeugen dieses Geschehens. Der Glaube Cyrills und Caelestins war für Ephesus die Norm. Der Glaube Cyrills und Leos wurde in Chalkedon anerkannt und durchgesetzt. Der heilige Gregor von Nyssa und andere Kirchenväter sind als au-

[61] L. Stan, Über die Rezeption der Beschlüsse der Ökumenischen Konzile seitens der Kirche, 79.

[62] A. Jensen, Die Zukunft der Orthodoxie, 123.

thentische ›Zeugen‹ der Orthodoxie anerkannt worden in Konstantinopel um 381. Die Wahrheit ist nicht von den Synoden entdeckt worden, da sie nie verlorengegangen ist. Vielmehr wurde sie von ihnen noch einmal bestätigt und offiziell verkündet.

Der Wert dieser Erklärungen lag nicht in ihrem ›ökumenischen‹ Charakter – eine ökumenische Synode der Zahl nach kann nichts als eine Räubersynode sein, ohne jede Autorität, trotz ihrer Behauptungen –, sondern in ihrer Katholizität. Die Zahl der Bischöfe stellt keinen entscheidenden Faktor dar. Wir wissen gut, dass ›das Alter ohne Wahrheit ein langwährender Irrtum‹ ist, (antiquitas sine veritate vetustas erroris est). Die verstreute Kirche kann sehr wohl, manchmal, die Irrtümer verwerfen, welche von Pseudohirten durchgesetzt wurden und sie durch die reine Tradition des orthodoxen Glaubens ersetzen, denn in der Kirche setzt sich die Wahrheit immer durch. Die Weisen des endgültigen Sieges der katholischen Wahrheit sind jedoch viele und verschiedene. Die Einberufung von Synoden ist eine unter anderen. Das historische Faktum, dass seit Jahrhunderten keine ökumenische Synode in der östlichen Kirche einberufen wurde, beweist mitnichten, dass die Kirche ihre Lehrautorität verloren hat. Sie lebt ständig im Lichte des lebendigen Glaubens, unter der Inspiration des Heiligen Geistes, dieses inneren Lehrers, der sie zur vollen Wahrheit führt und sie vor den Angriffen des Gegners schützt«[63].

2. Nikos Matsoukas

»Könnte jemand sagen dass nur eine ökumenische Synode der ausschließliche Träger ist, der den Inhalt der Wahrheit und des Lebens des (kirchlichen) Leibes konkret ausdrückt? Die Gültigkeit einer ökumenischen Synode ist selbstverständlich, aber eine ökumenische Synode muss einerseits im Rahmen des ganzen Lebens des Leibes gedacht werden und andererseits muss in Betracht gezogen werden, dass abgesehen von diesem Instrument, auch die anderen Manifestationen des charismatischen Lebens, die Theologie, die heilende Wirkung der Sakramente der Kirche, die lokalen Versammlungen, der Inhalt des Glaubens des Volkes, das Leben der Heiligen und anderes, Geltung haben«[64].

»Die ökumenische Synode erfindet nicht die Wahrheit von neuem. Es ist auch unvorstellbar zu behaupten, dass das Leben abstirbt und die Synode eine Auferweckung von dem Tod bewirkt ... Die Wahrheit ist empirisch und charismatisch. Sie geht jeder Synode voraus, und bestimmt die Synode. Wahrheit und Häresie kollidieren zuerst auf der Ebene des Lebens,

63 G. Florovsky, Der Leib des Lebenden Christus, 112–113.
64 N. Matsoukas, Dogmatische und Symbolische Theologie II, 441.

dann auf allen Ebenen des Denkens, des Handelns und natürlich auch der Theologie«[65].

3. Ioannis Zizioulas

»Die Beschlüsse der Synoden, der früheren, der gegenwärtigen und der künftigen – müssen dauernd rezipiert und re-rezipiert werden, im Gemeinschaftsgeschehen, das der Heilige Geist schafft. Die Wahrheit ist keine petrifizierte Sache, sondern eine lebendige Wirklichkeit. Jede Generation muss sie in ihrer Weise rezipieren und sie im Rahmen der eigenen Lebensbedingungen zugänglich machen. In diesem Sinne kann keine Synode allein aus dem Faktum ihrer Bedeutung für vergangene Generationen eine Autorität erlangen ... Die ›Definitionen‹, welche die ökumenischen Konzile gaben, waren kein Zweck an sich. Kein solches Konzil meinte, dass es wie ein systematischer Theologe vorgehen sollte, der »den Glauben in Formeln? steckt«. Das, was diese Konzile letztlich und fundamental interessierte, war die eucharistische Gemeinschaft (das ist der Grund warum sie mit Anathemen schlossen) und wenn sie etwas formulierten, in der Form von ›Definitionen‹ (oder als ὅρος), das hatte (trotz der benutzten philosophischen Sprache) streng soteriologische Dimensionen, derart, dass jede Generation für sich selbst den ihr zugänglichen Sinn finden konnte. Die Autorität der ökumenischen Konzile hängt nicht mit ihrem institutionellen Status zusammen, – es gibt keine Institution als solche, die den Namen ökumenisches Konzil hätte –, sondern damit, dass ihre Beschlüsse eine existentielle Bedeutung für alle Generationen haben können. Das kann aber nicht axiomatisch gelten. Es soll die Folge einer Re-Rezeption dieser Konzile seitens der Kirche in jeder Epoche sein«[66].

»Kein ökumenisches Konzil hat Geltung nur als eine Institution. Eine Rezeption seiner Beschlüsse seitens der Ortskirchen ist nötig, damit es gültig ist ... Es ist wahr, dass ohne eine Art von Institution, welche mit Autorität lehren und entscheiden würde, keine Einheit in der Kirche bestehen könnte. Aber die endgültigen Beschlüsse einer solchen Institution müssen getestet werden durch ihre Rezeption seitens der Gemeinden, bevor sie für sich volle und wahre Autorität beanspruchen können. In einer Communio-Ekklesiologie muss die *Autorität*, wie alles andere, *relational* sein«[67].

65 A. a. O., 445–446.

66 I. D. Zizioulas, La conciliarité et le chemin qui mène à l'unité, in: Vers une communauté conciliaire des Églises?, Conférence des Églises européennes, Genève 1978, 23–36, hier 28–29.

67 I. Zizioulas, The Church as Communion, (Sonderdruck aus St. Vladimirs Seminary Quarterly 38 (1994), Nr. 1), 12.

4. Anastasios Kallis

»Die Geschichte der Kirche belegt unzweideutig, dass Konzilien, die in formaler Hinsicht den Titel ökumenisch verdienen, Irrlehren vertreten haben. Auch das vielversprechende Pfand bei der Verteidigung der Unfehlbarkeit des Ökumenischen Konzils, die Rezeption der Konzilsbeschlüsse durch das Kirchenvolk, erweist sich bei kritischer Betrachtung als unhaltbar, denn das bedingte die Existenz einer über dem Konzil stehenden Autorität, die aber als Instanz in der Kirche nur eine Fiktion sein kann.

Die Rezeption ist ein unaufhörlicher Prozess im menschlichen Bemühen, mit beschränkten Mitteln die in der Kirche zur Lebenserfahrung kristallisierte, geoffenbarte Wahrheit begrifflich darzulegen, um sie dem Menschen mit zeitlich bedingten Kategorien nahezubringen und möglichst treu das aktuelle Glaubensbewusstsein der Kirche auszudrücken, in der Gewissheit, dass die Wahrheit, die ἀλήθεια (α = un, λήθη = Vergessenheit), sich gegen den Irrtum behaupten wird«[68].

»Für die Orthodoxen ist nicht eine Instanz, – weder eine monarchische, noch eine demokratische –, sondern das Zeugnis des Geistes das einzige Kriterium der Wahrheit, die in der Kirche als eine erlebte Wirklichkeit erfahren wird. Die Wahrheit hängt nicht von den Amtsträgern ab, sondern von der Gegenwart des Heiligen Geistes selber in der Kirche, der in ihr wohnt, ihr beisteht und sie in die ganze Wahrheit führt (Joh 14, 16–18.26; 16,13). Weder Bischöfe noch Metropoliten noch Patriarchen noch Konzilien bilden das letzte Kriterium der geoffenbarten Wahrheit, sondern die Erfahrung der Wahrheit selbst als erlebte Wirklichkeit in der sakramentalen Gemeinschaft des Volkes Gottes, in der Fülle der Kirche, die den Tempel des Heiligen Geistes darstellt.

Deshalb besitzen auch die Ökumenischen Konzilien nur einen relativen Wert, insofern sie die in der Kirche erlebte Wahrheit feierlich verkünden. Der Kirche in ihrer Gesamtheit, Klerus und Volk, steht es zu, unter Führung des Heiligen Geistes zu unterscheiden, ob eine als Ökumenisches Konzil einberufene Versammlung wirklich ihre Aufgabe erfüllt hat und diese Bezeichnung verdient. Das Konzil ist nicht ein dem Leib der Kirche äußeres Organ, ein Papstkollektiv, sondern eine Ausdrucksmöglichkeit der Kirche, die vom Geist der Wahrheit geführt wird, der über dem ganzen Organismus – nicht Organisation – der Kirche ruht«[69].

68 A. Kallis, Brennender, nicht verbrennender Dornbusch, 111.
69 A. a. O., 371–372.

Normativität – Kontinuität der Erfahrung

Was ist, nach all dem Gesagten, zum normativen Charakter der Lehre der ökumenischen Konzile für die orthodoxe Kirche zusammenfassend zu sagen? Eine Antwort auf die Frage der Normativität wurde im gemeinsamen Dokument von Orthodoxen und Lutheranern von Sandbjerg/Dänemark (10. Juli 1993) gegeben. Dort heißt es: »Die Lehren der ökumenischen Konzile der Alten Kirche sind für den Glauben und das Leben unserer Kirchen heute normativ. Die trinitarischen und christologischen Formulierungen dieser Konzile sind eine unerlässliche Anleitung zum Verständnis von Gottes Heilswerk in Christus und die Grundlage für alle späteren dogmatischen Klärungen. Das nikaio-konstantinopolitanische Glaubensbekenntnis ist die bekannteste Glaubensaussage aus den alten Konzilen, und da jetzt seine ursprüngliche Form im Westen immer gebräuchlicher wird, ist es ein immer lebendigeres Band zwischen unseren Kirchen. Es gestaltete die Sprache der Gebete und des Segens in unseren Gottesdiensten, und durch seinen Gebrauch ist die Kirche der Offenbarung des dreieinigen Gottes treu geblieben«[70].

Auf einer solchen Basis kann in unserem ökumenischen Dialog die theologische Bedeutung der Lehre der ökumenischen Konzile diskutiert werden, eben als authentischer Ausdruck des christlichen Glaubens – der Leben war, bevor er Dogma wurde – nicht nur für die damalige Zeit, sondern auch für uns heute. Denn unser Glaube kann nicht ein anderer sein als der Glaube der Väter und der Konzile der einen Kirche Christi, unser Evangelium kann kein anderes Evangelium sein.

Kann man hier von Normativität reden, wenn Norm »Regel, Maßstab, Vorschrift, leitender Grundsatz, Richtschnur, Muster, Imperativ, Gesetz, νόμος« bedeutet und wohl eine mehr juridische Betrachtung der Synodalität impliziert, die in der Orthodoxie Zeichen einer theologischen Fehlentwicklung ist? Werden damit die ökumenischen Konzile nicht zu Institutionen erhoben, die über der Kirche stehen? Wird dadurch der Vorgang der offenen Rezeption nicht ausgehöhlt? Beinhaltet nicht die Rede von Normativität den Verweis auf eine äußere Instanz, die Normen setzt, auf einen »Mechanismus«, dessen konstitutive Teile die ökumenischen Konzile wären?[71] Wird nicht der charismatische und soteriologische Aspekt der Konzile verdeckt, wird nicht das Konzil von seinen eucharistischen Wurzeln abgetrennt? Kann nicht die Norm zur Heteronomie werden, kann nicht in einem solchen Kontext das Konzil von ihrem Grund, von ihrer

[70] Die ökumenischen Konzile und die Autorität der Kirche und in der Kirche, § 4.
[71] Vgl. I. D. Zizioulas, La conciliarité et le chemin qui mène à l'unité, 27.

Quelle abgelöst und als selbstgenügsame Lehrautorität der Kirche auftreten? Kann damit das, was dem Leben der Kirche dienen sollte, die Lebendigkeit des Leibes Christi beeinträchtigen?

Trotz dieser Einsprüche könnte man von der Normativität der Konzile reden, auf der Basis des oben Gesagten. Die norma normans ist die Kirche in ihrer Gesamtheit, die Konzile sind norma normata. Konstantinos Scouteris schreibt: »Genau wie es die Kirche selbst war, die, bei der Bestimmung des neutestamentlichen Kanons, jene Texte auswählte, die von der Gemeinde akzeptiert und vom Volk Gottes anerkannt waren, so gilt auch bezüglich der Konzile dasselbe Prinzip: In den Konzilen drückt die Gesamtheit des Leibes der Kirche ihr Bewusstsein und ihren Glauben aus, das, was sie von Anfang an gelebt und erfahren hat«[72]. Das Konzil ist Norm als verbindlicher Ausdruck des In-der-Wahrheit-Seins der Kirche. Der Grund der Normativität oder Verbindlichkeit der Beschlüsse der Konzile ist deren »durch die Gesamtkirche bezeugter Wahrheitsgehalt, und zwar nicht als ein nachträglicher Rezeptionsakt, sondern als Basis und Kriterium, d. h. als eine vorausgehende Übereinstimmung«[73].

Die Grundkategorie auch bezüglich des normativen Charakters der Lehre der ökumenischen Konzile ist in der orthodoxen Tradition nicht die »Unfehlbarkeit«[74], sondern die »Wahrheit«. Es ist diese Wahrheit, die kirchliche Erfahrung und kirchliches Leben ist, die im Dogma Ausdruck findet. »Leben in der Wahrheit« und »authentische Formulierung der Wahrheit« gehören zusammen. Zizioulas nennt gewöhnlich drei Voraussetzungen einer angemessenen theologischen Diskussion dieser Frage: a) den *Apophatismus*. Die Wahrheit ist immer mehr als das, was wir in Worte fassen können. Das gilt auch für die Beschlüsse der ökumenischen Konzile und das ist durchaus mit dem tieferen Sinn der Anrufung des Heiligen Geistes im Konzil kompatibel,[75] b) die *Eschata, als Offenbarung der Fülle der Wahrheit*, denn dort werden wir Gott »von Angesicht zu An-

72 C. B. Scouteris, Ecclesial Being. Contributions to Theological Dialogue, Ed. By Chr. Veniamin, Mount Thabor Publishing, 2005, 127.

73 A. Kallis, Brennender, nicht verbrennender Dornbusch, 106.

74 Nach Stylianos Harkianakis, dem jetzigen Erzbischof von Australien, »gehört die Unfehlbarkeit, als Eigenschaft der ganzen Kirche, d. h. zu ihrem Pleroma, dem Klerus und dem Laien«. Hier muss aber zwischen Träger und Organ der Unfehlbarkeit unterschieden werden. »Träger des Glaubens der Kirche sind alle ihre Mitglieder ohne Ausnahme, nicht alle sind jedoch authentische Organe seiner Formulierung. Organ der unfehlbaren und authentischen Formulierung des Glaubens der Kirche ist die Institution der Synode und zwar die ökumenische Synode (vgl. St. Harkianakis, Von der Unfehlbarkeit der Kirche in der Orthodoxen Theologie, Athen 1965, 154 [gr.]).

75 Vgl. die kühne Äußerung von Kallis zu diesem Thema. »Es grenzt an Gotteslästе-

gesicht schauen« (1 Kor 13,12). Die eschatologische Verheißung: »Wenn das Vollkommene kommt, dann wird das Stückwerk abgetan werden« (1 Kor 13,10) verweist auch auf die Grenzen der äußeren Form der dogmatischen Beschlüsse der ökumenischen Konzile, c) die *Kirche als Ort der Wahrheit*, die ein lebendiges Gemeinschafts-geschehen, eine relationale Wirklichkeit ist. Der Wahrheitsgehalt der Beschlüsse der Konzile offenbart sich in der Gemeinschaft der Kirche in einem Prozess einer offenen Relationalität.

Sola experientia facit christianum, facit orthodoxum. Kirche als Ort der Wahrheit ist wesenhaft Einheit und Kontinuität der Erfahrung der Wahrheit, die für uns in besonderem Maße sakramental-liturgische, und das heißt triadologische und eschatologische, Erfahrung ist. Es kommt nicht von ungefähr, dass die Göttliche Liturgie der Ort ist, an dem die Einheit der Gesamtorthodoxie am eindrücklichsten erlebt und dokumentiert wird.

Das alles prägt auch unsere Dogmatik und lässt die Lehre nicht zur abstrakten Doktrin werden. In den Worten von Nikos Nissiotis: »Gottesdienst ist lebendige Dogmatik. Die Orthodoxen müssen alle Dogmatik auf die eucharistische Gemeinschaft und auf das Bewußtsein der Kirche, das in der versammelten gottesdienstlichen Gemeinschaft zum Ausdruck kommt, beziehen«[76].

Kallis führt das für die Orthodoxie charakteristische Fehlen des Bedürfnisses nach doktrinaler dogmatischer Fixierung des Glaubens, nach »Aufstellung von Regeln und Doktrinen, die nachzuvollziehen sind«, die Abwesenheit von Rechtsautoritäten, auf das »lebendige Bewusstsein der Gegenwart Christi in der eucharistischen Gemeinde« zurück.[77] Er schreibt: »Den Ort, in dem man die orthodoxen Dogmen, den Geist dieser Kirche finden und studieren kann, stellen nicht Bekenntnisschriften und gelehrte dogmatische Handbücher dar, sondern an erster Stelle die Liturgie im weitesten Sinn, vor allem die eucharistische Liturgie, in der die Gemeinde der Heilsökonomie und gottgeoffenbarten Wahrheiten auf sakramentale Weise teilhaftig wird«[78].

rung oder an Magie, wenn man den im Ökumenischen Konzil zweifellos realen Beistand des Heiligen Geistes als einen zwingenden Grund für die Unfehlbarkeit der Glaubensdefinitionen des Konzils anführt, für Formulierungen, die, gemessen an der unendlichen Tiefe göttlicher Wahrheit, nur Stammelzeugnis des unaufhörlichen Versuchs des Menschen sind, das Mysterium zu durchdringen« (A. Kallis, Brennender, nicht verbrennender Dornbusch, 110).

76 N. A. Nisiotis, Die Theologie der Ostkirche im ökumenischen Dialog. Kirche und Welt in orthodoxer Sicht, Stuttgart 1968, 110.

77 Vgl. A. Kallis, Brennender, nicht verbrennender Dornbusch, 113.

78 A. a. O., 112.

Ohne darauf näher einzugehen, möchte ich auch das Thema: »normativer Charakter der Kanones« zur Diskussion stellen. Vlasios Phidas gibt für die Kanones folgende Definition: »Der Terminus ›Kanon‹ bezeichnet die im Heiligen Geist authentische Äußerung der Kirche in ökumenischen oder lokalen Synoden oder durch die großen Kirchenväter, die unwandelbar in der Zeit Grundsätze der Offenbarung in Christo formuliert und einerseits die unveränderbare Kontinuität des Wesens des Mysteriums der Kirche sicherstellt, trotz der jeweiligen äußeren Veränderungen gemäß den historischen Bedingungen, andererseits die Bewahrung – ohne jede Vermischung – und die Aneignung der Botschaft des Heils in Christo seitens der Gläubigen, trotz der Mannigfaltigkeit ihrer Formen, ermöglicht«[79].

Bekanntlich haben die vier ersten ökumenischen Konzile Kanones erlassen. Nachdem das 5. und 6. Konzil keine Kanones verfassten, hat das Quinisextum diese Lücke angefüllt und 102 Kanones formuliert. Das 7. ökumenische Konzil hat nicht nur Kanones erlassen, sondern durch seinen ersten Kanon alle apostolischen Kanones, die Kanones der ökumenischen und lokalen Synoden und die Kanones der Kirchenväter bestätigt.

Unter den Kanones gibt es nach Ioannis Karmiris[80] einige, die direkt oder indirekt dogmatische Themen berühren, und die deswegen als »dogmatische Kanones« charakterisiert werden, und einige, welche mit der Eigenheit und der Struktur der orthodoxen Kirche und ihrer Differenz gegenüber den nicht orthodoxen Kirchen zu tun haben, und die den Titel »symbolische« Kanones tragen. Karmiris glaubt, dass diese Kanones zusammen mit den dogmatischen Beschlüssen der ökumenischen Konzile »die wahre Gestalt und die Physiognomie der Orthodoxen Katholischen Kirche an sich und im Vergleich zu den heterodoxen Kirchen, Konfessionen und Häresien« zum Ausdruck bringen.[81]

Nach der Ansicht von Nikos Matsoukas ist die Einteilung der Kanones in dogmatische, administrative und pastorale »zu künstlich« und beruht nicht auf theologischen Kriterien.[82] Gemäß dem zweiten Kanon vom Quinisextum (691) sorgen die Kanones »für die Kur der Seele und die Heilung der Leidenschaften«. Die Kanones spielen eine »pädagogische« und »hel-

79 Vl. Phidas, Die heiligen Kanones und die konstitutionellen Gesetze der Kirche von Griechenland, Athen 1998.

80 A. a. O., 113.

81 N. Matsoukas, Dogmatische und Symbolische Theologie II, 397.

82 A. a. O., 406.

fende« Rolle.[83] »Man könnte ohne Kanones das Heil erlangen. Niemals jedoch kann die Befolgung eines Kanons oder aller Kanones dem Menschen das Heil geben«.[84] Während es unvorstellbar ist, die dogmatischen ὅροι der ökumenischen Konzile abzuschaffen oder ihren Inhalt zu korrigieren, ist nach Matsoukas eine Abschaffung oder eine Berichtigung eines Kanons sehr wohl möglich[85]. Denn die Kanones »regeln nicht das innere charismatische Leben der Kirche, sondern ihre äußere und weltliche Seite«[86]. Matsoukas' Fazit lautet: »Es sind die dogmatischen ὅροι, die den Bestand der Kanones möglich machen. Diese weisen bloß auf die bestehende und verbindliche Lehre (der Kirche) hin«[87].

In seinem neuesten Werk *Gegen die Religion* bezieht sich Chrestos Giannaras kritisch auf die Individualisierungs- und Moralisierungstendenzen in den Kanones und auf die Vergesetzlichung des Lebens der Kirche. Während bis zum siebten Jahrhundert die Kanones der ökumenischen Synoden »es vermieden das individuelle Verhalten zu bestimmen«[88], ist seit dem Quinisextum eine plötzliche Zunahme der Zahl der Kanones, die sich minutiös auf individuelle Sünden beziehen und auf die diesbezüglichen kirchlichen Sanktionen, zu beobachten.[89] »So erlangen Gültigkeit als Beschlüsse ökumenischer Synoden, Kanones, welche die Ansprüche individuellen Ansehens, narzisstischer Korrektheit und egozentrischer Autarkie hegen, d.h. Kanones, die nichts gemein haben mit dem Evangelium der Kirche, wohl aber im Verhältnis stehen zu den extremen Äußerungen eines religiösen Puritanismus«[90]. Seit dieser Zeit wirft sich auf die Kirche nach Giannaras »der Schatten eines neuen Gesetzes«[91].

Diese kurze Bestandsaufnahme zeigt, dass das Problem der Kanones von den orthodoxen Theologen unterschiedlich angegangen wird. Eine gute Grundlage für die Diskussion dieses Themas bietet der diesbezügliche Text im schon zweimal erwähnten, gemeinsamen Dokument von Orthodoxen und Lutheranern von Sandbjerg/Dänemark vom 10. Juli 1993: »Die ökumenischen Konzile trafen nicht nur Entscheidungen zu Lehrproblemen, die die Integrität von Gottes Offenbarung und die Einheit der Kirche bedrohten; sondern sie beschlossen auch über κανόνες (canones, Richtli-

83 Ebd.
84 A.a.O., 407.
85 Ebd.
86 A.a.O., 399.
87 Chr. Giannaras, Gegen die Religion, 113.
88 A.a.O., 114.
89 Ebd.
90 A.a.O., 115.
91 A.a.O., 115.

nien), die für gute Ordnung innerhalb der Kirche sorgten. Diese Kanones stellen eine enge Beziehung her zwischen dem ›den Heiligen ein für allemal überlieferten Glauben‹ und der Notwendigkeit, das kirchliche Leben und die kirchlichen Strukturen zu regeln. Die ὅροι (Horoi, Lehrentscheidungen) bewahren das Lehren der Kirche in Bezug auf das Heil; die Kanones regeln verschiedene Aspekte des kirchlichen Lebens. Sie sind praktische Ausprägungen der Lehrentscheidungen. Beide gehören als Aspekte der gleichen Realität zusammen. Dennoch haben nicht alle Entscheidungen über kanonische Angelegenheiten die gleiche Autorität wie die Lehrentscheidungen, und die orthodoxen und die lutherischen Kirchen haben sie unterschiedlich rezipiert und angewendet«[92].

Epilog

Das unvermeidbare Ende der ökumenischen Flitterwochen ist schon da. Der Dialog wird fortgeführt, realistischer, intensiver, bedächtiger, ohne ökumenistische Illusionen. Der Weg von der Separation zur kirchlichen Einheit in Vielfalt ist kein Weg in terra incognita, sondern eine Rückkehr in die Fundamente unseres Christseins, ein Wiederentdecken des Wesens unserer ursprünglichen christlichen Identität und ihres communio-Charakters. Wenn es im ökumenischen Gespräch ein Ausdruck guten Willens ist, das Gemeinsame mehr als das Trennende zu betonen, so ist es eine zwingende Einsicht, dass das Verbindende und Gemeinsame größer und wichtiger ist als die Differenzen und das Trennende. Der Dialog der Kirchen ist kein Suchen der Wahrheit, sondern ein Dialog *in* der Wahrheit, in einer Wahrheit, die nicht eine *Sache* ist, sondern eine *Person*, nicht eine intellektuelle Errungenschaft, sondern eine in der konkreten Wirklichkeit der Kirche sich vollziehende, personale, lebendige Beziehung zum sich schenkenden Gott.

Das orthodoxe Verständnis der Einheit der Kirche steht jenseits dem atavistischen Zauber der Einheit und der postmodernistischen Faszination der Vielfalt, welche ein Schisma des Herzens offenbaren. Ich hoffe, dass die in Porto Alegre proklamierte »Unity in *rich* diversity«[93] nicht eine neue Selbstgenügsamkeit oder gar einen neuen Kult der Besonderheit in

92 Die ökumenischen Konzile und die Autorität der Kirche und in der Kirche, § 5. World Council of Churches, 9th Assembly, Text on Ecclesiology: Called to be the One Church, 3: »… the Church is called to manifest its oneness in rich diversity«.

93 World Council of Churches, 9th Assembly, Text on Ecclesiology: »The Church is called to manifest its otherness in rich diversity«.

der Ökumene markiert, nicht einen neuen Vorrang der diversity von der unity besagt, eine undialektische Relativierung, die wohl den Reichtum nicht in der Spannung von Einheit und Vielfalt sieht, sondern einseitig in der ungebundenen Verschiedenheit, welche sie zum Zweck an sich selbst erklärt und damit einer Rekonfessionalisierung Tür und Tor öffnet.

Die recht verstandene Einheit ist keine Einförmigkeit. Sie lässt Vielheit und Differenz nicht nur zu, sondern sie schöpft gerade davon ihre Lebendigkeit, eben als spannungsvolle Einheit in Vielfalt in ihrer Gleichursprünglichkeit.[94]

Mögen manche von Ihnen das alles als Wiederholung von Bekanntem ohne jede praktische Bedeutung ansehen. Im platonischen »Gorgias« muss Sokrates vom Sophisten Kallikles hören, dass er ständig dasselbe sage, dass er sich unaufhörlich wiederhole. Sokrates, ohne sich irgendwie beleidigt zu fühlen, antwortet stolz darauf: »Ich sage nicht bloß dasselbe, lieber Kallikles, sondern dasselbe über dieselben Dinge«[95]. Die Haltung von Sokrates erinnert an das Auftreten von orthodoxen Theologen in ökumenischen Treffen, die in sokratischer Beharrlichkeit dasselbe sagen und unerschütterlich die *eine* orthodoxe Position – die durchaus facettenreich sein kann – wiederholen. Nun, ich meine, dass das Beste, was ein orthodoxer Theologe heute machen kann, ist, dieses »dasselbe« in einer aktuellen und ökumenischen Sprache zu formulieren. Was wäre denn letztlich die Aufgabe der Theologie im Allgemeinen anderes, als Glauben und Leben der Kirche in der Sprache der jeweiligen Zeit existentiell relevant auszusagen?

Mir jedenfalls ist eine Idealisierung der Orthodoxie ganz fern. Wie könnte man etwa die Tatsache beschönigen, dass das Prinzip der Autokephalie, das nach Zizioulas »eine direkte Konsequenz der orthodoxen Tradition der Konziliarität ist«, mit dem Ziel »jeder Kultur zu ermöglichen, dem Glauben der Kirche ihren eigenen Ausdruck zu geben«[96], bei uns eine Quelle von ständigen Spannungen ist, gepaart mit offenen oder krypto-Nationalismen? Auch der Zustand der orthodoxen Diaspora ist ein Schlag ins Gesicht für die orthodoxe, triadologisch-eucharistische Ekklesiologie. Zizioulas schreibt: »Die heutige Lage der orthodoxen Diaspora ist ein bedauerliches, gefährliches und ganz unannehmbares Phänomen. Sie erlaubt den ethnischen und kulturellen Differenzen, der Boden zu werden für eine kirchliche Gemeinschaft, die auf verschiedene Bischöfe gründet. Aber

94 Vgl. J. D. Zizioulas, Communion and Otherness. Further Studies in Personhood and the Church, ed. by Paul McPartlan, T. & T. Clark, London/New York 2006.

95 Platon, Gorgias 490 E.

96 J. D. Zizioulas, La conciliarité et le chemin qui mène à l'unité, 29.

ein Bischof, der in sich ethnische und kulturelle Differenzen nicht transzendiert, wird ein Faktor der Division und nicht der Einheit. Das ist etwas, was die Orthodoxie sehr ernst nehmen muss, um die Entartung der wahren Natur der Kirche zu vermeiden«[97]. Die orthodoxe Kirche muss ihr eucharistisch-eschatologisches Wesen endlich ernster nehmen. Das hätte für die Orthodoxie heilsame Folgen, vielleicht auch für die gesamte ökumenische Bewegung.

Wie dem auch sei, wir alle, im Osten wie im Westen, haben unsere Fixierungen und unsere Sackgassen, wir sind alle mitschuldig, dass die Differenz und die innere Vielfalt in der Kirche zur Division und Spaltung entartet ist, dass der Sinn der Katholizität und der Konziliarität verdunkelt wurde, dass die Schritte unserer Ökumene in Richtung »sichtbare Einheit der Kirche« langsamer werden. Der Weg zur Einheit führt nicht durch die Formulierung immer neuer Einheitsmodelle, sondern durch die Wiederentdeckung und Bejahung des *ursprünglichen Inhalts* der Katholizität, der Eucharistizität und der Konziliarität der Kirche, der mit dem Konfessionalismus unvereinbar ist. Nicht jeder Rückblick verwandelt in eine Salzsäule.

97 J. D. Zizioulas, Communion and Otherness, 8–9.

Die sieben Ökumenischen Konzilien und das Nizäno-Konstantinopolitanum in ökumenischer Perspektive[1]

Grigorios Larentzakis

Jedes Mal, wenn wir uns für einen solchen ökumenischen Dialog treffen, freue ich mich sehr, zunächst einmal, weil wir uns wieder mit altbekannten und mit neuen Personen treffen. Das ist eine primäre ökumenische Freude. Der verewigte große Ökumenische Patriarch Athenagoras sagte oft seinen hohen Besuchern: »Kommen Sie wieder, damit wir uns in die Augen sehen!« Also besitzt die Begegnung selbst einen ökumenischen Wert. Und wenn wir wissen, dass der starke Wille und die feste Absicht vorhanden sind, das Fehlende zu ergänzen, die Missverständnisse zu bereinigen und das Gemeinsame festzumachen und ins konkrete Leben als Gemeinschaft umzusetzen, dann haben alle diese ökumenische Begegnungen einen tiefen Sinn und eine unabdingbare Notwendigkeit. Und aus diesen Gründen freue ich mich schon über die Fortsetzung auch dieses Dialogs zwischen dem Ökumenischen Patriarchat und der Evangelischen Kirche in Deutschland, an dem ich seit 1984, seit Kavala, teilnehme.

Aus dem Gesagten möchte ich noch etwas Selbstverständliches und an sich Bekanntes wiederholen und in Erinnerung rufen. Ich glaube, nein es ist meine feste Überzeugung, dass wir sehr viele ökumenische Dokumente, sehr viele Konsenspapiere und Konvergenzerklärungen haben. Das, was wir aber dringend benötigen, ist die Rezeption und die Umsetzung. Denn bei vielen im Laufe der Jahrhunderte entstandenen Problemen wissen wir inzwischen, worum es geht und wo die Lösungen zu finden sind. Sehr oft geht es um unsere Haltungen und unsere Interessen, wie man die ökumenische Zukunft gestaltet und welche Konsequenzen dies für die jeweilige Kirche haben kann. Damit hängt auch die Frage nach der

1 Referat gehalten bei der 14. Begegnung im bilateralen Dialog zwischen dem Ökumenischen Patriarchat von Konstantinopel und der Evangelischen Kirche in Deutschland vom 10.–15. Oktober 2007 auf Schloss Oppurg/Thüringen. Thema: »Die Bedeutung von Konzilien und Bekenntnissen für den ökumenischen Dialog«.

Rezeption und der Umsetzung zusammen. Dies gilt auch für das Thema unserer Begegnung und konkreter für das mir vorgeschlagene Thema »Das Nizäno-Konstantinopolitanum und die sieben Ökumenischen Konzilien in ökumenischer Perspektive«.

Aus diesem Grunde werde ich hier auch nicht viel Neues zu berichten haben. Ich werde mich bemühen, einen Rückblick zu werfen und manche gemeinsamen Ergebnisse noch einmal in ökumenischer Perspektive und in ökumenischer Verantwortung zu unserer heutigen Situation in Verbindung bringen. Es ist mir auch bewusst, dass das mir gestellte Thema sehr umfangreich ist, insofern werde ich auch hier nur einige Aspekte ansprechen können und dies natürlich in subjektiver Selektion.

Wir haben es hier also hauptsächlich mit zwei großen Themen zu tun: Die Bedeutung der Konzilien und der Bekenntnisse. Und was mich heute und hier besonders betrifft, die Bedeutung des Nizäno-Konstantinopolitanum. Auch diese Themen sind für unsere Kirchen nicht neu, wie auch für den ökumenischen Dialog insbesondere. Daher werde ich versuchen, auf das, was bisher gesagt wurde, ein wenig Bezug zu nehmen und einige Konsequenzen zu ziehen. In meinem Titel steht zwar das Nizäno-Konstantinopolitanum an erster Stelle, ich meine aber, dass die Bedeutung der Konzilien zu Beginn stehen sollte, denn das Nizänokonstantinopolitanum ist innerhalb eines Konzils entstanden bzw. ausformuliert worden.

I Konziliarität, ein Wesensmerkmal der Kirche

Zunächst muss nach orthodoxer Auffassung festgehalten werden, dass wir weder in den einzelnen Kirchen, noch für die Wiederherstellung der kirchlichen Einheit auf die Konziliarität bzw. auf die Synodalität in den verschiedenen Lebensbereichen der Kirche, oder noch deutlicher auf die Konziliarität der Kirche selbst verzichten können. Ein Verzicht oder eine Beeinträchtigung der wirklichen Konziliarität widerspräche dem Wesen der Kirche selbst. Denn die Konziliarität ist von Anfang an eine Grundstruktur der Kirche gewesen und hängt dadurch mit dem Wesen der Kirche zusammen. »Wo zwei oder drei in meinem Namen versammelt sind, da bin ich mitten unter ihnen« (Mt 18,20). Durch die Erzählung über das sogenannte Apostelkonzil und die Feststellung, »der Heilige Geist und wir haben beschlossen« (Apg 15,28) dokumentiert sich noch einmal diese kirchliche Realität, die sowohl eine christologische als auch eine pneumatologische Dimension hat. Damit wird auch der Gedanke der Communio, der Gemeinschaftlichkeit unterstrichen, der jeden extremen Individualismus in der Kirche ausschließt. Johannes Chrysostomus betont mit Nachdruck: »Niemand vermag (allein) aus sich etwas tun, wenn er weihen müsste, wenn er entscheiden müsste; redlicher werden alle durch die Synode und durch die Vielen.«[2] Johannes Chrysostomos kommt zu dieser Feststellung, nachdem er vorher die Gleichwertigkeit aller Glieder des einen Leibes der Kirche hervorgehoben hat, Kleriker und Laien mit eingeschlossen. Die Laien brauchen die Kleriker, sagte er, aber die Kleriker können ohne die Laien nicht existieren. Jeder braucht den anderen. Es gibt also eine gleichmäßige, gegenseitige Bedingtheit und Abhängigkeit. Deshalb soll es für Überheblichkeit in der Kirche keinen Platz geben.[3] In diesem Sinne betrifft die Konziliarität in der Kirche alle Christen und sie hat Gültigkeit zu jeder Zeit, wenn sie auch in verschiedenen Formen, sei es als Lokalsynoden oder als Ökumenische Konzilien, praktiziert wird. Letztere sind die höchste Instanz der Gesamtkirche.

II Schrift und Tradition[4]

Von orthodoxer Seite kann die Gegenwart der Kirche ohne ihre Wurzeln, ohne ihre Ursprünge und Anfänge überhaupt nicht vorgestellt werden. Aber dies ist auch das ureigene Anliegen der Reformation wenn es darum ging, in der Fortsetzung der Alten Kirche theologisch und kirchlich leben zu wollen: Re-formatio. Das ist eigentlich nichts Neues, jedoch muss das immer wieder in Erinnerung gebracht werden. Die Konziliengeschichte hat auch für die römisch-katholische Kirche eine zentrale Bedeutung. Damit treffen wir uns in einem sehr wichtigen Punkt unserer Geschichte, die als gemeinsame Ausgangsposition für die weitere Entwicklung, aber auch für ein solides Fundament der ökumenischen Arbeit dienen kann. Dieser Weg ist auch innerhalb der evangelischen Theologie mehrfach vorbereitet. In diesem Sinne ist das, was Georg Kretschmar mit Nachdruck betont, zu verstehen: »Wenn heute der Weg von den Aposteln zu den Lehraussagen der großen Konzile des vierten und fünften Jahrhunderts als Irrweg erkannt würde, wäre damit nach Luthers eigener Sicht nicht nur der reformatorischen Theologie weithin der Boden entzogen, sondern der Konsens der Kirche zutiefst bedroht und damit die Kontinuität der Kirche, weil dieser Lehrkonsens nicht mehr aufzuzeigen wäre. Wer dies in Kauf

2 Johannes Chrysostomos: In Acta Apostolorum, Hom. 37,3 (PG 60, 266).
3 Ebd.
4 Vgl. Grigorios Larentzakis: Die Bedeutung der Heiligen Schrift und der Tradition in der Kirche. Orthodox-Lutherischer Dialog, in Ökumenisches Forum 26/27 (2003/2004), 165ff.

nimmt und sich dennoch in seiner Theologie auf die Reformation berufen will, muß eingestehen, daß er zwar Impulse von dort aufnehmen, aber die reformatorische Lehre nicht mehr vertreten kann.«[5] Diese Sprache von Kretschmar ist unmissverständlich und für die Klärung der Positionen der Partner hilfreich. Damit hat auch das Thema Schrift, d. h. apostolischer Glaube und Lehrentscheidungen der Konzilien, d. h. Tradition, seinen ihm gebührenden Platz bekommen. Zu diesem Thema betont mit gleicher Deutlichkeit Wolf-Dieter Hauschild: »Hinsichtlich der historisch-formalen Betrachtung wäre es nicht schlüssig, als ›Kanon‹ nur bestimmte altkirchliche Schriften des ersten und zweiten Jahrhunderts gelten zu lassen und demgegenüber einer Lehrentscheidung, an welcher die alte Kirche gleichsam seit den Anfängen gearbeitet hat, geringere Dignität zuzusprechen. So gibt das Dogma von 381 (also das Glaubensbekenntnis des zweiten Ökumenischen Konzils von Konstantinopel) ein gutes Paradigma für die Diskussion um die Irreversibilität von kirchlichen Lehrentscheidungen.«[6]

Die offiziellen Dokumente[7] des Dialogs zwischen unseren Kirchen, die leider zu wenig bekannt sind und kaum rezipiert wurden, zeigen es und bilden ein solches solides Fundament und einen wichtigen Ausgangspunkt für die Fortsetzung unserer ökumenischen Arbeit. Leider kann ich hier all das nicht ausführlich kommentieren.

Das zweite Dokument von Kreta (1987) »Schrift und Tradition« ist praktisch die Fortsetzung des ersten und bildet damit eine Einheit. Das Dokument stellt fest, dass das Evangelium »diese Frohbotschaft der Erlösung, die durch das Wirken des Heiligen Geistes von der Kirche bis zum Ende der Zeiten vermittelt wird, die Heilige Tradition ist«. Sie ist daher »der authentische Ausdruck der göttlichen Offenbarung in der lebendigen Erfahrung der Kirche als des Leibes des menschgewordenen Gottes.« Auch hier wird die Tradition mit der lebendigen Erfahrung der Kirche verbunden. »Die Beschlüsse von ökumenischen Konzilien und lokalen Synoden der Kirche, das Lehren der heiligen Väter, liturgische Texte und Riten sind besonders wichtige und verbindliche Ausprägungen dieses mannigfaltigen Wirkens des Heiligen Geistes«, betont das Dokument.

5 Georg Kretschmar, Luther und das altkirchliche Dogma, in: Centre Orthodoxe du Patriacat Oecumen (Hrsg.), Luther et la réforme Allemande dans un perspective oecuménique, Les études théologiques de Chambésy 3, Chambésy-Genève 1983, 292.

6 Wolf-Dieter Hauschild, Das trinitarische Dogma von 381 als Ergebnis verbindlicher Konsensusbildung, in: K. Lehmann/W. Pannenberg (Hrsg.), Glaubensbekenntnis und Kirchengemeinschaft. Das Modell des Konzils von Konstantinopel (381), Freiburg/Göttingen 1982, 45.

7 Vgl. Ökumenisches Forum 26/27 (2003/2004), 185–200.

Allerdings weiß auch unser Dokument zu differenzieren, dass nur die Entscheidungen als authentische Kriterien für Glaube und Bekenntnis zu betrachten sind, die von der Gesamtkirche rezipiert wurden. Die Geschichte der gemeinsamen sieben Ökumenischen Konzilien des ersten Jahrtausends bezeugen tatsächlich diesen Weg der Beschlussfassung und ihrer Rezeption, einen Weg, der auch heute hilfreich sein kann.

Was für eine Rolle spielt dann die Heilige Schrift selbst? Das Dokument formuliert: »Die Funktion der Heiligen Schrift besteht darin, der Authentizität der lebendigen Erfahrung der Kirche dadurch zu dienen, daß die Heilige Tradition vor allen Versuchen der Verfälschung des wahren Glaubens (vgl. Hebr 4,12 u. a.) bewahrt wird, und nicht darin, die Autorität der Kirche, des Leibes Christi, zu untergraben.«

Und wie ist das jahrhundertealte Problem des *sola scriptura* zu überwinden? Die Vertreter des Lutherischen Bundes gaben dazu auch eine wichtige Erklärung. Im Dokument heißt es: »Die Orthodoxen nehmen mit Befriedigung die Versicherung der lutherischen Theologen zur Kenntnis, daß die Intention der Wendung *sola scriptura* es immer gewesen ist, auf die göttliche Offenbarung, Gottes Heilshandeln in Christus in der Kraft des Heiligen Geistes und somit auf die Heilige Tradition der Kirche hinzuweisen, wie sie in diesem Dokument beschrieben ist, und sich gegen menschliche Traditionen richtet, die die authentische Lehre der Kirche verdunkeln.« Diese Feststellungen wurden auch beim bilateralen Dialog zwischen der EKD und dem ökumenischen Patriarchat bei ihrem zehnten Theologischen Gespräch in Iserlohn (1994) wörtlich aufgenommen.[8] Somit ist die Frage nach der Bedeutung der Hl. Schrift *und* der Tradition[9] in der Kirche von beiden Seiten positiv beantwortet und es darf nicht für die weitere Arbeit relativiert oder ignoriert werden.[10] Ich bin sicher, dass auch die römisch-katholischen Theologen diese Erklärung der Lutheraner bzw. der EKD mit Genugtuung zur Kenntnis nehmen werden.

8 Christoph Petau: Das Handeln der Kirche in Zeugnis und Dienst, Das Kommuniqué der zehnten Begegnung im bilateralen theologischen Dialog zwischen dem ökumenischen Patriarchat und der Evangelischen Kirche in Deutschland, Ökumenisches Forum 17 (1994), 309f.

9 Vgl. auch Jutta Henner: Schrift und Tradition – altes Problem und neue Perspektiven, in: Ökumenisches Forum 26/27(2003/2004), 138ff.

10 Mehr darüber vgl. Michael Staikos: Metrop. von Austria, Sola scriptura sine traditione? Aktuelle Perspektiven über »Schrift und Tradition« im Ökumenischen Dialog insbesondere zwischen der Orthodoxie und dem Lutherischen Weltbund, in: M. Bünker/Th. Krobath (Hrsg.), Kirche: Lernfähig in die Zukunft? FS für J. Dantine zum 60. Geburtstag, Innsbruck/Wien 1998, 49f.

III »Die ökumenischen Konzile und die Autorität der Kirche und in der Kirche«

Dieses Dokument des offiziellen Dialogs zwischen dem Lutherischen Weltbund und der Orthodoxie (Sandbjerg/Dänemark, 1993) ist unmittelbar für unsere Thematik relevant. Zur Bedeutung der ökumenischen Konzile in der Kirche erklärt das Dokument die gemeinsame Auffassung: »Sowohl Orthodoxe als auch Lutheraner bestätigen, daß apostolische Autorität in den ökumenischen Konzilen der Kirche ausgeübt wurde, bei denen die Bischöfe durch vom Heiligen Geist bewirkte Erleuchtung und Verherrlichung ihre Verantwortung wahrnahmen. Ökumenische Konzile sind eine besondere Gabe Gottes an die Kirche und ein verbindliches Erbe durch die Zeitalter. Durch ökumenische Konzile hat der Heilige Geist die Kirche dazu geführt, den ein für allemal den Heiligen überlieferten Glauben (Jud 3) zu bewahren und zu vermitteln. Sie gaben die prophetische und apostolische Wahrheit weiter, formulierten sie gegen die Häresien ihrer Zeit und gewährleisteten die Einheit der Kirche.«[11] Anschließend werden die sieben gemeinsamen ökumenischen Konzilien aufgezählt. Das Dokument wiederholt die Feststellungen aus dem Dokument von Kreta (1987) und formuliert weiter: »Ökumenische Konzile sind die Summe biblischer Theologie, und sie fassen Hauptthemen der Heiligen Tradition zusammen. Sie haben nicht nur historische Bedeutung, sondern sind für das kirchliche Leben unverzichtbar ... Die Lehren der ökumenischen Konzile der Alten Kirche sind für den Glauben und das Leben unserer Kirchen heute normativ. Die trinitarischen und christologischen Formulierungen dieser Konzile sind eine unerläßliche Anleitung zum Verständnis von Gottes Heilswerk in Christus und die Grundlage für alle späteren dogmatischen Klärungen.«[12] Und später wird nochmals bekräftigt: »Als Lutheraner und Orthodoxe versichern wir, daß die Lehren der ökumenischen Konzile für unsere Kirchen verbindlich sind. Die ökumenischen Konzile bewahren die Integrität des Lehrens der ungeteilten Kirche in Bezug auf das erlösende, erleuchtende/rechtfertigende und verherrlichende Handeln Gottes und verwerfen Häresien, die das Heilswerk Gottes in Christus untergraben.«[13] Diese gemeinsamen Erklärungen sind nicht nur neu ausgesprochene leere Formeln, sondern *sie verpflichten uns*. Und genau hier benötigen wir Rezeption, zunehmende/große Verbreitung, Einbeziehung der

11 Der Text deutsch in: Orthodoxes Forum 8 (1994), 106f.
12 Gemeinsame Erklärung, 107.
13 Gemeinsame Erklärung, 108.

theologischen Ausbildung, Berücksichtigung unserer jeweiligen Theologie und unseres kirchlichen Lebens.

Noch etwas Konkretes wird in diesem Dokument erwähnt, das mir auf Grund der ökumenischen Entwicklung der letzten Jahre und für unsere Thematik heute ebenfalls als sehr wichtig erscheint, nämlich die Bedeutung des Glaubensbekenntnisses des zweiten ökumenischen Konzils von Konstantinopel (381): »Das nikaino-konstantinopolitanische Glaubensbekenntnis ist die bekannteste Glaubensaussage aus den alten Konzilien, und da jetzt seine ursprüngliche Form im Westen immer gebräuchlicher wird, ist es ein immer lebendigeres Band zwischen unseren Kirchen.«[14]

Abschließend sei hier festgestellt, dass mit diesen Dokumenten, die von Delegierten der Gesamtorthodoxie und des Lutherischen Weltbundes, das heißt von offiziellen Vertretern im Dienste ihrer Kirchen und nicht privat, erarbeitet wurden, wichtige, jahrhundertealte Probleme behandelt und zu einer glücklichen Lösung geführt wurden.

IV Die Haltung der römisch-katholischen Kirche zu den Ökumenischen Konzilien einst und heute

Wie bekannt ist, betrachtet die römisch-katholische Kirche die Ökumenischen Konzilien des ersten Jahrtausends auch als ihre Konzilien. Sie hat aber auch im zweiten Jahrtausend ihre Konzilien, die sie als ökumenisch bezeichnet. Und hier muss die konkrete Frage gestellt und beantwortet werden, die auch mit unserem heutigen Thema in Verbindung steht: Welchen Geltungsanspruch haben die nur innerhalb der römisch-katholischen Kirche im 2. Jahrtausend abgehaltenen Konzilien?

Papst Paul VI. ermutigt uns, alle diese Fragen neu zu erörtern.

Anlässlich des 700-jährigen Jubiläums des II. Konzils von Lyon im Jahre 1274 schrieb Papst Paul VI. einen Brief an den Kardinal Willebrands, den Präsidenten des Einheitssekretariates, der auch bei den Feierlichkeiten des Jubiläums sein Delegierter war. In diesem Schreiben bezeichnet der Papst das II. Konzil von Lyon als »die sechste der im Westen abgehaltenen

[14] Gemeinsame Erklärung, 107. Ich kenne die Probleme um das filioque, das auch in diesem Dokument später erwähnt wird. Ich hoffe jedoch, dass auch dieses Problem im Sinne der ökumenischen Entwicklungen gelöst wird, damit das Glaubensbekenntnis in der ursprünglichen, reinen Form von allen wieder verwendet wird. Vgl. Studiendokument von Glauben und Kirchenverfassung, Gemeinsam den einen Glauben bekennen. Eine ökumenische Auslegung des apostolischen Glaubens, wie er im Glaubensbekenntnis von Nizäa-Konstantinopel (381) bekannt wird, Frankfurt am Main/Paderborn ²1993.

allgemeinen Synoden.«[15] Der Papst geht von der üblichen Zählung der westlichen Konzilien aus, er bezeichnet sie nicht mehr als ökumenisch im altkirchlichen Sinn, sondern nur als Allgemeine Synoden, die im Westen stattgefunden haben. Er beginnt diese Zählung mit Lateran I 1123. Die bedeutet zudem, dass man mit dieser neuen Zählung der westlichen Konzilien nicht nur bei der sechsten allgemeinen Synode des Westens, also bei Lyon II, 1274, bleiben kann, sondern, dass man diese Zählung fortsetzen könnte bis zum letzten westlichen »Konzil«, d. h. bis zum II. Vatikanum der katholischen Kirche, das ich demnach als die »13. Allgemeine Synode« der römisch-katholischen Kirche bezeichnen möchte.[16]

Sehr viele katholische Theologen haben sich bereits damit befasst und sie betrachten die Äußerungen des Papstes Paul VI. als die Öffnung der Diskussion über die Rezeption der Konzilien ihrer eigenen Kirche. Hier kann ich auf diese sehr interessante Entwicklung nicht eingehen. Diese neue Zählung durch Papst Paul VI. birgt eine Möglichkeit zur Beantwortung unserer Fragen und eröffnet neue hoffnungsvolle ökumenische Perspektiven bei vielen wichtigen Fragen, die unsere Kirchen betreffen.[17]

15 Deutsch in: 20 Jahre Ökumenismus, hrsg. v. Pro Oriente, Innsbruck-Wien 1984, 132.

16 Vgl. Georgios Larentzakis, Das II. Vaticanum als ökumenische Wegweisung. Bleibende Aufgaben für die Ökumene aus orthodoxer Sicht, in: Wolfgang Thönissen (Hrsg.), Unitatis redintegratio. 40 Jahre Ökumenismusdekret – Erbe und Auftrag, Paderborn 2005, 193–214.

17 Vgl. L. Bouyer, Gedanken zur möglichen Wiederherstellung der Kommunionsgemeinschaft zwischen der Orthodoxen und Katholischen Kirche – Aktuelle Perspektiven, in: Auf dem Weg zur Einheit des Glaubens. Koinonia – Erstes Ekklesiologisches Kolloquium … Hrsg. v. Pro Oriente, Innsbruck–Wien–München 1976, 128: »Der vierte Schritt (er sprach von verschiedenen Schritten zur Realisierung der Communio mit der Orthodoxen Kirche) müßte darin bestehen, daß von beiden Seiten anerkannt wird, daß nur die sieben großen Konzile der ungeteilten Kirche Glaubensdefinitionen ausgesprochen haben, die in keiner Weise in Frage gestellt werden können.« Prof. G. Galitis aus Athen sagte damals zum Vorschlag von Bouyer: »Die Anerkennung, daß nur die ersten sieben Konzilien fixe Glaubensdefinitionen ausgesprochen haben, wäre für die Orthodoxen der erste Schritt: Doch würde das auch die Katholische Kirche annehmen?« G. Galitis, in: Auf dem Weg zur Einheit des Glaubens, 136.

V Das Zweite Ökumenische Konzil von Konstantinopel (381) und das Nizäno-Konstantinopolitanum

Dieses Konzil hat zunächst die Beschlüsse und den Glauben des Konzils von Nikaia bestätigt und verabschiedete das große Glaubensbekenntnis, das den trinitarischen und christologischen Teil des Konzils von Nikaia aufgenommen hat und zusätzlich, nach der theologischen Klärung der pneumatologischen Frage, nahm es auch diesen Artikel über den Heiligen Geist auf, formulierte den ekklesiologischen Teil und schloss mit dem Glauben an das ewige Leben. Dieses Glaubensbekenntnis ist das verbindliche und verbindende Glaubensbekenntnis der gesamten Christenheit mit unersetzlicher Bedeutung bis heute. Zudem ist es das einzige in der orthodoxen Kirche verwendete Glaubensbekenntnis.[18]

Es ist erfreulich, dass in der allgemeinen Ökumenischen Bewegung auf Weltebene, insbesondere in der *Kommission für Glauben und Kirchenverfassung,* wie auch in der *Konferenz Europäischer Kirchen* dieses Glaubensbekenntnis, in dem das Wesentliche unseres Glaubens aufgenommen und ausgedrückt wird, wieder anerkannt und als Grundlage und Fundament für die Wiederherstellung der vollen kirchlichen Gemeinschaft (Koinonia) betrachtet wird.[19] Hier soll der mühsame Weg bis zu dieser Auffassung kurz gezeichnet werden, der nicht immer selbstverständlich war.

VI Ein neues, bzw. ökumenisches Glaubensbekenntnis für die Kirchen heute, oder das Nizäno-Konstantinopolitanum?

Man hat die Frage gestellt, ob es doch für die Wiederherstellung der christlichen Einheit notwendig wäre, ein neues, ökumenisches Glaubensbekenntnis von allen Kirchen gemeinsam zu formulieren. Man wusste aber: »Doch diese Frage ist zugleich eine schwierige Frage. Was zunächst ganz einfach scheint, ist näher gesehen eine höchst komplexe Angelegenheit. Denn bei einem Glaubensbekenntnis ist eben das Ganze des Glaubens

18 Vgl. G. Larentzakis, Das Glaubensbekenntnis von Konstantinopel (381) und das FILIOQUE in der heutigen Ökumene. Tendenzen und Erwartungen, in: ΜΝΗΜΗ ΣΥΝΟΔΟΥ, Thessaloniki 1983, 597ff.

19 Vgl. Gemeinsam den einen Glauben bekennen. Eine ökumenische Auslegung des apostolischen Glaubens, wie er im Glaubensbekenntnis von Nizäa-Konstantinopel (381) bekannt wird. Studiendokument von Glauben und Kirchenverfassung, Frankfurt am M./Paderborn ²1993.

mit im Spiel«[20]. Man hat auch überlegt, ob der Papst eine »nova editio« des Glaubensbekenntnisses machen könnte, was bereits Thomas von Aquin bejahte und Joseph Ratzinger, der jetzige Papst Benedikt XVI., doch als problematisch betrachtete.[21]

Überlegungen und auch konkrete Vorschläge – wenn auch als Denkanstöße gedacht – für die Formulierung einer »Kurzformel« des christlichen Glaubens, wie Karl Rahner meinte, gab es ebenfalls,[22] wie auch die Bejahung der Frage: »Bedarf das Glaubensbekenntnis einer Neufassung?« durch Karl Lehmann.[23]

Die Frage »Ein ökumenisches Glaubensbekenntnis?« wurde unter verschiedenen Aspekten und von Vertretern verschiedener Konfessionen und Kirchen behandelt.[24] Das Resultat dieser Diskussion fasst Lukas Vischer zusammen: »Die Autoren ... lassen die Frage offen, ob die Kirchen sich in der Anerkennung eines Bekenntnisses zusammenfinden könnten. Ein ökumenisches Bekenntnis? Das Fragezeichen hinter dem Titel wird durch die Überlegungen dieses Heftes jedenfalls nicht beseitigt, sondern eher in seinem Gewicht verstärkt«[25]. Er beschreibt dann die zwei Wege: »1. Gemeinsame Grundlage in den Bekenntnissen der Alten Kirche«[26] und »2. Ein neues Bekenntnis«[27] mit dem Dafür und Dagegen und schließlich mit der Feststellung: »Beide Wege führen offenkundig in Aporien«[28]. Metropolit Damaskinos Papandreou äußerte damals seine Bedenken bezüglich der Formulierung bzw. Verabschiedung eines neuen Glaubensbekenntnisses und plädierte eher für die »ehrenwürdigen Glaubensbekenntnisse der ungeteilten Kirche«[29]. Dass allgemein bei den Orthodoxen gar keine Rede von einer Ersetzbarkeit des Glaubensbekenntnisses von Nizäa-Konstantinopel durch ein neues, anderes sein kann, kann hier nur bestätigt werden.[30]

20 H. Küng/J. Moltmann, Ein ökumenisches Glaubensbekenntnis?, in: Concilium 14 (1978), 497.

21 Vgl. K. Lehmann, Bedarf das Glaubensbekenntnis einer Neufassung. In: Veraltetes Glaubensbekenntnis? 143f.

22 Vgl. K. Rahner, Schriften zur Theologie, VIII, 159ff.

23 K. Lehmann (wie Anm. 21), 184f.

24 Vgl. Concilium 14 (1978), Heft 10.

25 Lukas Vischer, Ein ökumenisches Glaubensbekenntnis? Synthese, in: Concilium 14 (1978), Heft 10.

26 Lukas Vischer, Ein ökumenisches Glaubensbekenntnis? 556f.

27 A. a. O., 558f.

28 A. a. O., 559.

29 Was gehört in ein künftiges ökumenisches Glaubensbekenntnis? Damaskinos Papandreou, Eine orthodoxe Antwort, in: Concilium 14 (1978), 529f.

30 Vgl. dazu als ein Beispiel M. Pharantos, in: Theología 52 (1981), 726ff.

Auch westliche Theologen äußerten sich ähnlich. So z. B. Ernst Christoph Suttner[31] und Peter Hauptmann[32]. Jener weiß zudem zu berichten, dass dort, wo Bemühungen um die Einführung und um die Erklärung dieses Glaubensbekenntnisses gemacht worden seien, auch ein merklicher Erfolg zu verzeichnen sei[33]. Die Antwort auf diese Frage ist auch von Prof. Pannenberg eindeutig und klar: »Gegen solche Bemühungen ist an sich nichts einzuwenden. Nur können sie niemals das altkirchliche Bekenntnis ersetzen, das seine ökumenisch-verbindliche Gestalt im Nicaeno-Constantinopolitanischen Symbol gefunden hat. Alle anderen Formulierungen sind an diesem Text zu messen und danach zu beurteilen, ob sie wirklich denselben Glauben aussagen wie das ökumenische Symbol des Glaubens der Kirche«[34]. Nicht nur das Alter des Symbols spielt die wichtige Rolle in der Auffassung von Pannenberg, sondern auch der Inhalt des Glaubens der Kirche.[35] Natürlich kennt er auch die liturgische Funktion dieses Glaubensbekenntnisses, wodurch »die Einheit des Glaubens der Kirche durch die Zeiten hin zum Ausdruck« gebracht wird.[36] Aus diesem Grund schlägt er vor, dieses Glaubensbekenntnis auch in den Kirchen des Westens im Gottesdienst regelmäßig zu verwenden und nicht das Apostolikum, das nur den Glauben der römischen Kirche bezeugt.[37]

31 E. Chr. Suttner, Ökumenisches Glaubensbekenntnis. Vor 1600 Jahren wurde unser Glaubensbekenntnis formuliert, in: KNA, Ökumenische Information, Nr. 40, 30. September 1981, 5: Er ist entschieden gegen neue Formulierungen, »die heute formuliert und morgen wieder vergessen werden«, während »das Glaubensbekenntnis des ersten Konzils von Konstantinopel sich als dermaßen beständig erwiesen hat, daß es über alle Konfessionsgrenzen hinweg gemeinsames Gut aller Großkirchen im christlichen Osten und im christlichen Westen blieb«.

32 Peter Hauptmann, Das Bekenntnis als Gestalt heiliger Tradition und als Antwort des Glaubens, in: Die Heilige Schrift, die Tradition und das Bekenntnis. Erster Bilateraler Theologischer Dialog zwischen der Rumänischen Orthodoxen Kirche und der Evangelischen Kirche in Deutschland vom 19. bis 23. November 1979 im Haus Hessenkopf in Goslar, hrsg. v. Kirchlichen Außenamt der Evangelischen Kirche in Deutschland (Studienheft 13), Beiheft zur ökumenischen Rundschau Nr. 42, Frankfurt 1982, 59f.: »Nicht die Aufstellung neuer, sondern nur die Aneignung der alten Bekenntnisse kann darum weiterhelfen. In dem Maße, in dem sie gelingt, erledigt sich die Frage nach einem neuen Bekenntnis von selbst. Das Alter eines Bekenntnisses sollte nicht als Vorwand mißbraucht werden, um ihm die Aktualität zu bestreiten«.

33 Ebd.

34 W. Pannenberg, Die Bedeutung des Bekenntnisses von Nicaea-Konstantinopel für den ökumenischen Dialog heute, in: Ökumenische Rundschau 31 (1982), 135.

35 Vgl. W. Pannenberg, Die Bedeutung des Bekenntnisses, 137f.

36 Ebd.

37 Ebd.

Das Problem in den Kulturen der Dritten Welt hängt mit dem Interpretationsproblem zusammen. Außerdem wünscht sich Pannenberg, überzeugt von der Kraft und dem Zweck der christlichen Botschaft »nicht nur eine Anpassung des christlichen Glaubensbekenntnisses an die jeweilige Kulturwelt«, sondern auch und eher »eine Transformation des kulturellen Erbes aus dem Geist des Evangeliums«[38] wie es auch in der Alten Kirche und im Bereich der hellenistischen Kultur geschehen ist. Gerade darin liegt eben m. E. auch eine sehr wichtige ökumenische Aufgabe und eine Verpflichtung der Christen, nicht nur Christus und seiner Botschaft, sondern auch ihren Mitmenschen gegenüber. »Dabei besteht natürlich kein Streit darüber, daß es notwendig ist, die alte Botschaft in unseren Kontext hinein zu *übersetzen*!«[39] Und gerade diesen Weg ist dann auch die Kommission für Glauben und Kirchenverfassung gegangen, auf dem die Frage »Brauchen wir ein neues bzw. ökumenisches Glaubensbekenntnis?« endgültig zugunsten des Großen Glaubensbekenntnisses von Nizäa-Konstantinopel verneint wurde.

VI Das Nizäno-Konstantinopolitanum. Rückbesinnung auf das Zentrum unseres Glaubens

Die Menschen bzw. die Christen sehnen sich also wieder nach einer Orientierung, die nicht nur ephemeren, oberflächlichen und vergänglichen Charakter hat. Gerade diesen Orientierungspunkt bilden Glaube und Bekenntnis an unseren dreieinigen Gott, an Vater, Sohn und Hl. Geist, wodurch unsere christliche Existenz mit dem sakramentalen Leben, angefangen mit der Taufe im Namen des Vaters und des Sohnes und des Hl. Geistes, sehr eng verbunden, ja davon abhängig ist. Gerade in diesem Punkt wird wieder festgestellt, dass dieses Fundament unseres Glaubens, das Zentrum unserer christlichen Existenz, sich am besten im Glaubensbekenntnis, das vom 2. Ökumenischen Konzil von Konstantinopel im Jahre 381 verabschiedet wurde, dokumentiert wird.

Für die orthodoxe Kirche ist tatsächlich dieses Glaubensbekenntnis das einzige Glaubensbekenntnis, das in biblisch-doxologischer Sprache das Grundsätzliche unseres christlichen Glaubens zum Ausdruck bringt. Als

[38] Ebd. Vgl. Ulrich Kühn, Auf dem Weg zu einem gemeinsamen Ausdruck des apostolischen Glaubens heute. Theologische Bemerkungen, in: Schritte zur sichtbaren Einheit Lima 1982. Sitzung der Kommission für Glauben und Kirchenverfassung. Berichte, Reden, Dokumente, hrsg. v. Hans-Georg Link, (Beiheft zur ÖR 45), Frankfurt 1983, 85.

[39] Ebd.

solches wird es auch im sakramentalen Leben verwendet, als Taufsymbol und als liturgisches Symbol in der Eucharistiefeier – und zwar nicht abwechselnd mit anderen Glaubensbekenntnissen, etwa mit dem Apostolikum, sondern als das einzige. Orthodoxerseits ist es wichtig, diese Feststellung zu unterstreichen, damit auch bei jenen nichtorthodoxen Christen bzw. Theologen, die es nicht wissen sollten, die Konsequenzen in der ökumenischen Arbeit klar werden.

Als ein solches »definitives« Glaubensbekenntnis wird es z. B. im patriarchalen und synodalen, enzyklischen Schreiben des Ökumenischen Patriarchates von Konstantinopel im Jahre 1981 anlässlich des tausendsechshundertjährigen Jubiläums des zweiten ökumenischen Konzils charakterisiert, in dem die durch Akklamation bekräftigte Rezeption dieses Glaubensbekenntnisses von den Konzilsvätern des vierten ökumenischen Konzils von Chalzedon (451) hervorgehoben wird: »Dies ist unser Glaube, dies ist der Glaube der Orthodoxen, so glauben wir alle« (Mansi, Conciliorum amplissima collectio, VI, 956–957)[40]. Die »Endgültigkeit« dieses Glaubensbekenntnisses für die orthodoxe Kirche wird in diesem Schreiben so formuliert: »12. Seitdem besitzt die Kirche Christi endgültig ihr eigenes Glaubenssymbol, das verbindlich den einen Glauben der gesamten Kirche ausdrückt, ein Symbol, das kirchlich auf breiter Ebene verwendet werden kann und das den Glauben der Kirche – der Hirten und der Gläubigen zugleich – bekräftigt und bezeugt, einen Glauben, der die gegenseitige Liebe als Bedingung des gemeinsamen Bekenntnisses voraussetzt, wie es in der Anaphora der heiligen Eucharistie lautet: Lasset uns einander lieben, damit wir in Eintracht bekennen können ...«[41].

Auch im nächsten Abschnitt des Schreibens wird betont, dass dieses Glaubensbekenntnis »zu einem universal verbindlichen Text geworden ist«[42].

Nach dem Metropoliten von Ephesos, Chrysostomos Konstantinidis, ist die dogmatische Entscheidung des zweiten ökumenischen Konzils, vor allem das Glaubensbekenntnis der Gesamtkirche, eine der wichtigsten Errungenschaften des Konzils, aber auch eine Errungenschaft der gesamten,

40 In: Ökumenisches Patriarchat, Eintausendsechshundertjähriges Jubiläum des zweiten ökumenischen Konzils 381–1981. Patriarchales und synodales enzyklisches Schreiben, 5.–8. Juni 1981, 6.

41 Patriarchales Schreiben, 12, 6. Die deutsche Übersetzung hier nur in Anlehnung an die deutsche Ausgabe des Schreibens, denn dort ist der Sinn dieser Stelle nicht klar. Das griechische »ekphonesis« ist mit Ekphorese wiedergegeben, wobei Ekphonese gemeint ist. Trotzdem ist dieser Ausdruck, auch ohne Druckfehler, im Deutschen nicht geläufig, daher unverständlich.

42 Ebd.

ungeteilten Kirche Christi.[43] Aus diesem Grunde »müssen die Kirche und wir alle Gott lobpreisen, der durch seine heilige zweite ökumenische Synode diese heilige und einheitliche Form des Glaubens und des Bekenntnisses geschenkt hat«, betont der Hierarch des ökumenischen Patriarchates.[44] Die Exklusivität dieses Glaubensbekenntnisses innerhalb der orthodoxen Kirche betont auch Johannes Karminis;[45] sie zeigt sich vor allem in der liturgischen Praxis der orthodoxen Kirche eindeutig klar.

Die große Bedeutung dieses Glaubensbekenntnisses wird immer mehr auch innerhalb der nicht-orthodoxen Kirchen erkannt und bekräftigt. Natürlich ist hier nicht beabsichtigt, eine lückenlose Darstellung der Äußerungen all dieser Kirchen in Bezug auf das Glaubensbekenntnis von Konstantinopel (381) in Angriff zu nehmen. Doch scheint es mir wichtig, wenigstens einige Stimmen in subjektiver Auswahl wörtlich zu zitieren, damit das vorher Gesagte einigermaßen dokumentiert wird.

Die Bedeutung dieses Glaubensbekenntnisses auch für den Westen wird nicht nur durch die Zustimmung der Vertreter des Papstes Leo des Großen beim 4. Ökumenischen Konzil von Chalzedon (451)[46] und beim Verteidigen seiner Originalfassung durch die Päpste Hadrian I. (772–795), Leo III. (796–816), Hadrian II. (867–872) und Johannes VIII. (872–882) betont,[47] sondern auch in unserer Zeit sowohl von katholischer als auch von evangelischer Seite bzw. von den meisten Kirchen des Westens, die bei ökumenischen Organisationen, u. a. bei der Konferenz Europäischer Kirchen und beim Weltkirchenrat mitwirken.

Im Schreiben des Papstes Johannes Paul II. »Zur 1600-Jahr-Feier des 1. Konzils von Konstantinopel und zur 1550-Jahr-Feier des Konzils von Ephesus«[48] wird u. a. auch die große Bedeutung des 2. Ökumenischen Konzils und seines Glaubensbekenntnisses sehr stark hervorgehoben. »Ihm (dem Konzil von Konstantinopel 381) verdanken wir das Credo, das in der Liturgie seinen beständigen Platz hat«, betont der Papst.[49] Die Worte

43 Chrysostomos Konstantinidis, Metropolit von Myra, zuletzt Metropolit von Ephesos, in: Theologia 52, 1981, 683 und 705.

44 A. a. O., 723.

45 J. Karmiris, Dogmatica et symbolica monumenta orthodoxae catholicae Ecclesiae, Be. I, Graz 1968, 53.

46 E. Schwarz, Acta Conciliorum Oekumenicorum, vol. II, Berolini et Lipsiae 1927, part 1, 2, S. 93. Vgl. Chrysostomos Konstantinidis, Metropolit von Myra, zuletzt Metropolit von Ephesos, a. a. O., 716.

47 Vgl. J. Meyendorff, Die orthodoxe Kirche gestern und heute, Salzburg 1963, 51.

48 Zit. nach: Kirchliches Verordnungsblatt für die Diözese Graz-Seckau, V, 1981, 33 ff.

49 A. a. O., 33.

des Glaubensbekenntnisses »sollen uns auch die tiefen Bande neu zum Bewußtsein bringen, welche die Kirche unserer Zeit ... verbindet mit der Kirche des vierten Jahrhunderts: die Bande einer von den ersten Ursprüngen her durchgehaltenen Identität, die Bande der Treue zur Botschaft des Evangeliums und zur Predigt der Apostel«[50]. Aus diesem Grunde bekräftigt dann der Papst, dass dieses Glaubensbekenntnis für alle Christen »auch heute noch Ausdruck des einen gemeinsamen Glaubens der Kirche und der ganzen Christenheit« (ist), und uns »trotz aller Spaltungen im Laufe der Jahrhunderte – mit allen unseren Brüdern verbindet«[51]. Die Sprache des Papstes in diesem Schreiben ist eindeutig. Dieses Konzil bzw. sein Glaubensbekenntnis stellt die Apostolizität der Kirche von den »Anfängen« bis heute und die Verbindung der Kirchen von heute dar und gewährleistet die Identität des apostolischen Glaubens überhaupt.[52]

Die große ökumenische Bedeutung dieses Glaubensbekenntnisses hebt auch B. Kötting hervor und betont: »Das Glaubensbekenntnis von Konstantinopel ist ein großes Zeichen der Einheit in der christlichen Kirche geworden. Von diesem Fundament aus müssen alle ökumenischen Bemühungen ihre Richtung empfangen«[53]. Mit dieser Aussage und mit dem Titel seines Artikels: »Ökumenisches Glaubensbekenntnis« ist wohl deutlich, dass er gerade dieses Glaubensbekenntnis und nicht ein anderes bzw. neues als Fundament und Richtschnur für die Kirche und die Ökumene betrachtet. Mit der Formulierung: »Es ist der einzige in der Christenheit des Ostens und Westens gemeinsam anerkannte und gebrauchte fundamentale Text«[54] und mit der Feststellung, dass dieses Credo »den einzigartigen Vorzug gegenüber allen konziliaren und dogmatischen Be-

50 Ebd.

51 Ebd.

52 Diese doppelte Dimension der Identität und der Gemeinschaft der Kirchen betont auch sehr nachdrücklich das erste gemeinsame Dokument der gemischten Kommission des offiziellen Dialogs zwischen der orthodoxen und der katholischen Kirche, das in München verabschiedet wurde (30. Juni bis 6. Juli 1982). Dort heißt es »a) In der Tat ist die Identität des Mysteriums der Kirche, das in der Ortskirche gelebt wird, mit dem Mysterium der Kirche, das in der Urkirche gelebt wurde – Katholizität in der Zeit – fundamental. ... b) Die gegenseitige Anerkennung, heute, zwischen dieser Ortskirche und den anderen Kirchen ist ebenfalls von kapitaler Bedeutung ...«. Den vollständigen Text dieses Dokuments deutsch siehe u. a. auch in: Ökumenisches Forum, Graz 5 (1982), 155–165, hier 164.

53 B. Kötting, Ökumenisches Glaubensbekenntnis. Das Konzil von Konstantinopel im Jahre 381, in: Katholische Nachrichten Agentur (= KNA), Ökumenische Information, Nr. 35, 26. August 1981, 8.

54 H. J. Schulz, Das Konzil von Konstantinopel. Eine Wegweisung für die Ökumene, I, in: KNA, Ökumenische Information, Nr. 38, 16. September 1981, 6.

kenntnistexten der früheren und der späteren Zeit hat, daß es dogmengeschichtlichen Fortschritt der konziliaren Epoche voll in den heilsgeschichtlich-liturgischen Glaubensausdruck der Frühzeit integriert. Und so wurde es keineswegs zufällig zum ökumenischen Glaubensbekenntnis schlechthin«[55], bekennt sich auch H.J. Schulz zur »Einzigartigkeit« dieses Bekenntnisses in der »frühen und späteren Zeit« und wünscht: »Möge das tiefere Eindringen in dieses Bekenntnis des Jahres 381, wie es Papst Johannes Paul II. in St. Peter erfleht hat, zugleich dem begonnenen Dialog seine Zukunft erhellen«[56]. Er spricht auch über »Das Konzil von Konstantinopel (381): Wegweiser für die Ökumene und Mahnung an die westlichen Kirchen«[57] und über »Das ›Glaubensbekenntnis von Konstantinopel‹: wichtigstes Erbe des Konzilsgeschehens«[58]. Inhaltlich als Ausdruck der christlichen Lehre betrachtet auch Kardinal Walter Kasper dieses Glaubensbekenntnis als sehr wichtig für den Osten und den Westen: »Diese Lehre des Nicaeno-konstantinopolitanischen, des großen Glaubensbekenntnisses der Kirche verbindet bis heute alle Kirchen des Ostens und des Westens«[59]. Aber nicht nur zwischen Osten und Westen, sondern für alle Christen, also für die gesamte Ökumene ist es von größter Bedeutung. »Es (dieses Glaubensbekenntnis) stellt eine der stärksten ökumenischen Klammern dar und kann als Grundgestalt des christlichen Glaubens gelten. Dies gilt auch für die Lehre vom Heiligen Geist«[60]. Vom Zentrum des Glaubens her ist dieses Glaubensbekenntnis eben der verbindende »Ort« aller Christen. A. Grillmeier meint, dass dieser Bekenntnistext »wie kein anderer die gegenwärtige Christenheit in ihrem Glauben eint«[61].

55 A. a. O., 8.
56 H.J. Schulz, Das Konzil von Konstantinopel, in: KNA, Ökumenische Information, Nr. 39, 23. September 1981, 9.
57 H.J. Schulz, Das I. Konzil von Konstantinopel (381): Wegweiser für die Ökumene, Sonderdruck aus der Zeitschrift Der christliche Osten 1981/2–6, 4.
58 A. a. O., 5.
59 W. Kasper, Der Gott Jesu Christi, Mainz 1982, 263. Vgl. auch 264.
60 A. a. O., 264. Kasper scheint nun hier für die Kirche des Ostens und des Westens diese Rolle nur dem Nicäno-Kostantinopolitanum einzuräumen, während er früher, und weil er höchstwahrscheinlich nur die Kirchen des Westens meinte, sowohl diesem Glaubensbekenntnis als auch dem Apostolicum diesen ökumenischen Charakter zuerkannte: »Diese beiden Bekenntnisse bilden also eine der stärksten ökumenischen Klammern«. (W. Kasper, »Die gesamtchristliche Relevanz der reformatorischen Bekenntnisschriften«, in: Kirche und Bekenntnis, hrsg. v. P. Meinhold, Wiesbaden 1980, 127)
61 Bekenntnisse der Alten Kirche II. Das NC, in: Studien zur Bekenntnisbildung. Hrsg. v. P. Meinhold, Wiesbaden 1980, 30.

Und ihm (d.h. Grillmeier) folgend stellt A. Ganoczy fest: »Aus verschiedenen Gründen ist es als jenes Glaubensbekenntnis anzusehen, dem die Bezeichnung ›universal‹ oder gar ›ökumenisch‹ am ehesten zukommt, eher sogar noch als dem sog. Apostolicum«[62].

Wenn wir uns nun noch anderen evangelischen Stimmen zuwenden wollen, können wir ebenfalls eine immer größere Anerkennung des Glaubensbekenntnisses von Nizäa-Konstantinopel feststellen, die allerdings auch mit der allgemeineren Anerkennung der Tradition, d.h. der Patristik und der Konzilien sehr eng zusammenhängt. Dazu ist die Formulierung von Pannenberg sehr charakteristisch, der meint: »Wir Protestanten sind häufig in Gefahr, die Bedeutung der Einheit und Gemeinschaft der Kirche durch die Zeiten hin zu unterschätzen, obwohl doch auch wir uns zu der einen, katholischen und apostolischen Kirche bekennen. Wenn es uns mit diesem Bekenntnis (d.h. von 381) ernst ist, dann können wir uns nicht so verhalten, als ob zwischen der Zeit der Apostel und der Reformation nichts von bleibender Bedeutung geschehen wäre«[63].

Diese grundsätzliche Erklärung von Pannenberg fördert tatsächlich das ökumenische Klima auch mit der orthodoxen Kirche und ermöglicht eine ernstzunehmende offene Überprüfung vieler theologischer Fragen, die für die Wiederherstellung der christlichen Einheit doch von eminenter Bedeutung sind.

Zur Relevanz dieses Bekenntnisses für die Einheit der Kirche sagt er: »Erforderlich ist ... die Übereinstimmung im wesentlichen Inhalt des Glaubens, und zwar nicht nur zwischen den heutigen Kirchen in ihrer heutigen Mitgliedschaft, sondern auch mit der Kirche der Vergangenheit und ihrem apostolischen Ursprung. Das Bekenntnis von Nicaea und Konstantinopel ist das Symbol dieser Einheit im Glauben«[64].

Diese Äußerung des evangelischen Theologen Pannenberg könnte genauso von einem Theologen der orthodoxen Kirche stammen, erinnert aber auch an die in dieser Arbeit vorher zitierte Formulierung des Papstes Johannes Paul II. und des ebenfalls vorher zitierten gemeinsamen Dokuments von München, des offiziellen theologischen Dialogs zwischen der orthodoxen und der katholischen Kirche. Die Nähe, ja Übereinstimmung der grundsätzlichen Positionen ist m.E. sehr deutlich.

62 Alex. Ganosczy, Formale und inhaltliche Aspekte der mittelalterlichen Konzilien als Zeichen kirchlichen Ringens um ein universales Glaubensbekenntnis, in: Glaubensbekenntnis und Kirchengemeinschaft. Das Modell des Konzils von Konstantinopel (381), hrsg. v. K. Lehmann und W. Pannenberg, Freiburg i. Br, Göttingen 1982, 49.

63 W. Pannenberg, Die Bedeutung des Bekenntnisses, 133f.

64 W. Pannenberg, Die Bedeutung des Bekenntnisses, 132.

Ähnlich formulierten Peter Brunner[65] und John Norman Davidson Kelly[66]. Von der großen Bedeutung des hier besprochenen Glaubensbekenntnisses sowohl für die Kontinuität als auch die Identität in der Katholizität der evangelisch-lutherischen Kirche spricht eindeutig Wolf-Dieter Hauschild, der die Unverzichtbarkeit sowohl des Textes, vor allem aber des Inhalts dieses Glaubensbekenntnisses sehr massiv vertritt. Seine Äußerung ist ebenfalls für den Dialog sowohl mit der römisch-katholischen als auch mit der orthodoxen Kirche sehr fördernd. Die Bedeutung der Väter und des Nizäno-Konstantinopolitanums qualifizieren somit den großen theologisch-kirchlichen Wert des ersten Jahrtausends des ungeteilten Christentums, das für die Verwirklichung der kirchlichen Communio von großer Bedeutung ist. Die lutherisch-evangelische Kirche, betont Hauschild, »nimmt ihre Katholizität auch als geschichtliche Kontinuität und damit als Verpflichtung gegenüber den Lehrentscheidungen der Väter ernst. Auf unser Thema gewandt: Den Text des Dogmas von 381 (als Credo und als trinitarische Lehrformel) beizubehalten gehört unabdingbar zu dieser Kontinuität, auch wenn damit noch nicht über die praktischen Formen entschieden ist, in denen die Bindung sich vollzieht. Andernfalls verlöre unsere Kirche ein erhebliches Stück ihrer beanspruchten Katholizität. Sie verlöre jedoch ihr Sein als Kirche Jesu Christi, wenn sie die in dem Dogma formulierte Sache, die spezifisch christliche Gotteslehre, nicht mehr akzeptierte und überzeugend zur Darstellung brächte. Dafür ist die gelebte kirchliche Praxis mindestens genauso entscheidend wie die formale Rezeption der Symbola in den Bekenntnisschriften«[67].

Das, was hier Hauschild formuliert – Auszug eines Referates in einer Arbeitstagung des Arbeitskreises evangelischer und katholischer Theologen vom 6.–10. April 1981 in Freiburg i. Br. –, findet sich praktisch auch in der gemeinsamen Erklärung, die dieser ökumenische Arbeitskreis nach

65 P. Brunner, Wesen und Funktion von Glaubensbekenntnissen, in: Veraltetes Glaubensbekenntnis? Hrsg. v. P. Brunner, G. Friedrich, K. Lehmann und J. Ratzinger, Regensburg 1968, 25: »Es ist das einzige Bekenntnis, das der Christenheit gemeinsam ist, wenn man von dem abendländischen Zusatz des Filioque absieht.«

66 J. N. D. Kelly, Altchristliche Glaubensbekenntnisse, Geschichte und Theologie, Göttingen 1972, 294: »Unter allen vorhandenen Bekenntnissen ist es das einzige, für das Ökumenizität oder allgemeine Anerkennung mit gutem Grund beansprucht werden kann. Anders als das rein westliche Apostolische Glaubensbekenntnis galt es im Osten und ebenso im Westen seit 451 als autoritativ, und es hat die Position, mit einer allerdings bedeutsamen Textvariante, ungebrochen bis in die Gegenwart gehalten … Es ist so einer der wenigen Fäden, mit denen der zerrissene Fetzen des geteilten Rockes der Christenheit noch zusammengehalten werden«.

67 W.-D. Hauschild, »Das trinitarische Dogma von 381 als Ergebnis verbindlicher Konsensusbildung«, in: Glaubensbekenntnis und Kirchengemeinschaft, 48.

der genannten Tagung verabschiedet hat. Als eine Konsequenz der niveauvollen Arbeit dieser Tagung wird in Bezug auf das Glaubensbekenntnis Folgendes empfohlen: »3.3.1. Als das einzige ökumenische Credo sollte das Nicaeno-Constantinopolitanum in der Liturgie der Kirchen im deutschen Sprachgebiet seine alte und ihm gebührende Stellung durch häufigere Verwendung im Gottesdienst wieder erlangen«[68]. Natürlich ist das die Folge der Erkenntnis, dass u.a. das Trinitätsdogma »seine bleibende Ausdrucksform in dem Bekenntnis von Konstantinopel gefunden hat«[69], dass »der Text des Bekenntnisses von 381 zum unwiderruflichen Symbol des Glaubens der Kirche geworden ist«[70] und dass »das Credo von 381 den komplexen Zusammenhang von Bekenntnis, Verherrlichung und Gemeinschaft in den erforderlichen Konkretionen zu bedenken lehrt«[71]. Diese Erklärung des Arbeitskreises – wie übrigens das ganze Dokument – schafft einen sehr positiven Ausgangspunkt für den ökumenischen Dialog zwischen allen Kirchen, auch mit der orthodoxen Kirche, womit ich dem in diesem Dokument geäußerten Wunsch dieses Arbeitskreises nur positiv antworten kann.

Auch von allen Kirchenmitgliedern der »Arbeitsgemeinschaft Christlicher Kirchen« in Deutschland wurde eine gemeinsame Erklärung zur 1600-Jahr-Feier des Glaubensbekenntnisses von Nizäa-Konstantinopel zu Pfingsten 1981 unterschrieben.[72] Darin wird bekräftigt: »Dieses Bekenntnis zum dreieinigen Gott ist das einzige ökumenische Glaubensbekenntnis, das die östliche und westliche, die römisch-katholische und

68 In: Glaubensbekenntnis und Kirchengemeinschaft, 125.

69 A.a.O., 120.

70 A.a.O., 121.

71 Ebd.

72 Es muss allerdings hier klargestellt werden, dass nur die Erklärung von allen Kirchenleitern unterschrieben wurde ohne den Text des Glaubensbekenntnisses. Denn der Text des Glaubensbekenntnisses, der dem Text der Erklärung vorangestellt wurde, beinhaltet auch das Filioque. Dieser Text mit diesem bekannten Zusatz kann, wie bekannt, vom orthodoxen Metropoliten nicht unterschrieben werden. Deshalb wurde seinerseits diese Aufnahme des Textes brieflich beim Vorsitzenden der Deutschen Bischofskonferenz und beim Vorsitzenden des Rates der EKD am 11. Juni 1981 moniert. Noch eine Begebenheit gab Anlass zu Missstimmung. Exemplare dieser Ausgabe ohne den Text des Glaubensbekenntnisses mit dem Filioque, d.h. mit einer leeren Seite wurden an die Griechisch-Orthodoxe Metropolis geschickt. Auch auf diese bewusst oder unbewusst unterschiedliche Ausgabe verwies der Metropolit, worauf der Vorsitzende der Deutschen Bischofskonferenz in seinem Antwortschreiben vom 20. Juni 1981 schrieb: »Unterschiedliche Druckfassungen hat es jedoch nicht gegeben. Es kann höchstens Fehldrucke geben, in denen der Bekenntnistext nicht enthalten ist. Offensichtlich ist Ihnen unglücklicherweise ein solcher Fehldruck zugegangen«.

die reformatorische Christenheit durch alle Trennungen hindurch verbindet«[73].

Im Oktober 1984 haben die Konferenz Europäischer Kirchen und der Rat der römisch-katholischen Bischofskonferenzen Europas das Nizäno-Konstantinopolitanum in der Originalfassung gebetet und den europäischen Kirchen zur häufigeren Verwendung empfohlen.

VII Der Weltkirchenrat und das Nizäno-Konstantinopolitanum

Mit dem bisher Gesagten ist doch der Hintergrund und der Kontext unseres Themas, d. h. die Standortbestimmung der theologischen, ökumenischen Arbeit bezüglich der Frage nach dem gemeinsamen ökumenischen Bekennen des einen apostolischen Glaubens durch das Nizäno-Konstantinopolitanum deutlich geworden.

Das bedeutet, dass der Ökumenische Rat der Kirchen nicht in einem luftleeren Raum sich mit dieser Frage befasste, sondern den Kairos erfasste und rechtzeitig versuchte, das zentrale Thema des christlichen Glaubens aufzunehmen und gemeinsam einer zeitgemäßen, ökumenischen Auslegung zuzuführen, d. h. »die alte Botschaft in unseren Kontext hinein zu *übersetzen*!«[74], wie Ulrich Kühn bemerkte.

Nun beschäftigte sich die Kommission besonders mit der Thematik der *Einheit im Glauben* in einem ersten Kolloquium vom 12.–16. Juni 1978 in Venedig und zwei Konsultationen untersuchten das Problem des *Filioque* im Oktober 1978 und im Mai 1979 auf Schloss Klingenthal bei Straßburg. Die Arbeitsgruppe 2 der Kommission befasste sich in ihrer Plenarsitzung in Bangalore im Jahre 1978 mit dem »gemeinsamen Ausdruck des apostolischen Glaubens«. Daraufhin empfahl die Kommission für Glauben und Kirchenverfassung die Weiterarbeit an diesem Thema.[75] Dementsprechend handelte der damalige Direktor der Kommission für Glauben und Kirchenverfassung, William H. Lazareth, und berief gemeinsam mit dem Stabsmitglied Hans-Georg Link mit Brief vom 21. Februar 1981 die

73 KNA, Dokumentation, Nr. 16, 3. Juni 1981. Kommentar zu dieser Erklärung von: Heinz Schütte, Ökumenisches Glaubensbekenntnis. Die Erklärung der Gemeinsamen Kommission zum Nizänischen Glaubensbekenntnis und ihre Bedeutung, Teil I, in: KNA, Ökumenische Information, Nr. 36, 2. September 1981, 5–9; Tel. II, in: A. a. O. Nr. 37, 9. September 1981, 5–10.

74 Ulrich Kühn, Auf dem Weg, 86.

75 Vgl. mehr darüber in: Hans-Georg Link, Einführung in das Studienprojekt: Auf dem Weg zu einem gemeinsamen Ausdruck des apostolischen Glaubens heute, in: Schritte zur Sichtbaren Einheit Lima 1982, 57.

erste Konsultation für das Gesamtprojekt unter dem Titel: »Auf dem Weg zu einem gemeinsamen Ausdruck des apostolischen Glaubens heute« ein. Zu dieser Konsultation hat das Ökumenische Patriarchat von Konstantinopel zunächst nach Konstantinopel, nach Chalki in die Räume der Theologischen Fakultät, eingeladen. Als dann dies nicht realisiert werden konnte, hat das Ökumenische Patriarchat nach Chambésy/Genf in sein dortiges Orthodoxes Zentrum eingeladen. So fand diese erste, wegweisende Konsultation vom 28. Juni bis 4. Juli 1981 in Chambésy/Genf statt.

Die 15 Teilnehmer[76] dieser Konsultation aus der Schweiz, den USA, Südafrika, Kuba, Griechenland, der DDR, Österreich, BRD, Indien, Frankreich und Kanada – auch ich hatte die Ehre, bei dieser Konsultation dabei zu sein – sollten sich mit folgenden Schwerpunkten befassen: »1. Mit den gegenwärtigen Herausforderungen, die in den verschiedenen Gebieten der Erde zu einem neuen Aussprechen des christlichen Glaubens heute beitragen; 2. mit der Rolle, die die altkirchlichen Bekenntnisse, besonders des Nicaeno-Constantinopolitanums, in den verschiedenen kirchlichen Traditionen spielen; 3. mit den bisherigen ökumenischen Ansätzen, gemeinsam zur Sprache zu bringen«, wie Hans-Georg Link an die Teilnehmer der Konsultation am 26. Mai 1981 schrieb. Nach Einführungen über die Glaubenssituation in den verschiedenen Regionen der Welt wurde ausführlich und sehr intensiv die ganze Problematik diskutiert – auch die Frage, ob wir heute ein neues, ökumenisches Glaubensbekenntnis benötigen und wenn ja, welche Instanz, welches Organ dieses Glaubensbekenntnis herausgibt. Nach längeren und intensiven Diskussionen wurde festgestellt, dass es heute keine für alle Christen bzw. alle Kirchen verpflichtende Instanz gibt, etwa ein Ökumenisches Konzil; der Weltkirchenrat sei auch nicht eine solche Instanz, eben keine Superkirche, der Papst von Rom kann auch nicht für alle Kirchen etwas Obligatorisches proklamieren, zumal auch das Glaubensbekenntnis, das Papst Paul VI. im Jahre 1968 herausgegeben hat, innerhalb der römisch-katholische Kirche nicht rezipiert wurde. Auch inhaltlich ist es nicht klar gewesen, was für ein neues, ökumenisches Glaubensbekenntnis aufgenommen werden soll, das nicht nur eine zeitbedingte oder regionale Bedeutung haben kann, sondern eine generelle und für alle Zeiten. Diese und ähnliche schwierige und letzten Endes nicht beantwortete Fragen haben schließlich zum orthodoxen Vorschlag veranlasst, dass das große Glaubensbekenntnis des 2. Ökumenischen Konzils von Konstantinopel nicht nur den wesentlichen, zeitlosen Inhalt unseres Glaubens, für alle und für immer, eben unseren trinitarischen Glauben, an den Vater, Sohn und Hl. Geist, an die Kirche

[76] Die Teilnehmerliste in: Gemeinsam den einen Glauben bekennen, 133.

und das ewige Leben beinhaltet, sondern auch die Autorität der herausgebenden Instanz, also die des 2. gemeinsamen Ökumenischen Konzils, die Autorität und die Rezeption der nachfolgenden gemeinsamen Ökumenischen Konzilien des 1. Jahrtausends und schließlich die Rezeption der Gesamtkirche bis heute, wenn auch deren Intensität nicht gleich ist, und wenn auch im Westen mit dem Zusatz des *Filioque* ergänzt wurde. Aus dem letzten Grund und weil dieser Zusatz theologisch-kirchliche und ökumenische Probleme verursacht hat, die noch nicht bereinigt wurden, hat die Konsultation beschlossen, den Originaltext, d. h. die Urfassung des Textes des Glaubensbekenntnisses ohne *Filioque* als »ökumenisches Symbol des apostolischen Glaubens« zu akzeptieren, mit der Möglichkeit einer neuen zeitgenössischen Auslegung; diese Feststellung der Lima-Konferenz der Kommission für Glauben und Kirchenverfassung im Jahr 1982 zur Annahme vorzuschlagen mit der Empfehlung, diese bei der Vollversammlung des Weltkirchenrates in Vancouver/Kanada 1983 vorzubringen«.[77] Der Weltkirchenrat soll die »Wieder-Annahme des Nizäno-Konstantinopolitanums als ökumenisches Symbol, das den apostolischen Glauben am besten zum Ausdruck bringt«, fördern, während die Kirchen selbst den Akt der Annahme durchführen.[78] Ich habe diese Konsultation ausführlicher kommentiert, weil tatsächlich hier die wichtige Entscheidung getroffen und die Weichen gestellt wurden, wie man heute den apostolischen Glauben gemeinsam bekennen kann, nämlich durch das große Glaubensbekenntnis des 2. Ökumenischen Konzils von Konstantinopel aus dem Jahre 381.

Auf Einladung des Russisch-Orthodoxen Patriarchates fand dann vom 9.–15. Oktober 1981 eine weitere vorbereitende Konsultation der Kommission für Glauben und Kirchenverfassung im orthodoxen Seminar und Marienkloster in Odessa statt. Aber hier war das Thema schon konkret und vorausbestimmt: »Die ökumenische Bedeutung des nicänischen Glaubensbekenntnisses«.[79]

Tatsächlich befasste sich das Plenum der Kommission für Glaube und Kirchenverfassung (2.–16. Januar 1982) in Lima mit dieser Frage und nahm die Empfehlung von Chambésy/Genf an, alles daranzusetzen, um die Anerkennung des Glaubensbekenntnisses von Konstantinopel als das

[77] Vgl. G. Larentzakis, Nizäno-Constantinopolitanum. Bedeutung für die Einheit der Christen damals und heute, in: KNA Ökumenische Information, Nr. 41, 7. Oktober 1981, 8. Über diese Entwicklung vgl. auch W. Pannenberg, Die Arbeit von Faith and Order im Kontext der ökumenischen Bewegung, in: Ökumenische Rundschau 31 (1982), 52ff.

[78] Vgl. G. Larentzakis, ebd.

[79] Vgl. H.-G. Link, Einführung in das Studienprojekt, 59.

ökumenische Glaubensbekenntnis für alle Kirchen zu akzeptieren. Lothar Coenen stellt in diesem Zusammenhang fest, dass dieses Credo sich weitgehend durchgesetzt hat: »Durchgesetzt in der Kommission – aber auch in der Kirche? Das wird die künftige Beschäftigung mit diesem Thema erst noch zeigen müssen«[80]. Coenen meint auch, dass wir Christen nicht nur zeitgemäße Lokalbekenntnisse benötigten, sondern auch »Maßstäbe, um die Katholizität und Einheit der Kirche nicht zu verlieren, und insofern hat die Studie hohes Gewicht«[81].

Im Anschluss daran fanden eigene Konsultationen statt, die das Thema ausführlich behandelt haben, bis der endgültige Text in einer Sitzung des Redaktionsausschusses in Rom (15.–17. Dezember 1990) fertiggestellt und im Jahre 1991 unter dem Titel: »Gemeinsam den einen Glauben bekennen. Eine ökumenische Auslegung des apostolischen Glaubens, wie er im Glaubensbekenntnis von Nizäa-Konstantinopel (381) bekannt wird« herausgegeben wurde.

Dieses Ergebnis war auch bei der 5. Weltkonferenz für Glauben und Kirchenverfassung unter dem Thema »Auf dem Weg zur Koinonia im Glauben, Leben und Zeugnis« in Santiago de Compostela vom 3.–14. August 1993 immer wieder Thema der Beratungen, nach denen schließlich und an verschiedenen Stellen der offiziellen Dokumente die Annahme und Realisierung dieses Studiendokuments empfohlen wird.

Ich hoffe sehr, dass innerhalb der verschiedenen Kirchen die Rezeption und Realisierung dieser wichtigen Ergebnisse der ökumenischen Arbeit der Kommission für Glauben und Kirchenverfassung gefördert werden und dass der Vorschlag des Ökumenischen Patriarchen Bartholomaios I. in seiner Botschaft an die 5. Weltkonferenz für Glauben und Kirchenverfassung in Santiago de Compostela realisiert wird, nämlich, dass alle christlichen Kirchen an der Schwelle zum dritten Jahrtausend dieses Glaubensbekenntnis des 2. Ökumenischen Konzils von Konstantinopel aus dem Jahre 381 als das verbindende und verbindliche, ökumenische Glaubensbekenntnis, Fundament des christlichen Glaubens, in einem geeigneten, offiziellen Akt anerkennen. Dies wäre ein konkreter, ökumenischer Schritt von höchster Bedeutung und ökumenischer Relevanz.

80 Lothar Coenen, Die Signale stehen auf Neubesinnung. Noch einmal: Faith and Order in der ökumenischen Bewegung. Zur Tagung der Kommission in Lima, in: Ökumenische Rundschau 31 (1982), 170.

81 Ebd. Er meint mit »Studie« das in Lima verabschiedete Programm zu dieser Frage: »Auf dem Wege zum gemeinsamen Aussprechen des apostolischen Glaubens heute«. (Wie z. B. auch der gemeinsame Ausschuss der KEK und des Rates der europäischen Bischofskonferenz in seiner letzten Tagung vom 9.–11. Februar 1983 in einem Dokument gefordert haben. KEK-Nachrichten, Nr. 83/2)

Mit der Anerkennung dieses Textes in der Urfassung des Glaubensbekenntnisses können noch zwei andere kontroverse Punkte überwunden werden, die in den Beziehungen der Kirchen eine wichtige Rolle gespielt haben.

1. Die Frage des *Filioque*. Ohne diesen Zusatz könnte eine jahrhundertealte Kontroverse zwischen Osten und Westen beseitigt werden. Hier kann ich auf dieses Problem nicht eingehen. Aber sehr viele westliche Theologen und auch viele ökumenische Organisationen schlagen die Streichung dieses Zusatzes vor. Außerdem wurde auf vielen ökumenischen Veranstaltungen und ökumenischen Gottesdiensten bereits dieses Glaubensbekenntnis in der Urfassung benutzt. So z. B. bei der Ersten Europäischen Ökumenischen Versammlung in Basel, 1989, wie auch bei der Zweiten Europäischen Ökumenischen Versammlung in Graz, 1997, und bei vielen anderen ökumenischen Veranstaltungen und Gebeten wurde das Glaubensbekenntnis ohne den Zusatz *filioque,* d. h. in der Urfassung oder Originalfassung gebetet.

2. Der zweite Punkt betrifft ebenfalls die Urfassung des Glaubensbekenntnisses. Im Westen wurde vor allem aufgrund konfessioneller Missverständnisse der letzte Artikel des Glaubensbekenntnisses unterschiedlich übersetzt. Der Begriff »katholisch« wurde in den evangelischen Kirchen mit »christlich« oder »allgemein« wiedergegeben, um die Identität mit der römisch-katholischen Kirche zu vermeiden. Im Studiendokument der Kommission für Glauben und Kirchenverfassung und in den erwähnten Beispielen wurde der Begriff »katholisch« verwendet, was ökumenisch auch hilfreich ist, um die vorhandenen konfessionellen Missverständnisse und Verengungen zu vermeiden bzw. zu überwinden. D. h. wenn das Konzil den Ausdruck für die Kirche »katholisch« verwendet, meinte es sicherlich nicht unsere konfessionellen Bezeichnungen, noch weniger unsere konfessionellen Streitigkeiten, sondern die allumfassende Kirche oder die Kirche der Fülle im qualitativen, nicht im quantitativen Sinn. Und als solche kann auch eine Ortskirche »katholisch« sein, wie die Kirchenväter auch meinen. Ich weiß, dass der Begriff »katholisch« besetzt, ja vielleicht belastet ist, aber auch hier ist Aufklärungsarbeit nötig.

Diese Charakterisierung der Kirche gilt nicht nur für die orthodoxe und die römisch-katholische Kirche, sondern sie muss auch für die evangelische Kirche gelten. Und solche evangelische Stimmen haben wir auch hier gehört. Aus diesem Grund hoffe ich, dass dieser Ausdruck bei der Verwendung des Glaubensbekenntnisses auch im Gottesdienst beibehalten wird und nicht durch andere nicht ganz adäquate Begriffe, aus konfessionellen Ängsten, ersetzt wird. Ich hoffe dies übrigens auch im Hinblick auf die grundsätzliche Verwendung dieses Glaubensbekenntnisses überall, auch in der evangelischen und in der römisch-katholischen Kirche, in seiner ursprünglichen, also unveränderten Fassung.

Die konsequente Rezeption der Konziliarität in der Gesamtkirche und die Verwendung des Nizäno-Konstantinopolitanums in der Originalfassung in unseren Kirchen können einen sehr wichtigen, unverzichtbaren ökumenischen Beitrag leisten. Dies gilt auf alle Fälle für die Eucharistiefeier, aber auch für die Taufe, die den rechten Glauben voraussetzt. Diese Feststellung bringt auch manche Konsequenzen mit sich, die unverzichtbar sind. Denn »Einheit der Kirchen ist ohne Bekenntnisgemeinschaft nicht zu verwirklichen. Gemeinschaft des Bekenntnisses konstituiert sich indes mitnichten durch eine buchstäbliche, gleichsam papageienartige Wiederholung von Lehrformeln der Vergangenheit«, wie richtig Gunther Wenz[82] mit Verweis auf eine Feststellung von E. Jüngel sagt, der seinerseits betonte: »Was der Bekenntnispapagei aufzusagen hat, ist eben ein Papageienbekenntnis, mehr nicht. Der Papagei hat etwas aufzusagen; aber er hat nichts zu sagen.«[83] Das bedeutet, dass damit auch die bewusste Re-Rezeption, die Anerkennung und Verwendung dieses Glaubensbekenntnisses mit seinen bis heute wesentlichen theologischen Inhalten und in seiner ursprünglichen Fassung für die Verwirklichung der Kirchengemeinschaft notwendig ist. Aus diesem Grunde möchte ich noch einmal auf die problematische Formulierung des Ziels der Ökumene nach evangelischem Verständnis hinweisen als »Das geordnete Miteinander von bekenntnisverschiedenen Kirchen«. Mit diesen Fragen befasste sich auch Prof. Gunther Wenz, der zwar nicht von *häretischer* oder *schismatischer Kirche* spricht, sondern von Kirche, Nichtkirche oder gar Antikirche und er wünscht sich, die Frage auch innerhalb der evangelischen Kirche zu klären, »damit jene Abgrenzungen ermöglicht werden, die nötig sind, um Kirche erkenntlich von Nichtkirche oder gar Antikirche unterscheiden zu können.«[84] Er meint auch konsequent, dass » [...] die Angelegenheit [...] erst [problematischer wird], wenn die Unterschiede sichtbarer Kirchen das Bekenntnis der Kirche betreffen und dessen Gleichheit in Frage stellen oder gar aufheben.«[85] Wenz hat auch berechtigte Fragen und Zweifel im Zu-

82 Gunther Wenz, Konzepte und Prognosen für die Kircheneinheit: Welche kirchlich-theologische Einheit streben die Kirchen an? Eine evangelisch-lutherische Position, in: Ost- und Westerweiterung in Theologie 20 Jahre Orthodoxie in München, hrsg. v. Theodor Nikolaou in Zusammenarbeit mit Konstantin Nikolakopoulos und Anargyros Anapliotis, EOS Verlag, Erzabtei St. Ottilien 2006, 193.

83 E. Jüngel, Bekennen und Bekenntnis, in: S. Hermann/O. Söhngen (Hrsg.),Theologie in Geschichte und Kunst. FS W. Elliger, Witten 1968, 94–105, hier 94.

84 Gunther Wenz, Konzepte und Prognosen für die Kircheneinheit, 197f.

85 A. a. O., 198.

sammenhang mit der Formulierung von einer Kirchengemeinschaft bekenntnisverschiedener Kirchen und er meint, ob diese üblich gewordene Rede »terminologisch in jeder Hinsicht glücklich ist, darf bezweifelt werden. Denn sie ruft leicht das Missverständnis hervor, Bekenntnisdifferenzen seien ekklesiologisch irrelevant mit der Folge, dass schließlich auch der Sinn des ökumenischen Ringens um Lehrkonsense in Zweifel gezogen werden könnte.«[86] Es wird zwar von einem Positionspapier der VELKD beruhigt, dass damit nicht wesentliche, sondern nur Interpretationsdifferenzen gemeint sind, er fragt sich dann, warum man von Bekenntnisverschiedenheiten spreche.[87]

VIII Rezeptionsnot

Nach dem Gesagten ist es doch deutlich geworden, dass alle Fakten, sowohl was die Ökumenischen Konzilien betrifft, als auch was das Nizäno-Konstantinopolitanum angeht, sehr bekannt sind und m. E. bedarf es nicht neuerer Forschungen oder neuer ökumenischer Feststellungen in gemeinsamen Konsens- oder Konvergenzdokumenten. Das, was dringend notwendig ist, ist den Rezeptionsprozess zu fördern und unsere Bereitschaft, dass wir es als christliche Kirchen mit der Ökumene ernst meinen, durch Taten zu beweisen.

Es ist mühsam und wir sind müde geworden, immer wieder verschiedene Dokumente zu formulieren, die oft schwächer sind als die früheren oder dass wir am Beginn der neueren Dokumente feststellen müssen, dass wir es sehr bedauern, dass das, was in den früheren Dokumenten gemeinsam formuliert wurde, nicht rezipiert und nicht umgesetzt wurde. So wurde ebendies z. B. auch bei der Botschaft der Dritten Europäischen Ökumenischen Versammlung in Sibiu im September 2007 mit Bedauern festgestellt. Die meisten ökumenischen Vereinbarungen bleiben aber dem gläubigen Volk unbekannt. Deshalb spreche ich hier von einer *Rezeptionsnot.*

Was ich aber noch bedauere ist, dass Beschlüsse und Handlungen in unseren Kirchen gegen die ökumenisch getroffenen Vereinbarungen gesetzt werden, die kontraproduktiv sind und die Glaubwürdigkeit und Sinnhaftigkeit der ökumenischen Begegnungen und der theologischen Dialoge in Frage stellen.

Auch hier, wie bei unserer 11. Begegnung auf Rhodos im Oktober 1997, möchte ich wiederholen, dass ich die Entscheidung der Kirchenlei-

86 Gunther Wenz, Konzepte und Prognosen für die Kircheneinheit, 199.
87 Ebd.

tung der Vereinigten Evangelisch-Lutherischen Kirche Deutschlands vom 26.6.1997 nicht verstehe. Ich würde mir allerdings sehr wünschen, dass das, was in den letzten Jahrzehnten über das Nizäno-Konstantinopolitanum gesagt und gemeinsam beschlossen wurde und das, was auf Rhodos im Kommuniqué formuliert wurde, seine Realisierung in unseren Kirchen findet:[88] »Sowohl durch die Referate als auch durch die Diskussionen wurden grundsätzliche Übereinstimmungen festgestellt, die für eine weitere Verständigung hilfreich sind. Dazu gehören die biblische Grundlage und das altkirchliche Bekenntnis von Nicäa-Konstantinopel. Das schließt einerseits das trinitarische Verständnis Gottes als Schöpfer ein, andererseits *die Verpflichtung, dieses Bekenntnis in seiner ursprünglichen Fassung in den Gemeinden ins Bewusstsein zu bringen.*«[89] Ich bin zuversichtlich, dass all diese wiederholten Feststellungen auch in unseren Kommissionen und in der Konsequenz auch in unseren Kirchen rezipiert und umgesetzt werden, damit wir dann auch gemeinsam den apostolischen Glauben bekennen können und lebendiges Zeugnis vor der Welt ablegen können. Dies erwarten die Menschen von uns und dazu sind wir auch verpflichtet.

88 Jutta Henne bedauert evangelischerseits auch, dass dies bis jetzt nicht geschehen ist: »Leider ist gerade dieses Glaubensbekenntnis auch nach dem Entwurf des Evangelischen Gottesdienstbuches von 2000 allenfalls für hohe Feiertage vorgesehen ...« in: Schrift und Tradition, 161.

89 Von mir hervorgehoben. In: T. Bremer/J. Oeldemann/D. Stoltmann (Hrsg.), in Verbindung mit Miguel María Garijo Guembe (†), Orthodoxie im Dialog. Bilaterale Dialoge der orthodoxen und der orientalisch-orthodoxen Kirchen 1945–1997. Eine Dokumentensammlung, Trier 1999, 395. Vgl. auch: Chronik, Die 11. Begegnung zwischen dem ökumenischen Patriarchat und der EKD, OrthFor 12, 1998, 154. Mein Referat, in dem ich den Beschluß der VELKD kritisiere, siehe G. Larentzakis, Wir glauben an den einen Gott, den Vater, den Allmächtigen, Schöpfer des Himmels und der Erde, in: Ökumenisches Forum 20(1997),187f. Das Kommuniqué der 11. Begegnung im bilateralen Theologischen Dialog zwischen dem Ökumenischen Patriarchat von Konstantinopel und der Evangelischen Kirche in Deutschland, siehe a. a. O., 202.

Die reformatorischen Bekenntnisse – Hindernis oder Hilfe für ein gemeinsames Zeugnis des Evangeliums?

Wolfgang A. Bienert

Vorbemerkungen

Das mir gestellte Thema verstehe ich unter der übergeordneten Fragestellung: Was verbindet die Kirchen in Ost und West und was trennt sie – und inwiefern fördern oder behindern die reformatorischen Bekenntnisse die gemeinsame Bezeugung des Evangeliums gegenüber der säkularen Welt und ihren Verfechtern? Die reformatorischen Bekenntnisse verstehen sich selbst als aktuelle Zeugnisse des christlichen Glaubens in der Tradition der Kirche, die auf der Ebene der Lehre das Erbe der Alten Kirche mit den Kirchen der Reformation und den Kirchen des Ostens verbindet. Welche Konsequenzen sich daraus für das Selbstverständnis der reformatorischen Kirchen und ihr Verhältnis zu den orthodoxen Kirchen ergeben, möchte ich im Folgenden unter verschiedenen Aspekten entfalten. Grundlegend ist dabei das biblische Zeugnis und seine Wirkungsgeschichte.[1]

I Christlicher Glaube als Zeugnis und Bekenntnis

Christlicher Glaube ist bekennender Glaube. Er bekennt sich nach dem Zeugnis der Bibel auf vielfältige Weise zu Jesus als dem Christus, als den in jüdischer Überlieferung erwarteten Messias, den Erlöser, den Sohn des lebendigen Gottes, den Herrn und Gott, und er verbindet untereinander alle Menschen, die sich zu diesem Herrn bekennen. Kirche ist dementsprechend ihrem Wesen nach »Bekennende Kirche«, d.h. eine Ge-

[1] Vgl. in diesem Zusammenhang Christian Link/Ulrich Luz/Lukas Vischer: »Sie aber hielten fest an der Gemeinschaft«. Einheit der Kirche als Prozess im Neuen Testament und heute, Zürich 1988; Wolfgang A. Bienert (Hrsg.), Einheit als Gabe und Verpflichtung. Eine Studie zu Joh. 17,21, Frankfurt a.M., 2002.

meinschaft, die von ihrem Glauben öffentlich Zeugnis ablegt und Menschen aus den unterschiedlichsten Völkern, Sprachen, Kulturen und sozialen Schichten zur Gemeinschaft einlädt. Insofern ist christlicher Glaube immer auch missionarisch und zugleich ökumenisch, denn er schließt niemanden aus. Er breitet sich in dieser Welt aus und zielt zugleich auf die Einheit der Menschen in all ihrer Vielfalt. Das gilt nicht nur für die Anfänge der Kirche, d. h. für die Phase der Ausbreitung und der Identitätsfindung des Christentums. Es gilt auch für die Kirche im Zeitalter der Reformation mit ihrem Streben nach Erneuerung durch Rückbesinnung auf die biblischen Anfänge. Für evangelische Christen hat sie ihren bleibenden Ausdruck in der Confessio Augustana (CA), dem Augsburger Bekenntnis vom Jahre 1530, gefunden. Diese Confessio, dieses Bekenntnis, »ist der erste, grundlegende Beitrag der evangelischen Vertreter« auf diesem Reichstag, auf dem nach dem Willen Kaiser Karls V. die »gemeinsame christliche Wahrheit« zusammengebracht werden sollte.[2]

Das Augsburger Bekenntnis, das maßgeblich von Philipp Melanchthon verfasst wurde, verfolgt dabei eine doppelte Zielrichtung. Einerseits soll die Übereinstimmung der evangelischen Lehre mit der Hl. Schrift, den Kirchenvätern und altkirchlichen Bekenntnissen nachgewiesen werden (CA 1–21). Andererseits soll die Notwendigkeit bestimmter Reformen in der Papstkirche des 16. Jahrhunderts gezeigt und der Häresievorwurf als unbegründet zurückgewiesen werden (CA 22–28). In beiden Fällen geht es nicht um bloße Abgrenzung von anderen Positionen, sondern um den spezifisch evangelischen Beitrag »zu einer gemeinsamen wahren Religion« und zur »christlichen Einheit«. Dass es stattdessen zu weiteren Spaltungen der Christenheit kam, hat nicht zuletzt politische Gründe, auf die hier nicht näher eingegangen werden kann. Richtig ist, dass es auf dem Weg der Konfessionalisierung zu unterschiedlichen Ausprägungen des Christentums kam, zu Reformierten, Anglikanern, Lutheranern, aber auch »Römern« entsprechend dem Catechismus Romanus bzw. »Tridentinern«, entsprechend der für verbindlich erklärten Confessio Tridentina, d. h. zu einer ganzen Reihe von Spaltungen, die erst im 20. Jahrhundert im Zusammenhang mit der Ökumenischen Bewegung schrittweise überwunden wurden, dass aber die Einheit der Christen noch keineswegs erreicht ist.

2 Vgl. Hans-Georg Link, Bekennen und Bekenntnis (Bensheimer Hefte 86), Göttingen 1998, 49.

II Ein Ruf zur Einheit. Das Konkordienbuch von 1580

Schon im 16. Jahrhundert gab es verschiedentlich Versuche, die konfessionellen Spaltungen zu überwinden, und zwar durch eine Konkordie, die das gemeinsame Erbe bündeln und in Form von Bekenntnisschriften für verbindlich erklären sollte. Dazu gehörte auf lutherischer Seite das sog. Konkordienbuch[3] (= BSLK). Bei ihm handelt es sich um eine Sammlung lutherischer Schriften, in denen das Erbe der Reformation authentisch bewahrt und für die Nachwelt verbindlich festgehalten werden sollte. Nach Jahrzehnten heftiger Auseinandersetzungen über die rechte (»orthodoxe«) Lehre entstand zunächst die sogenannte Konkordienformel von 1577[4], mit der in einer Reihe von strittigen Punkten Einigung über den gemeinsamen Glauben erzielt werden konnte. Diese Schrift bildete dann die Grundlage für das Konkordienbuch, mit dem es z. T. gelang, die Anhänger der lutherischen Reformation zusammenzuführen und ihr theologisches Erbe miteinander zu versöhnen. Man gab diesem Werk, das der Einigung über die Lehren des Luthertums dienen sollte, den Titel »Concordia, Christliche, wiederholte, einmütige Bekenntnis nachbenannter Kurfürsten, Fürsten und Stände Augsburgischer Konfession und derselben Theologen Lehre und Glaubens«[5].

Den Kern des Werkes bildete die Confessio Augustana von 1530, mit der die Bekenntnisentwicklung im Luthertum begonnen und die sehr bald auch unmittelbare politische Bedeutung erlangt hatte.[6] Die Veröffentlichung des Konkordienbuches am 50. Jahrestag der Verlesung des Augsburger Bekenntnisses macht diesen Zusammenhang deutlich. Das Ziel, das die Autoren des Konkordienbuches mit seiner Veröffentlichung anstrebten, war nicht nur die Klärung theologischer Streitfragen, die vor allem durch die Formula Concordiae geschehen sollte. Darüber hinaus ging es um die Sammlung und Zusammenführung der Anhänger der lutherischen Reformation durch eine Verbindung von Luthers und Melanchthons Erbe in Gestalt ihrer wichtigsten Schriften: Luthers Katechismen

3 Dabei handelt es sich zugleich um Die Bekenntnisschriften der evangelisch-lutherischen Kirche, Göttingen [4]1959 (abgekürzt BSLK); vgl. dazu: Martin Brecht/Reinhard Schwarz (Hrsg.), Bekenntnis und Einheit der Kirche. Studien zum Konkordienbuch, Stuttgart 1980.

4 BSLK 739–1100. Auf eine lange Vorrede (739–766) folgt die Auseinandersetzung mit 12 Artikeln in Form einer Epitome (767–827) und einer ausführlichen »Solida Declaratio« (829–1100).

5 BSLK 1.

6 Vgl. den Augsburger Religionsfrieden von 1555, der den Anhängern der Confessio Augustana einen anerkannten Rechtsstatus im Reich brachte.

von 1529[7] zusammen mit den von ihm verfassten Schmalkaldischen Artikeln von 1537[8] und dem Erbe Melanchthons in Gestalt der »unveränderten« Confessio Augustana von 1530[9], seiner Apologie der CA und seinem Traktat über die Gewalt und den Primat des Papstes – zur Ergänzung der CA[10] und seinem Traktat »Von der Gewalt und Oberkeit des Baps durch die Gelehrten zusammengezogen zu Schmalkalden« (1537)[11] – zur Ergänzung der CA. Umrahmt wurden die genannten Schriften Luthers und Melanchthons durch wegweisende und normbildende Zeugnisse der Alten Kirche, durch die allseits anerkannten drei altkirchlichen Bekenntnisse, die Tria Symbola catholica sive oecumenica[12] einerseits und eine Sammlung patristischer Zeugnisse andererseits. Mit den Tria Symbola sind drei Glaubens- oder Lehrbekenntnisse aus der Alten Kirche gemeint, die nach der Überzeugung der Reformatoren für alle Christen normative Bedeutung haben: a): das vornehmlich in den Kirchen des Westens verbreitete *Apostolicum*, b): das vor allem in den östlichen Kirchen als eucharistisches Bekenntnis bekannte und dort besonders hervorgehobene *Nicaenum*[13] und c): das sog. *Athanasianum*[14], das nach seinen Anfangsworten auch »Symbolum Quicumque« genannt wird, das aber seinem Charakter nach anders aufgebaut ist als die beiden anderen Symbole. Dabei ist es bemerkenswert, dass dieses Bekenntnis einem griechischen Kirchenvater zugeschrieben wird, obwohl es ursprünglich aus dem lateinischen Westen stammt.[15]

Bei allen drei Bekenntnissen handelt es sich interessanterweise um Pseudonyme: Das Apostolicum, das vor allem in den Kirchen des Westens begegnet, stammt nicht von den zwölf Aposteln, sondern geht im Kern wohl zurück auf das römische Taufbekenntnis. Das sog. Nicaenum ist nicht, wie der Name vermuten lassen könnte, das Bekenntnis des Konzils von Nicaea (325), sondern das des Konzils von Konstantinopel I (381). Es wird deswegen immer häufiger und historisch zutreffender als Nicaeno-

7 Der Kleine Katechismus mit Haustafel, Traubüchlein und Taufbüchlein (BSLK 501–541) und der Große (deutsche) Katechismus (BSLK 545–733).

8 BSLK 407–468.

9 BSLK 44–137.

10 BSLK 141–404.

11 Philipp Melanchthon, De protestate et primate papae tractatus, BSLK 471–498.

12 BSLK 19: Tria Symbola catholica sive oecumenica. »Die drei Haupt-Symbola oder Bekenntnis des Glaubens Christi in der Kirchen einträglich gebraucht« (BSLK 21ff.).

13 BSLK 26.

14 BSLK 28–30.

15 Vgl. Roger J.H.Collins, Athanasianisches Symbol, in: TRE 4 (1979), 328–333. Text in BSLK 28–30.

Constantinopolitanum bezeichnet.[16] Und das Athanasianum stammt nicht von Athanasius von Alexandrien, dem Vorkämpfer des trinitarischen Dogmas gegenüber der Häresie des Arius, wie in der Überschrift des Bekenntnisses behauptet wird, sondern entstand vermutlich um 500 im lateinischen Westen als Zusammenfassung heilsamer Lehren[17] nach den trinitarischen und christologischen Streitigkeiten und ist als Text weniger bekannt als die beiden anderen Symbola. In der Sache fasst es das Ergebnis der wichtigsten dogmatischen Auseinandersetzungen der Alten Kirche zusammen und erinnert insofern an Athanasius von Alexandrien, den leidenschaftlichen Vorkämpfer der nicaenischen Orthodoxie und »Kirchenvater der einen Christenheit«[18].

Den Abschluss des Konkordienbuches bildet ein sogenannter Catalogus testimoniorum[19], d. h. eine Sammlung von Zeugnissen der Heiligen Schrift und der alten rechtgläubigen Kirchenlehrer zur Begründung der lutherischen Christologie, die erneut auf die altkirchlichen Wurzeln der reformatorischen Theologie hinweisen.

III Das Erbe der Alten Kirche. Der biblische Kanon als Basis

Die Bedeutung der altkirchlichen Symbola sahen die Verfasser der Konkordienformel darin, dass schon zur Zeit der Apostel oder kurz danach falsche Lehrer und Ketzer in der Kirche auftraten. Gegen sie richteten sich diese Symbola in Form von »kurze[n], runde[n] Bekenntnissen, ... welche für den einhelligen, allgemeinen christlichen Glauben und Bekenntnis der

16 Mit dem Begriff »Nicaeno-Constantinopolitanum« (NC) wird seit dem 17. Jh. – vielleicht erstmals durch Johann Benedikt Carpzov (Isagoge in libros ecclesiarum lutheranarum symbolicos, Leipzig 1665) eingeführt – der in der Tradition der Kirche seit alters als »Nicaenum« bezeichnete Credotext näher bestimmt: als das vom Zweiten Ökumenischen Konzil in Konstantinopel 381 bekräftigte bzw. beschlossene Bekenntnis, welchem das Nicaenum zugrundeliegt. Wolf-Dieter Hauschild, in TRE 24 (1994) 444. Die ältesten Textzeugnisse werden sogar erst in den Akten des Konzils von Chalkedon (451) überliefert.

17 Das Bekenntnis beginnt mit den Worten: »Quicumque vult salvus esse, ante omnia opus est, ut teneat catholicam fidem (d. h. »wer da will selig werden, der muss für allen Dingen den rechten christlichen Glauben haben«. BSLK 28); vgl. Volker Henning Drecoll, Das Symbolum Quicumque als Kompilation augustinischer Tradition, in: ZAC 11 (2007), 30–53.

18 Vgl. Wolfgang A. Bienert, Athanasius von Alexandrien, Kirchenvater der einen Christenheit, in: Väter der Kirche. Ekklesiales Denken von den Anfängen bis in die Neuzeit, Festschrift H. J. Sieben, hrsg. v. J. Arnold/R. Berndt/R. Stammberger, Paderborn 2004, 167–188.

19 BSLK, 1101–1135.

rechtgläubigen und wahrhaftigen Kirchen gehalten« wurden.[20] Diesen Glauben teilten die Anhänger der Reformation gegen alle Ketzerei und betonten zugleich den einhelligen »Consens« bei der »Erklärung unsers christlichen Glaubens und Bekenntnis«[21] im Rückgriff auf die unveränderte Augsburgische Konfession von 1530. Der fundamentale Unterschied zwischen der Bibel und allen anderen Schriften blieb jedoch erhalten. Bei allem Respekt gegenüber den altkirchlichen Symbolen und den reformatorischen Bekenntnisschriften galt weiterhin, dass »allein die Heilige Schrift der einig Richter, Regel und Richtschnur (ist), nach welcher als dem einigen Probierstein sollen und müssen alle Lehren erkannt und geurteilt werden, ob sie gut oder bös, recht oder unrecht sein.«[22]

Maßstab zur Beurteilung ist das schriftliche Zeugnis, der Kanon der prophetischen und apostolischen Schriften. Die genannten Symbola und andere Schriften gelten dem gegenüber nicht als Richter, sondern sind lediglich Zeugnis oder dienen der Erklärung des Glaubens, »wie jederzeit die Heilige Schrift in streitigen Artikeln in der Kirche Gottes von den damals Lebenden verstanden und ausgelegt, und derselben widerwärtige Lehr verworfen und verdammt wurde«[23]. Auch hier gilt das reformatorische sola scriptura, das sich auf diese Weise auch von einem problematischen Bekenntnisfundamentalismus abgrenzt, zugleich aber daran erinnert, dass die Kirche selbst als Gemeinschaft um das apostolische Evangelium ihren Weg durch die Geschichte begonnen hatte,[24] begleitet von der Apologetik, dem Ursprung der Theologie, die in der Lehre der Kirchenväter und in den Synodalentscheidungen der Kirche weiterlebt. In diesem Prozess wird allerdings nicht immer beachtet, dass der Kanon der Hl. Schrift selbst ein Werk der frühen Kirche ist, die sich mit ihrem Festhalten am Alten Testament nicht zuletzt von Marcion und seiner Kirche abgrenzte.[25]

[20] BSLK, 768.

[21] Ebd.

[22] BSLK, 769.

[23] Ebd.

[24] Vgl. Georg Kretschmar, Die »Selbstdefinition« der Kirche im 2. Jahrhundert als Sammlung um das apostolische Evangelium in: J. Schreiner, K. Wittstadt (Hrsg.), Communio Sanctorum. Einheit der Christen – Einheit der Kirche, FS Paul-Werner Scheele, Würzburg 1988, 105–131 (= Ders., Das bischöfliche Amt. Kirchengeschichtliche und ökumenische Studien zur Frage des kirchlichen Amtes, hrsg. v. D. Wendebourg, Göttingen 1999, 148–172).

[25] Vgl. Gerhard May/Katharina Greschat (Hrsg.), Marcion und seine kirchengeschichtliche Wirkung (TU 150), Berlin 2002.

IV Der griechische Osten – der lateinische Westen. Augustin – Vater der Ökumene?[26]

Die grundlegende Bedeutung der Alten Kirche für das Wesen und die Gestalt der Kirche ist innerhalb der Ökumene wohl unbestritten. Dabei geht es nicht nur um den prägenden Einfluss der Kirchenväter auf Theologie und Frömmigkeit der Christen im Osten und im Westen des römischen Imperiums. Vielmehr betrifft es den gesamten Prozess der Inkulturation des Christentums in der antiken Welt. Dabei unterscheidet der katholische Patristiker Wilhelm Geerlings zutreffend, wenn auch etwas vereinfacht, drei unterschiedlich geprägte Sprachräume, den griechischen, den lateinischen und den orientalischen Sprachraum, in denen sich nicht nur eine jeweils eigenständige Theologie, sondern auch ein unterschiedliches Kirchenverständnis entwickelte. Das geschah jedoch nicht gleichzeitig und auch nicht unabhängig voneinander, sondern von Anfang an in dem Bewusstsein der inneren Zusammengehörigkeit und der Bindung an ein gemeinsames, das apostolische, Erbe. In der Theologiegeschichte wird das konkret sichtbar daran, »dass die lateinische Theologie mit einer Phasenverschiebung von einer oder zwei Generationen der griechischen Theologie folgt«. So nimmt z.B. der lateinische Kirchenvater Hieronymus (aus dem 4. Jahrhundert; † 419) in Interpretation und Übersetzung (auch wenn er es manchmal nicht mehr wahrhaben will) die Themen und Fragen des Origenes (185–253) auf. Dabei ergab sich allerdings ein eigentümliches kulturelles Gefälle, bei dem »der Übersetzungsprozess einseitig von Ost nach West« verlief. Denn es wurden zwar Texte der griechischen Kirchenväter ins Lateinische, umgekehrt aber »kaum Schriften der lateinischen Theologen ins Griechische übersetzt«. Das gilt auch für das Werk Augustins, das die Theologie des Westens nachhaltig geprägt, während es im Osten kaum Spuren hinterlassen hat.

Der »Rückgang der Griechischkenntnisse im lateinischen Westen fördert die Abschottung dieses Sprachraums vom Osten« – bis dahin, dass umgekehrt die »pelagianische Kontroverse« zu Beginn des 5. Jahrhunderts, »die in ihrer Heftigkeit den Westen stark bewegte«, im Osten teilweise

[26] Vgl. Wolfgang A. Bienert, Im Zweifel näher bei Augustin? Zum patristischen Hintergrund der Theologie Luthers, In: Oecumenica et Patristica, Festschrift für W. Schneemelcher, Chambésy 1989, 281–294; Alfred Schindler, Augustin als Vater der Ökumene. Zu einem Grundsatz des Dokuments: Lehrverurteilungen kirchentrennend? in: Logos. FS Luise Abramowski, hrsg. v. H. Chr. Brennecke/E. L. Grasmück/Chr. Markschies (BZNW 67), Berlin 1993, 607–618.

überhaupt nicht verstanden wurde.[27] Die sprachliche, gedankliche und kulturelle Prägung der Kirchen des Ostens durch die griechischen und orientalischen Kirchenväter und die des Westens durch die lateinischen Kirchenväter wie Tertullian, Ambrosius und Augustin hat auf die Dauer die Trennung der Christenheit eher gefördert als das Gefühl der Zusammengehörigkeit und der Einheit zu stärken. Vor diesem Hintergrund stellt sich allerdings die Frage, ob Augustin zu Recht als »Vater der Ökumene« bezeichnet werden kann, wie dies im Zusammenhang mit der Diskussion über die Frage geschehen ist, ob die Lehrverurteilungen des 16. Jahrhunderts über die reformatorische Rechtfertigungslehre im Licht der Lehren Augustins immer noch gelten.[28] Als Vater der Ökumene könnte man Augustin wohl nur bezeichnen, wenn man Ökumene, wie das in den westlichen Kirchen allerdings nicht selten geschieht, lediglich als Weg zur Überwindung der abendländischen Kirchenspaltung versteht. Wenn man den Begriff weiter fasst und die Kirchen des Ostens in den Prozess der Ökumene voll einbezieht, wird zwar die ökumenische Bedeutung Augustins für die abendländische Theologie und Kirche vielleicht noch deutlicher hervortreten, zugleich aber auch der von ihm geprägte Unterschied zu den Kirchen des Ostens.

V Apostolicum oder Nicaenum?

Der Unterschied zwischen den Kirchen des Ostens und des Westens wird darüber hinaus an zwei Stellen besonders deutlich, zum einen an der Bedeutung des Apostolicums in den Kirchen des Ostens und des Westens und zum anderen am Streit um die unterschiedliche Textform des Nicaenums in Ost und West – vereinfacht, aber auch verkürzt gesagt, am Filioque-Problem. Was das Apostolicum betrifft, macht bereits ein kurzer Blick auf die einschlägige Literatur[29] deutlich, wie sehr dieses Bekenntnis, das in den Ostkirchen lange Zeit unbekannt war (und häufig immer noch ist), die abendländische Theologie und Frömmigkeit geprägt hat – vor allem durch die (Tauf-)Liturgie und die Katechismen. Luthers Kleiner

27 Vgl. Wilhelm Geerlings (Hrsg.), Theologen der christlichen Antike. Eine Einführung, Darmstadt 2002, 11.

28 A. Schindler (s. Anm. 26) bes. 616ff.

29 Vgl. Wolfram Kinzig/Christoph Markschies/Markus Vinzent: Tauffragen und Bekenntnis. Studien zur sogenannten »Traditio Apostolica«, zu den »Interrogationes de fide« und zum »Römischen Glaubensbekenntnis« (AKG 74), Berlin 1999; Liuwe H. Westra, The Apostles' Creed. Origin, History and Some Early Commentaries, (Instrumenta Patristica et Mediaevalia 43), Turnhout 2002.

und Großer Katechismus[30] gehören nicht zufällig zu den wichtigsten Bekenntnisschriften der lutherischen Kirche. Und fast alle abendländischen Darstellungen oder Einführungen in den christlichen Glauben oder in die christliche Dogmatik sind nach eigener Auskunft Auslegungen des Apostolicums.[31] Demgegenüber sind Kommentare zum Nicaenum in der theologischen Tradition des Abendlands erstaunlich selten. Das gilt auch für die kritische Erforschung dieses Textes und seiner Geschichte. Erst in den letzten Jahrzehnten hat seine Erforschung – nicht zuletzt unter dem Einfluss des ÖRK und seines Programms »Gemeinsam den einen Glauben bekennen« – deutliche Fortschritte gemacht.[32] Mögen die Unterschiede zwischen den Aussagen des Apostolicums und denen des Nicaenums auf den ersten Blick auch nicht sehr erheblich erscheinen, genauer betrachtet zeigen sie sich doch, ohne dass es darum gehen kann, beide Bekenntnisse inhaltlich gegeneinander ausspielen zu wollen. Bei einer oberflächlichen Betrachtung der Texte werden die Unterschiede manchmal kaum wahrgenommen oder rasch harmonisiert. Dabei sollte man auf jeden Fall beachten, dass das Nicaenum in den orthodoxen Kirchen insofern eine Sonderstellung einnimmt, weil es das einzige Lehrbekenntnis ist, das in der Göttlichen Liturgie verankert ist und deswegen auch keine Veränderung des Textes erlaubt. Dass die abendländische Version des Nicaenums den Zusatz »filioque«[33] im dritten Glaubensartikel enthält, hat

30 Zu den Katechismen Luthers vgl. Albrecht Peters, Kommentar zu Luthers Katechismen. Band 2: Der Glaube – Das Apostolicum, Göttingen 1991.

31 Vgl. z. B. Joseph Ratzinger, Einführung in das Christentum (dtv WR 4094), München 1968; Wolfhart Pannenberg, Das Glaubensbekenntnis ausgelegt und verantwortet vor den Fragen der Gegenwart, Hamburg 1972 (siebenstern tb 165); Horst Georg Pöhlmann, Das Glaubensbekenntnis ausgelegt für Menschen unserer Zeit, Frankfurt a. M. 2001 u. a.

32 Vgl. Reinhart Staats, Das Glaubensbekenntnis von Nicaea-Konstantinopel. Historische und theologische Grundlagen, Darmstadt 1996 (²1999); Hans-Georg Link (Hrsg.), Gemeinsam glauben und bekennen. Eine ökumenische Auslegung des apostolischen Glaubens, wie er im Glaubensbekenntnis von Nicaea-Konstantinopel (381) bekannt wird (Studiendokument der Kommission für Glaube und Kirchenverfassung Nr. 153), Frankfurt a. M. 1991; Wolfgang A. Bienert (Hrsg.): Wir glauben – Wir bekennen – Wir erwarten. Eine Einführung in das Gespräch über das Ökumenische Glaubensbekenntnis von 381 (DÖSTA), Eichstätt 1997. – Es fällt auf, dass Luther selbst keine Auslegung des Nicaenums bzw. des Nicaeno-Constantinopolitanums hinterlassen hat.

33 Kurz nacheinander erschienen zwei umfangreiche Studien zum Filioque-Problem: Bernd Oberdorfer, Filioque: Geschichte und Theologie eines ökumenischen Problems (Ökumenische Theologie 96), Göttingen 2001 und: Peter Gemeinhardt, Die Filioque-Kontroverse zwischen Ost- und Westkirche im Frühmittelalter (AKG 82), Berlin 2002. Vgl. auch Ökumenisch den Glauben bekennen (Texte aus der VELKD Nr. 139), Hannover 2007.

vor diesem Hintergrund zusätzliches Gewicht. Dazu kommt, dass dieser Zusatz später politische Bedeutung erlangte und auch deswegen umstritten war. Dass auch der zweite Artikel des Nicaenums einen Zusatz enthält, wurde dagegen bisher kaum beachtet. Ich meine die Wendung »Deum de deo« »Gott von Gott«, die möglicherweise aus dem Urtext des Nicaeno-Constantinopolitanums, dem Bekenntnis des Konzils von Nicaea 325, übernommen wurde, zugleich aber auch – wie das Filioque – der augustinischen Pneumatologie entsprach.[34] Es ist hier nicht möglich, die Entstehungsgeschichte des Nicaeno-Constantinopolitanums im Einzelnen nachzuzeichnen. Dazu gehörte auch der Streit um die politische Bedeutung des Filioque zur Zeit Karls des Großen und seine Einfügung in das Bekenntnis durch Kaiser Heinrich II. (1014). Ohne Kenntnis dieser Geschichte und seiner politisch-theologischen Hintergründe gibt es jedoch kein angemessenes Verständnis des Textes, der sich im Osten anders entwickelt hat und anders verstanden wurde als in den Kirchen des Westens, wo die augustinische Pneumatologie prägend wurde. Für ein ökumenisches Verständnis ist es jedoch notwendig, die Entwicklung der altkirchlichen Konzilsidee[35] ebenso mit im Auge zu behalten wie die Lehren der Kirchenväter, denen wir die altkirchlichen Dogmen und mit ihnen die Grundlagen unserer gedanklich reflektierten Theologie verdanken. Dazu gehören auch die altkirchlichen Bekenntnisse, vor allem das Apostolicum und das Nicaenum des Jahres 381. Beide gehören zum unverzichtbaren Erbe der Alten Kirche, dem sich auch die Kirchen der Reformation verpflichtet wussten und wissen.

VI Die Rezeption der altkirchlichen Tradition bei Luther und Melanchthon

Luthers positives Verhältnis zur altkirchlichen Tradition wird in der Regel nicht bestritten.[36] Besonders deutlich zeigt es sich in dem sehr persönlichen Bekenntnis am Ende seiner Schrift »Vom Abendmahl Christi. Be-

34 Vgl. Peter Gemeinhardt, »Geboren aus dem Wesen des Vaters ...«. Das Glaubensbekenntnis von Nicaea und Augustins neunicaenische Theologie in: Studia patristica 38 (Leuven 2001), 153–168.

35 Vgl. Hermann-Josef Sieben, Vom Apostelkonzil zum I. Vatikanum. Studien zur Geschichte der Konzilsidee (Konziliengeschichte, Reihe B, Untersuchungen 4), Paderborn 1996.

36 Vgl. Bernhard Lohse, Luthers Theologie in ihrer historischen Entwicklung und in ihrem systematischen Zusammenhang, Göttingen 1995; Martin Ohst, Martin Luther und die altkirchlichen Dogmen, in Luther – zwischen den Zeiten.

kenntnis« aus dem Jahre 1528,[37] der letzten größeren Schrift Luthers über das Abendmahl aus seinem Streit mit Zwingli. In schwieriger persönlicher Lage, beschwert von Nierensteinen und Depressionen, bekennt hier der Reformator seinen Glauben als sein persönliches Testament. Zur Abwehr von Missverständnissen und um die reformatorischen Schriften vor Missbrauch zu schützen, will er »vor Gott und aller Welt seinen Glauben Stück für Stück bekennen«, an dem er bis zu seinem Tod festhalten will. Denn wenn der Satan sogar Gottes Wort und Schrift verkehren und verwirren kann, »sollte er das nicht auch tun mit meinen Worten oder denen eines anderen?«, fragt Luther. Es genügt nicht, auf die Hl. Schrift zu verweisen, um Gottes Willen zu erkennen. Auch Aussagen aus Gottes Wort und Schrift können in ihr Gegenteil verkehrt werden. Luther selbst kann sich irren oder den Sinn der Schrift verkehren. Dagegen hilft ihm der Blick auf die altkirchliche Tradition, und er bekennt seinen Glauben wie alle rechten Christen mit den Worten: »Erstens glaube ich von Herzen den hohen Artikel der göttlichen Majestät, daß Vater, Sohn, Heiliger Geist, drei voneinander unterschiedene Personen, ein rechter, einziger, wesentlicher (essentialis!), wahrer Gott ist, Schöpfer Himmels und der Erde, aller Dinge«[38]. Und er fügt hinzu: »wie das alles bisher sowohl in der römischen Kirche als auch in aller Welt bei den anderen christlichen Kirchen gehalten worden ist«. Mit der Verwerfung der Häresien der Arianer, Makedonier und Sabellianer reiht sich Luther in die Lehrtradition der Kirche ein und nennt zur Bekräftigung des rechten Glaubens neben der römischen Kirche ausdrücklich auch die anderen christlichen Kirchen. Der Reformator begibt sich dabei auf ein heute noch aktuelles Feld der patristischen Forschung, nämlich das der Entstehung des trinitarischen Dogmas. Ihn beschäftigen die leidenschaftlich geführten theologisch-philosophischen, aber auch politischen und kirchenpolitischen Streitigkeiten zur Bestimmung der Grenze zwischen Orthodoxie und Häresie, vor allem der Frage, ob und inwiefern christlicher Glaube als Glaube an

Eine Jenaer Ringvorlesung, hrsg. v. C. Markschies/M. Trowitzsch, Tübingen 1999, 139–158.

37 WA (D. Martin Luthers Werke) 26, 499–509 – ich zitiere nach der modernisierten »Inselausgabe«. Hrsg. v. Karin Bornkamm und Gerhard Ebeling, Bd. 2, Frankfurt a. M. ^{2}1983, 253–264, bearbeitet von Oswald Bayer. Nach Bayers Urteil ist dieses Bekenntnis »die Uniform des Bekenntnisses der lutherischen Kirchen« (252).

38 Vgl. Reiner Jansen, Studien zu Luthers Trinitätslehre (Basler und Berner Stud. z. hist. u. syst. Theol. 26), Frankfurt a. M. 1976; C. Markschies, Luther und die altkirchliche Trinitätstheologie, in: Luther – zwischen den Zeiten. Eine Jenaer Ringvorlesung, Hrsg. v. C. Markschies/M. Trowitzsch, Tübingen 1999, 37–85.

den dreieinigen Gott und an den Schöpfer des Himmels und der Erde biblischer Glaube ist.

Auf dieser Grundlage hält Luther auch an seinem biblisch begründeten Christusglauben fest und schreibt:[39] »Zweitens glaube und weiß ich, daß die Schrift uns lehrt, daß die mittlere Person in Gott, nämlich der Sohn, allein ist wahrer Mensch geworden, von dem Heiligen Geist ohne Zutun eines Mannes empfangen und von der reinen, heiligen Jungfrau Maria als von seiner rechten natürlichen Mutter geboren, wie das alles St. Lukas klar beschreibt und wie es die Propheten verkündigt haben«. Luther begnügt sich nicht mit einem allgemeinen Hinweis auf die biblische Botschaft, sondern erinnert auch hier an die altkirchlichen Streitigkeiten um das christologische Dogma mit den Worten: »Es ist also nicht der Vater oder der Heilige Geist Mensch geworden, wie etliche Ketzer gelehrt haben. Auch hat Gott, der Sohn nicht allein den Leib ohne Seele, wie etliche Ketzer gelehrt haben, sondern auch die Seele, das heißt ein ganzes volles Menschsein, angenommen«. Und er fügt hinzu: »Ich glaube, daß dieser Mensch ist wahrhaftig Gott als eine, ewige, unzertrennliche Person aus Gott und Mensch geworden, so daß Maria, die heilige Jungfrau, sei eine rechte, wahre Mutter nicht allein des Menschen Christus, wie die Nestorianer lehren, sondern des Sohnes Gottes ... Das ist mein und aller Herr, Jesus Christus, Gottes und Marien einziger, rechter, natürlicher Sohn, wahrer Gott und Mensch«.

Ich überspringe Luthers Ausführungen über das Heilswerk Christi und die Auseinandersetzungen über die Fragen der Erbsünde und Luthers Verurteilung der »neuen wie der alten Pelagianer« und verweise nur noch auf seine Bemerkungen zum dritten Glaubensartikel: »Drittens glaube ich an den Heiligen Geist, der mit dem Vater und dem Sohn ein wahrer Gott ist und vom Vater und Sohn ewig kommt, in einem und demselben göttlichen Wesen und Natur eine von jenen unterschiedene Person. Durch diesen, als eine lebendige, ewige, göttliche Gabe und Geschenk, werden alle Gläubigen mit dem Glauben und andern geistlichen Gaben geziert, vom Tod auferweckt, von Sünden befreit und zuversichtlich und getrost, frei und sicher im Gewissen gemacht. Denn so wahr wir dieses Geistes Zeugnis in unserm Herzen fühlen, pochen wir darauf, daß Gott will unser Vater sein, Sünde vergeben und ewiges Leben geschenkt haben«.

Luther beendet seine Ausführungen, indem er noch einmal betont, wie sehr der dreieinige Gott uns zugewandt ist:[40] »Das sind die drei Personen und ein Gott, der sich uns allen selbst ganz und gar gegeben hat

[39] Luther (O. Bayer), 254.
[40] Luther (O. Bayer), 258f.

mit allem, was er ist und hat. Der *Vater* gibt sich uns mit Himmel und Erde samt allen Kreaturen, so daß sie uns dienen und nützen müssen«. Der *Sohn* hat »sich selbst uns gegeben, alle seine Werke, Leiden, Weisheit und Gerechtigkeit geschenkt und uns mit dem Vater versöhnt« – und der *Heilige Geist* »gibt sich uns ganz und gar. Er lehrt uns diese Wohltat Christi, die uns erzeigt ist, erkennen, hilft, sie zu empfangen und zu behalten, nützlich zu gebrauchen und auszuteilen, zu mehren und zu fördern«.

Luther betont zwar immer wieder das biblische Fundament seines Glaubens. In seinem Bekenntnis von 1528 wird aber sichtbar, wie sehr sein Glaube in der altkirchlichen Tradition und d. h., im trinitarischen, christologischen und dem in der Forschung oft übersehenen pneumatologischen Dogma verankert ist. Gerade die altkirchliche Lehre vom Heiligen Geist spielt bei Luther eine zentrale Rolle, deren Bedeutung oft unterschätzt oder gar nicht wahrgenommen wird.[41] Luthers Theologie ist dabei ohne ihren patristischen Hintergrund nicht leicht zu verstehen. Gemeint ist damit nicht nur die abendländische Tradition mit dem für Luther zweifellos bedeutsamen Erbe Augustins. Luther geht vielmehr darüber hinaus und lässt zugleich einen selbständigen und keineswegs unkritischen Umgang mit der altkirchlichen Tradition erkennen.

Neben ihm war es vor allem Melanchthon, der als Humanist und Gräzist besonders mit dem griechischen Erbe der Antike vertraut war. In seiner Theologie nahm er von Anfang an – anders als Luther – Bezug auf das Nicaenum von 381. Dieses war für ihn, wie Peter Gemeinhardt kürzlich gezeigt hat,[42] »das dogmatische Lehrbekenntnis schlechthin«. Schon in seinen Loci communes von 1521 wies er auf dieses Bekenntnis zur Bekräftigung der Göttlichkeit Jesu hin, die sich aber auch für ihn zuerst aus der Botschaft der Bibel ergab.[43] Ähnlich verhält es sich es mit einer Bemerkung Melanchthons am Anfang der Confessio Augustana (1530), wo er das Festhalten an der altkirchlichen Trinitätslehre im ›magnus consensus‹ der Gemeinden damit begründet, dass er sich in Übereinstimmung befinde mit dem ›decretum Nicaeni synodi‹[44]. Auf diese Weise unterstrich

41 Vgl. Christian Schütz, Einführung in die Pneumatologie, Darmstadt 1985, 114 ff.; Ulrich Asendorf, Heiliger Geist und Rechtfertigung, Göttingen 2004.

42 Peter Gemeinhardt, Melanchthon und das Nicaenum. Ein Beitrag zur Trinitätslehre der Reformation, in: Patristica und Oecumenica, FS für W. A. Bienert, hrsg. v. P. Gemeinhardt und U. Kühneweg (MThSt 85), Marburg 2004, 177–191; Zitat: 178.

43 »Hinsichtlich der Gottheit des Sohnes glaube ich dem Konzil von Nicaea, weil ich der [Hl.] Schrift glaube»; vgl. Ph. Melanchthon, Loci communes 1521, Lateinisch – Deutsch, übersetzt und mit kommentierenden Anmerkungen versehen von H. G. Pöhlmann, Gütersloh 1993, 147 (Nr. 3/158).

44 CA I (BSLK 50).

Melanchthon die Verbundenheit der ›Protestanten‹ mit dem Glauben der Alten Kirche. Ähnlich verhielt sich Melanchthon später in den Religionsgesprächen der Reformationszeit (von 1540/41) und anderen Vermittlungsversuchen. Immer wieder suchte er nach Wegen, um die Verbundenheit im gemeinsamen Glauben zu unterstreichen. Unter seinem Einfluss wurde schließlich in den Wittenberger Universitätsstatuten von 1545 festgelegt, dass regelmäßig über das Nicaenum Vorlesungen gehalten werden sollten. Dazu schreibt Melanchthon in einer Vorrede (von 1550), ihm ginge es dabei darum, »die allgemeine Lehre getreu vorzutragen, die in der Kirche gelehrt wird, und die, wie ich meine, bei sorgfältiger Betrachtung der gesamten Alten Kirche, wahrhaftig den Konsens der katholischen Kirche Gottes darstellt und mit der Augsburgischen Konfession von 1530 übereinstimmt«[45]. Melanchthon ist davon überzeugt, dass die einmal etablierte orthodoxe Trinitätslehre zugleich ein wichtiges Kriterium zur Unterscheidung der wahren Kirche Gottes, zu der auch die Anhänger der Confessio Augustana gehören, von den Sekten ist, die sich von dieser Kirche getrennt hätten.[46] Im Rückblick erweist sich der Humanist Melanchthon, der »Grieche« neben Luther, als ein weitblickender und zugleich einflussreicher Wegbereiter der Ökumene, gerade auch durch seinen Bezug auf das Nicaeno-Constantinopolitanum und das in den altkirchlichen Bekenntnissen verborgene, dogmatische Erbe der Alten Kirche. Melanchthons Theologie war zwar zutiefst abendländisch geprägt, aber als Reformator neben Luther, als der er in den Bekenntnisschriften der lutherischen Kirche begegnet, war er der ideale Brückenbauer für eine ökumenische Verständigung.

VII Verbindung durch die gemeinsame Geschichte

Das Erbe der Alten Kirche ist als das Fundament der gesamten Christenheit und ihr Zeugnis sowohl Voraussetzung als auch Chance und Herausforderung für die Einheit der Christen. Dabei sei an ein Wort des Komponisten Anton Bruckner erinnert: »Wer hohe Türme bauen will, muss lange beim Fundament verweilen«. Denn dort, wo es um das gemeinsame Zeugnis des Evangeliums gegenüber einer säkularen (atheistischen) Person geht,

[45] Ph. Melanchthon, Vorrede zur Vorlesung über das Nicaenische Glaubensbekenntnis (1550), übersetzt von H.-P. Hasse, in: Melanchthon deutsch, hrsg. von M. Beyer/ S. Rhein/G. Wartenberg, Bd. II, Leipzig 1997, 35–42 (Text 36–41; CR 7, 575–579); Zitat: 40; vgl. P. Gemeinhardt (Anm. 42) 180.

[46] Explic. Symb. (CR 23, 495–515); vgl. P. Gemeinhardt (Anm. 42) 182.

gilt auch: Je höher und weiter die Krone eines Baumes wird, umso tiefer müssen seine Wurzeln in die Erde vordringen (vgl. Psalm 1). Es geht dabei nicht um einen Fundamentalismus, der keine Veränderungen zulässt, sondern um den grundlegenden Glaubensinhalt, der dem Leben dient und der seine Basis im biblischen Zeugnis hat. Diese ist jedoch nicht auf die kanonischen Schriften des Alten und Neuen Testaments beschränkt, sondern erstreckt sich auf die Kirche insgesamt mit ihren Erfahrungen als Bekenntnisgemeinschaft im Umkreis von Apostolicum und Nicaenum und einer Hermeneutik, die die Kirche in ihrer Geschichte als Ganze im Blick hat. Und diese Geschichte ist es, die alle Christen miteinander verbindet. Auch Martin Luther und mehr noch Philipp Melanchthon, der Reformator neben ihm, haben sich in ihrem Werk der Reformation nicht allein auf das Zeugnis der Bibel, sondern auch auf die Kirchenväter und die altkirchlichen Bekenntnisse berufen und wurden dabei selbst zu Zeugen des Glaubens und zu Lehrern der Kirche.

BEZIEHUNGEN ZWISCHEN KIRCHE UND STAAT UNTER HISTORISCHEM UND EKKLESIOLOGISCHEM ASPEKT

15. Begegnung im bilateralen Theologischen Dialog zwischen dem Ökumenischen Patriarchat Konstantinopel und der Evangelischen Kirche in Deutschland (Konstantinopel XV)

Kommuniqué der 15. Begegnung im bilateralen Theologischen Dialog zwischen dem Ökumenischen Patriarchat und der Evangelischen Kirche in Deutschland

»Beziehungen zwischen Kirche und Staat unter historischem und ekklesiologischem Aspekt«

16.–20. März 2011, Orthodoxe Akademie von Kreta

»Ἀπόδοτε οὖν τὰ Καίσαρος Καίσαρι καὶ τὰ τοῦ Θεοῦ τῷ Θεῷ«, Μτ 22,21
»So gebt dem Kaiser, was des Kaisers ist, und Gott was Gottes ist!«, Mt 22,21

I.

Versammelt im Namen Gottes des Vaters und des Sohnes und des Heiligen Geistes fand von Mittwoch, den 16. bis Sonntag, den 20. März 2011 auf Einladung Seiner Allheiligkeit des Ökumenischen Patriarchen Bartholomaios I. die 15. Begegnung im bilateralen Theologischen Dialog zwischen der Evangelischen Kirche in Deutschland (EKD) und dem Ökumenischen Patriarchat in der Orthodoxen Akademie von Kreta statt.

Die Delegation der Evangelischen Kirche in Deutschland bestand aus:

1. Bischof Martin Schindehütte, Hannover (Leiter der Delegation)
2. Kirchenpräsident Christian Schad, Speyer (verhindert)
3. Pfarrerin Prof. Dr. Christine Axt-Piscalar, Göttingen (verhindert)
4. Pfarrerin OKRin Dine Fecht, Hannover
5. Privatdozent Dr. Reinhard Flogaus, Berlin
6. Pfarrer Prof. Dr. Hans-Peter Großhans, Münster
7. Pfarrer Prof. Dr. Christof Landmesser, Tübingen
8. OKR Dr. Hendrik Munsonius, Göttingen
9. Dekan Klaus Schwarz, Blaubeuren
10. Pfarrerin Andrea Schweizer, Karlsruhe
11. Pfarrer Prof. Dr. Reinhard Thöle, Bensheim (Berater)
12. Pfarrer OKR Dr. Johann Schneider, Hannover (Geschäftsführung)

Die Delegation des Ökumenischen Patriarchats bestand aus:

1. Metropolit Dr. h.c. Augoustinos von Deutschland, Bonn (Leiter der Delegation)
2. Metropolit Prof. Dr. Elpidoforos von Prousa, Konstantinopel/Thessaloniki (verhindert)
3. Prof. Dr. Dr. Grigorios Larentzakis, Graz/Chania
4. Prof. Dr. Konstantinos Delikostantis, Athen
5. Dr. Alexandros Papaderos, Kolymbari
6. Prof. Dr. Konstantinos Nikolakopoulos, München
7. Georgios Vlantis M. Th., Kolymbari
8. Dipl.-Theol. Marina Kiroudi, Frankfurt am Main
9. Erzpriester des Ökumenischen Patriarchats Constantin Miron, Brühl (Berater des Delegationsleiters)
10. Dr. Konstantinos Vliagkoftis, Bonn (Geschäftsführung)

II.

Aus Anlass der Begegnung sandten Seine Allheiligkeit der Ökumenische Patriarch Bartholomaios I. und Präses Nikolaus Schneider, Ratsvorsitzender der EKD, Ihre Grüße und Segenswünsche an die Delegierten.

Bei diesem Dialog wurden zwei Bibelgespräche nach Einführungen von Pfarrer Prof. Dr. Christof Landmesser zu Joh 18 (evangelisch) und Dipl.-Theol. Marina Kiroudi zu Hebr 3,12–16 (orthodox) gehalten.

Landmesser stellte dar, dass Jesus von allen Menschen verlassen vor Pilatus steht. Angeklagt durch die religiösen Autoritäten muss er sich vor der staatlichen Macht verantworten. Ohne die Wahrheit seiner Worte selbst zu verstehen, spricht Pilatus wichtige christologische Einsichten aus, wenn er Jesus als ›diesen Menschen‹ und als ›König‹ bezeichnet. In der Erhöhung Jesu am Kreuz zeigt sich auf paradoxe Weise, dass Jesus tatsächlich der König der Welt ist und der Gottesherrschaft durch seinen freiwilligen Gang in die Passion zum Durchbruch verhilft.

Kiroudi führte aus, dass die Aktualität des Hebräerbriefs darin besteht, dass er ein Wort der Ermutigung an die Gemeinde ist; deshalb wird er in der orthodoxen Kirche in der Vorbereitung auf die Große Woche gelesen, in der die Passion, der Kreuzestod und die Auferstehung Christi gefeiert werden. Die Treue Gottes zu den Menschen findet ihre Entsprechung in der ständigen Suche des Menschen nach der Teilhabe an Gott. Ein zentraler Begriff ist hier die »Parrhesie«, die den freien Zugang des Menschen zu Gott zum Ausdruck bringt. Sie ist nicht nur als ständige Umkehr individuell, sondern ermöglicht immer auch gemeinschaftlich in der »Wolke der Zeugen« die Anrufung Gottes als Vater.

Während der Tagung wurden die Arbeiten mit einem Morgengebet begonnen und mit einem Abendgebet beschlossen, die jeweils von evangelischer und orthodoxer Seite geleitet wurden. Bei den Fürbitten wurde besonders an die Opfer der vielfältigen Katastrophe in Japan gedacht. Präses Schneider hat den Delegierten ans Herz gelegt, für Japan zu beten; in seiner Grußbotschaft heißt es: »Gegenwärtig blicken wir mit großer Sorge auf das unermessliche Leid in Japan; gemeinsam mit allen Menschen guten Willens flehen wir inständig zu Gott unserem Schöpfer und Erhalter und bitten ihn um sein Erbarmen«. Beide Delegationen haben sich der Botschaft Seiner Allheiligkeit des Ökumenischen Patriarchen Bartholomaios vom 13. März 2011 anlässlich der Reaktorexplosion in Fukoshima angeschlossen: »Mit schmerzerfülltem Herzen erlebt die ganze Menschheit das Drama des Erdbebens, das Japan, erschüttert hat und das Leben vieler unserer Mitmenschen gekostet hat ... Was nun das Erdbeben betrifft, hat der Mensch keine Begründung. Die Gründe übersteigen ihn. Für die Explosion des Kernreaktors und die Kernenergie überhaupt gibt es aber eine Begründung. Mit allem Respekt, den wir der Wissenschaft schulden, schlagen wir statt der für das Überleben der Menschheit selbst so gefährlichen Kernenergie, die ungefährlichen grünen Formen der Energie vor, die sowohl die Umwelt schonen als auch die Bedürfnisse der Menschen vollkommen ausreichend decken können.«

Am Freitagabend nahmen die Delegationen am Akathistos-Gottesdienst im benachbarten Kloster der Gottesgebärerin Odigitria Gonia teil.

Am Samstagnachmittag besuchten sie die Kriegsgräberstätte Maleme, in der die Gebeine deutscher Soldaten würdevoll begraben wurden. Diese Stätte ist ein wichtiger Ort der Versöhnung und des Gedenkens, der uns zum Frieden mahnt.

Am Samstagabend wurde in der Kapelle der Akademie ein evangelischer Abendmahlsgottesdienst und am Sonntag eine orthodoxe Göttliche Liturgie gefeiert.

Am Donnerstag gab Seine Eminenz Metropolit Amphilochios von Kissamos und Selinon, der zuständige Ortsbischof und Präsident der Akademie, einen Empfang, an dem auch Ihre Eminenzen Erzbischof Ireneos von Kreta, Metropolit Evgenios von Hierapetra und Metropolit Evgenios von Rethymnon teilgenommen haben.

III

Das Hauptthema der Begegnung war: »Beziehungen zwischen Kirche und Staat unter historischem und ekklesiologischem Aspekt.«

Es wurde in folgenden Referaten von evangelischer und orthodoxer Seite entfaltet und ausführlich diskutiert:

Metropolit des. Prof. Dr. Elpidoforos von Prousa: Beziehungen zwischen Kirche und Staat unter kirchenrechtlichem Aspekt (in Abwesenheit verlesen).

Pfarrer Prof. Dr. Hans-Peter Großhans: Beziehungen zwischen Kirche und Staat. Ein systematisch-theologischer Beitrag.

OKR Dr. Hendrik Munsonius: Beziehungen zwischen Kirche und Staat in Deutschland und in der Perspektive der Errichtung eines neuen Europas.

Prof. Dr. Konstantinos Nikolakopoulos: Beziehungen zwischen Kirche und Staat in Deutschland und in der Perspektive der Errichtung eines neuen Europas.

Prof. Dr. Dr. Grigorios Larentzakis: Beziehungen zwischen Kirche und Staat unter dem Aspekt der Pastoral, der Bildung, der sozialen und der kulturellen Angelegenheiten der Kirchen.

Bischof Martin Schindehütte: »Fördernde Neutralität« – Zur Beziehung zwischen Kirche und Staat unter dem Aspekt der Pastoral, der Bildung, der sozialen und der kulturellen Angelegenheiten der Kirchen.

IV

Im Blick auf die gemeinsame Verantwortung unserer Kirchen in der Welt von heute haben Metropolit Augoustinos und Bischof Martin Schindehütte zum Tagungsthema hingeführt.

Metropolit Augoustinos stellte zunächst die Frage, ob es ein idealtypisches Modell der Beziehung zwischen Staat und Kirche gebe. Weiterhin erinnerte er an die grundsätzliche Bedeutung der Menschenrechte und die unterschiedliche Bewertung der so genannten Trennung von Kirche und Staat. Im Mittelpunkt der Begegnung müssen die theologische und die diakonische Dimension des Miteinanders der evangelischen und orthodoxen Christen in Deutschland stehen. Daneben sollte aber das Verhältnis von Staat und Kirche auch in anderen Kontexten Berücksichtigung finden.

Bischof Schindehütte führte aus, dass das Nachdenken über Kirche und Staat in historischer und ekklesiologischer Perspektive kein Selbstzweck ist, sondern dem kirchlichen Zeugnis des Evangeliums in der Gesellschaft dient. Grundlegend dafür ist die Religionsfreiheit. Kirchen tragen wesentlich zur ethischen Grundorientierung eines Gemeinwesens bei. Die Finanzkrise und die Atomkatastrophe in Japan sind schmerzliche Beispiele des Verlustes von Maß und Grenzen menschlichen Handelns. Christen treten aus ihrem Glauben heraus für schöpfungsgemäßes Leben und einen gerechten Frieden ein. Das gesellschaftlich-politische Zeugnis der Kirche muss der Tatsache Rechnung tragen, dass Nationalstaaten global nur noch eine Größe in einem Komplex von Entscheidungsprozessen sind. Die Kirche hat in ihrer eigenen ökumenischen Bestimmung ein hervorragendes Potential, auf diese komplexen politischen Strukturen einzuwirken.

Im Referat von Metropolit Elpidoforos wurde festgestellt, dass nach orthodoxer kanonischer Auffassung Staat und Kirche klar voneinander unterschiedene und zugleich aufeinander bezogene Gewalten sind. Basierend auf der in den Evangelien tradierten Lehre Christi und den einschlägigen Darlegungen des Apostels Paulus respektierte die Kirche der ersten drei Jahrhunderte die Institution des Staates, seine Gesetze und seine exekutiven Organe. Mit der Christianisierung des Römischen Reiches wurde eine Präzisierung des Verhältnisses beider Institutionen notwendig: Die klassische, mit den Begriffen »Symphonie« und »Synallelie« verbundene Definition der orthodoxen Position schuf Kaiser Justinian in seiner 6. Novelle. Von dieser Position ist die orthodoxe Kirche nicht mehr abgerückt, während sich die Haltung des Staates gewandelt hat. Allerdings stehen in der Neuzeit die modernen Nationalstaaten der orthodoxen Kirche gegenüber, die das Konzept der Symphonie nicht mehr vertreten. Aber dank des Einflusses der Orthodoxie ist die Kirche in den Staaten mit überwiegend orthodoxer Bevölkerung ein wichtiger Faktor des gesellschaftlichen Lebens geblieben.

Großhans erläuterte aus systematisch-theologischer Sicht das Verhältnis von Staat und Kirche in evangelischer Perspektive. Er gab ausgehend von Art. XVI der Confessio Augustana einen Überblick über die lutherische Zwei-Reiche-Lehre, ihre theologischen Motive und ihre Intention. Es wurde dabei deutlich, dass die evangelische Bejahung des weltlichen Lebens und die aktive Partizipation der evangelischen Kirchen an den staatlichen, sozialen und ökonomischen Ordnungen Ausdruck einer spirituellen Haltung und theologischen Einsicht ist. Der auf Einsichten der Vernunft und nicht auf religiösen Einsichten basierende Rechtsstaat hat für evangelische Christen eine theologische und spirituelle Qualität. Großhans erläuterte auch die Bedeutung der Barmer Theologischen Erklärung für das Verhältnis der evangelischen Kirchen in Deutschland einerseits zum totalitären Staat der 1930er und 40er Jahre und andererseits zum liberalen Rechtsstaat in den letzten Jahrzehnten. Aus der Rezeption der Barmer Theologischen Erklärung für das Verhältnis von Kirche und Staat geht die

Einsicht hervor, dass die Kirche ein kritisches und konstruktives Verhältnis zum Staat pflegen sollte, in dem sie den Staat und seine Organe an das Reich Gottes und die göttliche Gerechtigkeit erinnert und die konkrete staatliche Machtausübung kritisch daran beurteilt, ob sie an den Ohnmächtigen orientiert ist.

Munsonius erklärte das Verhältnis von Kirchen und Staat in Deutschland und in der Europäischen Union aus juristischer Sicht. In Deutschland werden die Religionsfreiheit und das Selbstbestimmungsrecht der Religionsgemeinschaften verfassungsrechtlich geschützt. Durch den Status als Körperschaft öffentlichen Rechts, der grundsätzlich allen Religionsgemeinschaften offensteht, haben diese die Möglichkeit, sich ihrem Selbstverständnis entsprechend zu organisieren, ohne auf privatrechtliche Formen (z. B. eingetragener Verein) festgelegt zu sein. Das Verhältnis von Staat und Kirche wird nicht mehr koordinationsrechtlich im Sinne zweier gleichgeordneter Körperschaften verstanden. Vielmehr stehen die Kirchen als freiheitsberechtigte Gemeinschaften innerhalb der Verfassungsordnung. Der Ausgleich mit den Rechten anderer ist nicht durch Abgrenzung eines kirchlichen Binnenbereichs, sondern im Wege der Abwägung zu suchen. Die europäische Ordnung garantiert einen Mindestbestand an individueller, gemeinschaftlicher und korporativer Religionsfreiheit. Der unterschiedliche Status, den die Kirchen und Religionsgemeinschaften in den Mitgliedsstaaten der Europäischen Union innehaben, wird respektiert, wenn auch die Rechte und Pflichten der Kirchen durch die europäische Rechtsetzung beeinflusst werden. Seit dem Inkrafttreten des Lissaboner Vertrags wird der Beitrag der Kirchen und Religionsgemeinschaften für die europäische Einigung normativ anerkannt und gefördert.

Nikolakopoulos fokussierte seine Ausführungen über die Beziehungen zwischen Kirche und Staat in Deutschland primär auf die Orthodoxie. Von dem in Deutschland geltenden System der »partnerschaftlichen« Trennung von Staat und Kirche, die aber in vielen Bereichen auf Kooperation angelegt ist, profitiert auch die Orthodoxie seit einigen Jahrzehnten. Die seit mehr als dreihundert Jahren in Deutschland lebenden orthodoxen Christen sind dank der per Gesetz verwirklichten Prämisse der Menschenrechte und der Religionsfreiheit durch mehrere orthodoxe kanonische Diözesen auf deutschem Boden vertreten. Das genuine Profil und der echte Kernpunkt des orthodoxen Glaubenslebens werden in der engen Kooperation und dem 2010 erfolgten Zusammenschluss aller orthodoxen Bistümer in eine »Orthodoxe Bischofskonferenz in Deutschland« zum Ausdruck gebracht. Darüber hinaus haben aufgrund des besonderen Verhältnisses von Kirche und Staat in Deutschland und der daraus abgeleiteten Körperschaftsrechte bis heute vier orthodoxe Diözesen den öffentlich-rechtlichen Status erhalten: die Diözese der Russischen Orthodoxen Kirche im Ausland (seit 1936), die Griechisch-Orthodoxe Metropolie von Deutschland (seit 1974), die Diözese der Russischen Orthodoxen Kirche des Moskauer Patriarchats (seit 1992) und die Rumänische Orthodoxe Metropolie von Deutschland (seit 2006). Dies alles geschieht allerdings in einer Europäischen Union, in der die bisherigen politischen Willensanzeichen für eine besondere Hervorhebung der christlichen Prägung unseres Kontinents ziemlich enttäuschend sind.

Für Larentzakis zeigte das Thema das Ganze des Menschen und dass seine religiöse Dimension keine Privatsache ist. Denn diese Dimension bezieht sich auch auf das gesellschaftliche, politische und kulturelle Leben der Menschen. So ist die Beziehung der orthodoxen Kirche zur staatlichen und politischen Welt nicht einseitig, ebenso wenig nicht durch nationalistische Übertreibungen besetzt, die als Häresie des Nationalismus abgelehnt und verurteilt werden müssen (auch wenn es gegenteilige orthodoxe Stimmen gibt). Denn niemand und nichts kann die überhebliche Behauptung rechtfertigen, dass manche Völker oder manche Menschen und ihre Kultur qualitativ besser seien als andere! Des Weiteren müssen sich die Kirchen ökumenisch und ohne konfessionelle Ängste wieder dem christlich Wesentlichen widmen und gemeinsam mit der Politik auf lokaler und globaler Ebene in einem unerlässlichen Dialog die unantastbare Würde aller Menschen in den Vordergrund stellen. Dazu gehören die Fragen: Was kann heute die Politik durch die Überökonomisierung tun? Ist die Politik von der freien Marktwirtschaft dominiert? Nach welchen Kriterien werden die Menschen und die Völker beurteilt? Wie steht es um die Menschenwürde und die soziale Gerechtigkeit? Damit hängen auch die wichtigen Fragen nach Familie und Ehe, nach der Bedeutung der Schöpfung Gottes, nach der Bedeutung von Wissenschaft und Wissen, Kernenergie, Klonen des Menschen usw. zusammen. Die Botschaft des Evangeliums und das Dogma der Alten Kirche haben strukturellen wegweisenden Charakter für das Heil und für das konkrete Leben. Diesbezüglich gibt es auch sehr viele wichtige ökumenische Dokumente, die dringend der Rezeption und Umsetzung bedürfen.

Bischof Schindehütte führte aus, dass die Kirche zur Bezeugung des Evangeliums an alle gesandt ist. Sie wirkt also auch in Gesellschaft und Staat. Der Staat lebt von Voraussetzungen, dass Bürger sich aus ihrem christlichen Glauben oder einer inneren Überzeugung für das Gemeinwesen und die Erfüllung des Rechtes einsetzen. Er hat darum als demokratischer Staat ein notwendiges Interesse an der Mitwirkung seiner Bürger an den demokratischen Entscheidungen und der Wahrnehmung der religiösen, sozialen und kulturellen Beiträge seiner Bürger. Das Verhältnis des

Staates zur Kirche kann in Deutschland als »fördernde Neutralität« bezeichnet werden. Der Staat ermöglicht die subsidiäre Wahrnehmung sozialer und kultureller Aufgaben durch die Kirchen und andere Akteure und fördert diese. Die Kirche nimmt pastorale Aufgaben auch in staatlichen Institutionen wie der Bundeswehr und der Polizei und säkularen Organisationen wie Krankenhäusern und Gefängnissen wahr. Sie ist durch den Religionsunterricht als ordentliches Lehrfach an öffentlichen Schulen und in eigenen Kindergärten tätig. Die Kirche wird durch ihre konkrete Tätigkeit in Staat und Gesellschaft in besonderer Weise qualifiziert, aus ihrem Glauben und bezogen auf die eigene Durchdringung wesentlicher gesellschaftlicher Fragen zum demokratischen Diskurs beizutragen.

V

Beide Kirchen formulieren ihre Überlegungen zum Verhältnis von Staat und Kirche auf der Grundlage der Heiligen Schrift und ihrer theologischen Traditionen sowie auf dem Hintergrund ihrer reichen geschichtlichen Erfahrungen, die sie in unterschiedlichen politischen Systemen gemacht haben und bis heute nicht nur in Europa, sondern auf allen Kontinenten machen.

Unsere Kirchen sehen die Aufgaben des Staates vor allem darin, in der Welt nach Maßgabe menschlicher Einsicht für Recht und Frieden zu sorgen. Diese kommen auch der Erfüllung des Auftrages der Kirche zugute, welcher in der Bezeugung des Evangeliums Jesu Christi in der Welt und zum Heil der Welt besteht. Dies geschieht in der Form des Gottesdienstes, der sowohl im engeren Sinne als Liturgie als auch als Dienst in Wort und Tat für die Welt verstanden werden muss.

Grundsätzlich stimmen wir darin überein, dass Kirche und Staat sich nicht gegenseitig instrumentalisieren, bevormunden, idealisieren oder marginalisieren dürfen. Auch nationalkirchliche Organisationsstrukturen, wie sie sich im Laufe der Geschichte herausgebildet haben, sind als solche theologisch nicht normativ. Die europäischen Erfahrungen des letzten Jahrhunderts, die unter totalitären Regimen, aber auch mit freiheitlichen Regierungen gemacht wurden, haben gezeigt, dass eine Entflechtung der Beziehungen von Kirche und Staat sowohl zum Wohle der Kirche als auch des Staates sein kann. Beide können dadurch ihrer Bestimmung, Staat bzw. Kirche zu sein, besser gerecht werden.

Gemeinsam bewerten wir die religiös-weltanschauliche Neutralität des Staates positiv, die jedoch nicht im Sinne eines Laizismus missverstanden werden darf. Unsere Kirchen verstehen sowohl den Staat als auch die

Kirche als Größen, die in der gesellschaftlichen Öffentlichkeit aufeinander bezogen und zu einer positiven Zusammenarbeit verpflichtet sind. Weder legen unsere Kirchen ihren Gläubigen eine apolitische Haltung nahe noch darf der Staat den Glauben der Christen in die Privatsphäre abdrängen. Vielmehr fordern die Kirchen ihre Gläubigen zur Übernahme von Verantwortung in Gesellschaft und Staat auf. Zugleich ist der Staat auf dieses Engagement angewiesen. Ein Beispiel hierfür ist die gelungene Integration der Gläubigen der Griechisch-Orthodoxen Metropolie von Deutschland in die bundesrepublikanische Gesellschaft durch den Dienst ihrer Kirche.

Die Kirche und der Staat müssen sich gegenseitig in ihrer Selbstständigkeit respektieren, sich dialogisch begegnen und in Bereichen zusammenarbeiten, in denen dies erforderlich ist. Die historisch gewachsenen Modelle des Verhältnisses von Staat und Kirche im Sinne einer »Symphonie/Synallelie« oder einer »Zwei-Reiche-Lehre« müssen jeweils im aktuellen politisch-gesellschaftlichen Kontext neu durchdacht und gegebenenfalls weiterentwickelt werden. Unsere Kirchen befürworten die Beachtung demokratischer Grundsätze in Staat und Gesellschaft, die dem synodalen Charakter unserer Kirchen entsprechen. Dabei ist die unantastbare Würde der menschlichen Person sowohl im kirchlichen als auch im politischen Bereich Grundprinzip des Handelns. Für die Kirche ist diese Würde der menschlichen Person in der Geschöpflichkeit und der Gottesebenbildlichkeit begründet. Daher bejahen unsere Kirchen die unbedingte Geltung der Menschenrechte.

Die in der Charta Oecumenica festgehaltenen Selbstverpflichtungen unserer Kirchen bleiben weiterhin zukunftsweisend und müssen auf dem Weg zur Einheit im Glauben umgesetzt werden. Dort heißt es: »Wir verpflichten uns, uns über Inhalte und Ziele unserer sozialen Verantwortung miteinander zu verständigen und die Anliegen und Visionen der Kirchen gegenüber den säkularen europäischen Institutionen möglichst gemeinsam zu vertreten; die Grundwerte [des Friedens, der Gerechtigkeit, der Freiheit, der Toleranz, der Partizipation und der Solidarität] gegenüber allen Eingriffen zu verteidigen; jedem Versuch zu widerstehen, Religion und Kirche für ethnische oder nationalistische Zwecke zu missbrauchen« (III, 7).

VI

Die Delegationen danken herzlich für die Gastfreundschaft:
- Metropolit Amphilochios von Kissamos und Selinon, Kissamos,
- Archimandrit Chrysanthos Kelaidis, Abt des Klosters Gonia, Kolymbari,
- Pfarrer Gerhard Jacobs (Evangelische Kirchengemeinde Kreta), Herakleion,
- Generaldirektor Dr. Konstantinos Kenanidis und die Mitarbeitenden in der Orthodoxen Akademie von Kreta.

VII

Aufgrund der gelungenen und fruchtbringenden Gespräche dieser Begegnung empfehlen beide Delegationen ihren Kirchenleitungen, die Ergebnisse dieser Begegnung zu veröffentlichen, insgesamt die Rezeption der Dialoge in den Kirchen zu fördern und unseren bilateralen Dialog weiterzuführen.

Orthodoxe Akademie von Kreta, Kolymbari,
den 20. März 2011

Für die
Evangelische Kirche in Deutschland

Bischof Martin Schindehütte
Ökumene und
Auslandsarbeit der EKD

Für das
Ökumenische Patriarchat

Metropolit Dr. h.c. Augoustinos
von Deutschland,
Exarch von Zentraleuropa

Jesus vor Pilatus. – Ein Bibelgespräch

Christof Landmesser

Die Begegnung Jesu mit Pilatus fand nicht gerade unter glücklichen Umständen statt. Die Jesusgeschichte ist mit Kapitel 18 an einem negativen Höhepunkt angelangt. Jesus wird von einer jüdischen Kohorte festgenommen (18,1–11), von Hannas und Kaiphas, dem Hohenpriester, verhört. Zur Erinnerung: Kaiphas war es, der in geradezu prophetischer Rede im Anschluss an die Auferweckung des Lazarus nach Joh 11,47–53 den stellvertretenden Tod Jesu für das Volk verlangte. Die johanneische Ironie ist fein und wird uns in unserer Geschichte gleich noch einmal begegnen. Kaiphas, der den Tod Jesu fordert, ist es, der – ohne es zu wissen – die soteriologische Pointe ausspricht. Der Tod Jesu geschieht ὑπὲρ τοῦ λαοῦ, ›für das Volk‹. Nach dem Verhör durch Kaiphas begegnet Jesus dem Pilatus. In vier kurzen Abschnitten wird dieses zweite Verhör nachgezeichnet.

1. Joh 18,28: Die Überstellung Jesu in das Prätorium

In der Chronologie des Johannesevangeliums wird Jesus am Passarüsttag dem Pilatus überstellt, also an dem Tag, an dem die Passalämmer rituell geschlachtet wurden. So wird darauf angespielt, dass Jesus schon zu Beginn des Evangeliums als das Passalamm bezeichnet wird (Joh 1,29.36) und genau zur Zeit der Schlachtung der Passalämmer auch getötet werden sollte (Joh 19,14). Jesus wird vom Hohenpriester Kaiphas, der religiösen Autorität, weitergereicht zur weltlichen Macht, dem Prokurator Pilatus, der sich zur Zeit des Passafestes in Jerusalem aufhielt, um für Ordnung zu sorgen. Jesus steht allein vor der weltlichen wie vor der religiösen Autorität. Mit der Verleugnung des Petrus wurde auch bereits erzählt, dass ihn seine Jünger verlassen haben. Jesus steht von allen Menschen verlassen vor Pilatus. – Von der jüdischen Kohorte wird erzählt, dass sie nicht in das Prätorium des Pilatus eintraten, um sich nicht vor dem Passafest im heidnischen Haus zu verunreinigen. Die Feinde Jesu haben ein ausgeprägtes religiöses Bewusstsein. Die sich gleich offenbarenden Mordgedanken in ihrem Herzen zeigen aber, was Hass aus Religion machen kann. – Sie bleiben draußen, und Jesus wird hineingeführt. Aber drinnen und draußen sind für Jesus Orte der Feindschaft, die Welt hasst ihn überall und verschwört sich gegen ihn (Joh 7,7).

2. Joh 18,29–32: Das Gespräch des Pilatus mit den Anklägern und die Tötungsforderung

Pilatus kommt heraus und fragt nach der Anklage κατὰ τοῦ ἀνθρώπου τούτου, ›gegen diesen Menschen‹. An diese Formulierung wird noch zu erinnern sein. Mit dieser Frage eröffnet Pilatus den Prozess gegen Jesus. Die Antwort der jüdischen Ankläger ist unpräzise, mit ihrer rhetorischen Frage bleiben sie eine wirkliche Antwort schuldig: ›Wenn dieser kein κακὸν ποιῶν, kein Übeltäter wäre, dann hätten wir ihn dir nicht übergeben‹ (V. 30). Geradezu hilflos klingt diese Antwort. Der im Evangelium immer wieder genannte religiöse Grund der Anklage, dass sich Jesus mit Gott gleich stelle, wäre für Pilatus nicht beachtenswert. Etwas anderes aber können die jüdischen Gegner Jesu nicht wirklich vorbringen. Pilatus jedenfalls sieht keinen die weltliche Macht interessierenden Anklagegrund, weshalb er die Juden dazu auffordert, Jesus nach ihren Gesetzen zu verurteilen (V. 31a). Die Erzählung erfährt jetzt eine Steigerung, wenn die jüdischen Ankläger daran erinnern, dass ihnen die Verurteilung zur Todesstrafe nicht erlaubt sei. Nicht erst an dieser Stelle des Johannesevangeliums wird klar, dass die jüdischen Gegner Jesu dessen Tod als Ziel haben (V. 31b). Hier unterbricht der Erzähler seine *narratio* (V. 32). Mit dem hier ins Spiel gebrachten Tod Jesu würde sich dessen Wort erfüllen, ὃν εἶπεν σημαίνων ποίῳ θανάτῳ ἤμελλεν, das er sprach, um vorauszusagen, ›welchen Tod er sterben solle‹. Beinahe wortgleich begründet der Erzähler Jesu Rede von seinem Tod als seiner Erhöhung in Joh 12,32f. Bereits in Joh 3,13–16 wird diese Erhöhung als der für das Heil der verlorenen Welt notwendige Tod des Menschensohnes beschrieben. In der letztlich katastrophalen Begegnung mit der weltlichen Macht erschließt sich der in der Jesusgeschichte sich enthüllende heilsame Gotteswille.

3. Joh 18,33–38a: Das Gespräch Jesu mit Pilatus: Jesu Selbstproklamation als König und die Wahrheitsfrage

Der Prozess müsste eigentlich abgebrochen werden, aber die Logik der Macht folgt nicht immer dem Recht. Pilatus geht wieder ins Prätorium hinein und fragt Jesus an dieser Stelle unvermittelt: σὺ εἶ ὁ βασιλεὺς τῶν Ἰουδαίων; ›*Du* bist der König der Juden?‹ (Joh 18,33). Das Motiv des Königs Israels begleitet die Passionserzählung bereits seit dem Einzug Jesu in Jerusalem (Joh 12,12–19). Vielleicht war dem Pilatus dies als Anklage gegen Jesus in anderem Zusammenhang genannt worden, aber so ganz geheuer ist ihm bei dieser Frage nicht und er schiebt in V. 35 nach: ›Was hast du getan?‹ (τί ἐποίησας;) In der Konfrontation Jesu mit der weltlichen Macht werden immerhin die zwei entscheidenden christologischen Fragen gestellt: Wer bist du? Was tust du? In chiastischer Umkehrung der Reihenfolge beantwortet Jesus diese Fragen. Die erste Antwort ist schwerer zu durchschauen, wenn Jesus von seiner βασιλεία spricht, die nicht von dieser Welt sei. Seine Königsherrschaft ist aber so ganz anders als die weltliche Macht des Pilatus. Die Königsherrschaft Jesu bildet einen Kontrast zur politischen Gewalt, die der Prokurator repräsentiert. Was Jesus tut, ist daran erkennbar, dass er nicht Diener hat (ὑπηρέται), die ihm beistehen im Kampf um die Herrschaft. Jesus hat nur Jünger (μαθηταί) die er beim Abschied auch ›Freunde‹ (φίλοι) nennt (Joh 15,15) und in der Osterbegegnung ›meine Brüder‹ (Joh 20,17). Der Versuch des Petrus, als ὑπηρέτης zu agieren, ging bekanntlich schief und kostete nur dem armen Malchus, einem Knecht des Kaiphas, sein rechtes Ohr (Joh 18,19). Jesus hat und braucht also keine weltliche Macht, um seine Herrschaft zu etablieren. Denn was Petrus bei der Gefangennahme Jesu verhindern wollte, sollte nach dem Willen Jesu ja gerade geschehen, nämlich dass er ausgeliefert würde an die Juden, um so seiner Erhöhung, nämlich seinem für die Menschen heilvollen Tod, entgegenzugehen. Das also *tut* Jesus. Wer Jesus ist, erzählt das Johannesevangelium vom Prolog in Joh 1 an, und Jesus greift dies in seiner Antwort auf die nochmalige Rückfrage des Pilatus auf: βασιλεὺς εἰμι, ›ein König bin ich‹ (Joh 18,37). Wenn Jesus nach V. 36 gesagt hat, dass seine Herrschaft nicht von dieser Welt sei, so ist deutlich, dass er genau die βασιλεία τοῦ θεοῦ, ›die Königsherrschaft Gottes‹, meint, von der nur noch einmal im Johannesevangelium in dieser Terminologie die Rede ist. Nach Joh 3,2f. hat der jüdische Gelehrte Nikodemus Jesus danach gefragt, wie ein Mensch in den Raum des Heils eintreten könne. Darauf antwortet ihm Jesus, dass nur der die βασιλεία τοῦ θεοῦ sehen (Joh 3,3) oder in diese eintreten könne (Joh 3,5), der von neuem oder von oben geboren werde. Diese Neugeburt wird dann im weiteren Verlauf des

Nikodemusgespräches mit dem Tod Jesu am Kreuz als seiner Erhöhung begründet. Jesus ist der in diesem Reich herrschende König und mit seiner Erhöhung am Kreuz richtet er diese Herrschaft als Heilsraum auf.

Dieser Zusammenhang von Jesu Handeln und der dadurch aufgerichteten Gottesherrschaft ist genau die Wahrheit (*ἀλήθεια*), die nur erkennt, wer die Stimme Jesu hört, wer also glaubt (Joh 18,37b). Die berühmte Rückfrage des Pilatus in Joh 18,38a: τί ἐστιν ἀλήθεια; ›Was ist Wahrheit?‹ dokumentiert nichts anderes als sein Unverständnis, seinen Unglauben. Im Gegenüber zur Gottesherrschaft repräsentiert Pilatus eine weltliche Macht, die das Heil gerade nicht schafft.

4. Joh 18,38b–40: Gespräch des Pilatus mit den Anklägern: Barabbas statt Jesus

Noch einmal betont Pilatus im Gespräch mit den jüdischen Anklägern geradezu staatsmännisch die politische und die rechtliche Irrelevanz der Anklage: ›Ich habe keine Schuld an ihm gefunden‹ (Joh 18,38). Das schützt Jesus aber nicht vor dem Populismus des Machtmenschen Pilatus, der den Juden dem Brauch entsprechend auf ihren Wunsch hin nicht den unschuldigen Jesus, sondern Barabbas, den Dieb, zum Fest frei gibt. Aber wie die Fortsetzung der Passionserzählung narrativ entfaltet, erweist sich Jesus tatsächlich als der König, der aber auch Mensch ist. Beides spricht gerade Pilatus aus und weiß nicht, was er sagt. Zuerst nennt er Jesus den Menschen (Joh 18,29), dann spricht er mit Jesus über seine Königsherrschaft. Ohne Rechtsgrund lässt Pilatus Jesus geißeln und ihm den Dornenkranz zur Krönung aufsetzen. Jesus ist hier der sterbliche Mensch und Pilatus präsentiert den Juden den gekrönten Jesus mit dem Ausruf: Ἰδοὺ ὁ ἄνθρωπος, ›Siehe, der Mensch!‹ (Joh 19,5b). Es folgen die ironisch gebrochene Präsentation Jesu vor dem Volk durch Pilatus mit dessen Ausruf: Ἴδε ὁ βασιλεὺς ὑμῶν, ›Siehe, euer König!‹ (Joh 19,14) und die pervertierte Akklamation des Volkes ἆρον ἆρον, σταύρωσον αὐτόν, ›weg, weg mit ihm, kreuzige ihn‹ (Joh 19,15). Pilatus sagt die Wahrheit, er weiß es aber nicht. Mit seiner Verurteilung des Menschen und des Königs Jesus fördert er den Gotteswillen, wie ihn schon Kaiphas ohne Einsicht in seine eigenen Worte formuliert hatte. Der Gotteswille wird in der Erhöhung Jesu zum Heil der Menschen erfüllt werden.

Beziehungen zwischen Kirche und Staat unter dem Aspekt der Pastoral, der Bildung, der sozialen und der kulturellen Angelegenheiten der Kirchen[1]

Grigorios Larentzakis

Über unsere Begegnung hier, in den Räumen der Orthodoxen Akademie von Kreta, freue ich mich sehr, denn diese Begegnung unserer Kirchen hier bezeugt noch einmal auch die ökumenische Dimension nicht nur dieser Akademie, sondern der Kirche von Kreta und überhaupt der orthodoxen Kirche, die solche Einrichtungen mit diesen wichtigen Aufgaben unterhält. In dieser Akademie, als Ort des Dialogs, haben bereits viele intensive Gespräche stattgefunden und zwar nicht nur interorthodox oder nur zwischen den Kirchen ökumenisch, sondern auch zwischen den Kirchen und den politischen und staatlichen Organisationen und Einrichtungen, u. a. auch auf gesamteuropäischer Ebene.

Auch das konkrete Thema dieser Begegnung mit seinen vielfältigen Dimensionen zeigt, dass die christliche Botschaft eine ganzheitliche Dimension hat und gegen jede dualistische Sicht des Menschen sein muss. Der Mensch muss also sowohl mit seinen geistigen und spirituellen Dimensionen, als auch mit seinen konkreten soziopolitischen und kulturellen Bedürfnissen und Problemen betrachtet und behandelt werden. Und gerade diese Dimensionen dürfen nicht vernachlässigt werden, sondern müssen als eine gesamtchristliche, ökumenische Aufgabe der christlichen Kirchen wahrgenommen werden. Die orthodoxe Kirche hat diese Dimensionen menschlicher Existenz als eine wichtige Aufgabe gesehen und hat in schwierigen Zeiten auf der Seite ihrer Gläubigen gestanden, bis hin zu ihrer Befreiung, auch wenn dies nicht immer so deutlich erkannt wurde. Natürlich gibt es da und dort noch Situationen, die missverständlich sind oder missverstanden wurden. Dies betrifft auch das Verhältnis zwischen Kirche und Staat. Das bedeutet, dass ich hier nichts idealisieren will. Verbesserungsmöglichkeiten und Verbesserungsnotwendigkeiten gab es im-

1 Referat gehalten bei der Begegnung der EKD mit dem Ökumenischen Patriarchat in der Orthodoxen Akademie von Kreta vom 16.–20. März 2011.

mer, die gibt es heute und die wird es auch in der Zukunft geben, auch bei uns. Jedoch darf man auch nicht deshalb die vorhandenen Grundprinzipien und Grundstrukturen ignorieren oder sie zu schwach anmahnen. Eines hilft auf alle Fälle und innerhalb keiner Kirche nicht: Nur die anderen von oben herab zu beurteilen, als ob in den eigenen Reihen alles perfekt wäre! Dies hilft innerhalb der eigenen Kirche nicht, und selbstverständlich auch nicht für die Förderung der Ökumene! All das erwähne ich, weil ich aus eigener Erfahrung oft den Eindruck gewonnen habe, dass wir auch in Bezug auf die Problematik unserer Begegnung, also des Verhältnisses zwischen Kirche und Staat, unseren Blick meistens nur auf die anderen geworfen und oft sehr schnell geurteilt haben, während wir zugleich unsere aktuelle Situation und die der weit entfernten oder jüngeren Vergangenheit ignoriert oder bagatellisiert haben ...! Und gerade aus diesen Gründen, meine ich, ist es sehr gut, dass wir den Dialog fortsetzen und uns in dieser Begegnung gemeinsam diesem Problemkreis stellen, um gemeinsam auch den Menschen in dieser krisengeschüttelten Zeit zu helfen.

Nun, das Thema, das mir gestellt wurde, betrifft die Pastoral, die Bildung, die sozialen und kulturellen Angelegenheiten, d. h. ziemlich alle Dimensionen der konkreten Existenz der Menschen in dieser Welt. Das sind Bereiche, die miteinander sehr eng verbunden sind und welche innerhalb eines geordneten Staates verwirklicht werden. Daher kann man sie nicht voneinander trennen oder isolieren.

Was kann die orthodoxe Kirche dazu sagen, wie verhält sich die orthodoxe Kirche diesen Fragen gegenüber? Gibt es dazu eine öffentliche Meinung?

Bevor ich aus orthodoxer Sicht eine Antwort versuche, möchte ich gerade diesbezüglich hier Beobachtungen erwähnen, die ich als Heterostereotypen zur orthodoxen Kirche festgestellt habe, die aber den Zugang zur echten und richtigen Beurteilung meiner Kirche erschweren:

Erstens wird die orthodoxe Kirche überschwänglich positiv als die Meisterin der Spiritualität gesehen und viele Angehörige anderer Kirchen, die sich nach Spiritualität sehnen, suchen gerade aus der orthodoxen Kirche intensiv das Mangelhafte und das Fehlende in ihrer Umgebung zu fühlen. In dieser intensiven Sehnsucht nach Spiritualität wird die orthodoxe Kirche idealisiert und ihre konkreten Probleme werden wegspiritualisiert, als ob nicht auch sie in dieser Welt mit allen ihren pastoralen und sonstigen Problemen leben würde. In der orthodoxen Kirche leben eben nicht nur Heilige! Deshalb muss dieses übertrieben positive Bild der orthodoxen Kirche der Realität angepasst werden.

Zweitens gibt es aber auch die andere Meinung, die in der orthodoxen Kirche gerade wegen der angesprochenen höchsten Spiritualität kein positives Bild sieht, sondern das Gegenteil, nämlich den Vorwurf macht, dass die orthodoxe Kirche für die konkreten Probleme der Menschen in dieser Welt nichts übrig hat, weshalb sie sich auch dafür überhaupt nicht interessiert. Sie habe eben keine effektive Pastoral, denn sie interessiere sich nur für Spiritualität, Ikonen und Weihrauch!

Drittens wird auch das Verhältnis zwischen Kirche und Staat unterschiedlich beurteilt. Auch in diesem Bereich gab es heterostereotype Auffassungen über die orthodoxe Kirche mit cäsaropapistischen reichskirchlichen Bindungen, mit staatlicher Unterwürfigkeit, Verrat und Kollaboration mit den Mächtigen und mit nationalistischen Verwicklungen als dogmatisches Charakteristikum dieser Kirche, die deshalb ihren primären kirchlichen und pastoralen Aufgaben nicht nachkommen kann, sondern vielmehr die politischen Konfliktsituationen unterstützte und förderte. Solche Vorurteile waren für eine objektive Beurteilung der politischen und kriegerischen Auseinandersetzungen auch im südosteuropäischen Raum hinderlich. Über diese westliche Haltung schrieb im Juni 1999 der evangelische Universitätsprofessor und Oberkirchenrat in Wien Johannes Dantine: »Es ist aber auch so, dass eine nicht unbeträchtliche Negativeinstellung zur Orthodoxie im Westen eine verheerende Rolle gespielt hat. Es ist zwar sicher, dass es kulturelle und religiöse, daher auch politische Differenzen zwischen West und Ost gibt, wie es solche auch zwischen dem protestantischen Norden und dem katholischen Süden gibt. Aber dann den ›Kampf der Kulturen‹ zwischen West- und Ost-Rom auszurufen, oder darauf zu beharren, dass Europa dort aufhört, wo die Orthodoxie anfängt, ist nicht nur dumme Vereinfachung, sondern offene Diskriminierung und letztlich Spiel mit dem Feuer.«[2] Ich vermute, dass solche und ähnliche Urteile und Vorurteile noch da und dort vorhanden sind.

Heute und an dieser Stelle kann all das nicht ausführlich behandelt werden, aber es versteht sich von selbst, dass solche extremen Beurteilungen und solche Urteile, die mit einem hohen Maß an Vorurteilen behaftet sind, für das bessere objektivere Kennenlernen der Kirchen und für die Förderung der notwendigen Zusammenarbeit in schwierigen Zeiten – wie heute – hinderlich sind. Ich behaupte auch nicht, dass alles bei uns ideal ist oder, dass es bei uns Quellen solcher Zustände nicht gibt. Mit Bedauern stelle ich fest, dass es bei uns auch Amtsträger und kirchlich Verantwortliche gegeben hat und noch, oder heute wieder, gibt, die ein einseitiges übertriebenes Bild der Orthodoxie vermitteln. Aber zugleich muss ich auch feststellen, dass vor allem in den letzten Jahren in den verschiedenen christlichen Kirchen eine stärkere konfessionelle Profilierungsten-

2 In: »Die Furche«, Wien, 17. Juni 1999.

denz, ja ein Profilierungsdrang Platz greift, der mit einer konfessionellen Angst verbunden ist, dass sogar durch die Ökumene die eigene konfessionelle Identität relativiert und verwischt werden könnte. Eine solche Angst nährt den Boden der Apologetik, der Konkurrenz und des konfessionellen Fundamentalismus, was nicht nur für die Ökumene abträglich ist. Und wenn es da und dort ökumenische Rückschritte gibt, ist schuld daran »die von mir radikal abgelehnte konfessionelle Selbstgenügsamkeit«[3], betont Oscar Cullmann, dessen Meinung ich auch teile. Eine konfessionelle Angst kann aber nur dann die Haltung der Menschen bzw. der Verantwortlichen einer Konfession bestimmen, wenn das konfessionelle historisch Gewachsene als das selbstgenügsame, das autarke Identitätsmerkmal für das Christsein selbst geworden ist. Das bedeutet, dass im Bereich des Christlichen eine Verschiebung auf Kosten der Wesensbestimmung erfolgt ist. Dem historisch Gewachsenen wird daher vor dem Wesentlichen Priorität gegeben. Wenn wir aber dem Wesentlichen die Priorität einräumen, haben wir keinen Grund für konfessionelle Ängste oder Angst vor einer legitimen und sinnvollen Vielfalt in der Kirche.

In einer solchen Situation, in der, auch nach so vielen Jahrzehnten ökumenischer Arbeit, die existentielle Sinnhaftigkeit des Christseins eher weniger deutlich wird, ist die Intensivierung der Beschäftigung mit dem Wesentlichen der christlichen Botschaft und des gegenseitigen besseren Kennenlernens absolut unerlässlich. Und dass dies in ökumenischer Verantwortung geschehen muss, versteht sich von selbst.

Das bedeutet, dass wenn wir als Kirchen und als Christen mit der Politik im Allgemeinen und mit den konkreten nationalen und internationalen, bzw. gesamteuropäischen staatlichen und politischen Instanzen den Dialog aufnehmen wollen, der sicherlich unerlässlich ist, zunächst wir selbst die bisherige Überzeugungskraft und die Glaubwürdigkeit unseres Handelns hinterfragen müssen und dass wir das Wesentliche der christlichen Botschaft in den Vordergrund zu stellen haben. Dies können wir gemeinsam und möglichst mit einer Stimme tun, natürlich nicht uniformistisch, sondern vielfältig, jedoch in einer Harmonie und Symphonie auf dem Fundament desselben Glaubens in seinen wesentlichen Elementen und ohne Konkurrenz bei der Verkündigung des Evangeliums und der Strukturierung der kirchlichen Institutionen. Wenn uns dieses Zusammengehen nicht gelänge, ist es schwierig, den politischen Partner im Dialog zu überzeugen. Und wir verwirken das Recht, von den Politikern und den Generälen zu fordern, sich für das Soziale und für den Frieden einzusetzen,

[3] O. Cullmann, Einheit durch Vielfalt. Grundlegung und Beitrag zur Diskussion über die Möglichkeiten ihrer Verwirklichung, Tübingen ^{2}1990, 11.

wenn wir nicht fähig sind, unsere innerchristlichen Probleme zu lösen und Versöhnung und Einheit zu schaffen. Wenn aber gemeinsam und entschieden die christlichen Kirchen in einem Land oder sogar im ganzen Europa auftreten, kann ihre Stimme für das Wohl der Menschen nicht ignoriert werden.

Es muss also beiden, den Kirchen und den politisch Verantwortlichen, klar werden, dass es dabei, sowohl was die Mitglieder und Angehörigen der Kirchen als auch die Angehörigen des Staates betrifft, um die gleichen Menschen geht und dass beide ein Interesse daran haben müssen, dass es diesen Menschen gut geht. Und wenn es diesen Menschen gut geht, dann geht es den Kirchen und dem Staat gut. Das bedeutet, dass konsequenterweise dem Verhältnis zwischen den Kirchen und dem Staat, ob national oder global, keine Konkurrenz, schon gar keine Gegnerschaft dienlich sein kann.

Daher muss mit aller Deutlichkeit zunächst einmal gemeinsam von allen Kirchen den Menschen und der Politik glaubwürdig klar gemacht werden, dass die religiöse Dimension des Lebens der Menschen generell keine private, esoterische Angelegenheit darstellt, getrennt und isoliert vom alltäglichen und öffentlichen Leben. Das religiöse Leben bzw. die Kirchen stellen kein System mit einem Selbstzweck dar, sondern sie dienen dem Menschen, sie haben eine existentielle Bedeutung, auch wenn wir gelegentlich den Eindruck erwecken, wir arbeiten für die Erhaltung und Stärkung einer Institution. Und genau diese Klarstellung betrachte ich als eine der primären gemeinsamen ökumenischen Aufgaben. Ein Sich-Zurückziehen oder ein Sich-Zurückdrängen-Lassen in die Sakristei hilft schließlich niemandem und auf längere Sicht auch den Kirchen selbst nicht. Diese existentielle Aufgabe bedeutet keineswegs Einmischung in die Parteipolitik, was ich auch nicht meine, denn es sind aus der Vergangenheit die negativen Folgen einer direkten Einmischung der verschiedenen Kirchen in die Politik schmerzlich bekannt. Aber auf der anderen Seite kann niemand von den Christen bzw. von den Kirchen verlangen oder ihnen zumuten, dass ihr Leben von »anderen« gestaltet und bestimmt wird, ohne ihnen das Recht einzuräumen, dabei ein Wort mitzureden. Es geht primär um eine Mitwirkung mit Synergieeffekten positiv für beide und Ein Begleiten der Menschen in allen Phasen ihres Lebens mit Taten in gemeinsamer Verantwortung, nicht nur mit schönen Worten. Dafür ist aber eine offene und seriöse Zusammenarbeit in strukturell-organisatorischen, aber auch finanziellen Angelegenheiten hilfreich.

Hier sei noch kurz erwähnt, dass das Ökumenische Patriarchat von Konstantinopel einen Dialog zwischen der Orthodoxie und den Abgeordneten des Europaparlaments initiiert hat und dass bis jetzt sehr viele interessante Begegnungen und Konsultationen stattgefunden haben.

Als erstes Grundprinzip muss in beiden Bereichen, im kirchlichen und im politischen, eines gelten: Die Würde der menschlichen Person darf nicht außer Acht gelassen werden! Diese unantastbare Würde muss also die Ausgangsposition jeder politischen Entscheidung eines Staates, aber auch jeder pastoralen Sorge und Handlung der Kirchen sein. Und noch dazu muss festgehalten werden, dass diese unteilbare Würde der Menschen sich in der Vielfalt der Völker, der Kulturen, der Traditionen, der Konfessionen und der Religionen befindet, wodurch die Gleichwertigkeit aller Menschen betont wird, gleich in welchem Stand, politischen oder sozialen Zustand sie leben. Das ist ein fundamentaler christlicher Grundsatz, auf dem Fundament des trinitarischen Glaubens, der immer wieder festgehalten und öffentlich formuliert wurde, so z. B. in der Botschaft der Ersten Europäischen Ökumenischen Versammlung in Basel (1989). Dort heißt es: »Jeder Mensch unabhängig von Geschlecht, Rasse, Nation und Sprache trägt Gottes Bild in sich und ist darum gleichberechtigtes Glied der Gesellschaft. Laßt uns unmißverständlich bezeugen, daß Christus selbst in denen, deren Würde mit Füßen getreten wird, leidet; laßt uns ihm nachfolgen, indem wir uns auf die Seite der Unterdrückten, Entrechteten und Gefolterten stellen. Wir werden für die Rechte der Flüchtlinge eintreten und verpflichten uns, eine Gemeinschaft aufzubauen, in der Männer und Frauen zu gleichen Teilen Verantwortung tragen.«[4]

Kurz nach der Verabschiedung des Textes wurde ich von einem nichtorthodoxen Kollegen gefragt, ob und wie die orthodoxe Kirche mit dieser Aufforderung fertig wird und ob die orthodoxe Kirche diese klaren Feststellungen überhaupt akzeptieren könnte (!). Auf diese Frage habe ich ein bißchen gelächelt und mein Gesprächspartner wurde irritiert: »Warum lachen Sie»?, reagierte er. »Weil diese Texte von orthodoxer Seite vorgeschlagen und eingeführt wurden«, antwortete ich. »Wieso wissen Sie es?« fragte er wieder. Ich hatte selbst die Ehre gehabt, Mitglied der vierköpfigen Redaktionskommission für die Botschaft von Basel zu sein und ich habe diese Inhalte aus einem gesamtorthodoxen Text zur Vorbereitung des Panorthodoxen Konzils übernommen. Bei diesem Dokument aller orthodoxen Kirchen aus dem Jahre 1986 wird ausdrücklich hervorgehoben, dass jeder einzelne Mensch »unabhängig von Farbe, Religion, Rasse, Nationalität und

4 In: Frieden in Gerechtigkeit. Die offiziellen Dokumente der Europäischen Ökumenischen Versammlung 1989 in Basel, herausgegeben im Auftrag der Konferenz Europäischer Kirchen und des Rates der Europäischen Bischofskonferenzen, Basel/Zürich 1989, 40. G. Larentzakis, Das Baseler Ereignis »Frieden in Gerechtigkeit« (15.–21. Mai 1989) Einheit der Kirchen – Einheit Europas, in: Sursum Corda. Variationen zu einem liturgischen Motiv, FS für Ph. Harnoncourt, hrsg. v. E. Renhart und A. Schnider, Graz 1991, 386–399.

Sprache das Bild Gottes in sich trägt und unser Bruder oder unsere Schwester ist und gleichberechtigtes Glied der menschlichen Familie«.[5]

Aber die Verbindungslinie geht weiter: Im November 1979 besuchte Papst Johannes Paul II. den Ökumenischen Patriarchen Dimitrios in Konstantinopel. Patriarch Dimitrios I. sagte in seiner Begrüßungsrede wörtlich: »Und jenen von den Nichtchristen, die sich gefragt hätten, was für sie die christliche Einheit bedeute, ob sie eine Koalition und eine Front der Christen gegen die Nichtchristen darstelle, könnten wir antworten, daß die angestrebte christliche Einheit sich gegen niemanden richtet, sondern daß sie vielmehr ein positives Angebot und eine positive Diakonie darstellt für alle Menschen, unabhängig von Geschlecht, unabhängig von Rasse, unabhängig von Religion, unabhängig von sozialer Schicht gemäß dem fundamentalen christlichen Prinzip: Da ist kein Unterschied zwischen Juden und Christen, zwischen Sklaven und Freien, zwischen Mann und Frau (Gal 3,28).«[6] Dabei ist der Mensch und seine Würde ein Grundprinzip nicht nur der theologischen Reflexion, sondern der existentiellen Gesellschaftsordnung.

Es muss noch einmal festgestellt werden, dass diese Auffassung keine exklusive Position der orthodoxen Kirche darstellen darf. Sie muss einen gesamtchristlichen Anspruch darstellen mit einer gesamtchristlichen und ökumenischen Verpflichtung auch für jeden Staat, für das ganze Europa und überhaupt für die ganze menschliche Gesellschaft.

Noch etwas möchte ich hier erwähnen, worauf die orthodoxe Kirche großen Wert legt: Wenn hier die Gleichwertigkeit und die unantastbare Würde »unabhängig von Farbe, Religion, Rasse, Nationalität und Sprache« aller Menschen betont wird, dürfen wir konsequenterweise auch die geistige, kulturelle und ethnische Identität der Völker nicht relativieren oder als nicht gleichwertig abwerten. Die jeweilige Kultur der Völker ist sehr wichtig und sie wurde immer wieder, aber nicht immer, von den Kirchen berücksichtigt. Sie darf aber auch nicht so absolut zur Geltung gebracht

5 Der Beitrag der Orthodoxen Kirche zur Durchsetzung des Friedens, der Gerechtigkeit, der Freiheit, der Brüderlichkeit und der Liebe zwischen den Völkern und zur Aufhebung der Rassendiskriminierung und anderer Diskriminierungen. Deutsch in: Una Sancta 42 (1987), 21. Über dieses Dokument vgl. auch G. Larentzakis, Orthodoxe Grundprinzipien menschlicher Koexistenz. Vorbereitungsdokument der Panorthodoxen Synode: Solidarität und Gerechtigkeit. Ökumenische Perspektiven, hrsg. v. Ingeborg Gabriel/Franz Gassner, Matthias-Grünewald-Verlag Ostfildern 2007, 174–192.

6 In: Larentzakis, Grigorios und Greifeneder, Justinus, Der Besuch des Papstes Johannes-Paul II. beim Ökumenischen Patriarchen Dimitrios I. (29.–30. November 1979), in: Ostkirchliche Studien 29 (1980), 188.

werden auf Kosten der Botschaft des Evangeliums, das den Menschen ein rettendes neues Leben vermitteln will.

Wir müssen also die jeweiligen Kulturen respektieren, aber zugleich die Frage stellen: Wo liegen die Grenzen zwischen dem Respektieren und Erhalten der vorhandenen alten Kulturen und dem Wirken der Botschaft Christi für ein neues Leben. Die Antwort auf diese Frage ist auch von Wolfhart Pannenberg eindeutig und klar, der sich, überzeugt von der Kraft und dem Zweck der christlichen Botschaft »nicht nur eine Anpassung des christlichen Glaubensbekenntnisses an die jeweilige Kulturwelt«, sondern auch und eher »eine Transformation des kulturellen Erbes aus dem Geist des Evangeliums«[7] wünscht.

Das Gegenteil davon, d. h. die blinde Verabsolutierung der jeweiligen Kultur und Identität der Völker verursacht deren Pervertierung und sie führt einerseits zur Nivellierung der existentiell wichtigen Identität der Völker und andererseits zur ausgrenzenden und gefährlichen Häresie des Nationalismus.[8] Beide Extreme müssen entschieden abgelehnt und verworfen werden. Denn *niemand und nichts kann die überhebliche Behauptung rechtfertigen, dass manche Völker oder manche Menschen und ihre Kultur qualitativ besser seien als andere*! Diese orthodoxe Grundeinstellung reicht bis zum ersten Jahrtausend zurück und wurde selbst bei der Missionstätigkeit des Ökumenischen Patriarchates voll praktiziert. Als z. B. im 9. Jahrhundert die Slawenmissionare Kyrill und Method nach Morabien geschickt wurden, haben sie die Frohbotschaft des Evangeliums vermittelt, ohne zu hellenisieren. Im Gegenteil, sie haben die soziokulturelle Eigenart der Völker dort respektiert, sie haben das slawische Alphabet gestaltet und die slawische Sprache und Kultur, angereichert durch den Inhalt des Evangeliums, gefördert.[9]

Genau diese Linie des Respektes der jeweiligen Kultur und der harmonischen Gemeinschaft in der Vielfalt der Völker reicht bis ins Heute,

7 W. Pannenberg, Die Bedeutung des Bekenntnisses von Nicaea-Konstantinopel für den ökumenischen Dialog heute, in: Ökumenische Rundschau 31 (1982), 135. Vgl. Ulrich Kühn, Auf dem Weg zu einem gemeinsamen Ausdruck des apostolischen Glaubens heute. Theologische Bemerkungen, in: Schritte zur sichtbaren Einheit Lima 1982. Sitzung der Kommission für Glauben und Kirchenverfassung. Berichte, Reden, Dokumente, hrsg. v. Hans-Georg Link (Beiheft zur ÖR 45), Frankfurt 1983, 85.

8 Vgl. G. Larentzakis, Die Häresie des Nationalismus. Menschenwürde und Menschenrechte für alle in der östlich-orthodoxen Perspektive: Politik und Theologie in Europa. Perspektiven ökumenischer Sozialethik, hrsg. v. Ingeborg Gabriel, Matthias-Grünewald-Verlag Ostfildern 2008, 257–279.

9 Vgl. Theodoros Nikolaou, Die Rolle der Kirche in Byzanz und in den Balkanländern, in: Orthodoxes Forum 8 (1994), 21ff.

bis zum amtierenden Ökumenischen Patriarchen *Bartholomäos I.* In seiner Rede im Europaparlament in Straßburg am 19. April 1994 sagte er den Mitgliedern des Europa-Parlaments, aber mit allgemeiner, globaler Gültigkeit: »Die europäische Einigung ... ist eine uns vertraute Aufgabe. Wir stehen im Dienst einer Tradition von siebzehn Jahrhunderten, in denen wir uns um die Bewahrung und die Einheit der Kultur Europas gesorgt und für sie gekämpft haben. ... Das Ökumenische Patriarchat und die Orthodoxe Kirche überhaupt respektieren die nationalen Traditionen und Empfindungen der Völker. Wir verurteilen aber in schärfster Weise jede Art des Fanatismus, des Gesetzesbruchs und der Gewaltanwendung, von wem auch immer sie begangen werden. Wir werden weiterhin unerbittlich auf der Notwendigkeit des freien und friedlichen Umgangs der Menschen untereinander, des gegenseitigen Respekts und des friedlichen Zusammenlebens der Völker beharren. ... Das vereinte Europa kann nicht nur die Planung einer einheitlichen wirtschaftlichen Entwicklung und die Entfaltung einer einheitlichen Verteidigungspolitik bedeuten. Von der Sache her verlangt diese Vision auch eine einheitliche Sozialpolitik in friedlicher und fruchtbarer Zusammenarbeit der europäischen Völker. Dies ist eine Forderung, die sich aus unserer Kultur ergibt, eine Frage nach dem *Sinn* der zwischenmenschlichen Relationen ebenso wie der gegenseitigen Durchdringung der nationalen Traditionen.«[10] Die Grundprinzipien des Patriarchen sind klar. Er erwähnt und er mahnt alle diese Prinzipien nicht nur an, sondern er erklärt, dass ein Dialog zwischen Kirche und Politik erforderlich ist, und dass er selbst seine Bereitschaft und seine Mitwirkung uneingeschränkt anbietet. Noch mehr: Es ist nicht nur ein echter Dialog, sondern eine echte Zusammenarbeit mit der Orthodoxie für die harmonische Koexistenz der Völker im neuen Europa erforderlich. »Wir bitten Sie« – sagte der Patriarch – »die Bereitschaft des Ökumenischen Patriarchates zu akzeptieren, Ihnen bei Ihrem Streben nach europäischer Einigung zur Seite zu stehen, für ein Europa, das nicht nur für sich selbst da ist, sondern zum Wohl der ganzen Menschheit.«[11] Die Worte des Patriarchen Bartholomäos I. stellen keine Utopie dar, sondern Hoffnung und gläubigen, ermunternden Optimismus. Ähnliche Vorschläge hat der Ökumenische Patriarch Bartholomaios immer wieder gemacht. Es wäre ein großer Gewinn für alle, würde seine 20jährige Stimme als Ökumenischer Patriarch aus den vielen Anlässen, zu denen er sie erhoben hat, in einer eige-

[10] Die Einigung Europas. Die Rede Seiner Allheiligkeit des Ökumenischen Patriarchen Bartholomaios I. im Plenum des Europäischen Parlaments (Straßburg, 19. April 1994), Deutsch u. a. in: Orthodoxes Forum 8 (1994), 239f.

[11] Ebd.

nen Veranstaltung oder in einer eigenen Studie untersucht, analysiert und systematisch beantwortet werden.

Wie viele Vorurteile könnten abgebaut werden, wie viele Klarstellungen und notwendigen Informationen könnten gegeben werden, damit die richtigeren Entscheidungen getroffen werden? Wie viele Kooperationen verschiedener Art könnten initiiert und vom Patriarchen für die Gesamtorthodoxie, sprich Südost- und Osteuropa, gefördert werden? Vielleicht wird die Sinnhaftigkeit und die Notwendigkeit einer solchen Zusammenarbeit eines Tages erkannt. Bis jetzt ist allerdings ein solcher Dialog mit allen christlichen Kirchen nur angedeutet. Von der Notwendigkeit einer direkten und echten Kooperation ist noch nicht die Rede.

Aber was kann eigentlich auch die Politik heute tun? Kann die Politik die Würde des Menschen berücksichtigen oder überhaupt den Menschen, die Politiker gewählt haben, dienen und helfen, oder ist die Politik heute der Wirtschaft verpflichtet, um nicht zu sagen gefangen? Hat nicht eine Überökonomisierung der Politik und in der Folge auch der ganzen Gesellschaft die Oberhand gewonnen? Was ist das Ziel bei dieser Entwicklung? Bei einer internationalen Tagung über Gesellschaft, Wirtschaft und Politik in dieser Akademie hier, vor einigen Jahren, behauptete ein Wiener Wirtschaftsprofessor, dass das primäre Ziel der Wirtschaft die Berücksichtigung nur der natürlichen Bedürfnisse der Menschen sei, denen sie auch dient. Auch damals konnte ich nicht schweigen und forderte ihn auf, wenigstens *diese* Behauptung nicht so vorzutragen. Zunächst waren fast alle auf seiner Seite. Nach einer genaueren Diskussion kam es jedoch zum Umschwung bei den Zuhörern. Die Menschen können doch nicht auf die Dauer immer für dumm verkauft bzw. erkauft werden.

Die primäre Aufgabe der Oikonomia, also der Wirtschaft heute ist in den meisten Fällen doch die Maximierung des Profits für die wenigen, also für die Oligarchie der Plutokraten, ohne auf das Wohl aller Menschen Rücksicht zu nehmen. Man hat den Eindruck, dass das Wirtschaftliche, die Schaffung eines größeren Binnenmarktes die Priorität hat. Man versucht mit allen genialen psychologischen Tricks, mit allen erlaubten und gerade noch nicht-illegalen Methoden der Werbung mit einem enormen finanziellen Aufwand die Menschen zu manipulieren, um bei ihnen neue »zwingende« Bedürfnisse zu wecken, um die Wirtschaft sogar mit »intelligenten Produkten« anzukurbeln.

Mit diesen »Erfolgskriterien« werden auch die Menschen in den verschiedenen Ländern betrachtet und beurteilt, sogar ob sie europareif sind oder nicht. Ich frage mich jedoch, ohne ein Wirtschaftsspezialist zu sein, ob die im Westen entwickelten wirtschaftlichen Systeme der sogenannten freien Marktwirtschaft und die beschlossenen und ultimativ verlangten

Konvergenz- und sonstigen Kriterien und Maßnahmen in ihrer radikalen Form ohne weiteres für alle Menschen in allen Ländern anwendbar und verkraftbar sind und ob sie mit den soziokulturellen Gegebenheiten aller Völker verträglich sind. Und wenn die soziokulturellen Gegebenheiten und die freie Marktwirtschaft in Konkurrenz geraten, welche von den beiden wird überleben? Ich vermute sehr stark, dass der Gewinner die Wirtschaft auf Kosten der soziokulturellen, jahrhundertealten Gegebenheiten sein wird, und schließlich auf Kosten der menschlichen Beziehungen und der Menschlichkeit überhaupt oder anders gesprochen auf Kosten von Grundprinzipien menschlicher Existenz.

Ich wage aber auch nicht zu behaupten, dass dieser »Sieg« der Wirtschaft überhaupt von Dauer sein wird, noch weniger, dass diese »siegreiche Wirtschaft« die tatsächlichen, die echten Bedürfnisse und Probleme der Menschen zufriedenstellend berücksichtigen und lösen kann, damit die Menschen friedlicher, fröhlicher, glücklicher werden. Ich wage zu bezweifeln, dass dieses System, das auch für den Süden, Südosten und Osten so ultimativ gefordert wird, für ein solidarisches und sozial-gerechtes Gesamteuropa hilfreich sein kann! Es ist ja auch bekannt, dass es nicht nur ein Ost-West-, sondern auch ein Nord-Süd-Gefälle gibt, das nicht aus dem Osten kommt, jedoch auch den Osten betrifft und abhängig macht.

Ich weiß, diese kapitalistische Wirtschaft heißt nun nicht bloß freie Marktwirtschaft, sondern »soziale Marktwirtschaft«, bei manchen Programmen sogar »ökosoziale Marktwirtschaft«. Das stimmt: In der Form und in den Erklärungen. Auch in der alltäglichen Realität? Mit sichtbaren und greifbaren, vielleicht auch nachhaltigen Handlungen *für das Leben und das Wohl aller Menschen*?

Die Arbeit wird konzentrierter, »vernünftiger« – rationaler –, damit Arbeitskräfte »frei« gesetzt werden. Tausende und Abertausende. Millionen! Warum? Um konkurrenzfähiger zu werden, um stärker zu werden, um Sicherungsmechanismen zu entwickeln für oder gegen wen? Um den Profit zu maximieren. Den Profit fürs Kapital! Wenn die *Automatisierung* in der Wirtschaft voll angesetzt wird, jetzt sind wir noch bei den Anfängen, dann werden wir tatsächlich erfahren, welche Bedeutungslosigkeit dem Menschen und seiner Würde zugemessen wird. Dann werden Entlassungswelle und Verarmung noch größer sein. Wer wird dann die ohne Menschen gefertigten Produkte kaufen können?

Ist das »soziale Marktwirtschaft«? Dann versuchen wir uns mit einer euphemistischen Sprache zu beschwichtigen: Statt Entlassungen hören wir Frei-setzen von Kapazitäten, statt Teuerung sagt man Preisanpassung, statt Kürzungen Umstrukturieren, Rationalisieren, Modernisieren; Flexibilität, Mobilität, Beschleunigung, Dynamik und Reformen werden in der letzten Zeit immer wieder als die Zauberworte des Erfolgs und des Wachstums angepriesen. Sie bedeuten aber nur grenzenlose Verfügbarkeit der Arbeitnehmer für den Arbeitgeber, ohne Rücksicht zu nehmen, wie sich dies für die Gesellschaft, für die Familie, für die soziale Gerechtigkeit auswirkt oder nicht, mit tausenden beruflichen, politischen, wirtschaftlichen und sozialen *Migrationen* usw. Auch mit den neuen-alten pathetischen Absichtserklärungen und Versprechungen: »Maßnahmenpakete für Arbeitslose«, »Neue Jobs für die Jugend«! ... In welchem Bereich? Vor allem vor den Wahlen Erklärungen und Versprechungen, die meistens nach den Wahlen in Vergessenheit geraten oder korrekturbedürftig sind.

Ich frage mich nun, ob in dieser Situation unserer Gesellschaft die Stimme der Kirchen, auch das »Gemeinsame Wort der Kirchen«, also der *Ökumene,* von den politisch Verantwortlichen, sei es im engeren Staatsbereich oder im weiteren europäischen Raum und darüber hinaus, hörbar und wahrnehmbar ist? Warum sagen wir, auch und vor allem die Kirchen, den Menschen nicht die ungeschminkte Wahrheit? Gewiss, die kirchlich Verantwortlichen müssen keine Ökonomen sein. Aber hängt mit dieser wirtschaftlich abhängigen politischen Praxis nicht auch die Würde des Menschen zusammen, der oft gebraucht und nicht selten missbraucht und ausgebeutet wird? Wie müssen sich diese Menschen fühlen, wenn tatsächlich von der Arbeits*leistung* die *Sinnstiftung* abhängig gemacht wird? Gibt es vielleicht eine (mindestens) schweigende Kollaboration mit den heutigen Mächtigen? Haben wir keinen Widerstand gegen niemanden zu leisten, wenn auch mit minimalen Hoffnungen? Was muss noch passieren, damit diese Entwicklung auch von den Kirchen in ihrer pastoralen unabdingbaren Verantwortung ernster genommen wird? Oder meinen wir, dass unsere pastorale Sorge nur innerhalb der Kirchenmauern wahrnehmbar sein darf, um dann zu sagen, »draußen« sind wir nicht zuständig, draußen entscheiden andere, denen wir nichts zu sagen hätten? Der Wiener Weihbischof Dr. Helmut Krätzl nennt diese harte Realität beim Namen: Es ist beschämend, schreibt er, wenn »Gewinnern eines Systems immer mehr Verlierer gegenüberstehen.« Nicht nur die einzelnen Existenzen sind gefährdet, sondern auch der soziale Friede. »Früher habe man noch von ›sozialer‹ oder ›ökosozialer‹ Marktwirtschaft gesprochen, heute sei derartiges kaum noch zu hören«[12], beklagt sich Bischof Krätzl. Jetzt formieren und organisieren sich die Millionen Arbeitslosen, die Arbeitslosen, die als solche offiziell in die Statistik aufgenommen werden und die Millionen Arbeitslosen, die durch verschiedene politische und wirtschaftliche Tricks nicht einmal als Arbeitslose anerkannt und nicht in die Statistik aufge-

[12] In: Kleine Zeitung, Graz, 3. Jänner 1999, 2.

nommen werden. Alle diese Arbeitslosen erheben ihre schwache Stimme so gut und so stark sie können innerhalb von einzelnen Staaten, wie auch in der gesamten EU, und sie führen bereits gemeinsam internationale Proteste durch.

Kann also ein solches Wirtschafts-System mit so vielen Millionen Arbeitslosen und so vielen sozialen Ungerechtigkeiten und mit einer so starken Verunsicherung der Menschen in unserer Gesellschaft als *gut* bezeichnet, kann es einfach von den Menschen und von den Kirchen, ohne Wenn und Aber, hingenommen werden? Zugleich erfahren wir in den Tagesnachrichten (3sat, 10.3.2011), dass die Zahl der Milliardäre auf Weltebene heute die höchste Zahl erreicht hat!! Und auf der anderen Seite wird erwähnt, dass die Armut, auch in einer neuen Armut am stärksten ist! Wenn ich in Graz auf der Straße gehe, sehe ich immer mehr geschlossene Geschäfte und zwar dort, wo früher blühendes Leben war. Wenn ich dies in meiner Heimatstadt Chania auf Kreta tue, sehe ich das gleiche Bild, das jeden Tag schlimmer wird! Die Politiker kündigen an, schneller, effizienter die diktierten Bedingungen und die Kriterien schaffen zu wollen. Und sie versuchen es! Aber um welchen Preis? Und die Menschen stöhnen unter der Last der Arbeitslosigkeit und der Teuerung und der zusätzlichen, hohen Steuern und letzten Endes unter der androhenden Ausweglosigkeit. Uninteressant! Wir gehören doch jetzt auch dazu, oder? Und freiwillig, oder? Kann man heute anders entscheiden? Es ist vieles in den Ländern hausgemacht; mag sein, aber wo liegen die Zusammenhänge mit der Entwicklung des allgemeinen Systems und der internationalen Strukturen, so dass man sogar von einer »strukturellen Sünde« spricht, als ob niemand verantwortlich wäre?

Jetzt wird es noch strenger. Es muss mehr Disziplin kommen, heißt es. »Die politische Verfassung Europas ist in erster Linie eine Frage der finanziellen Verfassung. Denn ohne Geld gibt es auch keine politischen Gestaltungsmöglichkeiten«, lese ich in der Tagespresse. Aber dann heißt es, dass nicht genug Geld da ist. Wer hat eigentlich und mit welchen Garantien diesen politischen und wirtschaftlichen Weg eingeschlagen, die Regeln und die Bedingungen und die Kriterien erfunden und zwar nicht nur für sich, sondern auch für die anderen, die selbst nie diesen Weg, vor allem nie mit dieser Geschwindigkeit einschlagen würden, denen Glück und Heil versprochen wurde? Und jetzt? Was war die Absicht? Dass es den Menschen und den Völkern tatsächlich besser gehe, sie glücklicher zu machen, oder ein System zu schaffen für einen größeren Binnenmarkt, für eine stärkere Wirtschaft, für die Oligarchie der Plutokraten? Schon im Jahre 1999 hat der EU-Kommissar Mario Monti es ganz offen ausgesprochen: »Der Binnenmarkt soll in das Bewusstsein der Bürger vordringen«

und mit »Zuckerbrot und Peitsche entsteht ein gesunder Wettbewerb unter den Mitgliedstaaten.«[13] Ist es heute mehr als 10 Jahre danach anders? Was passiert mit den Millionen von Menschen, deren Existenz liquidiert wird und deren menschliche Würde vollkommen ignoriert und rücksichtslos getreten wird? »Mit Zuckerbrot und Peitsche«? Wer gibt das »Zuckerbrot«, wer benutzt die »Peitsche«? Welche sind das, mit welchem Recht und wofür? Was bedeutet es wirklich, wenn die »politische Verfassung« als Sklavin der »finanziellen Verfassung« betrachtet und gehandelt wird? Wer hat das starke Wort in unserer demokratischen Gesellschaft? Ist man wirklich so weit, dass es in unserer Zeit keine Gestaltungsmöglichkeit mehr gibt ohne Geld? Ich bin nicht so naiv zu meinen, wir bräuchten kein Geld! Mit Geld kann man auch sehr viel und effektiv helfen, sehr viel Soziales leisten, auch vom Materiellen ins Geistige emporsteigen. Dafür benötigen wir aber gute Verwalter, gute Ökonomen. Genau das ist die ursprüngliche Bedeutung des Begriffs Oikonomos und Oikonomia, von οἶκος und νόμος bzw. νέμω, διανέμω, d. h. die gerechte Verteilung der Güter für alle Bewohner des Oikos, des bewohnten Hauses, für alle Mitglieder der Familie, für alle Menschen der bewohnten Erde. Das Ziel des heutigen guten Ökonomen, den Profit für den Arbeitgeber zu maximieren ohne Rücksicht auf Verluste, bedeutet Pervertierung, Missbrauch und Verachtung von Grundwerten, auch der geistigen und nicht selten auch der religiösen. Es ist ja inzwischen bekannt, dass wir heute nicht in erster Linie eine Wirtschaftskrise, sondern eine Wertekrise haben.

Gerade hier möchte ich noch einen konkreten Punkt erwähnen: Wie steht es mit der intensiven Diskussion über eine Entscheidungsmöglichkeit, ob die kirchlichen, die religiösen Feiertage zugunsten der Wirtschaft geopfert werden oder nicht, weil sie kontraproduktiv seien? Wenn man die Diskussion und die Argumente verfolgt, dann wird einem klar, dass es sich dabei nicht allein um einen oder zwei oder drei Tage handelt, sondern um eine grundsätzliche Haltung und Gesinnung – übrigens auch die Berechtigung des arbeitsfreien Sonntags wird zur Diskussion gebracht, zu viel Produktionszeit geht verloren, die Maschinen und die Menschen dürfen den Produktionsfluss nicht unterbrechen –! Aus diesem Grunde wäre es sinnvoll und notwendig, dass in einer intensiven Kooperation von Christentum und Politik die religiösen Feiertage als ein wichtiges Gut der Menschen geschützt werden. Diese Feiertage sind nicht nur Ruhetage, weg von der Arbeit, für die körperliche Erholung, auch nicht nur Gedenktage zur Erinnerung an konkrete Personen (Heilige) oder an wichtige Ereignisse für das Heil der Menschen, sondern sie sind auch Tage des Innehaltens;

13 In: Salzburger Nachrichten, Spezialausgabe 6/99, Mai 1999, 3.

wir benötigen dringend eine Entschleunigung, keine schwindelerregende Beschleunigung mehr. Wir benötigen Tage der Besinnung, Tage für die geistig-geistliche Dimension des Menschen. Wir dürfen nicht vergessen, dass diese geistig-geistliche Dimension das Wesen des Menschen und des Menschseins überhaupt bestimmt. Man hat aber manchmal den Eindruck, dass im Zusammenhang mit der Diskussion über die Reduktion der Feiertage diese Dimension des Menschen, seines Wesens und seiner Würde, nicht nur vernachlässigt wird und irgendwie verkümmert, sondern dass sie gedankenlos im wahrsten Sinn des Wortes billig verkauft wird. Und das bedeutet rücksichtslose Verarmung des Menschseins und der Menschlichkeit des Menschen, der als Produktionskraft und Konsumfaktor betrachtet wird. Wer den Produktionserwartungen und der Konsumkapazität nicht entspricht, verliert seinen Wert und wird als sofort ersetzlich und unbrauchbar beurteilt. Wer darf hier die Entscheidungen treffen? Die Politik, die Wirtschaft, oder wer? Es gibt bereits einige kirchliche Reaktionen, auch eine Allianz für den Sonntag, aber von allen Kirchen, für alle Bereiche, stark und wahrnehmbar und hörbar deutlich genug?[14]

Wir müssen also auch als Christen und Kirchen die alles entscheidende Frage stellen: Wo liegen die Prioritäten menschlicher Existenz? Welche sind wirklich die Zukunftsperspektiven für die Menschen in unserer Gesellschaft mit diesen zivilisatorischen, kulturellen, politischen und menschlichen Bedingungen? Wo ist die Kultur Europas zu suchen? Wo ist die echte, die unberechnende, uneigennützige Solidarität zu suchen? Was passiert mit der Familie heute und wie wird sie beurteilt, welcher Stellenwert wird ihr noch eingeräumt? Gibt es noch das Zuhause als eine wichtige Zelle, als ein Nest der Geborgenheit und des wichtigsten Sozial-Netzes, oder wird die Wohnung und das private Haus durch den wirtschaftlichen destabilisierenden Druck, die fabriknahen Schlafquartiere und die allgemeinen unmenschlichen Arbeitsbedingungen zur periodischen gelegentlichen Schlafstelle ohne emotionale Bindung degradiert? In manchen Regionen liegt die Scheidungsrate bereits über 50 %! Darf man also das Wort Gemeinschaft oder gar echte uneigennützige Liebe in den Mund nehmen? Man wird sicherlich ein mildes Lächeln ernten! Alleinerziehende Mütter und Väter werden immer mehr und auch immer mehr gibt es von verunsicherten jungen Menschen eheähnliche Partnerschaften und Lebensformen, die sogar vom Staat gesetzlich geregelt werden! Tendenz steigend! Beunruhigend ist auch die steigende Zahl derjenigen, die als Singles ihr Leben zu gestalten vorziehen, ohne Stabilität

14 Nähere Informationen über die Sonntags-Allianz im Internet unter: www.freiersonntag.at.

und Kontinuität, ohne bindende Verantwortung und möglichst abwechslungsreich. Die Wirtschaft propagiert es auch, weil damit mehr Profit von mehreren Haushalten erwartet wird. Mit welchen Perspektiven? Gehört all das auch zu den pastoralen Sorgen der Kirchen für alle diese Menschen?

Wird dabei nicht auch die Schöpfung Gottes, die Natur rücksichtslos ausgebeutet? Die Stimme und die Initiativen des Ökumenischen Patriarchen, des »Grünen Patriarchen« sind ja bekannt, wie auch das neue orthodoxe Kirchenfest für die Schöpfung am 1. September jeden Jahres.

Welche Rolle spielt in allen diesen Entwicklungen die Bildung und die Wissenschaft mit ihren rasanten Entwicklungen, die sehr viel Positives für die Menschen erreicht haben, aber auch mit so vielen Möglichkeiten des Missbrauchs, der finanziellen und der menschlichen Ausbeutung und der unumkehrbaren großen Katastrophen? Darf alles geschehen, was wissenschaftlich-technisch heute möglich ist? Nach den Atomwerkskatastrophen (auch der letzten von Japan durch das Erdbeben am 11.3.2011) darf weiterhin die Kernenergie-Frage ohne radikale Hinterfragung bleiben? Der Ökumenische Patriarch von Konstantinopel Bartholomaios hat noch einmal nach diesem tragischen Ereignis am 13. März 2011 einen dringlichen Appell an die Wissenschaftler gerichtet, die »grünen Energiemöglichkeiten« einzusetzen.[15] Darf man alles Wissen im Bereich der Human-

15 Μήνυμα τῆς Α.Θ.Παναγιότητος, τοῦ Οἰκουμενικοῦ Πατριάρχου κ.κ. Βαρθολομαίου διὰ τὴν πυρηνικήν ἔκρηξιν τῆς Φουκοσίμα (13 Μαρτίου 2011): »Μὲ σφιγμένην ἀπὸ πόνον τὴν καρδίαν ὅλη ἡ ἀνθρωπότης ζῇ τὸ δρᾶμα τοῦ τεκτονικοῦ σεισμοῦ ποὺ συνεκλόνισε τὴν Ἰαπωνίαν καὶ ἐστοίχισε τὴν ζωὴν εἰς πολλοὺς συνανθρώπους μας. Μὲ ἀγωνίαν βλέπει τὰς παραπλεύρους ζημίας εἰς τὴν Χώραν τοῦ Ἀνατέλλοντος Ἡλίου καὶ εἰς τὰς ἄλλας χώρας τοῦ Εἰρηνικοῦ Ὠκεανοῦ. Προσευχαὶ ἀπευθύνονται ἀπὸ κάθε γωνίαν τῆς γῆς τόσον ὑπὲρ τῶν ἀπολεσθέντων, ὅσον καὶ ὑπὲρ τῶν ἐξακολουθητικῶς δοκιμαζομένων καὶ κινδυνευόντων ἀπὸ τὰς μετασεισμικὰς ἐκρήξεις τοῦ ἐγκελάδου. Ἀλλ' ἦλθεν, ἀλλοίμονον!, ὡς μία ἀκόμη τραγικὴ συνέπεια τοῦ σεισμοῦ, ἡ ἔκρηξις τοῦ πυρηνικοῦ ἀντιδραστῆρος τῆς Φουκοσίμα, διὰ νὰ καταστήσῃ ἀκόμη φρικαλεώτερον τὸν ἐφιάλτην τῆς Ἰαπωνίας. Αἱ ἀπαίσιαι συνέπειαι αὐτῆς ὁσημέραι θὰ γίνωνται εὐρύτερον ἀντιληπταί. Καὶ ὅσον μὲν ἀφορᾷ εἰς τὸν σεισμόν, ὁ ἄνθρωπος δὲν ἔχει λόγον. Τὰ αἰτιά του τὸν ὑπερβαίνουν. Ὅσον ἀφορᾷ ὅμως εἰς τὴν ἔκρηξιν τοῦ πυρηνικοῦ ἀντιδραστῆρος καὶ εἰς τὴν πυρηνικὴν ἐνέργειαν γενικώτερον, λόγος ὑπάρχει. Μὲ ὅλον τὸν ὀφειλόμενον πρὸς τὴν ἐπιστήμην σεβασμόν, εἰς τὴν τοσοῦτον ἐπικίνδυνον δι' αὐτὴν τὴν ἐπιβίωσιν τῆς ἀνθρωπότητος πυρηνικὴν ἐνέργειαν, ἀντιπροτείνομεν τὰς ἀκινδύνους πρασίνας μορφὰς ἐνεργείας, αἱ ὁποῖαι καὶ τὸ περιβάλλον σέβονται καὶ τὸν ἄνθρωπον δύνανται ἐπαρκέστατα νὰ ὑπηρετήσουν εἰς τὰς ἀνάγκας του. Ὁ Δημιουργὸς μᾶς ἐχάρισεν ἥλιον, ἀέρα, θαλάσσια καὶ ὠκεάνεια κύματα, ἐκ τῶν ὁποίων δυνάμεθα νὰ παράξωμεν ἐνέργειαν. Ἡ οἰκολογοῦσα ἐπιστήμη ἐφεῦρε τρόπους καὶ ἐξ αὐτῶν τῶν σκυβάλων νὰ πορίζεται ἐνέργειαν ἀκίνδυνον. Διερωτώμεθα, λοιπόν: Πρὸς τί ἡ τροπὴ πρὸς τόσον ἐπικίνδυνα ἐγχειρήματα;

wissenschaft einsetzen? Auch für das Klonen des Menschen? In meinen Ohren klingt immer noch die Feststellung eines Wissenschaftlers durch das Fernsehen, der als selbstverständlich beteuerte: es ist doch gleich, wo und wie ein Mensch geschaffen oder produziert wird. Das zufriedenstellende Ergebnis zählt! Kann man, muß man, darf man darüber diskutieren und diese Äußerungen hinterfragen oder nicht?

Darf man also die Sinn-Frage stellen? Doch, manche wagen es. Darf man überhaupt heute weiter fragen: Wo liegen die Prioritäten christlicher Existenz? Genau hier, in diesem Punkt frage ich mich: Wo ist die Stimme des Evangeliums, wo ist die gemeinsame, unzweideutig klare, christliche Stimme der Hauptverantwortlichen in den Kirchen, in ökumenischer Verantwortung, die die vielfältigen Erklärungen und Beschlüsse – z. B. auch der Europäischen Ökumenischen Versammlungen von Basel (1989), von Graz (1997) und von Sibiu (September 2007) und der *Charta Oecumenica* – zu reklamieren und zu praktizieren suchen? Manche Stimmen gibt es, wenn auch als Einzelrufer in der Wüste! Aber sind alle diese großartigen, ökumenischen Erklärungen und Beteuerungen in Vergessenheit geraten? Was passiert mit dem Rezeptionsprozess aller dieser kirchlichen und ökumenischen Errungenschaften?

Warum sagen wir nicht klar und deutlich, welchen Sinn eigentlich noch heute das Christsein überhaupt hat? Warum wird es nicht deutlicher klar, dass das Ziel der christlichen Botschaft doch »die Würde Gottes und die Würde des Menschen ist«[16]? Um ihm, diesem Menschen, in dieser Welt mit seinen konkreten Problemen diakonisch und pastoral zu helfen, damit er zu seinem Heil findet? Damit sind nicht Almosen gemeint, sondern strukturelle Änderungen und Schaffung von nachhaltigen menschlicheren Bedingungen. Es geht also nicht nur um »Mikrodiakonie, sondern um Makrodiakonie« in einer komplementären Form.[17] Die Botschaft des Evangeliums und das christliche Dogma haben strukturell wegweisenden Charakter für das konkrete Leben, das zum Heil führt. Auch dieses Ziel und die Beziehung zu Gott dürfen nicht verkürzt oder relativiert werden.

Μήπως πρόκειται δι' ὕβριν κατὰ τῆς φύσεως; Ἀλλὰ ἡ φύσις ἐκδικεῖται! Ἀπὸ τοῦ Οἰκουμενικοῦ Πατριαρχείου ἐκτενεῖς προσευχὰς ἀναπέμπομεν ὑπὲρ τοῦ ἐν θλίψει καὶ δοκιμασίᾳ εὑρισκομένου προσφιλοῦς ἰαπωνικοῦ λαοῦ καὶ ἔκκλησιν ποιούμεθα πρὸς πᾶσαν κατεύθυνσιν δι' ἀναθεώρησιν τῆς ὑπὲρ τῆς πυρηνικῆς ἐνεργείας πολιτικῆς τῶν κρατῶν.«

16 Lothar Lies, Europa und die Kirchen. Säkulare Katholizität – Plausibilität neuer Kirchlichkeit, Innsbruck 1995, 122.

17 Vgl. Alexandros Papaderos, Aspekte orthodoxer Sozialethik, in: Perspektiven ökumenischer Sozialethik. Der Auftrag der Kirchen im größeren Europa, hrsg. v. Ingeborg Gabriel, Alexandros K. Papaderos, Ulrich H. J. Körtner, Mainz 2005, 75ff.

Die vertikale und die horizontale Dimension gehören zusammen, nicht dualistisch voneinander isoliert.

Die Botschaft des Evangeliums, das Wort Gottes und das christliche Dogma sind nicht Selbstzweck, sondern sie beziehen sich direkt auf das christliche Leben mit allen menschlichen und soziokulturellen Komponenten und sie dürfen nicht zu einer philosophisch-rationalen, erkenntnistheoretischen Spekulation oder zu einem hochwissenschaftlich spezialisierten System werden, die dann vom konkreten Leben abgehoben und, als ein Fremdkörper im kirchlichen Organismus empfunden, abgelehnt wird. Die Botschaft des Evangeliums ist einfach Geist und Leben!

Christus sagte zu seinen Jüngern: »Der Geist ist es, der lebendig macht; das Fleisch nützt nichts. Die Worte, die ich zu euch gesprochen habe, sind Geist und sind Leben« (Joh 6,63). Der Kirchenvater Johannes Chrysostomos († 407) betont: »Das Leben soll den Dogmen entsprechen, die Dogmen sollen Herolde des Lebens sein ... Wenn wir feste Dogmen besitzen, aber das Leben vernachlässigen, so werden wir keinen Nutzen von den Dogmen haben, und umgekehrt, wenn wir uns um das Leben sorgen, aber in den Dogmen nachhinken, so werden wir auch keinen Nutzen von jenem haben.«[18] Diese Bedeutung des Dogmas in der orthodoxen Kirche erkannte auch der evangelische Theologe Edmund Schlink, der sagte: »So bedeutet das Dogma keine Ideologie, sondern die lebendige Mitte, von der aus der Glaubende weiterdenkt, die Aufgaben und Pläne dieser prüft und sich den eigenen Auftrag in der Welt erstellen läßt. Das so verstandene Dogma ist kein heteronomer Zwang, sondern erschließt befreiende, beglückende und wegweisende Einsicht.«[19] Und das bedeutet neues Leben in Christus.

Ohne diese konkreten Wegweisungen ist der christliche Glaube eine bloße Ideologie und schließlich irrelevant, wirkungslos und sinnlos. Vertreter aller orthodoxen Kirchen haben gemeinsam im Jahre 1986(!) bei einer Panorthodoxen Konferenz in Chambésy/Genf Folgendes formuliert: »Seien wir uns bewußt: der Hunger, der heute die Menschheit plagt, und die enormen Ungleichheiten sprechen sowohl in unseren eigenen Augen als auch in denen des gerechten Gottes ein hartes Urteil über uns und unsere Zeit. Denn Gottes Wille, der auch heute nichts anderes als das Heil

18 Johannes Chrysostomos: In Gen. Hom XIII (PG 53,107). Vgl. Grigorios Larentzakis, Die Orthodoxe Kirche. Ihr Leben und ihr Glaube, Styria Verlag Graz/Wien/Köln ²2001. Dasselbe, Biserica Ortodoxa, Traire Si credinta, Editura Andreiana, Sibiu 2009.

19 E. Schlink, Die Bedeutung der orthodoxen Kirche für die ökumenische Bewegung, 437.

des konkreten Menschen hier und jetzt zum Ziel hat, verpflichtet uns, dem Menschen zu dienen und uns unmittelbar mit seinen konkreten Problemen auseinanderzusetzen. Getrennt von der diakonischen Sendung ist der Glaube an Christus sinnlos. Christsein bedeutet, Christus nachzufolgen und bereit zu sein, ihm im Schwachen, im Hungrigen und Unterdrückten und allgemein in jedem Hilfsbedürftigen zu dienen. Jeder andere Versuch, Christus unter uns real gegenwärtig sehen zu wollen, ohne ihn in dem zu suchen, der unserer Hilfe bedarf, ist leere Ideologie.«[20] Dies ist die gesamtorthodoxe Position. Dies ist auch unsere Hoffnung und Erwartung.

Was können die Kirchen, die einzelnen und alle gemeinsam ökumenisch also dazu tun?

In dieser Situation haben die Kirchen die gemeinsame, die ökumenische Aufgabe, einzugreifen und ihre Stimme möglichst klar und deutlich zu erheben. Dies wäre eine wichtige Aufgabe der Ökumene. Das Leben der Menschen steht auch hier im Vordergrund und nicht abstrakte Begriffe oder eigene Interessen.

Lange genug beschäftigen wir uns auch als Christen und als Kirchen mit solchen internen, zum Teil kirchenpolitischen und machtpolitischen Problemen, so dass die existentielle Notwendigkeit und Sinnhaftigkeit des Christentums generell von den Menschen nicht mehr erkannt wird. Sie fühlen sich einfach allein und von den Kirchen verlassen. Es reicht nicht, dass wir immer einen verbal sehr gut systematisch formulierten und kirchenrechtlich gesicherten Glauben verkündigen, die Menschen müssen auch in ihrem Leben spüren, dass dieser Glaube für sie einen Sinn hat und für ihr Leben etwas bewirkt. Wir sagen das den Menschen immer noch zu wenig: vor allem aber leben wir es immer noch zu wenig vor!

Und wenn die Kirchen den Menschen nicht effektiv beistehen, wem sollen die leidenden Menschen noch vertrauen? Der Politik oder der Wirtschaft oder der reinen rationalen Wissenschaft? Das ist schon längst nicht mehr der Fall! Das bedeutet, dass wir gerade in der heutigen krisengeschüttelten Situation den Mut aufbringen müssen, auch gegen den Strom zu schwimmen und, wenn es nötig ist, auch entschiedenen, hörbaren und glaubwürdigen Widerstand gegen die Mächtigen dieser Welt, ob aus der Politik oder aus der Wirtschaft, zu leisten. Am besten ist es natürlich mit vereinten Kräften.

20 Der Beitrag der Orthodoxen Kirche zur Durchsetzung des Friedens, der Gerechtigkeit, der Freiheit, der Brüderlichkeit und der Liebe zwischen den Völkern und zur Aufhebung der Rassendiskriminierung und anderer Diskriminierungen, VII,4, Deutsch in: Una Sancta 42 (1987), 22f.

Hier möchte ich kurz nur einige inhaltliche Feststellungen aus der europäischen Ökumene und aus der *Charta Oecumenica,* die vor 10 Jahren in Straßburg der Öffentlichkeit und den Kirchen anvertraut wurde, in Erinnerung rufen:

Aus diesen Gründen müssen wir nur das bekräftigen, was in der *Charta Oecumenica* festgehalten wird: »Unser Glaube hilft uns aus der Vergangenheit zu lernen und uns dafür einzusetzen, dass der christliche Glaube und die Nächstenliebe Hoffnung ausstrahlen für Moral und Ethik, für Bildung und Kultur, für Politik und Wirtschaft in Europa und in der ganzen Welt.«(III,7) Dies darf kein Lippenbekenntnis bleiben. All das hat existentielle Bedeutung und spricht die brennenden aktuellen und ganz konkreten Lebensbereiche der Menschen an. Nächstenliebe! Die Liebe stellt die stärkste schöpferische Kraft des Menschen dar und sie ist das beste Fundament für eine solidarische Gesellschaft. *Keine* Sozialeinrichtung irgendeiner politischen Organisation kann sie ersetzen. Das macht das Wesen des Menschen aus. Das ist keine Utopie, sondern gelebte Menschlichkeit. Und wenn wir als Christen sprechen, können wir unser Vorbild für die radikalste Form der Verwirklichung der Liebe erwähnen: Jesus Christus und seinen aus Liebe zu uns auf sich genommenen Kreuzestod! »Bildung und Kultur«! Welches sind die Kriterien und vor allem die Ziele in unserer Bildungs- und Kulturpolitik? Fragen dürfen wir doch, noch! Genauso müssen wir auch für das nächste Wortpaar »Politik und Wirtschaft« ähnliche Fragen stellen. Wer dient wem? Die Politik der Wirtschaft oder die Wirtschaft der Politik? Davon war aber schon die Rede. Die *Charta Oecumenica* hat also konkret gesprochen, so wie auch u. a. die Schlussbotschaft von Graz (1997): »Die Kirchen verpflichten sich zur ... Bekräftigung ihres Engagements für soziale Gerechtigkeit ... (und) zur Bekämpfung wirtschaftlicher Systeme, die durch die Globalisierung negative Auswirkungen haben.« Und noch weiter: »Wir bekräftigen insbesondere die Überzeugung, dass die ethische Dimension der Gerechtigkeit im Bereich der Politik, der Wirtschaft, der Technik und der Massenmedien eine unverzichtbare Rolle spielen muss, damit Versöhnung im Leben aller Menschen Realität werden kann.« Wenn jemand meint, die Dokumente der Europäischen Versammlungen oder die *Charta Oecumenica* sprechen keine konkreten Probleme an, hat er entweder diese Dokumente nicht gelesen oder er will sie bewusst relativieren und wirkungslos machen.

In der *Charta Oecumenica* werden dann im Abschnitt für Europa christliche Werte und Prinzipien erwähnt, die »eine inspirierende Kraft zur Bereicherung Europas darstellen,« aber allgemeine Gültigkeit haben (ebd.): »Aufgrund unseres christlichen Glaubens setzen wir uns für ein humanes und soziales Europa ein, in dem die Menschenrechte und Grundwerte des Friedens, der Gerechtigkeit, der Freiheit, der Toleranz, der Partizipation und der Solidarität zur Geltung kommen. Wir betonen die Ehrfurcht vor dem Leben, den Wert von Ehe und Familie, den vorrangigen Einsatz für die Armen, die Bereitschaft zur Vergebung und in allem die Barmherzigkeit.« (ebd.) In einer unmissverständlichen Art und Weise bringt die *Charta Oecumenica* die Grundwerte der christlichen Botschaft in Erinnerung, die auf das konkrete Leben des Menschen unmittelbar Bezug nehmen und welche für eine humane, für eine menschlichere Gesellschaft nicht nur in Europa von unabdingbarer Bedeutung sind.

Gerade für diese Aufgaben spielt auch die richtige Ausbildung innerhalb unserer Kirchen eine wichtige Rolle. Und weil dies nicht nur für die Kirchen, sondern überhaupt für die Gesellschaft hilfreich sein kann, bedarf es auch hier einer intensiven und effizienten Zusammenarbeit zwischen den Kirchen und den jeweils politisch Verantwortlichen, sprich dem Staat, aber auch einer Intensivierung der Zusammenarbeit unserer theologischen Fakultäten, wie unsere Kirchen in der *Charta Oecumenica* sich verpflichtet haben (II,3). Langfristig ist die strukturelle Zusammenarbeit erforderlich durch die Schaffung von Partnerschaften zwischen den Fakultäten und die Gründung einer ökumenischen *Konferenz der Theologischen Fakultäten und Hochschulen in Europa.* Dies versuchen wir seit einigen Jahren in Graz durch den sogenannten »*Grazer Prozeß*«. Bis jetzt haben wir drei gesamteuropäische Konsultationen mit Delegierten von theologischen Fakultäten Europas (2002, 2006 und 2010). Die Aufgaben sind vielfältig und wichtig, wie auch eine effektive Überzeugungsarbeit, auch wenn manche meinen, dass es bereits zu spät sei. Es ist nie zu spät. Sogar dem Kreuz, dem Leiden und dem Tod folgte die Auferstehung Christi und mit ihm und durch ihn auch die Auferstehung des ganzen menschlichen Geschlechtes, wie die orthodoxe Ikone der Auferstehung, die Höllenfahrt Christi eindrucksvoll zeigt. D. h. Christsein und Resignation ist ein Widerspruch in sich. Ich ignoriere nicht das Kreuz und die vielen Kreuze des Lebens, aber ich vergesse auch nicht die Freude und die Hoffnung wegen der Auferstehung.

»Fördernde Neutralität«

Zur Beziehung zwischen Kirche und Staat unter dem Aspekt der Pastoral, der Bildung, der sozialen und der kulturellen Angelegenheiten der Kirchen

Bischof Martin Schindehütte

Liebe Schwestern und Brüder, wir haben uns mit den kirchenrechtlichen und theologisch-systematischen Aspekten des Verhältnisses von Kirche und Staat intensiv auseinandergesetzt. Professor Larentzakis und mir ist es aufgetragen, darauf aufbauend nach den pastoralen, sozialen und kulturellen Aspekten zu fragen, die zwischen Staat und Kirche bedeutsam sind. Ich will das nicht nur pragmatisch deskriptiv tun, sondern nach den theologischen und gesellschaftlichen Voraussetzungen fragen, unter denen dieses pastorale und soziale Engagement notwendig ist. Ich frage also: Worin liegt ein gemeinsames und ein je eigenes Grundverständnis von Staat und Kirche, das zu einer von beiden Seiten gewollten und bejahten Kooperation führt? Das führt mich zu einem doppelten Ansatz. Ich beschreibe die Voraussetzungen einer Kooperation bei der Kirche und beim Staat.

I Grundlagen der Kooperation von Staat und Kirche

Ich frage zuerst nach dem inneren Grund, der uns als Kirchen nötigt, auch mit dem Staat und seinen gesellschaftlichen und sozialen Gliederungen zu kooperieren und sich für das Ganze des Gemeinwesens zu engagieren. Ich beginne mit einem Zitat: *»So wie die Kirche an Christus teilhat und die Segnungen seiner Gerechtigkeit empfängt, so hat sie auch Teil an der Sendung Christi, der vom Vater im Heiligen Geist gesandt worden ist. Christus sendet seine Jünger aus, so wie er selbst ausgesandt worden ist (Joh 20,21). ›So sind wir nun Botschafter an Christi statt, denn Gott ermahnt durch uns; so bitten wir nun an Christi Statt: Lasst euch versöhnen mit Gott!‹ (2 Kor 5,20). Die Kirche ist dazu berufen, die Versöhnung und heilende Liebe Gottes in einer Welt, die durch Verfolgung, Unterdrückung und Unrecht verwundet ist, zu verkünden und das Geheimnis von Gottes Liebe, Gottes Gegenwart und Gottes Reich zu offenbaren.«*

So lautet der Grund-Satz in einer lutherischen Erklärung zum bischöflichen Amt im Kontext eines Nachdenkens über die Apostolizität der Kirche, die 2002 nach einer Konferenz in Malta veröffentlicht wurde. Bei Apostolizität geht es ja eben nicht nur um die Amtsfrage, sondern um das Ganze des Gesandtseins der Kirche zur Bezeugung des Evangeliums »an alle Welt«. Teilhabe an der Sendung Christi ist nach diesem Zitat notwendig praktisch und pastoral und darin ebenso notwendig öffentlich und politisch. Eben deshalb, weil Gott Herr aller Dinge ist und uns als Botschafter der Versöhnung beruft und sendet. Für uns Protestanten spielt in diesem Zusammenhang die Barmer Theologische Erklärung vom Mai 1934 in Abwehr der religiösen Ansprüche des Nationalsozialismus eine zentrale Rolle. Diese Thesen weisen weit über die Abwehr totalitärer Ansprüche hinaus und beschreiben Grunddimensionen kirchlicher Existenz und kirchlichen Handelns. Mit der 2. These der Barmer Theologischen Erklärung können wir unsere Sendung auch so begründen: »*Wie Jesus Christus Gottes Zuspruch der Vergebung aller unserer Sünden ist, so und mit gleichem Ernst ist er auch Gottes kräftiger Anspruch auf unser ganzes Leben; durch ihn widerfährt uns frohe Befreiung aus den gottlosen Bindungen dieser Welt zu freiem, dankbarem Dienst an seinen Geschöpfen. Wir verwerfen die falsche Lehre, als gebe es Bereiche unseres Lebens, in denen wir nicht Jesus Christus, sondern anderen Herren zu eigen wären, Bereiche, in denen wir nicht der Rechtfertigung und Heiligung durch ihn bedürften.*«

Wir fragen also heute, wie wir als Kirchen – und für mich als Repräsentant der EKD in besonderer Weise – wie das Zeugnis der EKD im ökumenischen Kontext einer gesellschaftlichen Verantwortung in unserem eigenen Land Gestalt gewinnt. Darin eingeschlossen ist notwendig natürlich unsere Verantwortung für das gemeinsame Europa und die eine Welt. Wir haben als Kirchen in unserem ökumenischen Verständnis der einen Welt Gottes eine besondere Sendung und Rolle angesichts der rasanten Globalisierung unserer Lebensverhältnisse. Wir können und wollen unser Zeugnis wohl aus dem je Eigenen herleiten. Wir verlieren aber das Eigene, wenn wir es nicht auf das Ganze beziehen. Kirchlich beziehen wir uns auf unsere ökumenische Existenz, politisch auf unsere globale Existenz.

Die Frage nach unserer Sendung muss aber nicht nur im ökumenischen Kontext, also bezogen auf und mit anderen Kirchen gestellt werden. Wir müssen in der gegebenen und zu begrüßenden Pluralität in unserem Land, in ganz Europa und weltweit auch nach der Rolle der Religion und der Unterschiedenheit von Religionen in einer Gesellschaft überhaupt fragen. In unserem europäischen Kontext kommen notwendig und untrennbar miteinander verknüpft sehr verschiedene gesellschaftliche, kulturelle und religiöse Prägungen und Bindungen miteinander ins Gespräch. Wir leben durchgängig in einer multireligiösen Gesellschaft. Das Verhältnis der Religionen zueinander und ihr Beitrag zum gesellschaftlichen Ganzen – und ganz gewiss in besonderer Weise unser Beitrag als christliche Kirchen – ist für unsere Zukunft von größter Bedeutung. Das gilt umso mehr, als überdeutlich geworden ist, dass eine Gesellschaft, die lediglich nach ihren ökonomischen Vorteilen fragt, nicht existieren kann und jeden inneren Zusammenhang verliert. »Europa eine Seele geben!« lautet ein politischer Slogan. Europa für seine innere Orientierung unseren Glauben bezeugen, das ist unser christlicher Beitrag zur »Beseelung« Europas. Was sind die Voraussetzungen auf staatlicher Seite, mit uns Kirchen und mit anderen religiös oder weltanschaulich gebundenen Institutionen und gesellschaftlichen Gruppen zusammenzuarbeiten? Ich gehe aus von dem berühmten und grundlegenden »Diktum« des früheren deutschen Verfassungsrichters Ernst-Wolfgang Böckenförde: *»Der freiheitliche, säkularisierte Staat lebt von Voraussetzungen, die er selbst nicht garantieren kann. Das ist das große Wagnis, das er, um der Freiheit willen, eingegangen ist. Als freiheitlicher Staat kann er einerseits nur bestehen, wenn sich die Freiheit, die er seinen Bürgern gewährt, von innen her, aus der moralischen Substanz des einzelnen und der Homogenität der Gesellschaft, reguliert. Andererseits kann er diese inneren Regulierungskräfte nicht von sich aus, das heißt mit Mitteln des Rechtszwangs und autoritativem Gebots zu garantieren versuchen, ohne seine Freiheitlichkeit aufzugeben und – auf säkularisierter Ebene – in jenen Totalitätsanspruch zurückzufallen, aus dem er in den konfessionellen Bürgerkriegen herausgeführt hat.« (Staat, Gesellschaft, Freiheit«, 1976, 60)*

Das ist – jedenfalls in Deutschland – eine Grunderkenntnis, die aus der Perspektive von Staat und Gesellschaft höchste Bedeutsamkeit hat. Es ist die Erkenntnis, dass jede Gesellschaft notwendig – nicht nur aber auch – religiöse und kulturelle Quellen braucht, die sie nicht speisen, aus denen sie nur schöpfen kann. Der kalte Hauch der Zweckrationalität, die immanenten Logiken von Nutzen und Gebrauch, die verführerische Faszination der Genusses »hier und jetzt« begründen keine Gemeinschaft, die füreinander und über sich hinaus Verantwortung übernimmt. Gesellschaft und Staat brauchen den Glauben und die innere und verbindliche Grundorientierung von Menschen, die sich mit ihren Überzeugungen, ihren ethischen und religiösen Bindungen in der Gemeinschaft über den Augenblick hinaus für die Lebensgrundlagen der kommenden Generationen engagieren und mit ihrem Glauben als einem freien Angebot für andere Menschen orientierend wirken.

Gesellschaft und Staat brauchen darum nicht nur aufgrund der geschichtlichen und kulturellen Prägungen, sondern auch zur Bewältigung der Zukunftsaufgaben auch den Dienst und das Zeugnis der christlichen Kirchen – nicht als einzige, aber als kräftige, notwendige und unverzichtbare Quelle, aus der menschliche Gemeinschaft sich erhält und erneuert. Ohne diese geistigen und religiösen Quellen verlieren Menschenwürde und Menschenrechte und das darauf aufbauende Gemeinwesen ihre konkrete und erfahrbare Gestalt. Als Abstraktum aber, ohne Menschen, die sie leben und füllen, verlieren diese Grundlagen ihre Kraft und bindende Wirkung.

Nun ist ebenso klar, dass unser christliches Zeugnis für die Würde des Menschen – eben weil es kein Abstraktum ist – in dem jeweiligen historischen, kulturellen und politischen Kontext geschieht, in dem wir als Christen in unseren Kirchen leben. Die großen christlichen Familien der orthodoxen, römisch-katholischen und protestantischen Christenheit sind der reiche Ausdruck dieser Tatsache. Unsere jeweilige Identität bildet sich ja nicht anders heraus, als dass wir in uns selbst und zugleich in sozialer, kultureller und religiöser Interaktion mit unserer Mitwelt zu einer personalen, sozialen und spirituellen Mitte finden, die wir bejahen, die uns birgt und schützt. Sie befähigt uns zugleich, aus uns heraus auch auf das Andere und Fremde zuzugehen. So gesehen sind kulturelle Identität und – sofern sich in ihr jene kulturelle Identität spiegelt – auch nationale Identität nichts grundsätzlich Widersprüchliches zu unserem christlichen Zeugnis. Sie sind das jeweilig notwendige Medium, in dem wir zur Sprache und Gestalt bringen, was wir von Gott glauben. Wir können ja nicht anders, als in unserer menschlichen Bestimmtheit und Begrenztheit Gott und seinen liebenden Blick auf den Menschen zu bezeugen. Wir bezeugen allerdings einen den Gott, der immer und grundsätzlich unser menschliches Vermögen, unsere Kraft und Vernunft übersteigt.

Diese Grunderkenntnis hat weitreichende Konsequenzen für unser Zusammenleben als Religionen und in unserer Gesellschaft: Wenn Gott in seiner gütigen und liebenden Zuwendung allen Menschen seine Ebenbildlichkeit zueignet, wenn in dieser Konnotation die Menschenwürde die grundsätzliche Gleichheit aller Menschen begründet, dann ist damit zugleich die Transzendierung jeglicher kultureller und geschichtlicher Identität – und auch jeglicher religiöser Identität gesetzt. Sie hat nur eine relative, also in *unserer* Beziehung zu Gott unbedingt begründete und verbindliche Bedeutung. Sie kann in keinem Fall einfach als Anspruch auf Unbedingtheit für alle anderen gelten. Eben, weil wir Menschen sind und nicht Gott. Und eben das ist auch die Grundlage einer demokratischen Gesellschaft, die nicht auf unbedingten Setzungen beruht, sondern auf einem gewaltfreien Verständigungsprozess freier und mündiger Bürger.

Diese Einsicht, die die eigene soziale, kulturelle und religiöse Bindung nicht aufhebt, aber in einen übergeordneten Bezug setzt, führt zu einer tief gegründeten Toleranz, ohne die Religionen nicht miteinander leben können und kein Gemeinwesen existieren kann. Sie ist nicht eine Toleranz jenseits, oder gar trotz unseres Glaubens. Sie ist eine »Toleranz aus Glauben«. Weil wir um unsere Endlichkeit und Begrenztheit wissen, entdecken wir im Anderen einen uns zwar fremden, aber doch legitimen und respektierten Ausdruck religiöser Wahrheit, zu dem wir in einen Dialog treten können. »Toleranz aus Glauben« formulierte die Synode der EKD 2005 in Berlin. Diese Toleranz führt nicht in eine postmoderne Beliebigkeit des »Alles ist möglich«. Der Einzelne und seine Kirche bleiben für sich selbst gebunden an den eigenen Glauben. Sie tragen diesen Glauben mit allem Ernst und allem Engagement ein in die Suche nach gemeinsamen Orientierungen des Gemeinwesens. Sie tragen ihre Sicht und Konkretisierung auch in die Entfaltung und Gestaltung der Grundrechte ein. Sie tragen auch bei zur gesellschaftlichen und kulturellen Identität. So aber eben, dass sie die von der eigenen unterschiedene Bindung des Anderen und seinen Beitrag als ebenfalls bedeutsam anerkennen. Diese Toleranz respektiert nicht nur zähneknirschend das Andere und Fremde. Sie tritt dafür ein, dass diese Bindungen ebenso wie die eigene aktiv und frei gelebt werden können. Diese Toleranz weiß, dass die negative Freiheit der Duldung und Hinnahme der Grundrechte anderer nicht hinreicht. Sie trägt zu der positiven Freiheit der Gestaltung dieser Grundrechte bei. Diese doppelte Erkenntnis, dass die Kirche aus ihrem Glauben heraus notwendig und konkret an Gesellschaft und Staat gewiesen ist und dass der Staat von Voraussetzungen lebt, die er selber nicht garantieren kann und für die er auf Menschen und Institutionen angewiesen ist, die aus ihrer eigenen Orientierung und ihrem eigenen Glauben für das Gemeinwesen einstehen, ist das lebendige Grundelement des Verhältnisses von Kirche und Staat und ihrer Kooperation. Sie ist eine von beiden Seiten gewollte und notwendige. Das führt in eine sehr konkrete Zusammenarbeit in den verschiedenen pastoralen, kulturellen und sozialen Handlungsfeldern.

Aus staatlicher Perspektive kann man von einer »fördernden Neutralität« gegenüber den Religionen und Kirchen sprechen. Von Seiten der Kirchen sprechen wir von einem Verhältnis der Kooperation bei grundsätzlicher gegenseitiger Freiheit und Unabhängigkeit im Rahmen der Verfassung. Dies führt jedenfalls in Deutschland zu einem wesentlichen Grundprinzip der Zusammenarbeit zwischen Staat, gesellschaftlichen Gruppen, sozialen Verbänden und den Kirchen: dem Prinzip der Subsidiarität. Dies bedeutet, dass der Staat in der Wahrnehmung von Aufgaben im kulturellen und sozialen Bereich sich selbst zurücknimmt und den Kirchen und natürlich auch den anderen Akteuren wie den Gewerkschaften mit ihrer Arbeiterwohlfahrt oder den humanitären Verbänden wie etwa dem Roten Kreuz einen Vorrang einräumt, sie gewähren lässt und sich sehr weitgehend an der Finanzierung der von diesen Akteuren wahrgenommenen sozialen und kulturellen Aufgaben beteiligt. Der Staat tut dies, eben weil er weiß, dass er in den Grundvollzügen solidarischen Lebens Raum geben muss für die vielfältigen Prägungen und Orientierungen. Er würde die demokratische Freiheit verlieren, wenn er in allen Lebensbereichen eine eigene Definitionsmacht beanspruchen würde. Ich möchte nun sehr knapp die drei wesentlichen Handlungsfelder beschreiben, in denen Staat und Kirche zusammenarbeiten:

II Die pastorale, kulturelle und soziale Arbeit der Kirchen in der Gesellschaft

II.1 Zur pastoralen Arbeit

Zunächst ist zu erwähnen, dass nach staatlichem Recht Geistliche und in modifizierter Form auch Laienmitarbeiter in der Seelsorge, zum Beispiel in der Telefonseelsorge, ein Zeugnisverweigerungsrecht gegenüber den staatlichen Stellen und den Gerichten haben. Sie müssen also in seelsorgerlicher Vertraulichkeit gegebene Informationen, auch wenn sie etwa strafrechtlich relevant sein können, nicht vor Gericht preisgeben. Das ist eine wichtige staatliche Garantie für pastorale Arbeit, die den notwendigen Freiraum gewährt. Es gibt eine ganze Reihe von pastoralen Arbeitsfeldern der Kirchen, die unmittelbar oder mittelbar mit staatlichem Handeln verknüpft sind.

Ein herausragendes Feld ist die *Seelsorge an Soldaten*. Sie hat in den letzten Jahren unter der Tatsache, dass die Bundeswehr nicht nur in Afghanistan, sondern auch auf dem Balkan oder auf See vor dem Horn von Afrika in Auslandseinsätzen ihre Soldaten einem erheblichen Gewissenskonflikt und ebenso erheblichen Gefahren für Leib und Leben aussetzt, eine ganz besondere Bedeutung gewonnen. Wie Sie wissen ist diese Seelsorge, ganz entsprechend dem Grundverständnis einer Kooperation von unabhängigen Partnern, durch einen Vertrag geregelt. Das gilt auch für die katholische Seelsorge an Soldaten. Die Erfahrungen in dieser Seelsorge gerade in den Auslandseinsätzen haben in unseren Kirchen zu einer Vertiefung und Konkretisierung unseres friedensethischen Zeugnisses geführt. Wir sprechen nicht mehr vom gerechten Krieg, sondern vom gerechten Frieden und mahnen strenge Kriterien an für die Anwendung »rechtserhaltender Gewalt«. Dies spielt eine wichtige Rolle in der politischen Debatte in unserem Land. Die jüngste Reise des Ratsvorsitzenden Nikolaus Schneider, des Militärbischofs Martin Dutzmann und des Friedensbeauftragten der EKD Renke Brahms nach Afghanistan, die anschließenden Gespräche mit dem Verteidigungsminister und die öffentliche Debatte zeigen die Bedeutung der Kirchen für den politischen Entscheidungsprozess und die Schärfung der Gewissen. Entsprechende seelsorgerliche Arbeit gibt es auch für die Polizei. Weitere wichtige Felder pastoraler Arbeit sind der Dienst in Gefängnissen, in Krankenhäusern und Schulen.

Eine ganz besondere Entwicklung hat in den letzten zehn Jahren die *Notfallseelsorge* genommen. Praktisch flächendeckend sind Pastorinnen und Pastoren bei Unfällen und Katastrophen im Einsatz, um Opfer zu begleiten, Todesnachrichten zu überbringen und vor allem auch den Hilfskräften nahe zu sein, die ja schreckliche Erfahrungen und Eindrücke zu verarbeiten haben. Hier erfahren die Kirchen in den letzten Jahren höchste Anerkennung. Es handelt sich hier um ein konkretes Arbeits- und Handlungsfeld, in dem Feuerwehrleute, Sanitäter, Polizisten, aber auch Betroffene und deren Angehörige die tragende und tröstende Kraft des Glaubens unmittelbar erfahren können.

II.2 Bildung und Kultur

Ein wesentliches Feld der Kooperation von Staat und Kirche ist die Bildung. In fast allen Bundesländern (nicht in Berlin und Bremen) ist der *konfessionelle Religionsunterricht* ordentliches Lehrfach. Er ist keine beliebige Zugabe, sondern integraler Bestandteil des Bildungssystems. Daran kann man erkennen, dass es dem Staat wichtig ist, dass über religiöse Fragen nicht nur »neutral« informiert wird. Schülerinnen und Schüler sollen in der Schule Lehrerinnen und Lehrern begegnen, die für ihren Glauben auch ganz persönlich stehen und gerade darum mit ihrem Glauben zu einem offenen Dialog bereit sind, der von einer Toleranz geprägt ist, die anderen weltanschaulichen Auffassungen und religiösen Prägungen Wertschätzung entgegenbringt und sie respektiert. So kann gelernt werden, dass unbedingte eigene Bindung und Respekt vor den Bindungen des Anderen kein Gegensatz, sondern Grundlage eines reichen Zusammenlebens der Verschiedenen sind. Der Staat weiß, dass ein Eintreten für die Freiheitsrechte und Grundwerte der Verfassung und ein Engagement für das Gemeinwesen aus Bindungen erwächst, die der Staat weder verordnen noch bestimmen kann.

Auch in der *Elementarerziehung*, also im Bereich der vorschulischen Erziehung zum Beispiel in den Kindergärten, in der Begleitung und Unterstützung von Familien räumt der Staat den gesellschaftlichen Akteuren, also auch den sozialen Einrichtungen der Gewerkschaften (Arbeiterwohlfahrt), dem Roten Kreuz, dem Paritätischen Wohlfahrtsverband und natürlich den Kirchen mit ihrer Caritas und Diakonie einen Vorrang ein. Hier ist besonders bemerkenswert, dass in vielen konfessionellen Kindergärten vor allem in den Städten Elementarerziehung offen ist für Kinder und ihre Familien aus anderen Religionen. Nicht selten etwa ziehen muslimische Familien den evangelischen oder katholischen Kindergarten dem kommunalen Kindergarten vor, weil ihnen an der religiösen Dimension der Erziehung ihrer Kinder liegt. Solche Formen interreligiösen Lebens jenseits einer weltanschaulichen Neutralität können eben nicht vom Staat, sondern nur von den Religionen selbst entwickelt werden.

Ich möchte auf ein gemeinsames Arbeitsfeld zwischen Kirche und Staat zu sprechen kommen, das Sie wohl eher überrascht. Es gibt eine sehr intensive Zusammenarbeit zwischen Kirchen und Staat in der *Auslandskulturarbeit*. Die EKD hat etwa 140 deutschsprachige Auslandsgemeinden weltweit. Für uns sind diese Gemeinden zuallererst Orte der Verkündigung und der pastoralen Begleitung evangelischer Christen aus Deutschland, die zumeist auf Zeit, nicht wenige aber auch für immer im Ausland leben. Für den Staat und seine auswärtige Politik jedoch sind diese Gemeinden vor allem eben aber auch Kulturträger. Hier wird die deutsche Sprache gepflegt. Hier werden Konzerte und Lesungen organisiert. Es gibt Ausstellungen und Diskussionsveranstaltungen. Hier werden Beziehungen zu den Kirchen vor Ort und den anderen Religionen gepflegt. Diese Arbeit beider Kirchen wird mit je etwa 600.000 € gefördert, weil der Staat – getreu seinem Verfassungsverständnis – in den Kirchen und gesellschaftlichen Gruppen sich selbst in seinem demokratischen Selbstverständnis ebenfalls repräsentiert sieht. Ich berichte dies, weil aus dieser Arbeit für die kommenden Jahre ein ganz besonderes Projekt erwachsen ist. Das Auswärtige Amt wird gemeinsam mit der EKD, aber auch unter Beteiligung der römisch-katholischen Kirche bis zum Jahre 2013 eine Ausstellung entwickeln, die sich mit der Bedeutung der Reformation für Gesellschaft, Kultur und Politik befasst. Das zielt auf das Reformationsjubiläum 2017. Die EKD hat ja eine »Reformationsdekade« entwickelt, in der jedes Jahr ein zentrales mit der Reformation verbundenes Thema besonders bearbeitet wird. Die Themen lauten: 2009 »Reformation und Bekenntnis« (500. Geb. Johannes Calvin); 2010: »Reformation und Bildung« (450. Todestag Philipp Melanchthons); 2011 »Reformation und Freiheit« (Jahr der Taufe); 2012 »Reformation und Musik«; 2013 »Reformation und Toleranz«; 2014 »Reformation und Politik«; 2015 »Reformation – Bild und Bibel«; 2016 »Reformation und die Eine Welt«.

Die Stichworte Bekenntnis, Bildung, Freiheit, Musik, Toleranz, Politik, Bild und Bibel, Eine Welt machen deutlich, dass es sich um Dimensionen der Reformation handelt, die für Gesellschaft und Staat ebenso wie für die Kirchen von grundlegender Bedeutung sind. Die Dekade macht auch im säkularen Raum deutlich, wie tiefgreifend der Einfluss der Reformation für Bildung, Kultur und Politik in unserem Land und weltweit war und ist. Diese Ausstellung wird dann in vier Exemplaren um die ganze Welt wandern und von vielfältigen Veranstaltungen vor Ort begleitet sein. Daran werden sich die Botschaften, die Goetheinstitute, die politischen Stiftungen und natürlich unsere Auslandsgemeinden beteiligen. Für mich ist das ein eindrucksvolles Beispiel der Kooperation von Staat und Kirche in der Vergewisserung gemeinsamer Grundlagen und des Nachdenkens über das, was auch in der Zukunft gemeinsam trägt.

II.3 Soziale Arbeit

Von jeher ist die *diakonische und karitative Arbeit* der Kirchen ein zentraler Beitrag zu den Aufgaben des Sozialstaates. Hier gilt nach wie vor das beschriebene Prinzip der Subsidiarität. In der Europäischen Union ist das durchaus nicht allgemeines Recht. Wir haben vor allem in Brüssel viel daran zu arbeiten, dass dieser fundamentale Grundsatz für Deutschland gewahrt bleibt. Wir glauben allerdings, dass dieses Prinzip wegweisend für Europa als Ganzes sein könnte. Wie wir von Herrn Munsonius gehört haben, wächst ja in der Europäischen Union das Bewusstsein für die Rolle der Kirchen für die Zukunft Europas. Mit dem Artikel 17 des Lissaboner Vertrages gibt es ja nun erstmalig einen geregelten und verpflichtenden Dialog mit den Kirchen.

Die Kirchen sind in allen Feldern sozialer Arbeit tätig, ob in der Jugendsozialarbeit, in der Arbeitswelt, in der Arbeit mit Behinderten, mit Randständigen, mit alten Menschen, für Kranke. Je ein halbe Million Menschen arbeiten in Deutschland in der Diakonie und in der Caritas.

Selten erwähnt – aber ebenfalls ein Feld intensiver Zusammenarbeit zwischen Staat und Kirche – ist die *ökumenische Diakonie*. Der Evangelische Entwicklungsdienst (eed) erhält jährlich rund 100 Millionen Euro für Entwicklungsprojekte vom Bundesministerium für wirtschaftliche Zusammenarbeit. Die EKD gibt ihrerseits 50 Millionen Euro aus Kirchensteuermitteln dazu. Auch hier gewährt der Staat den Kirchen bei der Umsetzung der Projekte zur Armutsbekämpfung und Hilfe zur Selbsthilfe viel Geld und großen Gestaltungsspielraum. Er tut das, weil er in den Kirchen einen qualifizierten und verlässlichen Partner hat, der Netzwerke nutzen kann, die dem Staat nicht zur Verfügung stehen können und dürfen. Aber auch hier gilt, dass dieses Engagement der Kirchen sie auch befähigt, sich konkret und sachgemäß zu Fragen von sozialer und ökologischer Gerechtigkeit zu äußern und *zur politischen Debatte* aus dem eigenen Grund des Glaubens und der eigenen politischen Erfahrung heraus beizutragen. Das Diakonische Werk und die EKD äußern sich immer wieder zu Fragen sozialer Gerechtigkeit, eines lebensdienlichen und ökologisch nachhaltigen Wirtschaftens. eed und Brot für die Welt sind aktiv in der Debatte um Gerechtigkeit, Frieden und Bewahrung der Schöpfung in den globalen Zusammenhängen. So gibt es zum Beispiel jährlich sehr kritische Berichte der Kirchen zum Rüstungsexport aus Deutschland, die von einer »Gemeinsamen Kommission Kirche und Entwicklung« von Fachleuten der EKD und der Deutschen Bischofskonferenz gemeinsam erarbeitet werden. Staat und Kirche stehen also in einem Verhältnis vertrauensvoller, aber kritischer Kooperation zueinander. Für uns als Kirchen bleibt es dabei entscheidend, dass wir in dieser Kooperation aus eigenem Grunde handeln und niemals zu einer Funktion des Staates werden. Ich schließe mit einem etwas ungewöhnlichen Zitat. Ein nicht unwichtiger Politiker sagte mir in einem eher vertraulichen Gespräch: »*Wissen Sie, Herr Bischof, in der Zukunft werden wir, der Staat, sie, die Kirchen, sehr viel nötiger brauchen, als sie, die Kirchen auf den Staat angewiesen sein werden.*«

Ein bemerkenswerter Satz. Er ist gespeist aus der Erkenntnis, dass eine Gesellschaft und ein Gemeinwesen, das keine gemeinsamen Werte und Orientierungen mehr hat, unregierbar werden. Wer nichts mehr glaubt, was über ihn oder sie selbst hinaus weist, der/die sieht auch nicht mehr ein, warum er/sie mit anderen solidarisch sein soll. Und der/die hat auch keinen Grund mehr, um der nächsten Generationen willen, jetzt auf jenen Lebensgenuss zu verzichten, der unseren Kindern die Zukunft raubt. Aber mit diesem Zitat will ich nun doch nicht enden. Im Hebräerbrief wird in kürzester Form diese Zukunftsorientierung und Zukunftsverantwortung formuliert: »*Es ist aber der Glaube eine feste Zuversicht auf das, was man hofft, und ein Nichtzweifeln an dem, was man nicht sieht. Durch diesen Glauben haben die Vorfahren Gottes Zeugnis empfangen. Durch den Glauben erkennen wir, dass die Welt durch Gottes Wort geschaffen ist, so dass alles, was man sieht, aus nichts geworden ist« (Heb, 11,1).*

Die Beziehung zwischen Kirche und Staat in der orthodoxen Überlieferung

Metropolit Elpidoforos (Lambriniadis)

I

Die Frage der Beziehungen zwischen Religion und Staat war und bleibt stets eine bedeutende Frage für beide. Für die Religion, weil sie sich auf einen besonders bedeutenden Aspekt ihrer Beziehung zur Welt im Allgemeinen bezieht. Für den Staat, weil sie sich auf das Verhältnis der staatlichen Gewalt zu seinen Bürgern bezieht. Verständlicherweise haben aber beide das Bewusstsein, über alle notwendigen Voraussetzungen zu verfügen, um als zwei vollkommene und voneinander unabhängige Gesellschaften zu fungieren, solange sie nicht in derselben staatlichen Entität koexistieren. Es gibt aber einen grundlegenden Unterschied, der eine unterschiedliche Annäherung an die Frage der Beziehungen zwischen beiden bedingt, insofern der Staat aus seinen Gliedern, den Bürgern, resultiert, während umgekehrt die Religion ihre Glieder, die Gläubigen, hervorbringt. So ist die Beziehung der Religion zu ihren Gliedern generativ mit weitreichenden spirituellen Auswirkungen auf das öffentliche und private Leben der Völker, während die Beziehung des Staates zu seinen Gliedern konventionell ist, mit weitreichenden Interventionen in den Bereich des geistlichen Auftrags der Religion. Offensichtlich ist weder der Begriff des Staates in seinen geschichtlichen Verwirklichungen, noch derjenige der Religion in den geschichtlichen Ausprägungen ihrer Beziehungen zu den Völkern eindeutig. Denn die großen historischen Umbrüche im Leben der Völker haben auch den Bereich der Beziehungen der staatlichen Gewalt zur Religion – positiv oder negativ – entscheidend beeinflusst.

In diesem Sinn bildeten sich historische Modelle der Beziehung von Religion und Staat heraus, die implizite Tendenzen einer konstruktiven Zusammenarbeit zum Zweck gemeinsamer Lösung gesellschaftlicher Probleme oder zur Abwendung unerwünschter Konflikte zwischen religiöser und politischer Gewalt, sofern ihr Träger nicht dieselbe Person war, enthielten. Die christliche Tradition in dieser kritischen Frage wurde mit beeindruckender Deutlichkeit vom Gründer der Kirche, von Jesus Christus, bestimmt, der einerseits die deutliche Unterscheidung zwischen beiden Gewalten, der politischen und der priesterlichen, und ihren Trägern, andererseits die klare Unterscheidung zwischen der Heiligkeit der politischen Gewalt und ihren jeweiligen Trägern verkündete, obwohl die Christen auch denjenigen Trägern der politischen Gewalt gehorchen mussten, die sie verfolgten, sofern ihr Glaube nicht angetastet wurde. Das persönliche Beispiel und die Lehre Christi finden sich in seinen Worten an die Apostel (»Gebt dem Kaiser, was des Kaisers ist, und Gott, was Gottes ist«, »Man muss Gott mehr gehorchen als den Menschen«) sowie in seinem Dialog mit Pilatus (»Du hättest keine Macht über mich, wenn sie dir nicht von oben gegeben wäre«). Es ist also offensichtlich, dass Christus den im römischen Staat etablierten politischen status quo akzeptierte und die Apostel anhielt, der staatlichen Gewalt des römischen Kaisers in der Ausübung ihrer geistlichen Mission unter den Völkern mit Respekt zu begegnen. So verkündete der Völkerapostel Paulus, ausgehend vom Beispiel Christi, die Verantwortung der kirchlichen Führung, die Heiligkeit der politischen Gewalt zu respektieren und harmonisch mit ihr zusammenzuarbeiten, sofern die Unversehrtheit des überlieferten Glaubens von dieser Zusammenarbeit nicht bedroht ist. »Jede Seele soll sich den übergeordneten Mächten unterordnen; es gibt keine Gewalt, die nicht von Gott gegeben wäre; die Autoritäten sind von Gott eingesetzt« (Röm 13,1–7).

Allerdings waren sich der Apostel Paulus und die übrigen Apostel vollkommen dessen bewusst, dass sie auch selbst Träger einer göttlichen Gewalt waren, die sie befähigte, ihre geistliche Sendung in der Welt, die an sich der politischen Gewalt nicht entgegengesetzt war, wenn sie auch einem anderen Ziel diente als jene, zu erfüllen. Überdies ermöglichte die im Römischen Reich verbreitete Philosophie der Stoa und ihre Auffassung von der Einheit der Welt und des Menschengeschlechts, wie sie Zenon von Kition in seinem berühmten Werk »Kosmopolis« vertrat, die Verbreitung des christlichen Glaubens in der ganzen zivilisierten Welt – trotz der negativen, ja feindlichen Einstellung der römischen Kaiser gegenüber den Christen. Offensichtlich identifizierten die verfolgten Christen die Heiligkeit der politischen Gewalt nicht mit den Willkürtaten der römischen Kaiser. Deshalb hegten sie trotz der gerechtfertigten Verbitterung über die ungerechten und harten Verfolgungen großen Respekt vor der römischen Gesetzgebung und dem Gehorsam gegenüber den römischen Institutionen, wie bezeichnenderweise auch der anonyme Verfasser des an Diognet gerichteten Briefes (Kapitel 5 und 6) aus dem 2. Jahrhundert betont.

»5. 1. Denn die Christen unterscheiden sich nicht durch Land, Sprache oder Sitten von den übrigen Menschen. 2. Denn nirgendwo bewohnen sie eigene Städte, noch bedienen sie sich irgendeiner abweichenden Sprache, noch führen sie ein auffallendes Leben. 3. Gewiß ist nicht durch irgendeinen Einfall und Gedanken geschäftiger Menschen diese ihre Art von Wissenschaft von ihnen erfunden, noch vertreten sie eine menschliche Lehrmeinung, wie es manche tun. 4. Obwohl sie griechische und barbarische Städte bewohnen, wie es einen jeden traf, und die landesüblichen Sitten befolgen in Kleidung und Kost sowie im übrigen Lebensvollzug, legen sie doch eine erstaunliche und anerkanntermaßen eigenartige Beschaffenheit ihrer Lebensführung an den Tag. 5. Sie bewohnen das eigene Vaterland, aber wie Beisassen. Sie nehmen an allem teil wie Bürger, und alles ertragen sie wie Fremde. Jede Fremde ist ihr Vaterland und jedes Vaterland eine Fremde. 6. Sie heiraten wie alle, zeugen und gebären Kinder; aber sie setzen die Neugeborenen nicht aus. 7. Ihren Tisch bieten sie als gemeinsam an, aber nicht ihr Bett. 8. Im Fleisch befinden sie sich, aber sie leben nicht nach dem Fleisch. 9. Auf Erden weilen sie, aber im Himmel sind sie Bürger. 10. Sie gehorchen den erlassenen Gesetzen, und mit der ihnen eigenen Lebensweise überbieten sie die Gesetze. 11. Sie lieben alle – und werden doch von allen verfolgt. 12. Man weiß nichts von ihnen – und verurteilt sie doch. Sie werden getötet – und dennoch lebendig gemacht. 13. Sie sind arm – und machen doch viele reich. An allem leiden sie Mangel – und haben dennoch alles im Überfluß. 14. Sie werden beschimpft – und in den Beschimpfungen doch gepriesen. Sie werden verleumdet – und dennoch ins Recht gesetzt. 15. Sie werden geschmäht – und sie segnen. Sie werden beleidigt – und sie zeigen Ehrerbietung. 16. Obwohl sie Gutes tun, werden sie wie Übeltäter bestraft; wenn sie bestraft werden, freuen sie sich, als würden sie mit Leben begabt. 17. Von den Juden werden sie wie Heiden bekämpft und von den Griechen verfolgt; und den Grund ihrer Feindschaft vermögen die Hasser nicht anzugeben.

6. 1. Um es aber kurz zu sagen: Genau das, was im Leib die Seele ist, das sind in der Welt die Christen. 2. Durch alle Glieder des Leibes hin ist die Seele verteilt, und die Christen sind es über die Städte der Welt. 3. Die Seele wohnt zwar im Leib, sie ist aber nicht vom Leib. Auch die Christen wohnen in der Welt, sie sind aber nicht von der Welt. 4. Unsichtbar wird die Seele im sichtbaren Leib festgehalten; auch bei den Christen erkennt man zwar, daß sie in der Welt sind, unsichtbar aber bleibt ihre Religion. 5. Das Fleisch haßt die Seele und streitet wider sie, obwohl es kein Unrecht von ihr leidet – nur deshalb, weil sie es davon abhalten will, sich den Genüssen hinzugeben. Es haßt auch die Welt die

Christen, obwohl sie kein Unrecht von ihnen leidet, weil sie den Genüssen entgegentreten. 6. Die Seele liebt das Fleisch, von dem sie gehaßt wird, und die Glieder. Auch die Christen lieben ihre Hasser. 7. Die Seele ist zwar im Leib eingeschlossen, sie aber hält den Leib zusammen. Auch die Christen werden zwar in der Welt wie in einem Gefängnis festgehalten, sie aber halten die Welt zusammen. 8. Unsterblich wohnt die Seele in einer sterblichen Behausung. Auch die Christen wohnen als Beisassen in vergänglichen Behausungen, während sie die Unvergänglichkeit im Himmel erwarten. 9. Schlecht behandelt mit Speise und Trank, wird die Seele besser. Auch die Christen werden dadurch, daß sie gestraft werden, täglich mehr an Zahl. 10. Auf einen so wichtigen Posten hat Gott sie gestellt, dem sich zu entziehen ihnen nicht erlaubt ist.«[1]

II

Die Ausbreitung des Christentums in der griechisch-römischen Welt und noch darüber hinaus im Verlauf des 4. Jahrhunderts führte nicht zu einem Wandel der Prinzipien der christlichen Überlieferung hinsichtlich der Beziehung der Kirche mit der Staatsgewalt. Aber die Annahme des christlichen Glaubens durch die römischen Kaiser erforderte eine klare Differenzierung der Aufgabenbereiche und der Kompetenzen der staatlichen und der kirchlichen Gewalt. Und das nicht nur, weil der römische Kaiser ex officio auch der höchste Priester, pontifex maximus der traditionellen römischen Religion war, sondern weil die inzwischen christlich gewordenen römischen Kaiser es als ihr selbstverständliches Recht ansahen, sich in die inneren Angelegenheiten des Glaubens und des kirchlichen Lebens (sacra interna corporis) einzumischen, insbesondere im 4. und 5. Jahrhundert. So hat der hl. Athanasius der Große Kaiser Konstantin den Großen ermahnt, sich nicht in die inneren Angelegenheiten der Kirche einzumischen: »Mische Dich nicht in kirchliche Angelegenheiten ein; denn Kaisertum und Priestertum sind wesentlich verschieden.« Infolgedessen folgt der Unterscheidung der beiden Gewalten, der kaiserlichen und der priesterlichen, die deutliche Unterscheidung ihrer Rollen im christlichen Korpus des Imperiums. Entsprechend mussten die Rollen auch offiziell gesetzlich festgeschrieben werden, um unerwünschten und gefährlichen

[1] Zitiert nach: Schriften des Urchristentums. Didache (Apostellehre), Barnabasbrief, Zweiter Clemensbrief, Schrift an Diognet. Eingeleitet, herausgegeben, übertragen und erläutert von Klaus Wengst, Schriften des Urchristentums II. Wissenschaftliche Buchgesellschaft. Darmstadt 1984, 319.321.323.

Kompetenzstreitigkeiten, die nicht nur der Einheit der Kirche, sondern auch der des Staates Schaden zufügten – wie es bei der Abspaltung der Nestorianer und der antichalkedonensischen Volksgruppen der Kopten, Syrer und Armenier der Fall war – zuvorzukommen.

Gewiss war sich die Kirche ihrer inneren Selbständigkeit bewusst. Darum untersagte sie mit besonderer Strenge nicht nur die Annahme staatlicher Ämter durch Kleriker, sondern auch jegliche Appellation an säkulare Funktionsträger zum Zweck der Lösung kirchlicher Probleme oder der Befassung mit jurisdiktionellen Forderungen. Die tragischen Folgen der Entscheidungen des 4. Ökumenischen Konzils (451) hinsichtlich der Einheit der Kirche und des Reiches zwangen den ehrgeizigen Kaiser Justinian I. (527–565), in sein breitgefächertes gesetzgeberisches Werk die offizielle gesetzgeberische Regelung der Beziehungen der beiden Gewalten in Bezug auf die Strukturen und die institutionellen Funktionen des Organismus des Imperiums zu integrieren. In diesem Sinn hat er in der berühmten 6. Novelle (535) die byzantinische »Synallelie« oder »Symphonie« als Prinzip der Beziehungen der beiden Gewalten verfügt: »Als größte Gabe Gottes wurden den Menschen von der himmlischen Menschenliebe das Priestertum und das Kaisertum zuteil; ersteres dient den göttlichen Dingen, letzteres regiert und besorgt die Angelegenheiten der Menschen. Aus einem und demselben Ursprung ist beides hervorgegangen und ordnet das menschliche Leben ... Denn wenn das eine vollkommen makellos ist und teilhat am Freimut vor Gott und das andere auf rechte und ziemliche Weise das ihm anvertraute Gemeinwesen ordnet, so gewährt eine gute Übereinstimmung (der beiden) dem Menschengeschlecht alles, was ihm nützlich ist.«

Diese theoretische Formulierung erlangte besondere Bedeutung für die harmonischen Beziehungen der beiden Gewalten nicht nur durch die Bekundung des Respektes vor den heiligen Kanones der Kirche (»damit die heiligen Kanones beachtet würden«), sondern auch für die Anerkennung der Superiorität der heiligen Kanones im Verhältnis zu den Gesetzen des Staates (Novellen 131, 137). Darum wird betont, »dass auch die Gesetzgebung von diesen abhängt, dass sie sich auf sie bezieht und dass jene ihre Mitte und ihre Grenze sind« (Novelle 109). Der berühmte Kanonist und Patriarch von Konstantinopel Johannes Scholastikos (562–577) verfasste die »Sammlung der kirchlichen Kanones in 50 Kapiteln« und eine thematische Kodifizierung der Gesetzgebung Kaiser Justinians, um beide in seinem Werk »Nomokanon in 50 Kapiteln« miteinander zu harmonisieren.

Dieses exzellente System der gleichrangigen und harmonischen Zusammenarbeit der beiden Gewalten hat trotz des hohen Maßes an gesetzlicher Garantie die Willkür der Träger der politischen Gewalt selbst in ernsten Fragen des Glaubens und des Lebens der Kirche nicht verhindern können: Justinian selbst hat solche willkürlichen Interventionen nicht gescheut mit seinen Erlassen gegen den Origenismus (543) und gegen die »Drei Kapitel« (544), die im Leib der Kirche zu heftigen Auseinandersetzungen führten. Gleichwohl machte der neue legislative Rahmen die offizielle und manifeste Übereinstimmung der fünf Patriarchen hinsichtlich jeder Initiative des Kaisers in ernsten kirchlichen Belangen erforderlich. Das war weder leicht noch schmerzlos. Die willkürliche Proklamation des Kampfes gegen die Bilderverehrung seitens des Kaisers Leos III. (717–740) provozierte den Widerstand nicht nur des abgedankten Patriarchen Germanos von Konstantinopel, sondern auch des römischen Papstes. Beide forderten die Einberufung eines ökumenischen Konzils unter Berufung auf die 6. Novelle Justinians. Darauf entgegnete der Kaiser, er sei der Träger beider Gewalten (»Ich bin Kaiser und Priester«), eine ebenfalls willkürliche Aussage, die das System Justinians, das System der »Synallelie« der beiden Gewalten, abschaffte. Die der Verfasserschaft des Photios zugeschriebenen Titel »Epanagoge« bzw. »Einführung ins Gesetz« verlagern die Dialektik von den beiden Gewalten (Kaisertum und Priestertum) der justinianischen Gesetzgebung auf die Träger der beiden Gewalten (Kaiser und Patriarch), um die Konfusion des ikonoklastischen Kaisers zu verurteilen. Demzufolge wird in seinem Werk »Über den Patriarchen« ein besonderer Nachdruck auf die Unterscheidung gelegt: »Das für den Staat, der nach Analogie des Menschen aus Teilen und Gliedern besteht, Größte und Wichtigste sind der Kaiser und der Patriarch, denn Eintracht und Einklang des Reiches und der Kirche in allen Dingen bedeuten Friede und Glückseligkeit der Untertanen bezüglich Seele und Leib« (III,8).

III

Grundlage des Systems der byzantinischen »Synallelie« waren einerseits die deutliche Unterscheidung der beiden Gewalten und ihrer Träger, andererseits die ihrer unterschiedlichen Rollen im Leib des Imperiums. Darum wurde es in die kanonische Überlieferung der orthodoxen Kirche als eine sichere institutionelle Rahmenbedingung aufgenommen, die das solidarische Zusammenwirken von Kirche und Staat mit dem Glück der Bürger verband. In diesem Sinne hat die orthodoxe kanonische Überlieferung – in Übereinstimmung mit der apostolischen Tradition und der kirchlichen Praxis der ersten Jahrhunderte – nicht nur Cäsaropapismus und Papocäsarismus, also die Vermischung der beiden Gewalten oder ihrer Träger, Phänomene des Westens nach dem Schisma des 11. Jahrhunderts (Pseudokonstantinische Schenkung, Zwei-Schwerter-Theorie, cuius regio eius religio etc.), ausgeschlossen, sondern auch jeden Gedanken an eine Trennung von Kirche und Staat auf Initiative oder mit der Einwilligung der Kirche. Denn das Konzept der Trennung wird von der Theologie der kanonischen Überlieferung bezüglich des Verhältnisses von Kirche und Welt ausgeschlossen.

Die orthodoxe Kirche duldet gewiss die ihr willkürlich von der staatlichen Gewalt aufgezwungene beschwerliche Trennung vom Staat und seinen institutionellen Funktionen, wie das in allen kommunistischen Regimen des 20. Jahrhunderts geschehen ist. Aber sie hat auch dann die traditionelle geistliche Beziehung zu den geprüften orthodoxen Völkern unversehrt bewahrt, und das trotz der systematischen atheistischen Propaganda und der willkürlichen Beschneidung der bürgerlichen und gesellschaftlichen Rechte der Gläubigen, wie es sich aus ihrer kürzlich erfolgten Rehabilitierung durch die Veröffentlichung des Gesetzes über die Freiheit des religiösen Gewissens (1990) in Russland ergibt. Gleichwohl tut sich die orthodoxe Kirche schwer, ihre Beziehungen zu den orthodoxen Regierungen aller wiederentstandenen Staaten der orthodoxen Völker auf der Grundlage ihrer Prinzipien zu regulieren, weil ihnen die säkulare Staatsideologie der Aufklärung und der Französischen Revolution von 1789 aufgedrängt wurde. Diese Ideologie verwirft nicht nur die traditionelle Dialektik der beiden gleichrangigen Gewalten, sondern auch jede institutionelle Rolle der Kirche im modernen Staat. Es ist offenkundig, dass die Rechtsauffassung der jüngeren Staatstheorie nicht nur die christliche Tradition von der Heiligkeit der beiden Gewalten, sondern auch das System der byzantinischen »Synallelie« hinsichtlich der Regelung ihrer institutionellen Beziehungen missbilligt, denn Subjekt und Objekt aller Gewalten, die im modernen Staat legal ausgeübt werden (Legislative, Exekutive, Judikative), ist das Volk.

Die orthodoxe Kirche konnte im modernen Staat also nicht mehr den Charakter einer selbstmächtigen Gewalt haben und eine offizielle institutionelle Funktion in ihm übernehmen. Deshalb hat die Durchsetzung der westlichen Staatsideologie auf die orthodoxen Völker eine langwierige Krise in den Beziehungen von Kirche und Staat verursacht, die von der Gewalt der gegen sie gerichteten Maßnahmen der totalitären Regime des realen Sozialismus bis zum Ende des vergangenen Jahrhunderts noch verstärkt wurde. Dennoch hat das historische Gewicht ihrer Jahrhunderte währenden geistlichen Beziehung zu den orthodoxen Nationen und die Stringenz der kanonischen Überlieferung hinsichtlich ihrer Beziehungen zur Staatsgewalt einerseits einen offiziellen Konflikt der Kirche mit der

Staatsgewalt und andererseits eine willkürliche Abwertung der etablierten Rolle der Kirche im Leben der orthodoxen Völker verhindert. In diesem Sinn suchte die Staatsgewalt einen historischen Kompromiss mit der Kirche im Rahmen der neueren Ideologie und auf der Grundlage der Religionsfreiheit, während die Kirche die Respektierung ihrer traditionellen Rolle in der Gesellschaft verlangte. Denn die orthodoxen Völker blieben dem liturgischen Leben und der geistlichen Erfahrung der orthodoxen Tradition trotz Jahrhunderte anhaltender widriger Bedingungen verbunden.

Die beeindruckende Leidenskraft der orthodoxen Völker in ihrer geistlichen Beziehung zur orthodoxen Kirche, die durch den jüngst erfolgten Zusammenbruch der kommunistischen Regime in den Ländern Osteuropas unzweifelhaft bestätigt wurde, nötigte die Regierungen der orthodoxen Völker nicht nur zu einer Reihe von Gesetzesreformen, sondern auch zu ständig widersprüchlichen administrativen Maßnahmen, um die traditionellen Schemata an die säkulare Ideologie der modernen Staatstheorie anzupassen. Gleichwohl muss die orthodoxe Kirche auch selbst nach begrenzten, akzeptablen Kompromissen wenigstens mit den grundlegenden Prinzipien und der Rechtskultur der Demokratie suchen, einerseits weil der Dialog in einer multikulturellen Gesellschaft mit globalen Perspektiven unumgänglich ist, andererseits weil die unvorhergesehenen, schnellen und unkontrollierten Wandlungen in den internationalen Beziehungen der Völker eine unkritische, isolationistische Introvertiertheit, die sich als schädlich für die zukünftigen Perspektiven herausstellen wird, nicht zulassen.

In diesem Sinn erlaubt die moderne Rechtskultur der orthodoxen Kirche, auf konstruktive Weise einerseits das Prinzip der Religionsfreiheit einzufordern, um ihre innere Unabhängigkeit in den Beziehungen zur Staatsgewalt zu behaupten, ohne von ihrer kanonischen Tradition abzurücken, andererseits den Schutz der Menschenrechte zu würdigen, um ihren geistlichen Einfluss auf die gesellschaftlichen Bedingungen zu verstärken, ohne die Heiligkeit des menschlichen Antlitzes ihrer theologischen Überlieferung zu relativieren. Die Regierungen der orthodoxen Völker akzeptieren inzwischen offiziell ihre unbezweifelbare traditionelle Beziehung zur orthodoxen Kirche und sind bereit, eine konventionelle Harmonisierung der ideologischen und gesellschaftlichen Bedingungen zu garantieren, die sich nicht nur für die Kirche, sondern auch für den Staat in einer Zeit gefährlicher ideologischer und gesellschaftlicher Wirren als besonders nützlich erweisen wird.

Das Verhältnis von Kirche und Staat in evangelischer Perspektive

Ein systematisch-theologischer Beitrag

Hans-Peter Großhans

I Das Verhältnis von Kirche und Staat in der reformatorischen Theologie[1]

Das *Augsburger Bekenntnis* von 1530 (CA) befasst sich in Artikel 16 mit den »weltlichen Angelegenheiten« (*de rebus civilibus*). Hier wird aus Sicht der reformatorischen Kirchen das Verhältnis der Kirche und der evangelischen Christen zu den weltlichen Lebensordnungen artikuliert. Es heißt dort:

[1] Die im 16. Jahrhundert in Deutschland selbständig – also: autokephal – gewordenen Kirchen hatten von Anfang an eine enge Bindung an die politische Organisation in den jeweiligen Fürstentümern und Städten. Da sich in Deutschland die Bischöfe nicht der Reformation angeschlossen hatten, übernahmen die evangelischen Fürsten in ihren Landesteilen bzw. die Reichsstädte die organisatorische Kirchenleitung (kirchliche Jurisdiktion, Pfarrstellenbesetzung, Verwaltung des Kirchenbesitzes), die von der geistlichen Kirchenleitung durch Wort und Sakrament unterschieden war. Auf diese Weise gerieten die organisatorische Gestalt und die rechtliche Ordnung der evangelischen Kirchen für Jahrhunderte unter den Einfluss des Landesherren bzw. der Städte, also des Staates. Voraussetzung dafür war die weitestgehende religiöse Homogenität der Bevölkerung in den einzelnen Herrschaftsgebieten und Städten – seit dem Augsburger Religionsfrieden von 1555 galt die dann im Westfälischen Frieden 1648 erneuerte Formel cuius regio, eius religio. Man spricht hier vom Landesherrlichen Kirchenregiment, das in Deutschland mehr oder weniger mit dem Ende des Ersten Weltkriegs 1918 und der Begründung der Weimarer Republik endete. Die Kirchengewalt gelangte nun ganz in die Hände der jeweiligen Landeskirche. Deren Trägerin wurden in erster Linie die aus Geistlichen und Laien zusammengesetzten Synoden, denen das alte Konsistorialsystem zugeordnet wurde. Auf dieser Basis entwickelte sich seitdem, von den jeweiligen politischen Verhältnissen teilweise stark beeinflusst, ein wechselseitiges synergetisches Verhältnis von Kirche und Staat, das in der 1949 entstandenen Bundesrepublik Deutschland auf dem Prinzip der Subsidiarität basiert. Evangelische Kirchen in anderen Ländern haben das Verhältnis zum Staat anders realisiert. Die Differenzen zu den deutschen evangelischen Kirchen beginnen schon, wenn wir auf die Erfahrungen evangeli-

»Von den weltlichen Angelegenheiten lehren sie: Die weltlichen Rechtsordnungen sind gute Gotteswerke. Es ist den Christen erlaubt, obrigkeitliche Ämter zu führen, Richter zu sein, Recht zu sprechen nach den kaiserlichen und anderen geltenden Gesetzen, die Todesstrafe nach dem Recht zu verhängen, nach dem Recht Krieg zu führen, Soldatendienst zu tun, nach dem Gesetz Verträge zu schließen, Eigentum zu haben, Eide zu leisten auf Geheiß der Obrigkeiten, ein Weib zu nehmen, zu heiraten.
Sie verurteilen die Wiedertäufer, welche den Christen diese weltlichen Geschäfte verbieten.
Sie verurteilen auch jene, welche die christliche Vollkommenheit nicht in Gottesfurcht und Glauben verlegen, sondern in die Flucht vor den weltlichen Geschäften, denn das Evangelium lehrt die ewige Gerechtigkeit des Herzens. Für die Zwischenzeit zerstört das Evangelium keineswegs das staatliche oder soziale Wesen, sondern fordert ernstlich, es als Gottesordnung zu erhalten und Liebe darin zu üben. Deshalb sind die Christen unbedingt verpflichtet, ihren Obrigkeiten und den Gesetzen zu gehorchen, es sei denn, sie verlangten, Sünde zu tun, denn dann muß man Gott mehr gehorchen als den Menschen, Apostelgesch. 5 (29).«[2]

Nachdem CA 16 zu Beginn ein positives Verhältnis der evangelischen Kirchen zum weltlichen Leben feststellt, werden einige negative Abgrenzungen vollzogen. Dabei geht es zuerst einmal gegen Tendenzen von Christen, im Namen des Evangeliums der Welt mit ihren Ordnungen und Geschäften zu entfliehen. Hierzu wird eindeutig festgestellt, dass das Evangelium keine Weltflucht lehrt oder impliziert. Vielmehr lehrt es die ewige Gerechtigkeit des Herzens. Das Evangelium bezieht sich demnach gar nicht auf die Welt

scher Minderheiten-Kirchen in den Nachbarländern Deutschlands schauen, z. B. auf die Erfahrungen, die evangelische Kirchen in Österreich, Ungarn oder der Slowakei unter Habsburgischer Herrschaft gemacht haben. Differenzen zum deutschen Kirche-Staat-Verhältnis treten ebenfalls markant zu Tage, wenn wir auf evangelische Kirchen in Ländern schauen, in denen es nie eine Staatskirche (oder dergleichen) gegeben hat und in denen verfassungsrechtlich eine strikte Trennung von Religion und Staat praktiziert wird. Hier kann man an die evangelischen Kirchen in Nordamerika, vor allem jedoch an die vielen evangelischen Kirchen in der südlichen Hemisphäre denken. Die Anpassung des Kirche-Staat-Verhältnisses an die jeweiligen kontextuellen Bedingungen ist in evangelischen Kirchen möglich, weil nach evangelischer Theologie keine bestimmte Form der Kirchenverfassung und insofern auch keine bestimmte Auffassung vom Kirche-Staat-Verhältnis Bekenntnisrang oder auch nur Modellcharakter hat.

2 CA 16 (lat. Text), zitiert nach der Übersetzung von Heinrich Bornkamm, in: L. Grane, Die Confessio Augustana. Einführung in die Hauptgedanken der lutherischen Reformation, Göttingen 1970, 124f.

mit ihren Ordnungen und Geschäften. Insofern kann das Evangelium weder die politischen, sozialen und ökonomischen Ordnungen in Frage stellen noch sie auflösen. Vielmehr gehört zum Evangelium umgekehrt die Forderung, diese Ordnungen des gemeinsamen Lebens »als Gottesordnung« zu erhalten und sie im Geist der Liebe zu gestalten. Im Sinne der Staatsordnungen im Deutschland des 16. Jahrhunderts wird an die Formulierung aus Röm 13,1 erinnert, wenn die unbedingte Pflicht der Christen erwähnt wird, ihren Obrigkeiten und den Gesetzen zu gehorchen. Die Formulierungen sowohl in CA 16 als auch in Röm 13 sind freilich offen für verschiedene Staats- und Herrschaftsformen.[3] Insofern geht es in diesen Formulierungen um die Anerkennung der göttlichen Einrichtung der politischen, sozialen und ökonomischen Ordnung als solcher. Nach Auffassung der evangelischen Kirchen will Gott in seinem Evangelium, dass die Menschen in einer politischen, sozialen und ökonomischen *Ordnung* leben.[4] Weder ist damit eine Pluralität an Ordnungen noch die Kritik und Veränderung bestehender Ordnungen ausgeschlossen. Im Blick auf die seit der zweiten Hälfte des 18. Jahrhunderts entstandenen politischen Ordnungen, die unter dem leitenden Gesichtspunkt der Freiheit als Freiheitsordnungen etabliert wurden, kann die unbedingte Pflicht der Christen zum Gehorsam gegenüber ihren jeweiligen Obrigkeiten und Gesetzen vielmehr als Pflicht zur aktiven Beteiligung an der Gestaltung ihres jeweiligen Gemeinwesens und von Recht und Ordnung verstanden werden.

Wichtig ist in CA 16 die Erwähnung der Gesetze: Es geht nicht nur um den Gehorsam gegenüber den jeweiligen Organen eines Staates und ihren Repräsentanten, sondern um den Gehorsam den Gesetzen gegenüber. Hier wird ausgesprochen, was für die evangelische Christenheit, insbesondere für die lutherische, in der Folge immer von großer Bedeutung war und ist: Ein Staat muss ein Rechtsstaat sein. Die Ordnung in einer Gesellschaft muss in Regeln gefasst sein, die allgemein gelten und deren Einhaltung von einer unabhängigen Justiz gewährleistet wird. Willkürliches Handeln staatlicher Organe und ihrer Repräsentanten – egal in welcher

3 Das lat. Äquivalent des deutschen Ausdrucks »Obrigkeit« ist »magistratus»; beides meint – auch im Blick auf die diversen römischen Herrschaftsformen – keineswegs nur eine monarchische Staatsform. Schon die deutschen freien Reichsstädte hätten damit sonst gar nicht gemeint sein können. Auch auf die Schweiz ist hier zu verweisen, auch wenn sie praktisch außerhalb des »Geltungsbereichs« der CA lag.

4 Der lat. Text in CA 16 spricht von der politia und der oeconomia: das erste meint den Staat als eine organisierte Gesellschaft; das zweite meint das gesellschaftliche Leben auf der basalen sozialen Ebene: der Familie in ihren diversen Beziehungen (»Haus und Hof, Weib und Kind«), wozu in der Tat dann auch die Ökonomie gehört.

Staatsform – gegenüber den Bürgerinnen und Bürgern wie gegenüber allen Menschen im Staatsgebiet kann von evangelischen Kirchen und Christen nie gebilligt oder akzeptiert werden.

Zum Schluss formuliert CA 16 noch eine Grenze der Pflicht zum Gehorsam gegenüber den staatlichen Organen und den Gesetzen. Es wird in Erinnerung gerufen, was Petrus und die Apostel bei ihrem Verhör vor dem Hohen Rat in Jerusalem zur Verteidigung vorbrachten: »Man muss Gott mehr gehorchen als den Menschen« (Apg 5,29) – hier nun angeführt für den Fall, dass Obrigkeit und Gesetze verlangen würden, Sünde zu tun.

I.1 Beispiele für die Aktualität von CA 16

Vermutlich hatte CA 16 mit dem Hinweis auf Apg 5,29 vor allem das jeweils eigene Handeln von Christen im Blick und weniger die Frage, ob die staatlichen Organe und Gesetze die Sünde *anderer* Menschen zulassen und ermöglichen. Als Beispiel für eine derartige aktuelle Konfliktkonstellation möchte ich die in Deutschland unter bestimmten Bedingungen gewährte Straffreiheit bei einer Abtreibung anführen. Kein Mensch wird durch die entsprechende Gesetzgebung gezwungen, selbst an sich oder an anderen eine Abtreibung vornehmen zu lassen oder durchzuführen. Deshalb lassen sich nach evangelischer Auffassung keine kriminellen Maßnahmen gegen einen Staat rechtfertigen, weil dieser hier einen Verstoß gegen fundamentale göttliche Gebote zuließe. Anders wäre es vermutlich, wenn von Staats wegen Abtreibungen, z. B. wegen einer wahrscheinlichen Behinderung oder um das Bevölkerungswachstum zu bremsen, angeordnet würden.

Die Formulierung aus Apg 5,29 wurde in den vergangenen Jahrzehnten immer wieder einmal in aktuellen Debatten innerhalb der evangelischen Kirchen in Deutschland bemüht. So wurde von einzelnen Gruppen die Frage aufgeworfen, ob Christen anteilig zu den Militärausgaben im Haushalt der Bundesrepublik Deutschland ihre Steuern verweigern sollten, weil sie mit ihren Steuern sündigen würden, indem sie das menschenverachtende und lebensverneinende Militär mitfinanzieren würden. Durch die allgemeine gesetzliche Steuerpflicht würden Christen gegen ihren Glauben und ihr Gewissen gezwungen, Sünde zu tun. Diese Christen haben einen Teil ihrer Steuern, der dem prozentualen Anteil des Militärhaushaltes am Gesamthaushalt Deutschlands entsprach, auf einem Sperrkonto einbehalten.[5] Die Gremien der evangelischen Kirchen in Deutsch-

[5] Vgl. dazu: P. Tiedemann, Das Recht der Steuerverweigerung aus Gewissensgründen, Hildesheim 1991; W. Bock/H. Diefenbacher/H.-R. Reuter, Pazifistische Steu-

land haben sich in den 1990er Jahren mit dieser Frage beschäftigt und sie, sowie weitere ähnlich gelagerte Fragen, zum Anlass genommen, das Verhältnis von Gewissensentscheidung und Rechtsordnung grundsätzlich zu klären.

Für das Verhältnis von Rechtsordnung und Gewissen ist in Deutschland der Fall der Wehrdienstverweigerung beispielgebend. Wenn das Grundgesetz der Bundesrepublik Deutschland in Art. 4 Abs. 3 bestimmt, dass »niemand [...] gegen sein Gewissen zum Kriegsdienst mit der Waffe gezwungen werden« darf, so kann man darin nicht nur eine Auswirkung der christlichen Hochschätzung des Gewissens sehen, sondern auch die in CA 16 vertretene Position zum Verhältnis Kirche und Staat reflektiert finden.[6]

Die Kammer für Öffentliche Verantwortung der EKD[7] legt in der entsprechenden Thesenreihe Wert darauf, dass in den konkreten Konfliktfällen (wie z. B. der Militärsteuerverweigerung oder dem sogenannten »Kirchenasyl«) »prüfendes Gewissen und handlungsanleitende Vernunft«[8] streng unterschieden werden. Wird das Gewissen als prüfende Urteilskraft verstanden, dann muss es auf das eigene Handeln bezogen werden; also auf Situationen, in denen ein Mensch Handlungsalternativen hat und insofern seine Freiheit lebt, zu der er von Gott berufen ist.[9] Als Konsequenz

erverweigerung und allgemeine Steuerpflicht. Ein Gutachten (Texte und Materialien der FEST, Reihe A Nr. 38), Heidelberg 1992; epd-Dokumentation Nr. 44a/93, darin: Kommuniqué über die 18. Sitzung des Rates der EKD vom 25. bis 27. März 1993, »Beratendes Votum zur Frage einer ›Militärsteuerverweigerung‹« der Kammer für Öffentliche Verantwortung vom 18. März 1993, das sich der Rat der EKD zu eigen gemacht hat, sowie das Schreiben des Rates der EKD vom 29. März 1993 an die Gliedkirchen; vgl. auch den entsprechenden Beschluss der EKD-Synode 1994 in: B Syn EKD 49, 1030.

6 Seit 2011 hat diese beispielhafte Konstellation der Verweigerung des Wehr- und Kriegsdienstes aus Gewissensgründen in der Bundesrepublik Deutschland ihre Bedeutung verloren, weil die allgemeine Wehrpflicht ausgesetzt ist.

7 Vgl. Gewissensentscheidung und Rechtsordnung. Thesenreihe der Kammer für Öffentliche Verantwortung der EKD, EKD-Text Nr. 61, 1997 (http://www.ekd.de/themen/44733.html vom 20. 2. 2011).

8 Gewissensentscheidung und Rechtsordnung, These 27.2.

9 Situationen, in die ein Mensch verstrickt ist, die er – aus welchen Gründen auch immer – nicht beeinflussen kann oder die sich seiner Verantwortung und Verfügbarkeit entziehen, können kein Fall für ein Gewissensurteil werden. So formuliert die Kammer für öffentliche Verantwortung der EKD weiter: »Das Gewissen ist per definitionem individuell [...] Gleichwohl ist die ethische Urteilsbildung, auf die sich das Gewissen bezieht, auf Kommunikation angewiesen. Ebenso können sich Menschen zu gemeinsamem Handeln auch aus Gewissensgründen verbinden. Dadurch geht die Verantwortung für die Gewissensentscheidung aber nicht auf die Gemeinschaft über. Sie bleibt beim einzelnen, eben weil Gemeinschaften kein

wird dann formuliert: »Der grundrechtliche Schutz der individuellen Gewissensentscheidung kann nur in Anspruch genommen werden, wenn die Berufung auf das Gewissen im gegebenen Fall einen ›hinreichenden Bezug zum Verantwortungsbereich des Einzelnen‹ erkennen läßt.«[10]

Im Blick auf die genannten, in den letzten Jahrzehnten innerhalb der EKD diskutierten Themen ist natürlich deutlich, dass die CA im Wehr- und Kriegsdienst explizit keine Sünde sehen konnte und für diesen Fall die Anwendung des Grundsatzes aus Apg 5,29 als nicht sachgemäß betrachtet hätte. Sowohl die Kriegsführung und der Soldatendienst als auch die möglicherweise zum Tod von Menschen führende Rechtsprechung sind den Christen genauso erlaubt, wie die volle Beteiligung am bürgerlichen Leben (Eigentum haben, Eide leisten, zu heiraten).

1.2 Die reformatorische Zwei-Reiche-Lehre

An diesem Punkt grenzte sich die CA sowohl von den sogenannten »Wiedertäufern« als auch von der römischen Kirche (und implizit möglicherweise auch von den orthodoxen Kirchen) ab. Das Verbot der weltlichen Geschäfte, wie es von radikaleren reformatorischen Gruppen für ein wahrhaftiges christliches Leben gefordert wurde, wird ebenso abgelehnt wie die Flucht vor den weltlichen Geschäften um der christlichen Vollkommenheit willen, beispielsweise im Ideal eines mönchischen (und zölibatären) Lebens, das als Leitbild christlichen Lebens fungierte.[11]

Gewissen haben können, wie auch das Gewissen eines Menschen nicht für andere und für Gemeinschaften sprechen kann. Das schließt eine ›Politisierung des Gewissens‹ (Dorothee Sölle) keineswegs aus, macht aber deutlich, daß immer nur mein Gewissen mich politisch zu binden vermag. Verantwortung des eigenen Tuns vor dem eigenen Gewissen ist deshalb von den Konsequenzen dieser Verantwortung für das gemeinsame Tun und für die Aktivitäten (und Unterlassungen) der Gesellschaft zu unterscheiden. Sein Gewissen kann einen Menschen nötigen, sich aus bestimmten Interaktionen zu lösen und eventuell andere entgegengesetzte Interaktionen zu fordern oder zu fördern. Was andere Menschen zu tun und zu lassen haben, ist jedoch Gegenstand der diskursiven (z. B. politischen) Auseinandersetzung und also dem Urteil der Vernunft unterworfen: so wie ja auch, ob ›eine Handlung überhaupt recht oder unrecht sei‹, dem Urteil des Verstandes und nicht dem Urteil des Gewissens unterworfen ist« (Gewissensentscheidung und Rechtsordnung, These 29).

10 A. a. O., These 30.

11 Es ist wichtig zu sehen, dass die zweifache evangelische Abgrenzung von den sogenannten »Wiedertäufern« und von den Vollkommenheitsidealen der römischen Kirche nicht nur politisch motiviert war, um die reformatorische Bewegung in Deutschland vor dem (römischen) Vorwurf zu schützen, sie wende sich gegen die vorhandene Obrigkeit – wolle also nicht nur eine Reform der Kirche, sondern eine

Im Hintergrund dieser zweifachen evangelischen Abgrenzung steht die lutherische Lehre von den beiden Reichen und den beiden Regimentern. Die evangelische Position mit ihrer positiven Auffassung vom weltlichen Leben setzt voraus, dass das geistliche und das weltliche Regiment unterschieden und auseinandergehalten werden können und müssen.

Die *Apologie der Confessio Augustana* hält den Artikel 16 der CA für einen ganz wichtigen und nötigen Artikel zur Unterscheidung »des geistlichen Reichs Christi und weltlichen Reichs«, der »vielen Gewissen zu merklichem, großem Trost« dienen soll.[12] Die Unterscheidung der beiden Reiche ist rechtfertigungstheologisch motiviert:

> »Denn wir haben klar gelehret, daß Christi Reich geistlich ist, da er regieret durch das Wort und die Predigt, wirket durch den heiligen Geist und mehret in uns Glauben, Gottesfurcht, Liebe, Geduld inwendig im Herzen, und fähet hie auf Erden in uns Gottes Reich und ewige Leben an. So lang aber dies Leben währet, läßt er uns nichts destoweniger brauchen der Gesetze, der Ordnung und Stände, so in der Welt gehen, darnach eines jeden Beruf ist, gleichwie er uns läßt brauchen der Arznei, item Bauens und Pflanzens, der Luft, des Wassers. Und das Evangelium bringet nicht neue Gesetze im Weltregiment, sondern gebeutet und will haben, daß wir den Gesetzen sollen gehorsam sein und der Oberkeit, darunter wir wohnen, es sein Heiden oder Christen, und daß wir in solchem Gehorsam unser Liebe erzeigen sollen.«[13]

I.2.1 Vernunft und Glaube

Wie die Güter dieser Welt (z.B. Luft und Wasser), so sind auch die (politischen, sozialen und ökonomischen) Ordnungen und die Erkenntnisse des Menschen (z.B. Arznei) gute Gaben Gottes, die die Menschen fröhlich gebrauchen können. Zu den guten Gaben Gottes gehört auch die menschliche Vernunft. Martin Luther hat der lutherischen Theologie eingeprägt:

politische Revolution. Sicherlich spielte dieser Vorwurf auch eine Rolle bei der Art der Abgrenzung gegenüber den revolutionär gesonnenen reformatorischen Gruppen und Theologen. In erster Linie ist die zweifache evangelische Abgrenzung eine Frucht grundsätzlicher theologischer Einsichten, die hier auf dem Feld des Verhältnisses von Kirche und Staat sowie von Christ und Welt entfaltet werden.

12 Apologia der Confession, aus dem Latein verdeutscht von J. Jonas (im Folgenden: Apologia), Art. 16, in: Die Bekenntnisschriften der evangelisch-lutherischen Kirche, Göttingen ^{8}1979 (im Folgenden abgekürzt: BSLK), 139–404, 308.

13 Ebd.

> »[D]ie Vernunft [ist] die Hauptsache von allem [...] und vor allen übrigen Dingen dieses Lebens das Beste und etwas Göttliches. Sie ist die Erfinderin und Lenkerin aller (freien) Künste, der Medizin, der Rechtswissenschaft und alles dessen, was in diesem Leben an Weisheit, Macht, Tüchtigkeit und Ruhm von Menschen besessen wird. [...] Das heißt, sie soll eine Sonne und eine göttliche Macht sein, gegeben um diese Dinge in diesem Leben zu verwalten. Und auch nach dem Fall Adams hat Gott der Vernunft diese Majestät nicht genommen, sondern vielmehr bestätigt.«[14]

Gott hat den Menschen für das Leben in der Welt mit der Vernunft ausgestattet, um die Welt zu erkennen und zu gestalten – gerade auch die staatliche Ordnung.

Während nun das weltliche Leben vom Menschen selbst durch die Vernunft geordnet wird, wirkt Jesus Christus in seinem Reich durch den Heiligen Geist und regiert durch das Wort Gottes und die Predigt. In der Kirche als der Gemeinschaft der Glaubenden, in der Jesus Christus das Haupt ist und als Herr anerkannt ist, wächst so in den Herzen der Glaubenden Glaube, Gottesfurcht, Liebe und Geduld und es wird ihr Zusammenleben als geistliche Gemeinschaft erzeugt und vertieft. Auf diese Weise fängt Jesus Christus hier auf Erden Gottes Reich und das ewige Leben an. Das Reich Jesu Christi wird regiert von Worten, die Menschen aus eigener Vernunft sich nicht sagen können, und von Zeichen, die Menschen jenseits ihrer eigenen Kraft am Leben Gottes teilhaben lassen. Das geistliche Reich Jesu Christi ist insofern von der unbedingten Zuwendung des dreieinigen Gottes an seine Geschöpfe bestimmt und es führt die Menschen als Kirche zusammen, die aus dieser unbedingten Zuwendung des dreieinigen Gottes – und insofern aus der Vergebung ihrer Sünde – dankbar leben. Während das Gottesverhältnis nach evangelischer Auffassung ganz und gar Sache des dreieinigen Gottes ist – und der glaubende Mensch sich diese Bestimmtheit gerne gefallen lässt –, ist die Gestaltung der weltlichen Angelegenheiten Sache der Menschen selbst. Dafür ist der Mensch mit Vernunft begabt.

14 M. Luther, Disputatio De Homine, Thesen 4,5,8 und 9, zitiert nach: Martin Luther, Lateinisch-Deutsche Studienausgabe, Bd. 1: Der Mensch vor Gott, hrsg. von W. Härle, Leipzig 2006, 663–669, 665. Der lateinische Text lautet: »Et sane verum est, quod Ratio omnium rerum res et caput, et prae caeteris rebus huius vitae optimum et divinum quiddam sit. Quae est inventrix et gubernatrix omnium Artium, Medicinarum, Iurium, et quidquid in hac vita sapientiae, potentiae, virtutis et gloriae ab hominibus possidetur. [...] Hoc est, ut sit sol et numen quoddam ad has res administrandas in hac vita positum. Nec eam Maiestatem Deus post lapsum Adae ademit rationi, sed potius confirmavit.« (664)

Als Bindeglied zwischen den beiden Regimentern kommt in der *Apologie der Confessio Augustana* die Liebe in den Blick. Die Liebe ist im geistlichen Reich Christi präsent; und im weltlichen Leben sollen Christen gerade durch ihren Gehorsam gegenüber der jeweiligen staatlichen, sozialen und ökonomischen Ordnung ihre Liebe zu ihren Mitmenschen zeigen.

Eine Theokratie ist nach diesem Ansatz theologisch nicht erwünscht und auch nicht sinnvoll – ja, gar nicht möglich. Dasselbe gilt für jede Form religiöser Gesetzgebung oder Ordnung. Dies gilt auch für die individuelle Lebensführung und das ökonomische Leben.

I.2.2 Umformung der »evangelischen Räte« – das Profil evangelischer Spiritualität und seine Konsequenzen für das Verhältnis von Kirche und Staat

In der *Apologie der Konfession* wird die in CA 16 anklingende Kritik an einer Orientierung des christlichen Lebens an den Vollkommenheitsidealen mönchischen Lebens vertieft. Demnach haben die Mönche irrtümlicherweise »dieses ein evangelisches Leben genennt, daß man nichts Eigens hätte, daß man nicht Straf und Rache übet, daß man nicht Weib und Kind hätte«. Das Urteil über diese sogenannten *evangelischen Räte* ist eindeutig:

> »Solche Lehren haben die reine evangelische Lehre ganz unterdrückt, daß man gar nicht verstanden hat, was christlich oder das geistliche Reich Christi sei, und haben weltlich und geistlich Reich in einander gekocht [...] Denn das Evangelium zureißet nicht weltlich Regiment, Haushaltung, Käufen, Verkäufen und ander weltliche Polizei, sondern bestätigt Oberkeit und Regiment, und befiehlt denselbigen gehorsam zu sein als Gottes Ordnung, nicht allein um der Strafe willen, sondern auch um des Gewissens willen.«[15]

Die »evangelischen Räte« gehören in der katholischen Moraltheologie zu einer konsequenten Christusnachfolge, sie sind charismatischer Ausdruck christlicher Vollkommenheit und Normen gnadenhaft ermöglichten christlichen Lebens. Diese »evangelischen Räte« sind die Keuschheit, die Armut und der Gehorsam.

Das reformatorische Christentum hat diese Tugendideale des Mönchtums, die zugleich das Leitbild eines jeden vollkommenen christlichen Lebens abgaben, durch neue Bestimmungen eines weltlichen christlichen Lebens abgelöst: *Keuschheit* wurde durch Ehe und Familie, *Armut* wurde

[15] Apologia, 308.

durch berufliche Arbeit, Fleiß und Eigentum in der bürgerlichen Gesellschaft, *Gehorsam* wurde durch Anerkennung der auf Freiheit und Recht basierenden Gesetze abgelöst.

Die Bejahung des weltlichen Lebens und die aktive Partizipation an den staatlichen, sozialen und ökonomischen Ordnungen ist insofern für die evangelischen Kirchen Ausdruck einer tiefen spirituellen Haltung und theologischen Einsicht. Gerade der auf Einsichten der Vernunft und nicht auf religiösen bzw. geistlichen Einsichten basierende Rechtsstaat – der in dieser Hinsicht, aber auch nur in dieser Hinsicht,[16] als säkularer Rechtsstaat bezeichnet werden kann – hat für die evangelische Christenheit eine theologische und spirituelle Qualität.[17]

16 Davon zu unterscheiden sind Staaten und Gesellschaften, die dem von F. Gogarten so genannten Säkularismus sich verpflichtet sehen: also der ideologisch betriebenen Reduzierung und Vertreibung des Christlichen und überhaupt Religiösen aus dem öffentlichen Leben und auch aus dem Leben der Menschen; vgl. F. Gogarten, Verhängnis und Hoffnung der Neuzeit. Die Säkularisierung als theologisches Problem, München/Hamburg 1966, 134ff.

17 Mit der sogenannten Zwei-Reiche-Lehre hat die reformatorische Theologie die ältere Zwei-Schwerter-Lehre, die in der römisch-katholischen Kirche fortbestand, abgelöst. Nach Lk 22,38 hatten die Jünger Jesu zwei Schwerter. Im Mittelalter hat man diese Textstelle auf die Lehre von den zwei Gewalten bezogen, durch die die Welt regiert wird. So formulierte Papst Gelasius in einem Brief an Kaiser Anastasius I im Jahr 494: »Zwei sind es nämlich, von denen diese Welt vornehmlich regiert wird, die geheiligte Autorität der Bischöfe und die königliche Gewalt« (Duo sunt quippe, imperator auguste, quibus principaliter mundus hic regitur, auctoritas sacrata pontificium et regalis potestas) (DH 347). In der Folge hat die römische Kirche dann in einem kühnen Fehlschluss nicht nur der staatlichen Gewalt ein Schwert zugestanden (gewissermaßen auf der Linie von Röm 13,4), sondern auch der kirchlichen Gewalt: dieser ein gewissermaßen geistliches (wobei sie sich auf Stellen wie Eph 6,17 berufen konnte). Ohne nun auf die weitere Interpretation der Vorstellung einer Schwertgewalt der Kirche einzugehen, ist hier nur zu erwähnen, dass im Verhältnis von Kirche und Staat dabei vor allem die Frage strittig war, ob Gott dem Papst beide Schwerter verliehen habe (und dieser dann ein Schwert an den Kaiser weiterreicht) oder ob der Kaiser sein Schwert direkt von Gott erhält. Im letzteren Fall konnte der Kaiser sich in seinem politischen Handeln auf Gott berufen, auch wenn ihm die Kirche die Legitimation versagte.
Die reformatorische Zwei-Reiche-Lehre ist nun fundamental anders orientiert als die Zwei-Schwerter-Theorie, der es um die theologische Begründung staatlicher und geistlicher Macht (und Gewalt) ging. Während die Zwei-Schwerter-Theorie in die politische Ethik und das Staatskirchenrecht gehört, betrifft die Zwei-Reiche-Lehre »den dogmatischen Grund, aus dem so etwas wie Ethik theologisch erwächst« (E. Jüngel, Zwei Schwerter – Zwei Reiche. Die Trennung der Mächte in der Reformation, in: Ders., Ganz werden. Theologische Erörterungen V, Tübingen 2003, 137–157, 142). Entsprechend hat die reformatorische Zwei-Reiche-Lehre das geistliche Schwert der Kirche für immer in die Scheide gesteckt (vgl. Mt 26,52) und in CA 28 formuliert, dass das bischöfliche Amt »ohne menschliche Gewalt,

Aufgrund der geschichtlichen Entwicklung in der (lutherischen) Interpretation der Zwei-Reiche-Lehre[18] muss hier angemerkt werden, dass damit keineswegs gemeint ist, beide »Reiche« im Sinne eines »Nebeneinander zweier abgezäunter Bereiche«[19] zu verstehen. Dies ist ein krasses Missverständnis der reformatorischen Zwei-Reiche-Lehre, das jedoch in der Geschichte der evangelischen Kirchen in Deutschland immer wieder einmal aufgetreten ist und seine Spuren hinterlassen hat. »Im real existierenden Sozialismus haben etliche Hoftheologen der DDR sich in einer [...] den diktatorischen Machtmißbrauch vor kirchlicher Einrede bewahrenden Weise auf die Zwei-Reiche-Lehre berufen.«[20] Auch die – bis heute immer wieder einmal zu hörende – »Berufung auf die Eigengesetzlichkeit des Politischen im Neuluthertum«[21] hat dieses Missverständnis intensiviert. Beispielsweise ist eine solche Haltung im 20. Jahrhundert in Deutschland sicherlich auch der nationalsozialistischen Diktatur zugutegekommen.

I.2.3 Die Intention der reformatorischen Zwei-Reiche-Lehre

Missverständnisse entstehen, wenn die zwei Reiche als zwei nebeneinander bestehende Mengen verstanden werden, die sich in ihren Regelungen und Gesetzen teilweise überschneiden, aber ansonsten weitgehend nach ihrer jeweiligen Eigengesetzlichkeit funktionieren. Bei den Überschneidungen kommt es dann zu kräftigen Konflikten zwischen kirchlichen Normen und stattlichen Regelungen. Beispiele dafür finden sich in der Ge-

sondern allein durch Gottes Wort« (sine vi humana, sed verbo) seine Aufgaben ausführen soll, die darin bestehen: »das Evangelium predigen, Sunde vergeben, Lehr urteilen und die Lehre, so dem Evangelio entgegen, verwerfen und die Gottlosen [...] aus christlicher Gemein ausschließen« (Die Augsburgische Konfession. Confessio oder Bekenntnis des Glaubens etlicher Fürsten und Städte uberantwort Kaiserlicher Majestat zu Augsburg. Anno 1530 / Confessio fidei. exhibitia invictissimo Imperatori Carolo V. Caesari Augusto in cmitiis Augustae. Anno MDXXX, in: BSLK, 31–137, 123f.). Um der Aufgaben der Kirche willen ist es notwendig, »die zwei Regiment, das geistlich und weltlich, nicht in einander [zu] mengen« (Non igitur commiscendae sunt potestates ecclesiastica et civilis) (a. a. O., 122). Deshalb soll die Kirche und ihre Leitung auch nicht »in ein frembd Amt fallen; soll nicht Konige setzen und entsetzen, soll weltlich Gesetz und Gehorsam der Oberkeit nicht aufheben oder zurruten, soll weltlicher Gewalt nicht Gesetze machen« (ebd.).

18 Diese terminologische Bezeichnung entstand erst in den 1930er Jahren – im Anschluss an die Luther-Renaissance der 1920er Jahre und im Kontext des Kirchenkampfes.

19 G. Ebeling, Die Notwendigkeit der Lehre von den zwei Reichen, in: Ders., Wort und Glaube, Bd. 1, ³1967, 407–428, 417.

20 E. Jüngel, Zwei Schwerter – Zwei Reiche, 144.

21 Ebd.

genwart vor allem im Blick auf Ehe und Familie, Zeugung und Gebären, sowie das Ende menschlichen Lebens.[22] Beispiele solcher Konflikte finden sich jedoch auch im Blick auf die Implementierung der europäischen Antidiskriminierungsgesetze, gegen die sich die Kirchen nur mit Berufung auf die Religionsfreiheit und in Deutschland mit Berufung auf das Staatskirchenrecht, das ihnen eine Selbstorganisation nach ihren eigenen Grundsätzen ermöglicht, wehren können.

Allerdings erfasst die Vorstellung der beiden Reiche als zwei nebeneinander bestehender Mengen nicht die Intention der reformatorischen Zwei-Reiche-Lehre. Denn der reformatorischen Zwei-Reiche-Lehre geht es letztlich um die Einheit der Welt und des Lebens. Es geht ihr darum, die eine Welt unter dem Gesichtspunkt der zwei Modi des »Regierens« Gottes zu erfassen. Insofern kommt durch sie die eine Welt unter dem Gesichtspunkt eines zweifachen schöpferischen »Regierens« Gottes in den Blick. Diese zwei Modi des Regierens Gottes erfasst die evangelische Theologie mit den Kategorien von »Gesetz« und »Evangelium«. Das geistliche Regieren des dreieinigen Gottes erfolgt eben nicht in Form von Gesetzen, die mit den von Menschen selbst gesetzten Gesetzen möglicherweise in Konflikt geraten könnten, sondern in Form des Evangeliums. »Das eine Reich wird durch das Gesetz beherrscht und ist eben deshalb das *regnum mundi*. Das andere Reich wird vom Evangelium bedient und heißt eben deshalb das *regnum Christi*.«[23]

Die Differenz von Gesetz und Evangelium wird erst richtig deutlich auf dem Hintergrund der »Aufhebung der für die vorchristliche Welt des Heidentums und des Judentums grundlegende[n] Trennung des Bezirkes des Heiligen vom Bereich des Profanen«[24]. Die Dynamik dieser Verände-

22 Im Islam bezieht sich die Scharia auch weitgehend auf die Regelung dieser Aspekte menschlichen Lebens.

23 E. Jüngel, Zwei Schwerter – Zwei Reiche, 145.

24 Ebd. Die Trennung dieser beiden Bezirke des Lebens hatte in der alten Welt darin ihren Sinn, dass sich »im Bezirk des Heiligen [...] die im Bereich des Profanen sich selbst verfolgende und verbrauchende, sich selbst verzehrende Welt« »regeneriert« (a. a. O., 146). Insofern wurde auch der Bezirk des Heiligen als ein Stück der vom Gesetz regierten Welt verstanden, wenngleich als besonderes, ausgegrenztes Stück Welt. »In einem [...] bestand zwischen Juden und Heiden Gemeinsamkeit: der grundsätzlichen Teilung der Welt in Heiliges und Profanes, obschon natürlich die Trennlinie jeweils ganz verschieden verlief, den einen heilig war, was den andern als profan galt, und umgekehrt« (G. Ebeling, Die Notwendigkeit des christlichen Gottesdienstes, in: Ders., Wort und Glaube, Bd. 3, 1975, 533–553, 544). »Wenn man unter Kult [...] die institutionalisierte Grenzregelung zwischen Heiligem und Profanem versteht, so muß man aufs Große gesehen sagen: In diesem Sinne besaß das Christentum keinen Kult und brachte eine Entwicklung in Gang, die binnen erstaunlich kurzer Zeit die institutionellen Wahrzeichen des Kultischen

rung in der Grundstruktur der damaligen Religion kam sicherlich von der Person Jesu, seinem Gottesverständnis und seinem Verhalten zum Gesetz. Paulus brachte dies auf den Punkt in dem Begriff der Freiheit, die durch das Evangelium ermöglicht wird. Nun kann man Gott überall dienen: Dem Glaubenden ist »alles rein« und deshalb auch »alles erlaubt« (Röm 14,20; 1 Kor 6,12).[25]

Wir haben hier einerseits einen Vorgang der Entdifferenzierung, insofern die uralte religiöse Unterscheidung von heilig und profan (und dabei auch von rein und unrein) aufgegeben wird zugunsten des Begreifens der Einheit der Welt und des Zusammengehörens von Kirche und Staat. Andererseits handelt es sich zugleich um einen Vorgang der Differenzierung, insofern mitten in dieser Einheit eine neue Differenz etabliert wird: diejenige zwischen Gesetz und Evangelium als den zwei Modi des Regierens Gottes in der Welt. Die Konsequenz aus diesem zweifachen Vorgang der Entdifferenzierung und Differenzierung ist, dass Christen sowohl ihr Leben in der Kirche als auch im Staat (wie insgesamt in der Welt mit ihren politischen, sozialen und ökonomischen Ordnungen) als Gottesdienst begreifen.[26] In beiden »Reichen« dienen Christen Gott, der Herr über das ganze Leben ist.[27]

dahinschwinden ließ: Die Tempel verödeten, die Opfer hörten auf, die Priester verschwanden, die Scheidewand zwischen Heiligem und Profanem, zwischen rein und unrein und sogar zwischen Juden und Nichtjuden war im Namen Jesu Christi beseitigt« (ebd.).
Zur Komplexität dieser revolutionären Veränderung der Grundstruktur der damaligen Religion gehört freilich auch, dass die Kirche ihrerseits schon bald wieder der Sakralisierung verfiel – zumindest bis zu einem gewissen Grad.

25 Daraus ergibt sich, worin das Alte und worin das Neue besteht. »Einst ein Verhältnis zu Gott im Zeichen des Mißtrauens und der Ungewißheit, der Unmündigkeit und Partikularität, der Observanzen und Dispense; nun ein Verhältnis zu Gott im Zeichen des Glaubens und der Gewißheit, der Sohnschaft und der Universalität, der Vollmacht und der Freiheit. Gottesdienst im Zeichen des Gesetzes oder Gottesdienst im Zeichen des Evangeliums; Gottesdienst als Devotion im Banne von Weltmächten oder Gottesdienst als Vollzug des Mitherrschens über die Welt; Gottesdienst, weil Gott ferne ist, oder Gottesdienst, weil Gott nahe ist.« (G. Ebeling, Die Notwendigkeit des christlichen Gottesdienstes, 545f.) »Die Notwendigkeit christlichen Gottesdienstes in Hinsicht auf die Welt besteht also in der Befreiung aus dem Zustand der Knechtschaft zu der Freiheit der Herrlichkeit der Kinder Gottes, damit zwischen Gott und Welt recht unterschieden und dadurch die Welt als Welt in gottgemäßen Brauch genommen werde« (a.a.O., 546).

26 Die evangelische Theologie des 20. Jahrhunderts hat für diese Einsicht gerne Bezug auf Röm 12,1 und die Formulierung vom »vernünftigen Gottesdienst« (λογικὴ λατρεία) genommen, um das ganze Leben der Christen – also gerade auch ihre Beteiligung an Politik, Kultur, Wissenschaft und Ökonomie – als Gottesdienst zu begreifen.

Die Christen dienen nun nach evangelischem Verständnis als Kirche dem dreieinigen Gott, indem dort das Evangelium in Wort und Sakrament verkündet und zum Genuss gegeben wird. Im Staat dienen Christen dem dreieinigen Gott, indem sie der Vernunft folgen, die Gott den Menschen als Schöpfungsgabe gegeben hat, um das irdische Leben zu erkennen und zu gestalten. Entsprechend hat Martin Luther den Christen in Riga empfohlen, die Obrigkeit möge »alles thun, was yhrem ampt gepürt«; sie solle sich dabei »eben stellen, alls were keyn Gott da«[28]. Für Luther ist dabei klar, dass natürlich Gott auch dort da ist und sein Werk tut. Die Pointe der evangelischen Auffassung besteht darin, dass es der Glaube ist, »der der Vernunft zutraut und zumutet, ihr Geschäft zu tun, als wäre kein Gott da. Es ist der *Glaube*, der der Vernunft zutraut und zumutet, ihrem eigenen, von allen religiösen Fixierungen befreiten Gesetz zu folgen.«[29]

Ich werde nun einen Sprung durch die Geschichte machen und auf die *Barmer Theologische Erklärung* von 1934 eingehen, die im 20. Jahrhundert für das Verhältnis der evangelischen Kirchen zum Staat wichtig geworden ist.

II Das Verhältnis von Kirche und Staat in der Barmer Theologischen Erklärung (1934)

Für die theologische Sicht auf das Verhältnis von Kirche und Staat hat für viele evangelische Kirchen in Deutschland und für die evangelische Theologie im 20. Jahrhundert die *Barmer Theologische Erklärung* aus dem Jahr 1934 und die Erfahrung des Kirchenkampfes in den 1930er und 40er Jahren eine zentrale Rolle gespielt. In ihrer Bedeutung für die Lehre der evan-

27 Für Martin Luther herrscht Gott ohne Einschränkung über alle Menschen – eben auf zweifache Weise. Nach Luthers Auffassung hat Gott »zweyerley regiment unter den menschen auff gericht. Eins geistlich, durchs wort und on schwerd, da durch die menschen sollen frum und gerecht werden, also das sie mit der selbigen gerechtickeit das ewige leben erlangen. Und solche gerechtickeit handhabet er durchs wort, wilchs er den predigern befolhen hat. Das ander ist ein weltlich regiment durchs schwerd, auff das die ienigen, so durchs wort nicht wollen frum und gerecht werden zum ewigen leben, dennoch durch solch weltlich regiment gedrungen werden, frum und gerecht zu sein für der welt. Und solche gerechtickeit handhabet er durchs schwerd« bzw. durch das »ampt des schwerds« (M. Luther, Ob Kriegsleute auch in seligem Stande sein können. 1526, WA 19, 616–662, 629,14–25).

28 M. Luther, Der 127. Psalm ausgelegt an die Christen zu Riga in Liefland. 1524, WA 15, 348–379, 373,1–3.

29 E. Jüngel, Zwei Schwerter – Zwei Reiche, 149.

gelischen Kirchen in Deutschland ist sie neben die Bekenntnisse der Reformation getreten.[30]

Zwei der sechs Thesen der *Barmer Theologischen Erklärung* sind von besonderer Bedeutung für das Verhältnis von Kirche und Staat: die Thesen 2 und 5.[31]

These 2 der Barmer Theologischen Erklärung lautet:

> »Durch Gott seid ihr in Christus Jesus, der uns von Gott gemacht ist zur Weisheit und zur Gerechtigkeit und zur Heiligung und zur Erlösung. (1. Kor 1,30)
> Wie Jesus Christus Gottes Zuspruch der Vergebung aller unserer Sünden ist, so und mit gleichem Ernst ist er auch Gottes kräftiger Anspruch auf unser ganzes Leben; durch ihn widerfährt uns frohe Befreiung aus den gottlosen Bindungen dieser Welt zu freiem, dankbarem Dienst an seinen Geschöpfen.
> Wir verwerfen die falsche Lehre, als gebe es Bereiche unseres Lebens, in denen wir nicht Jesus Christus, sondern anderen Herren zu eigen wären, Bereiche, in denen wir nicht der Rechtfertigung und Heiligung durch ihn bedürften.«

These 5 der Barmer Theologischen Erklärung lautet:

> »Fürchtet Gott, ehrt den König. (1. Petr 2,17)
> Die Schrift sagt uns, dass der Staat nach göttlicher Anordnung die Aufgabe hat in der noch nicht erlösten Welt, in der auch die Kirche steht, nach dem Maß menschlicher Einsicht und menschlichen Vermögens unter Androhung und

30 Das Gesangbuch der evangelischen Kirchen in Deutschland enthält sie als das zentrale Glaubenszeugnis im 20. Jahrhundert. Die früher in der Evangelischen Kirche der Union (EKU) verbundenen Kirchen geben ihr überhaupt die zentrale Bedeutung für ihre kirchliche Lehre; vgl.: Die Barmer Theologische Erklärung. Einführung und Dokumentation, hrsg. von A. Burgsmüller/R. Weth, Neukirchen ^{6}1998; der Text findet sich auch unter: http://www.ekd.de/glauben/bekenntnisse/barmer_theologische_erklaerung.html; vgl. auch die ausführliche, vielbändige Kommentierung der Barmer Theologischen Erklärung durch den Theologischen Ausschuss der EKU, wobei für das Verhältnis von Staat und Kirche die folgenden Bände von Bedeutung sind: Zum politischen Auftrag der christlichen Gemeinde (Barmen II), Votum des Theologischen Ausschusses der Evangelischen Kirche der Union, mit Beitr. von H.-G. Geyer [...], Gütersloh 1974; Für Recht und Frieden sorgen. Auftrag der Kirche und Aufgabe des Staates nach Barmen V, theologisches Votum der Evangelischen Kirche der Union-Bereich Bundesrepublik Deutschland und Berlin-West, hrsg. von W. Hüffmeier, Gütersloh 1986.

31 Angesichts der Entstehungsbedingungen der Barmer Theologischen Erklärung versteht es sich von selbst, dass auch in den anderen Thesen das Verhältnis von Kirche und Staat berührt ist.

> Ausübung von Gewalt für Recht und Frieden zu sorgen. Die Kirche erkennt in Dank und Ehrfurcht gegen Gott die Wohltat dieser seiner Anordnung an. Sie erinnert an Gottes Reich, an Gottes Gebot und Gerechtigkeit und damit an die Verantwortung der Regierenden und Regierten. Sie vertraut und gehorcht der Kraft des Wortes, durch das Gott alle Dinge trägt.
> Wir verwerfen die falsche Lehre, als solle und könne der Staat über seinen besonderen Auftrag hinaus die einzige und totale Ordnung menschlichen Lebens werden und also auch die Bestimmung der Kirche erfüllen. Wir verwerfen die falsche Lehre, als solle und könne sich die Kirche über ihren besonderen Auftrag hinaus staatliche Art, staatliche Aufgaben und staatliche Würde aneignen und damit selbst zu einem Organ des Staates werden.«

Die *Barmer Theologische Erklärung* hat die Intention der reformatorischen Zwei-Reiche-Lehre in der für die evangelischen Kirchen in Deutschland schwierigen geschichtlichen Situation der 1930er Jahre erneuert. Gegen den sich durchsetzenden Totalitarismus des damaligen deutschen Staates hat sie den Staat auf seine Aufgabe (»nach dem Maß menschlicher Einsicht und menschlichen Vermögens unter Androhung und Ausübung von Gewalt für Recht und Frieden zu sorgen« – These 5) und so auf seine Grenzen hingewiesen. Die Erklärung insistiert in These 5 auf einer klaren Unterscheidung von Kirche und Staat: Wie der Staat die Bestimmung der Kirche nicht erfüllen soll und kann, so soll und kann die Kirche auch nicht staatliche Aufgaben leisten wollen und zu einem Organ des Staates werden.

Neben diesem Insistieren auf der klaren Unterscheidung der beiden Reiche nimmt die Barmer Theologische Erklärung in Art. 2 jedoch auch die Intention der reformatorischen Zwei-Reiche-Lehre auf, der es um die Einheit des Lebens in einer Gesellschaft geht, das als Gesamtes unter der Herrschaft Jesu Christi steht. Jesus Christus ist Gottes Zuspruch der Vergebung unserer Sünden (Evangelium) und er ist Gottes Anspruch auf unser ganzes Leben (Gesetz). Deshalb gibt es für die Christen keine Bereiche des Lebens, in denen nicht Jesus Christus ihr Herr ist, sondern sie anderen Herren gehören würden. Dasselbe gilt von der Kirche als Ganzer.

Die *Theologische Erklärung von Barmen* hat bekräftigt, dass nach evangelischer Auffassung die strikte Unterscheidung von Kirche und Staat zu den entscheidenden Wirkungen der Prägekraft des Christentums gehört. Diese Unterscheidung schließt eine positive Beziehung zwischen der Kirche und dem von ihr als göttliche Wohltat bejahten Staat (Barmen V) ein. Diese Unterscheidung folgt direkt aus dem Glauben an das allein heilbringende Evangelium. An dieser Unterscheidung ist das Selbstverständnis von Kirche und Staat in Theorie und Praxis zu messen. Sie hat der vom Christentum geprägten neuzeitlichen Kultur die entscheidenden Konturen verliehen und der Ausbildung des säkularen Rechtsstaates als Leitlinie gedient.

Allerdings darf – darauf weist die *Barmer Theologische Erklärung* auch hin – das Wissen um diese Unterscheidung nicht durch eine *abstrakte Trennung* von Kirche und Staat, von Christentum und Säkularität zum Verschwinden gebracht werden. Auch deshalb halten die evangelischen Kirchen in Deutschland daran fest, dass der christliche Glaube keine Privatangelegenheit ist. Vielmehr ist der christliche Glaube eine nicht nur das Individuum, sondern auch die Öffentlichkeit unmittelbar angehende Lebenseinstellung. Auch in einer pluralistischen Gesellschaft hat die Kirche deshalb »die Botschaft von der freien Gnade Gottes auszurichten an alles Volk« (Barmen, These 6). Die ungebrochen notwendige *Evangelisierung* Deutschlands wie Europas dient nach evangelischer Auffassung nicht nur den davon angesprochenen Menschen, sondern kommt auch einer lebensdienlichen staatlichen Ordnung in Europa zugute.

Innerhalb der evangelischen Kirchen ist theologisch umstritten, ob und inwiefern die *Barmer Theologische Erklärung* die Auffassung enthält, den Prozess der Heiligung der Glaubenden auch auf das Verhältnis von Kirche und Staat zu erweitern.

Wenn es in These 2 heißt, dass es keinen Bereich unseres Lebens geben könne, in dem wir nicht nur der Rechtfertigung, sondern auch der Heiligung durch Jesus Christus bedürften, so kann dies so verstanden werden, dass Christen auch im Bereich der Politik (oder der Ökonomie) die Einsichten aus ihrem Heiligungsprozess zu realisieren versuchen. In dieser Frage und mit diesem Anliegen ist die reformierte Tradition in den evangelischen Kirchen in Deutschland präsent. Mit der Erfahrung des Evangeliums ist ein neues Gesetz verbunden, das im individuellen und gemeinschaftlichen Leben zu befolgen ist. Die Auswirkungen auf entsprechende politische Debatten, die auch in den evangelischen Kirchen geführt wurden und werden, sind offensichtlich.[32]

Wichtig würde dabei für das Verhältnis von Kirche und Staat ein Modell, das Karl Barth[33] mit der Metapher des Lichts zum Ausdruck brachte:

32 Ein besonders bekanntes und offensichtliches Beispiel dafür ist die in Deutschland starke und in den evangelischen Kirchen sehr präsente Friedensbewegung mit ihrem Antimilitarismus.

33 Barth untersuchte die Frage nach der »Beziehung zwischen der Wirklichkeit der von Gott in Jesus Christus ein für allemal vollzogenen Rechtfertigung des Sünders allein durch den Glauben und dem Problem des menschlichen Rechts«. Oder anders formuliert: »Gehört das Problem der Ordnung, die nicht mehr oder noch nicht die des Reiches Gottes, das Problem des Friedens, der nicht mehr oder noch nicht der ewige Gottesfriede, das Problem der Freiheit, die nicht mehr oder noch

»Das von der himmlischen Polis auf die irdische Ecclesia *herab*fallende reflektiert sich in einem von der irdischen Ecclesia auf die irdische Polis *hinüber*fallenden Licht«[34].

Das von der himmlischen Polis, auf die die Christenheit hofft (Offb 21) auf die Kirche fallende und dann von dort auf die irdische Polis scheinende Licht ermöglicht es, eine konstruktive Bezugnahme aus dem Bereich der Kirche auf den Bereich des Staates zu denken.[35] Die 5. These der *Barmer Theologischen Erklärung* hat diese Mitverantwortung der Kirche für den Staat so formuliert: Die Kirche »erinnert an Gottes Reich, an Gottes Gebot und Gerechtigkeit und damit an die Verantwortung der Regierenden und der Regierten«. Die Kirche ordnet sich zwar dem Staat – ganz unabhängig von der Staatsform – unter, unterscheidet jedoch zugleich zwischen »der jeweils als besser oder schlechter sich darstellenden politischen Gestalt und Wirklichkeit: zwischen Ordnung und Willkür, zwischen Herrschaft und Tyrannei, zwischen Freiheit und Anarchie, zwischen Gemeinschaft und Kollektivismus; zwischen dem Staat von Röm. 13 und dem von Offenb. 13.«[36]

Dieses kritische Urteilen geschieht in konkreten Situationen, in denen es der Kirche nun jedoch nicht darum gehen kann, sich selbst durchzusetzen, sondern den »profane[n] Weg der Aufrichtung des Rechtes, der Sicherung von Freiheit und Frieden nach dem Maß menschlicher Einsicht und menschlichem Vermögen«[37] mitzugehen. Dabei »erinnert« sie an Gottes Reich. Das heißt nun nicht, dass der Staat allmählich zum Reich Gottes werden soll, sondern dies bezieht sich auf »die *Gleichnisfähigkeit* und *Gleichnisbedürftigkeit* des politischen Wesens«.[38] »Die Gerechtigkeit des Staates in christlicher Sicht ist seine Existenz als ein *Gleichnis*, eine Entsprechung, ein Analogon zu dem in der Kirche geglaubten und von der Kirche verkündigten Reich Gottes.«[39]

nicht die Freiheit der Kinder Gottes ist – gehört das alles mit hinein in den Bereich der Wirklichkeit der neuen Zeugung der Menschen durch Gottes Wort, in die Wirklichkeit seiner Heiligung durch den Geist?« (K. Barth, Rechtfertigung und Recht / Christengemeinde und Bürgergemeinde / Evangelium und Recht, Zürich 1998, 5)

34 A. a. O., 33.

35 Die Voraussetzung dafür ist, dass der Staat nicht ein Produkt der Sünde ist, sondern dass wir es beim Staat mit »einer der Konstanten der göttlichen Vorsehung und Weltregierung in ihrer zugunsten des Menschen stattfindenden Gegenwirkung gegen die menschliche Sünde und also mit einem Instrument der göttlichen Gnade zu tun« haben (a. a. O., 52).

36 A. a. O., 58.

37 A. a. O., 61.

38 A. a. O., 63.

39 Ebd.

Die reflektierende, gleichnisbildende Bezugnahme der Kirche auf den Staat lässt sich an vielen Themen durchführen: an grundsätzlichen Orientierungen und Normen eines Staates und an einzelnen politischen Konstellationen. Eberhard Jüngel hat in seiner Interpretation des Verhältnisses von Christengemeinde und Bürgergemeinde die diversen gleichnishaften Inbeziehungsetzungen des Reiches Gottes zum Staat auf einen Nenner zu bringen versucht. Er geht dabei davon aus, dass nach Offb 21,22 in der Stadt Gottes (in welcher der Seher keinen Tempel zu sehen vermag) Gott selbst regieren wird – zusammen mit »dem Lamm«. Auch in dieser Stadt Gottes wird geherrscht werden, »aber mit dem Lamm, d. h. mit dem geopferten Menschensohn, in dem sich alle Opfer irdischer Gewalt wiedererkennen dürfen.«[40] Damit kommt eine Konzeption von Herrschaft in den Blick, in der Machtausübung und Kreuz zusammen gedacht werden. Kriterium von Herrschaft

> »sind die Ohnmächtigen. Wo geglaubt wird, daß Gott im Zeichen des Kreuzes herrscht, da wird alle Macht daran gemessen werden, wie sie sich zu den Ohnmächtigen verhält. An ihnen muß sich die Macht als Macht bewähren. [...] Wo geglaubt wird, daß Gott im Zeichen des Lammes regiert, da wird als der harte Kern der Macht die Macht der Liebe offenbar.«[41]

Damit ist der Kirche ein Kriterium gegeben, mit dem sie sich konstruktiv in Beziehung zum Staat setzen und ihre politische Mitverantwortung wahrnehmen kann.

> »Die Christengemeinde bezeugt durch ihren Glauben der Bürgergemeinde, daß am Ende die im politischen Leben nur zu oft nur zu sehr ignorierte und zur Ohnmacht verurteilte Macht der Liebe sich als die wirkliche Macht herausstellen wird, der gegenüber jede lieblose und gerade in ihrer Lieblosigkeit scheinbar erfolgreiche Machtausübung sich als eine von innen heraus durch und durch morsche Zwangsveranstaltung erweisen wird. Das christliche Zeugnis von der Macht der Liebe soll die politische Machtausübung also nicht etwas weniger politisch machen, sondern vielmehr noch politischer machen.«[42]

Noch eine abschließende Bemerkung: *2006* haben sich die evangelischen Kirchen in Deutschland in einem gemeinsamen Wort zusammen mit der

[40] E. Jüngel, Das Salz der Erde. Zum Verhältnis von Christengemeinde und Bürgergemeinde, in: Ders., Ganz werden. Theologische Erörterungen V, Tübingen 2003, 158–173, 163.

[41] Ebd.

[42] Ebd.

Deutschen Bischofskonferenz der katholischen Kirche klar zur freiheitlichen Demokratie als der Staatsform bekannt, die am besten die Grundeinsichten des christlichen Glaubens zur Geltung bringe.[43]

»Die Kirchen werden auch in Zukunft für die freiheitliche Demokratie des Grundgesetzes eintreten, weil diese in besonderer Weise dem christlichen Menschenbild entspricht. Das politische, ökonomische und rechtliche System in Deutschland wie in Europa insgesamt ist wesentlich geprägt von jüdisch-christlichen Wertvorstellungen. Im deutschen Grundgesetz hat das christliche Bild vom Menschen seinen Niederschlag gefunden. Dieses Bild vom Menschen ist dadurch bestimmt, dass der Mensch zu freier Entscheidung fähig ist und zugleich immer in solidarischer Verbundenheit mit anderen lebt. Er ist zu verantwortlicher Selbstbestimmung herausgefordert. Sicher können aus dem christlichen Menschenbild nicht direkt ökonomische oder politische Handlungsanweisungen hergeleitet werden. Aber mit seinen zentralen Kategorien der Freiheit, der Würde und der Selbstbestimmung zeigt es einen ethischen Mindeststandard, der in jedem Fall gewahrt bleiben muß, wenn konkrete Entscheidungen getroffen werden.«[44]

43 In einem Theologischen Votum zu Barmen V kam die Evangelische Kirche der Union (EKU) zu einem ziemlich ähnlichen Ergebnis wie die EKD-Denkschrift Evangelische Kirche und freiheitliche Demokratie aus dem Jahr 1985, in der die Demokratie zwar nicht zur »christlichen Staatsform« erklärt, aber doch die »Nähe« der Grundorientierung des demokratischen Staats »zum christlichen Menschenbild« herausgestellt und eine theologisch und ethisch begründete positive Beziehung von Christen zum demokratischen Staat aufgezeigt worden war (vgl. Evangelische Kirche und freiheitliche Demokratie. Der Staat des Grundgesetzes als Angebot und Aufgabe [1985], in: Die Denkschriften der EKD, Bd. 2/4, Gütersloh 1992, 20). Die EKU formuliert: »Das demokratische Prinzip ist keine notwendige Folgerung aus der fünften These, wohl aber mit ihr voll vereinbar. Aus guten Gründen herrscht die Überzeugung, daß der Staat noch am ehesten in einer demokratischen Ordnung seine Aufgaben erfüllt. Einem christlichen Verständnis menschlichen Zusammenlebens kommt eine solche Ordnung unter den Bedingungen des technisch-wissenschaftlichen Zeitalters noch am nächsten« (Für Recht und Frieden sorgen, hrsg. von W. Hüffmeier, 77).

44 Demokratie braucht Tugenden. Gemeinsames Wort des Rates der Evangelischen Kirche in Deutschland und der Deutschen Bischofskonferenz zur Zukunft unseres demokratischen Gemeinwesens (Gemeinsame Texte Nr. 19), hrsg. vom Kirchenamt der Evangelischen Kirche in Deutschland und vom Sekretariat der Deutschen Bischofskonferenz, 2006, §2. Beide Kirchen stellen in diesem Text fest, dass ihr Verhältnis zur freiheitlichen Demokratie nicht immer so ungetrübt und unterstützend war. Die jetzige Position ist insofern nicht nur eine Anpassung an den Zeitgeist, sondern Resultat einer intensiven theologischen Auseinandersetzung. So wird festgestellt: »Die frühere Zurückhaltung der Kirchen gegenüber der Staatsform Demokratie hat sich grundlegend gewandelt. Zwei Dokumente aus der jüngeren

Dabei sehen die evangelischen Kirchen und die katholische Kirche ihre Aufgabe für das staatliche Gemeinwesen darin, zur Bildung politischer Tugenden bei den Bürgerinnen und Bürgern insgesamt und den diversen Akteuren im Feld des politischen Gemeinwesens in Deutschland beizutragen. Auch in diesem Sinn sind sich die evangelischen Kirchen in Deutschland bewusst, dass das Glaubenszeugnis der Kirche eine kulturelle Prägekraft in der Gesellschaft hat,[45] gerade auch im Blick auf den konkreten deutschen Staat und hoffentlich auch die politische Ordnung Europas.

Zeit mögen dies exemplarisch belegen: Für die katholische Kirche ist etwa 1991 in der Sozialenzyklika ›Centesimus annus‹ Papst Johannes Pauls II. die Wertschätzung der Demokratie ausgedrückt worden, insoweit diese ›die Beteiligung der Bürger an den politischen Prozessen sicherstellt und den Regierten die Möglichkeit garantiert, sowohl ihre Regierung zu wählen und zu kontrollieren, als auch dort, wo es sich als notwendig erweist, sie auf friedliche Weise zu ersetzen‹ (Nr. 46). Für die Evangelische Kirche in Deutschland ist auf der Basis der Menschenwürde die ›politische Verantwortung [...] im Sinne Luthers ›Beruf aller Bürger in der Demokratie‹, wie es in ihrer Denkschrift ›Evangelische Kirche und freiheitliche Demokratie. Der Staat des Grundgesetzes als Angebot und Aufgabe‹ aus dem Jahr 1985 heißt (S. 16)« (ebd.). Vgl. http://www.ekd.de/EKD-Texte/51346.html.

45 »Die Bezeugung des Evangeliums durch die Verkündigung der Kirche und durch den gelebten Glauben der Christenmenschen hat vielfältige Wirkungen in der gesellschaftlichen Welt, in den Formen und Gestalten der christlichen Überlieferung des Glaubenszeugnisses, in Denktraditionen und Verhaltensweisen. In dieser Perspektive ist es nicht nur theologisch zulässig und geboten, sondern auch der Sache nach evident, wenn von der Prägekraft des Christentums gesprochen wird, die über die Kirche hinausreicht und zu den Fundamenten gehört, von denen unsere politische und gesellschaftliche Kultur bestimmt ist« (Christentum und politische Kultur. Eine Erklärung des Rates der EKD, EKD-Text Nr. 63, 1997, §58 – siehe: http://www.ekd.de/EKD-Texte/christentum_1997_politik3.html).

Beziehungen zwischen Kirche und Staat in Deutschland und in der Perspektive der Errichtung eines neuen Europas

Hendrik Munsonius

I Religionsrecht am Beginn des 21. Jahrhunderts

Die Beziehungen zwischen Kirche und Staat sind ein besonderes Teilgebiet des Religionsrechts in Deutschland.[1] Sie sind eingebettet in größere Entwicklungszusammenhänge, von denen hier besonders die Veränderungen im Feld der Religion und die Wandlung des Staatsverständnisses interessieren.[2]

I.1 Strukturwandel der Religion

Die Veränderungen im Feld der Religion sind komplex und durch teilweise widerstrebende Tendenzen bestimmt.[3] Das religiöse Feld und seine Wahrnehmung sind vielfältiger und komplexer geworden. Religion nimmt teil

1 Gesamtdarstellungen bei A. von Campenhausen/H. de Wall, Staatskirchenrecht, [4]2006; C. D. Classen, Religionsrecht, 2006; G. Czermak, Religions- und Weltanschauungsrecht, 2008; Heinig, Öffentlich-rechtliche Religionsgesellschaften, 2003; M. Heckel, Religionsfreiheit und Staatskirchenrecht in der Rechtsprechung des Bundesverfassungsgerichts, in: Badura/Dreier (Hrsg.), FS 50 Jahre Bundesverfassungsgericht, Bd. II, 2001, 379–420 = ders., Gesammelte Schriften, Bd. V, 2004, 303–346; B. Jeand'Heur/S. Korioth, Grundzüge des Staatskirchenrechts, 2000; P. Unruh, Religionsverfassungsrecht, 2009; C. Walter, Religionsverfassungsrecht in vergleichender und internationaler Perspektive, 2006; J. Winter, Staatskirchenrecht der Bundesrepublik Deutschland, [2]2008; umfangreiche Bestandsaufnahme bei C. Waldhoff, Neue Religionskonflikte und staatliche Neutralität. Erfordern weltanschauliche und religiöse Entwicklungen Antworten des Staates?, in: Verhandlungen des 68. Deutschen Juristentages Berlin 2010, hrsg. von der Ständigen Deputation des Deutschen Juristentages, Bd. 1. Gutachten, Teil D, 2010.

2 H. M. Heinig, Ordnung der Freiheit – das Staatskirchenrecht vor neuen Herausforderungen, ZevKR 53 (2008), 235–254 (237–241).

3 Dazu exemplarisch V. Krech, Religionssoziologie, 1999, 61–74; R. Preul, So wahr mir Gott helfe! Religion in der modernen Gesellschaft, 2003.

an den Ausdifferenzierungs- und Transformationsprozessen, die für die gesellschaftliche Entwicklung der Moderne insgesamt prägend sind. So können eine Individualisierung und die Pluralisierung von Religion festgestellt werden. Damit einher gehen Veränderungen bei den Institutionen. Im Verhältnis zum Staat hat eine Entflechtung stattgefunden, so dass einerseits die Kirchen keinen Einfluss auf staatliche Herrschaft haben, sie andererseits auch nicht für staatliche Zwecke dienstbar gemacht werden können, wie dies im Staatskirchentum und unter dem Landesherrlichen Kirchenregiment noch geschehen ist. Es hat sich gezeigt, dass diese Situation nicht durch ein einliniges Säkularisierungsmodell erfasst werden kann, das von einem fortschreitenden Bedeutungsverlust der Religion ausgeht. Gleichzeitig und gegenläufig ist eine »Rückkehr der Religion« – sei es in der Lebenspraxis oder ihrer Wahrnehmung – festzustellen.

I.2 Strukturwandel des Staates

Im Verlauf des 20. Jahrhunderts hat sich durch die Gründung internationaler und supranationaler Organisationen das Staatsverständnis gewandelt. Durch diese Organisationen können Aufgaben bewältigt werden, die über den einzelstaatlichen Rahmen hinausgehen. Der Einzelstaat verliert dadurch seine Alleinzuständigkeit und wird eingebunden in ein System von Verfahren, Berechtigungen und Verpflichtungen. Dem Staat verbleibt ein partieller Einfluss, der abhängig vom inter- oder supranationalen Charakter der Organisation unterschiedlich stark ausgeprägt sein kann.[4] In der Europäischen Union ist die Verflechtung von staatlicher und überstaatlicher Rechtsordnung besonders ausgeprägt. Damit ist ein System des Mehrebenenrechts etabliert:[5] Die Verfassungsordnungen der Mitgliedsstaaten, die Verträge, die sie geschlossen haben, und die Rechtsakte der europäischen Organe wirken wechselseitig aufeinander ein. Aus dieser Verflechtung resultiert die Notwendigkeit enger Kooperation.[6] Dabei geht es um eine Integration von zu erhaltender Verschiedenheit.[7] Der Mehrebenencharakter dieser Rechtsordnung wird bei der Rechtsanwendung deutlich. Begriffe und Merkmale des Europarechts werden eigenständig und unabhängig von den nationalen Rechtsordnungen definiert. In der Anwendung ist aber

4 R. Wahl, Internationalisierung des Staates, in: Bohnert u. a. (Hrsg.), Verfassung – Philosophie – Kirche, FS Hollerbach, 2001, 193 (216 f.).

5 Wahl (Anm. 4), 198; Heinig, Religionsgesellschaften (Anm. 1) , 405–414.

6 Heinig, Religionsgesellschaften (Anm. 1), 412 f.

7 Heinig, Religionsgesellschaften (Anm. 1), 412 unter Verweis auf H. Wallace, Integration von Verschiedenheit, in: König u. a. (Hrsg.), Das europäische Mehrebenensystem, 1969, 29 ff.

immer auch an Rechtsformen anzuknüpfen, die durch das einzelstaatliche Recht geprägt sind. So kann bei der Anwendung des Europarechts dem Körperschaftsstatus, den Religionsgemeinschaften nach deutschem Verfassungsrecht innehaben, keine andere Bedeutung als nach deutschem Recht zugewiesen werden.[8] »Die Transformation des Religionsrechts durch das Europarecht bedeutet an dieser Stelle deshalb allenfalls ein Zuwachsen an Rechten und Pflichten, nicht aber einen Bedeutungswandel der im nationalen Recht festgelegten Rechtsform«[9].

II Grundzüge des deutschen Religionsverfassungsrechts

Das deutsche Religionsverfassungsrecht findet seine Grundlagen in der Garantie der Religionsfreiheit (Art. 4 Abs. 1 und 2 GG) und im institutionellen Religionsverfassungsrecht nach Art. 140 GG. Durch diese Bestimmung werden diejenigen Artikel der Weimarer Reichsverfassung von 1919 zum Bestandteil des Grundgesetzes erklärt, die das Verhältnis von Staat und Kirche betreffen. Diese Regelungen wurden darauf angelegt, die Trennung von Staat und Kirche zu verwirklichen, den seinerzeit bestehenden Kirchen ihren Rechtsstatus zu erhalten und alle Religionsgemeinschaften als von gleicher Ehre anzusehen.[10]

II.1 Trennung

Mit der Abdankung der Monarchen am Ende des Ersten Weltkriegs waren nach einem langen Ablöseprozess[11] das Landesherrliche Kirchenregiment und die spannungsreiche Symbiose von weltlicher und kirchlicher Gewalt weggefallen, wie sie für die europäische Entwicklung seit der Erhebung des Christentums zur Staatsreligion im Römischen Reich im Jahr 380 bestimmend gewesen war.[12] Seither besteht in Deutschland eine Trennung zwischen Staat und Kirche. Diese Trennung betrifft in ihrer formellen Dimension die Organisation. Staat und Kirche stehen sich als eigenständige Körperschaften gegenüber und haben ihren jeweils eigenen Organisati-

8 Heinig, Religionsgesellschaften (Anm. 1), 440f.

9 Heinig, Religionsgesellschaften (Anm. 1), 441.

10 Zur Entstehungsgeschichte Heinig, Religionsgesellschaften (Anm. 1), 92–116.

11 M. Heckel, Das Auseinandertreten von Staat und Kirche in Deutschland seit der Mitte des 19. Jahrhunderts, ZevKR 45 (2000), 173–200.

12 M. Borowski, Die Glaubens- und Gewissensfreiheit des Grundgesetzes, 2006, 44ff.; Unruh (Anm. 1), 27ff.; J. Wallmann, Kirchengeschichte Deutschlands seit der Reformation, 52000, 256.

onsaufbau. Die organisatorische Trennung schließt andererseits Kooperation zwischen Staat und Kirche nicht aus. Diese ist vielmehr geboten, wenn ein bestimmter Lebenszusammenhang sowohl staatliche als auch kirchliche Zuständigkeiten betrifft. So ist in staatlichen Einrichtungen immer dann eine Beteiligung von Religions- und Weltanschauungsgemeinschaften nötig, wenn es um religiös-weltanschauliche Fragen geht. Der Staat kann dann gar nicht alleine handeln.

Denn die Trennung von Staat und Kirche hat außerdem eine inhaltliche Dimension. Dem Staat ist es verwehrt, sich mit einer bestimmten Religion oder Weltanschauung zu identifizieren oder eine Staatsreligion oder Staatsweltanschauung auszubilden. Die Beurteilung religiöser und weltanschaulicher Fragen steht nicht dem Staat, sondern den Religions- und Weltanschauungsgemeinschaften und ihren Mitgliedern zu. Der Staat ist zu religiös-weltanschaulicher Neutralität verpflichtet. Die Maßstäbe, nach denen er das Verhalten von Religionsgemeinschaften beurteilt, können sich nur aus der Verfassungsordnung ergeben.

II.2 Religionsfreiheit

Die Religionsfreiheit – das wohl vornehmste unter den Grundrechten – ist in Art. 4 Abs. 1 und 2 GG verankert.[13] Danach sind die Freiheit des Glaubens, des Gewissens und die Freiheit des religiösen und weltanschaulichen Bekenntnisses unverletzlich und die ungestörte Religionsausübung gewährleistet. Was dabei unter Religion zu verstehen sei, wird durch das Grundgesetz nicht normiert, sondern vorausgesetzt. Einhellig geht die Jurisprudenz davon aus, dass es um eine Gesamtsicht auf die Welt und die Stellung des Menschen, seine Herkunft und sein Ziel sowie auf Beziehungen zu Mächten außerhalb seiner Verfügung und seines innerweltlichen Erfahrungsraumes geht.[14] Diese Beschreibung leistet jedoch nur eine erste Annäherung.

Die nähere Bestimmung von Religion muss zur Kenntnis nehmen, dass den verschiedenen Religionen ein jeweils eigentümliches Religionsverständnis zugrundeliegt, das nicht auf einen einheitlichen Begriff gebracht werden kann. Jedes Religionsverständnis ist darum in hohem Maß selbstreferentiell. »Als Religion ist zu beobachten, was religiöse Kommu-

[13] Dazu A. von Campenhausen, Religionsfreiheit, in: Isensee/Kirchhof (Hrsg.), Handbuch des Staatsrechts, Bd. VII, [3]2009, § 157.

[14] Vgl. von Campenhausen (Anm. 13), Rn. 58; Heinig, Religionsgesellschaften (Anm. 1), 55; M. Morlok, in: Dreier (Hrsg.), Grundgesetz, Bd. 1, [2]2004, Art. 4 Rn. 67; BVerwGE 90, 112 (115).

nikation als religiöse Kommunikation (an)erkennt«[15]. Dem Religionsrecht kommt dabei die Aufgabe zu, gerade die besondere Selbstdeutungsfunktion der Religion zu schützen. Darum muss das Selbstverständnis einer Religionsgemeinschaft bei der Bestimmung von Religion berücksichtigt werden.[16]

Während in den Anfangsjahren der Bundesrepublik unter Religionsausübung vorrangig gängige Betätigungen ritueller und kultischer Art wie Gottesdienst, Glockenläuten, Prozessionen, Wallfahrten und das Zeigen von Kirchenfahnen verstanden wurden, hat das Bundesverfassungsgericht den Schutzbereich dieses Grundrechts wesentlich weiter interpretiert. Den Anlass bot eine Sammlung von gebrauchten Gegenständen für karitative Zwecke.[17] Nach der Rechtsprechung des Bundesverfassungsgerichts wird jeder darin geschützt, sein gesamtes Verhalten an seiner Religion auszurichten. Damit können auch Handlungen geschützt sein, deren religiöser Charakter allein in der Motivation des Grundrechtsträgers besteht. Weil dadurch das Grundrecht der Religionsfreiheit uferlos zu werden droht, wird immer wieder vorgeschlagen, den Schutzbereich einzugrenzen,[18] wobei wegen der geschilderten Abhängigkeit vom religiösen Selbstverständnis überzeugende Abgrenzungen noch nicht gelungen sind. Es ist offensichtlich, dass nicht jede Handlung, von der jemand behauptet, sie sei religiös motiviert, auch vollzogen werden darf. Die Freiheit der Religionsausübung findet – wie jede Freiheit – ihre Schranken an anderen durch die Verfassung geschützten Freiheiten und Gütern. Im Falle einer Kollision der Religionsfreiheit mit einem anderen Verfassungsgut ist durch Abwägung ein verträglicher Ausgleich zu finden.[19] Der Gesetzgeber hat dabei die Aufgabe, die allgemeinen Vorgaben der Verfassung zu konkretisieren.[20] Zuweilen wird vorgeschlagen, die Religionsfreiheit durch entsprechende Anwendung von Art. 136 Abs. 1 WRV mit einem einfachen Gesetzesvorbehalt zu versehen.[21] Dann könnte der Gesetzgeber Beschränkungen normieren, die sich nicht auf ein Verfassungsgut beziehen, sondern schlicht einem legitimen Zweck dienen und verhältnismäßig sind. Gegen eine solche Einschränkung bestehen jedoch Bedenken. Denn damit würde die fundamen-

15 Heinig, Religionsgesellschaften (Anm. 1), 58.

16 Heinig, Religionsgesellschaften (Anm. 1), 52–65.

17 BVerfGE 24, 236 (Rumpelkammer).

18 Zuletzt Waldhoff (Anm. 1), S. D 73f.; Nachweise bei Heinig, Ordnung (Anm. 2), 239, Fn. 15.

19 Morlok (Anm. 14), Art. 4 Rn. 115.

20 BVerfGE 108, 282.

21 Heckel, Religionsfreiheit (Anm. 1), 407f. = 333f.; weitere Nachweise bei Heinig, Ordnung (Anm. 2), 239, Fn. 16.

tale Bedeutung der Religionsfreiheit verkannt. Zudem stellt Art. 136 Abs. 1 WRV ein Gleichheitsrecht dar, dessen Systematik nicht auf ein Freiheitsrecht übertragen werden kann. Und schließlich lassen sich alle problematischen Fallkonstellationen durch die Zuordnung und Abwägung von Verfassungsgütern zufriedenstellend bewältigen.[22]

Die Religionsfreiheit kann schließlich – wie die meisten anderen Grundrechte – nicht nur durch Individuen, sondern auch gemeinschaftlich ausgeübt werden. Der Gemeinschaftsbezug ist schon in dem skizzierten Religionsverständnis angelegt. Im Unterschied zu anderer gemeinschaftlicher Freiheitsbetätigung sieht das Verfassungsrecht für Religionsgemeinschaften Spezialbestimmungen vor.

II.3 Selbstbestimmungsrecht

Art. 137 Abs. 3 WRV garantiert das Selbstbestimmungsrecht der Religionsgesellschaften in den Schranken des für alle geltenden Gesetzes. Dem Begriff der Religionsgesellschaft kommt dabei eine Schlüsselfunktion zu. In Anlehnung an die Staatsrechtslehre der Weimarer Republik wird darunter ein »Verband verstanden, der die Angehörigen ein und desselben Glaubensbekenntnisses oder mehrerer verwandter Glaubensbekenntnisse zu allseitiger Erfüllung der durch das gemeinsame Bekenntnis gestellten Aufgaben zusammenfasst«[23]. Der Begriff der Religionsgesellschaft ist so zu interpretieren, dass die Freiheitsrechte der Individuen nicht durch eine wie auch immer geartete religiöse Organisation gegen deren Willen beeinträchtigt werden. So müssen die Individuen einer Religionsgesellschaft so zugeordnet sein, dass erkennbar ist, wer dieser Gemeinschaft angehören und durch sie vertreten sein will. Zudem braucht eine Religionsgesellschaft eine Organstruktur, durch die für Staat und Dritte verlässliche Ansprechpartner bestehen. Schließlich ist eine Religionsgesellschaft zur umfassenden Wahrnehmung religiöser Aufgaben da, wobei sich der Umfang religionsgesellschaftlicher Aufgaben nach dem religiösen Selbstverständnis der Gemeinschaft richtet. Die konkrete Organisation ist im Übrigen der Religionsgesellschaft überlassen. Eine »Verkirchlichung« mit einheitlichem Lehramt, strikter Ämterhierarchie und kirchenrechtlich durchgebildeter Rechtsstellung der Glaubensgenossen ist nicht erforderlich.[24]

[22] von Campenhausen (Anm. 13), Rn. 111; Heinig; Religionsgesellschaften (Anm. 1), 130–142.

[23] Nachweise bei Heinig, Religionsgesellschaften (Anm. 1), 65, Fn. 146.

[24] Vgl. Heinig, Religionsgesellschaften (Anm. 1), 68–73.

Jede Religionsgesellschaft kann ihre Angelegenheiten selbständig ordnen und verwalten. Dazu gehören insbesondere Lehre und Kultus, Verfassung und Organisation, Ausbildung der Geistlichen, Rechtsstellung der Mitglieder, Vermögensverwaltung und Diakonie.[25] Dabei stehen den Religionsgemeinschaften alle Rechtsformen des bürgerlichen Rechts zur Verfügung. Seine Schranke findet das Selbstbestimmungsrecht der Religionsgesellschaften am »für alle geltenden Gesetz«. Was darunter zu verstehen sei, ist seit Bestehen der Norm unterschiedlich beantwortet worden.[26] Leitender Gesichtspunkt ist der Gedanke der Allgemeinheit. Ein für alle geltendes Gesetz soll Religionsgemeinschaften nicht als Religionsgemeinschaften in besonderer Weise betreffen. So stellte die *Heckel*sche Formel auf die besondere Bedeutung des Rechtsgutes ab, das durch ein Gesetz geschützt wird. Die Koordinationslehre suchte einen Bereich abzugrenzen, in dem ausschließlich die kirchliche Selbstordnungskompetenz greift und staatliche Regulierung *per se* ausgeschlossen sei. Nach der heute überwiegend vertretenen Abwägungslehre ist einerseits festzustellen, welches Rechtsgut durch ein staatliches Gesetz geschützt werden soll, andererseits in welchem Maß eine Religionsgemeinschaft in ihrem Selbstverständnis durch die Regelung tangiert wird. Letztlich läuft es damit auf eine Verhältnismäßigkeitsprüfung hinaus. Eine Norm ist ein für »alle geltendes Gesetz«, wenn sie dem legitimen Schutz eines Rechtsgutes dient, ohne das Selbstverständnis der Religionsgemeinschaft unverhältnismäßig zu beeinträchtigen.[27]

II.4 Körperschaftsstatus

Als 1919 die Weimarer Reichsverfassung verabschiedet wurde, sollte die historisch gewachsene Rechtsstellung der Kirchen über die Trennung vom Staat hinaus nicht beeinträchtigt werden. Der besondere Organisationsstatus, den die Kirchen innehatten, ist ihnen unter der Bezeichnung »Körperschaft des öffentlichen Rechts« garantiert worden. Dieser Status gibt den Kirchen die Möglichkeit, ihre Organisation und ihr Handeln öffentlich-rechtlich zu gestalten. Dazu gehören insbesondere die Organisationshoheit, die Dienstherrnfähigkeit, das Widmungsrecht, das Parochialrecht und das Besteuerungsrecht.[28] Um der Gleichbehandlung der Religionsge-

25 Unruh (Anm. 1), 100–102.
26 Dazu von Campenhausen/de Wall (Anm. 1), 107ff.; Heinig, Religionsgesellschaften (Anm. 1), 156ff.
27 Heinig, Religionsgesellschaften (Anm. 1), 156–161.
28 Unruh (Anm. 1), 173–188.

meinschaften willen eröffnet Art. 137 Abs. 5 S. 2 WRV allen Religionsgemeinschaften einen Zugang zu diesem Status. Die Voraussetzung dafür ist die Gewähr der Dauer, die in der Verfassung und der Zahl ihrer Mitglieder begründet wird. Mit Verfassung ist nicht nur ein rechtliches Organisationsstatut gemeint, sondern der tatsächliche Gesamtzustand der Religionsgemeinschaft. Sie braucht eine Organisationsstruktur mit verlässlichen Vertretungsorganen, die auch über den Wechsel der handelnden Personen hinweg Bestand haben. Weiterhin muss eine ausreichende Finanzausstattung vorhanden (oder wenigstens absehbar) sein. Die Gewähr der Dauer ist auch daran zu erkennen, dass eine Gemeinschaft den ersten Generationswechsel schon hinter sich hat, d. h. nach einer Zeit von etwa 30 Jahren. Ein weiterer Indikator ist die Intensität des praktizierten religiösen Lebens. Für die Zahl der Mitglieder wird ein Richtwert von einem Promille der Bevölkerung angenommen.[29] Ob darüber hinaus weitere Voraussetzungen wie eine besondere Rechtstreue zu erfüllen sind, ist umstritten und wurde durch das Bundesverfassungsgericht am Fall der Zeugen Jehovas entschieden. Eine besondere Staatsloyalität ist danach nicht erforderlich. Aber das Verhalten einer Religionsgemeinschaft darf die fundamentalen Verfassungsprinzipien nach Art. 79 Abs. 3 GG, die Grundrechte Dritter und die Grundprinzipien des freiheitlichen Religions- und Staatskirchenrechts des Grundgesetzes nicht gefährden. Der Körperschaftsstatus dient somit keinen staatlichen Zwecken, sondern ist Mittel zur Entfaltung der Religionsfreiheit.[30]

II.5 Interpretationswandel

Das Religionsverfassungsrecht stellt den ältesten Teil der deutschen Verfassungsordnung dar. Der für das Verhältnis der Kirchen zum Staat grundlegende Art. 137 WRV gilt seit über 90 Jahren mit unverändertem Wortlaut. Gleichwohl hat er einen Bedeutungswandel durchgemacht. Die religionsverfassungsrechtliche Dogmatik hat dabei die Entwicklungen der allgemeinen Verfassungsrechtsdogmatik auf ihre Weise mit vollzogen.[31] Nach dem Zweiten Weltkrieg setzte trotz der unveränderten Übernahme der Kirchenartikel aus der Weimarer Reichsverfassung eine Neubestimmung des Verhältnisses von Staat und Kirche ein.[32] Dabei kam es zu einer

[29] Heinig, Religionsgesellschaften (Anm. 1), 320–327; Unruh (Anm. 1), 167f.

[30] BVerfGE 102, 370 (392).

[31] H. M. Heinig, Eigenwert des Religionsverfassungsrechts, unter II. [in Vorbereitung]; C. Link, Kirchliche Rechtsgeschichte, 2009, 225–230.

[32] R. Smend, Staat und Kirche nach dem Bonner Grundgesetz, ZevKR 1 (1951), 4–14.

Blüte der Koordinationslehre, die von einer Gleichordnung zwischen Staat und Kirche als zweier je souveräner Gewalten ausging.[33] Diese Vorstellung ist im Zuge der 60er Jahre überwunden worden. Die Kirche wurde dem Staat nicht mehr gleichgeordnet, sondern als freiheitsberechtigter Akteur *innerhalb* der Verfassungsordnung angesehen.[34] Diesem Ansatz folgend wird das institutionelle Staatskirchenrecht zunehmend vom Grundrecht der Religionsfreiheit her interpretiert, ohne dass darum sein eigenständiger Gehalt aufzuheben wäre.[35] Damit wird aber auch deutlich, dass die Kirchen ihre Freiheit gegenüber Staat und Gesellschaft nur im Hinblick auf einen Kernbereich durch Abgrenzung behaupten können. Die meisten Lebenssachverhalte haben Auswirkungen, die über einen Binnenbereich hinausgehen. Darum können die zu sichernden Freiheiten nur im Wege der Abwägung mit anderen Rechtspositionen geschützt werden. Mit diesem Paradigma steht das Religionsverfassungsrecht in schöner Entsprechung zur Zwei-Regimenten-Lehre, die die eine Welt nicht in zwei Bereiche aufteilt, sondern unter dem Gesichtspunkt der zwei Modi des »Regierens« Gottes erfasst.[36]

III Vergleich religionsrechtlicher Systeme

Für die Verhältnisbestimmung von Kirche und Staat sind unterschiedliche Modelle denkbar, die von einer theokratischen Identifikation bis zu einer religionsfeindlichen (und damit wiederum selbst weltanschaulichen) Staatsordnung reichen.[37] Das deutsche Religionsverfassungsrecht ist das Ergebnis einer vierhundertjährigen Geschichte, ausgehend von der Reichs- und Verfassungskrise der Reformation über die Friedensschlüsse von 1555 und 1648 und die Umwälzungen des 19. Jahrhunderts bis zum endgültigen Auseinandertreten von Staat und Kirche 1918/19.[38] Die Geschichte ist

[33] M. Germann, Art. Koordinationslehre, in: RGG, ^{4}2001, Bd. 4, Sp. 1668.

[34] K. Hesse, Freie Kirche im demokratischen Gemeinwesen, ZevKR 11 (1964/65), 337–362; M. Heckel, Die Kirchen unter dem Grundgesetz, VVDStRL 26 (1968), 5–48; A. Hollerbach, Die Kirchen unter dem Grundgesetz, VVDStRL 26 (1968), 57–101; P. Häberle, Staatskirchenrecht als Religionsrecht der verfaßten Gesellschaft, DÖV 1976, 73–80.

[35] Heinig, Ordnung (Anm. 2), 250f.

[36] Vgl. den Vortrag auf dieser Tagung von H.-P. Großhans, Das Verhältnis von Kirche und Staat in evangelischer Perspektive. Ein systematisch-theologischer Beitrag.

[37] W. Brugger, Varianten der Unterscheidung von Staat und Kirche, AöR 132 (2007), 4–43.

[38] Dazu ausführlich M. Heckel, Vom Religionskonflikt zur Ausgleichsordnung, 2007.

bei aller Vergleichbarkeit in anderen Staaten anders verlaufen und hat zu anderen religionsrechtlichen Systemen geführt.[39] Innerhalb der Europäischen Union lassen sich vier Grundtypen ausmachen:[40]

(1) Das Modell der *Staatskirche* zeichnet sich durch eine enge institutionelle und funktionelle Verbindung des Staates mit einer Kirche aus. So nehmen staatliche Organe Aufgaben der Kirchenleitung wahr, während der Kirche staatliche Verwaltungsaufgaben, beispielsweise im Friedhofs- und Personenstandswesen, übertragen sind. Beispiele sind England, Dänemark und Finnland. In Schweden ist mit dem Jahr 2000 das Staatskirchentum weitgehend gelockert worden.

(2) Das Modell der *strikten Trennung* steht am anderen Ende der Skala. Es zeichnet sich dadurch aus, dass den Religionsgemeinschaften keine besondere Stellung, sondern lediglich der Status einer zivilrechtlichen Vereinigung zukommt. Prominentes Beispiel ist Frankreich in seinen Grenzen von 1905.

(3) Das Modell der *Kooperation* kommt innerhalb der EU am häufigsten vor. Es geht von einer grundsätzlichen Trennung von Staat und Kirche aus. Aber den Religionsgemeinschaften wird ein besonderer rechtlicher Status eingeräumt. Sie können damit besonders wirkungsvoll agieren. Beispiele sind Deutschland, Belgien und Luxemburg.

(4) Das Modell der *traditionellen Gewichtung* wird für solche Staaten vorgeschlagen, die zwar dem Kooperationsmodell zugerechnet werden können; in denen aber aufgrund der Religionsgeschichte des Landes einer bestimmten Kirche eine herausragende und prägende Rolle zukommt und dies auch in der Staatsverfassung seinen Niederschlag findet. Beispiele sind Irland (bis 1972), Spanien und Italien, die besonders durch die römisch-katholische Kirche geprägt sind.

Die Unterscheidung der vier Modelle ist geeignet, die traditionellen Unterschiede zwischen den religionsrechtlichen Systemen zu veranschaulichen. Darüber darf jedoch nicht übersehen werden, dass alle Systeme den eingangs genannten Veränderungen im Feld der Religion und im Staatsverständnis unterliegen. Dabei kommt es eher zu einer Konvergenz der Systeme. Während die Staatskirchen an Eigenständigkeit gewinnen,

[39] Vergleichende Darstellung bei G. Robbers (Hrsg.), Staat und Kirche in der Europäischen Union, ^{2}2005; M. Vachek, Das Religionsrecht der Europäischen Union im Spannungsfeld zwischen mitgliedstaatlichen Kompentenreservaten und Art. 9 EMRK, 2000, 32–49.

[40] M. Triebel, Das europäische Religionsrecht – Religionsrecht in Europa, KuR 2005, 161–174 (161 ff.); siehe auch von Campenhausen/de Wall (Anm. 1), 338 ff.; G. Robbers, Das Verhältnis von Staat und Kirche in Europa, ZevKR 42 (1997), 122–129 (123 ff.); Unruh (Anm. 1), 312 ff.

lässt sich auch in Trennungssystemen eine sachlich gebotene Kooperation nicht vermeiden.[41] In der gesamteuropäischen Betrachtung zeigt sich, dass Kooperationsmodelle wie das deutsche besonders geeignet sind, die dabei bestehenden Anforderungen zu bewältigen.[42]

IV Religion im Europarecht

Im gesamteuropäischen Kontext lassen sich zwei religionsrechtliche Ebenen unterscheiden. Auf der grundrechtlichen Ebene besteht die einhellige Garantie der Religionsfreiheit. Darauf aufbauend gibt es in den Mitgliedsstaaten spezifische religionsverfassungsrechtliche Ausprägungen, die durch das Europarecht nicht schlankerhand nivelliert werden sollen.[43] Die Spezifik des Religionsrechts hat mittlerweile auch im Primärrecht der Europäischen Union Anerkennung gefunden.

IV.1 Religionsfreiheit

Die Leitwährung des europäischen Religionsrechts stellt Art. 9 EMRK dar, der für fast fünfzig europäische Staaten und für die Europäische Union gilt.[44] Wie schon bei Art. 4 GG erhebt sich das Problem, wie Religion oder Weltanschauung zu definieren ist. In der Rechtsprechung des Europäischen Gerichtshofs für Menschenrechte (wie auch zuvor in der Kommission) wird eine solche Festlegung nach Möglichkeit vermieden. Der Wortlaut garantiert bereits die individuelle und die gemeinschaftliche Ausübung der Freiheiten. Darüber hinaus ist durch die Rechtsprechung mittlerweile anerkannt, dass auch verfasste Religionsgemeinschaften sich auf dieses Freiheitsrecht berufen können. Geschützt ist also neben der Religionsausübung *in* Gemeinschaft auch diejenige *als* Gemeinschaft.[45] Dem Staat ist es damit beispielsweise verwehrt, darüber zu entscheiden, durch welche Personen eine Religionsgemeinschaft vertreten wird.[46] Diese korporative Religionsfreiheit entspricht nicht unmittelbar den Garantien nach Art. 140 GG i.V.m. Art. 137 WRV. Denn die Europäische Menschenrechtskonven-

41 Robbers, Verhältnis (Anm. 40), 127; Vachek (Anm. 39), 50f.

42 P.R. Schnabel, Die Stellung der Kirchen im Verfassungsvertrag der EU, KuR 2003, 155–178 (173).

43 Triebel (Anm. 40), 164ff.; Unruh (Anm. 1), 315f.

44 Art. 6 Abs. 2 EUV; dazu Walter (Anm. 1), 332–390.

45 Triebel (Anm. 40), 164–168.

46 Vgl. EGMR Rep. 2000-XI, 117 – Hasan und Chaush/Bulgarien; Walter (Anm. 1), 377–385.

tion gilt für unterschiedliche religionsrechtliche Systeme und garantiert insofern nur einen gemeineuropäischen Mindeststandard, den die Staaten durch ihre Rechtsordnung differenziert gestalten können.

IV.2 Von der »Kirchenblindheit« zu Art. 17 AEUV

Die Verträge zur Begründung der Europäischen Gemeinschaft enthielten ursprünglich keinerlei Aussagen in Bezug auf Religion, Religionsgemeinschaften oder Kirchen. Die wirtschaftlich orientierte Zielsetzung der Europäischen Gemeinschaft führte zu einer gewissen Religions- und Kirchenblindheit.[47] In der Ausgestaltung des europäischen Sekundärrechts, d.h. von Richtlinien und Verordnungen, ist an verschiedenen Stellen auf die besonderen Belange von Religionsgemeinschaften Rücksicht genommen worden.[48] So wurde in der Arbeitszeitrichtlinie eine Ausnahme für Arbeitnehmer, die in liturgischen Zusammenhängen tätig sind, vorgesehen und in der Fernsehrichtlinie die Unterbrechung von Gottesdiensten durch Werbung oder Teleshopping untersagt. Wie brisant europäische Rechtsetzung auf anderen Rechtsgebieten für die Kirchen sein kann, wurde bei der Datenschutzrichtlinie besonders deutlich.[49] Danach sollte die Erhebung und Weiterleitung von Daten, aus denen Rückschlüsse auf die religiöse Überzeugung gezogen werden könnten, generell verboten werden. Damit wäre das deutsche Kirchensteuersystem schlagartig unmöglich geworden. Aufgrund der Intervention der deutschen Kirchen ist darum eine Ausnahmevorschrift in die Richtlinie aufgenommen worden. Die Ausweitung der europäischen Rechtsetzung führte 1990 zur Einrichtung des Büros der Ev. Kirche in Deutschland in Brüssel als Außenstelle des Bevollmächtigten des Rates der Ev. Kirche in Deutschland.[50]

In das europäische Primärrecht hat der Gesichtspunkt der Religion erstmals mit dem Amsterdamer Vertrag Eingang gefunden. Durch Art. 13 EGV erhielt die Europäische Gemeinschaft die Annexkompetenz, um Diskriminierung u.a. aus Gründen der Religion zu bekämpfen. Ergänzend zu diesem Vertrag ist die sog. Amsterdamer Erklärung Nr. 11 abgegeben worden, wonach der Status von Kirchen und weltanschaulichen Gemeinschaften, den diese nach mitgliedsstaatlichem Recht innehaben, geachtet wird.

47 Schnabel (Anm. 42), 155.
48 Heinig, Religionsgesellschaften (Anm. 1), 369–405; Vachek (Anm. 39), 77–88.
49 Walter (Anm. 1), 425f.
50 J. Gaertner, Der Dienst des juristischen Stellvertreters beim Bevollmächtigten des Rates der EKD bei der Bundesrepublik Deutschland und der Europäischen Union, ZevKR 51 (2006), 190–206 (197).

Diese Erklärung ist keine Rechtsnorm, aber Rechtserkenntnisquelle, die bei der Anwendung des Europarechts zu berücksichtigen ist.[51] Mit dem Lissaboner Vertrag ist Art. 17 AEUV in das Primärrecht aufgenommen worden, der der Amsterdamer Erklärung Nr. 11 entspricht und zusätzlich einen offenen, transparenten und regelmäßigen Dialog mit den Kirchen und weltanschaulichen Gemeinschaften vorschreibt. Damit findet das mitgliedsstaatliche Religionsverfassungsrecht seine explizite europarechtliche Anerkennung und den Kirchen werden zusätzliche Gestaltungsmöglichkeiten auf europäischer Ebene eröffnet.

IV.3 Herausforderungen

Mit der primärrechtlichen Verankerung des Status, den die Kirchen nach einzelstaatlichem Recht innehaben, bleiben die Kirchen gleichwohl den Transformationswirkungen des Europarechts ausgesetzt. Drei symptomatische Punkte seien benannt:

(1) Ein Grundproblem stellt die Interpretation der Säkularität der Europäischen Union und ihrer Mitgliedsstaaten dar. Hier droht immer wieder eine fälschliche Gleichsetzung von Neutralität und Laizität. Demgegenüber muss betont werden, dass gerade die Laizität nicht neutral, sondern in besonderer Weise weltanschaulich distinkt ist. Wer sich gegen Religion ausspricht, verhält sich nicht weniger weltanschaulich, als jemand, der für eine Religion eintritt.

(2) Der den Kirchen garantierte Status als Körperschaft des öffentlichen Rechts ist als Status *sui generis* in der Gefahr, Missverständnisse und fehlerhafte Klassifikationen zu provozieren.[52] Mit diesem Status stehen die Kirchen weder in der privaten, noch in der staatlichen Sphäre, sondern mit einem eigenen Status im Raum der Öffentlichkeit. Demzufolge ist bei der Anwendung von Rechtsnormen jeweils zu prüfen, ob daran anzuknüpfen ist, dass die Kirchen nicht-staatlich oder nicht-privat verfasst sind. Da dieser besondere Status in anderen Staaten nicht bekannt ist, bedarf es immer erneuter Aufklärungsbemühungen.

(3) Die meiste Aufmerksamkeit finden die besonderen Anforderungen, die die Kirchen im Hinblick auf bestimmte Loyalitätsanforderungen an ihre Mitarbeiter stellen. Durch Art. 10, 19 AEUV ist die Europäische Union auf die Bekämpfung von Diskriminierungen u. a. aus Gründen

51 Heinig, Religionsgesellschaften (Anm. 1), 418–420.
52 Zum Problem Vachek (Anm. 39), 289–300.

der Religion oder der Weltanschauung verpflichtet. Solange ein Arbeitsverhältnis nur als Austauschverhältnis von Arbeitsleistung und Lohn zu verstehen ist, sind Rechtfertigungen für die genannten Diskriminierungen nicht zu erkennen. Das ändert sich aber, sobald das Arbeitsverhältnis als Konkretion einer tiefergehenden Dienstgemeinschaft verstanden wird, die zwischen Dienstgeber und -nehmer besteht. Dieser Gedanke der Dienstgemeinschaft steht quer zur zunehmenden Ausdifferenzierung und Entpersonalisierung von Sozialbeziehungen im Zuge der Individualisierung und Pluralisierung der Lebensverhältnisse.[53] Die daraus folgenden Loyalitätserwartungen müssen darum immer wieder expliziert und plausibilisiert werden. Die Ev. Kirche in Deutschland hat dies mit der Loyalitätsrichtlinie unternommen, deren Wirksamkeit aber auch von der Konsequenz der Umsetzung abhängt.[54] Die neuere Rechtsprechung zeigt zudem, dass kirchliche Anforderungen nicht absolutgesetzt werden können, sondern mit den Rechtspositionen der betroffenen Mitarbeiter in einen Ausgleich gebracht werden müssen.

V Ausblick

Während die Entwicklung des Europarechts zeitweilig vor allem als Bedrohung für das bestehende Verhältnis von Staat und Kirche in Deutschland angesehen wurde,[55] kann mittlerweile ein differenzierteres Bild gezeichnet werden. Danach wird das Verhältnis von Staat und Kirche zwar verändert, aber nicht grundsätzlich infrage gestellt. Dazu seien abschließend folgende fünf Einschätzungen zur Diskussion gestellt:

(1) Die gesellschaftlichen Entwicklungen erfordern keine Änderung des geltenden Religionsverfassungsrechts.[56] Sie fordern jedoch dazu heraus, überkommene Interpretationen im Hinblick auf die Pluralität von Religionen zu überprüfen.

53 Tanner, Wem diene ich, wenn ich diene? Zum Verhältnis von Individualismus und Dienstgemeinschaft, in: Anselm/Hermelink (Hrsg.), Der Dritte Weg auf dem Prüfstand, 2006, 117–128 (124).

54 Richtlinie des Rates der Ev. Kirche in Deutschland vom 1. 7. 2005 (ABl.EKD, 413); dazu A. Schilberg, Die Richtlinie über die Anforderung der privatrechtlichen beruflichen Mitarbeit in der EKD und ihrer Diakonie, KuR 2006, 150–163.

55 Heinig, Religionsgesellschaften (Anm. 1), 376.

56 So auch der 68. Deutsche Juristentag Berlin 2010, dazu H. Munsonius, ZevKR 56 (2011), 70–74.

(2) Nach einer Phase der (relativen) »Religionsblindheit« werden nunmehr Religionen mit ihrer Eigenart im Europarecht wahrgenommen und geschützt. Das Spannungsverhältnis zur wirtschafts- und gesellschaftspolitischen Agenda wird dadurch nicht aufgehoben, kann aber rational bearbeitet werden.

(3) Die Pluralität der religionsverfassungsrechtlichen Systeme bleibt innerhalb des vereinigten Europa erhalten. Zwischen diesen Systemen findet eine Annäherung statt, ohne dass sie in einem Einheitssystem aufgehen. Wesentlicher Motor dieser Entwicklung ist die Rechtsprechung des EGMR.

(4) Bestimmte Interpretationsansätze innerhalb des deutschen Religionsverfassungsrechts werden durch die europäische Entwicklung verstärkt: Dazu gehören der freiheitsfunktionale oder grundrechtliche Interpretationsansatz, die Ablehnung eines »Kulturvorbehalts« zugunsten der evangelischen und der röm.-kath. Kirche, und die Feinsteuerung des Religionsrechts durch Abwägungsprozeduren.

(5) Die europäische Entwicklung stellt das deutsche Religionsverfassungsrecht nicht grundsätzlich infrage, sondern führt vielmehr vor Augen, wie zukunftsweisend schon der Weimarer Verfassungskompromiss war.

Beziehungen zwischen Kirche und Staat in Deutschland und in der Perspektive der Errichtung eines neuen Europas

Konstantin Nikolakopoulos

I Einführende Gedanken

Die Auseinandersetzung mit der sehr interessanten Thematik über die Beziehungen zwischen Kirche und Staat bedingt automatisch zwei grundlegende Fragestellungen: a) nach dem allgemeinen Prinzip der Menschenrechte und b) nach dem speziellen Prinzip der Religionsfreiheit. Beide Faktoren haben bei der Entwicklung und Etablierung des Verhältnisses von Kirche und Staat im europäischen Raum eine zentrale Rolle gespielt. Im Laufe der europäischen Geschichte haben sich neben weiteren Variationen hauptsächlich drei Systeme (Typen) für die Koexistenz von Kirche und Staat[1] erprobt und durchgesetzt:

1. *Absolute Trennung zwischen Kirche und Staat.* In diesem System verhält sich der Staat allen Kirchen sowie Religions- und Weltanschauungsgemeinschaften gegenüber gleichwertig neutral, wie z. B. heute in Frankreich. Somit kann man hier von einer allgemeinen Einhaltung der grundlegenden Rechte, insbesondere der Religionsfreiheit reden.

2. *Unabhängiges Verhältnis mit Kooperationsmöglichkeiten und speziellen Vereinbarungen.* Hier handelt es sich mit anderen Worten um schwache Formen der Trennung, die unter weitgehender Wahrung der weltanschaulichen Neutralität des Staates auch eine punktuelle Partnerschaft erlauben, wie z. B. in Deutschland.

3. *Institution der Staatskirche oder der vorherrschenden Religion.* In diesem Fall beobachten wir eine enge Verbindung zwischen dem Staat und einer gewissen Kirche oder Religionsgemeinschaft, die auf bestimmte historische Erfahrungen zurückzuführen ist. Als Beispiel für den Typus ei-

[1] Ioannis Petrou, Ανθρώπινα δικαιώματα, θρησκευτική ελευθερία και σχέσεις κράτους-εκκλησίας, in: Wissenschaftliches Jahrbuch der Theologischen Fakultät, Neue Reihe: Theologische Abteilung, Jg. 17, Thessaloniki 2007–2008, 279f.

ner Staatskirche könnten wir England und für den Typus der vorherrschenden Religion Griechenland anführen.

Seit den Anfängen, aber insbesondere seit den 60er Jahren des 20. Jahrhunderts ist die orthodoxe Kirche nicht mehr nur Bestandteil ausschließlich der bislang traditionellen orthodoxen Länder im südost- und osteuropäischen Raum. Dank starker Emigranten- und Gastarbeiterströme ist nun die Orthodoxie auch in allen westeuropäischen Staaten präsent und setzt sich mit den jeweils geltenden staatskirchenrechtlichen Gegebenheiten auseinander. Auch in Deutschland hat sich die Orthodoxie – sowohl im staatskirchenrechtlichen, als auch im liturgisch-kultischen sowie im akademisch-theologischen Bereich – fest etabliert. Die offizielle Anerkennung konkreter orthodoxer Diözesen, mit der Griechisch-Orthodoxen Metropolie an erster Stelle der kanonischen orthodoxen Kirchen, als Körperschaften des öffentlichen Rechtes zeugt davon, dass auch die Orthodoxie, als die dritte große und historisch wichtige Säule des Christentums, von der in Deutschland geltenden staatskirchenrechtlichen Regelung profitiert.

Da im Zentralfokus dieses Textes die Orthodoxie liegt, werde ich mich im Rahmen meiner Ausführungen, und vor den deutschen Gegebenheiten, zuerst dem gesamteuropäischen Bild und der orthodoxen Rolle in ihm zuwenden. In einem weiteren Schritt werde ich ganz kurz und gerafft das Verhältnis von Kirche und Staat in Deutschland nur deshalb skizzieren, da ich dies als Grundvoraussetzung für meinen Hauptpunkt im dritten Teil der Ausführungen betrachte: nämlich, die orthodoxe Kirche und insbesondere die Griechisch-Orthodoxe Metropolie in Deutschland. Meine Gedanken werde ich schließlich mit einigen Schlussüberlegungen abrunden.

II Die Orthodoxie in Europa

Den Ausgangspunkt dieses Kapitels bildet meines Erachtens die Grundfrage nach dem christlichen Charakter Europas überhaupt. Wenn diese Frage positiv beantwortet würde, dann sollten wir uns mit der Fragestellung auseinandersetzen: »Wie christlich ist Europa noch?« Es erübrigt sich zu erwähnen, dass die ganze europäische Zivilisation das Ergebnis eines jahrtausendealten Zusammenwirkens aller europäischen Völker darstellt. Sie ist konkreter das Ergebnis der griechisch-römischen Kultur, die durch ihre christliche Fundierung, und zwar sowohl der westlichen als auch der östlichen Prägung, in einer gegenseitigen Bereicherung durchdrungen worden war.[2]

2 Siehe dazu auch Anastasios Yannoulatos (Erzbischof von Albanien), Ἡ διαχρονική μετοχή τῆς χριστιανικῆς πίστεως στήν οἰκοδόμηση τῆς Εὐρώπης, in: Wissenschaft-

Aus christlicher Sicht gilt Paulus, der Apostel der Heiden, als der geistige Erzeuger und Vater von Europa. Er ist der christliche Pädagoge schlechthin, wie er sich in seinem Ersten Korintherbrief selbst nennt (1 Kor 4,14–15).[3]

Nach orthodoxem Verständnis ist Europa eine konkrete politische, geistliche und kulturelle Größe, die im ersten Jahrtausend nach der Zeitenwende vom Christentum der bis dahin ungetrennten Kirche Christi und weiterhin vom christlichen Glauben in seiner westlichen und östlichen Entfaltung geprägt wurde.[4] Beseitigt werden müssen daher unbedingt manche falschen Ansichten, Missverständnisse oder auch beabsichtigte Ausgrenzungen von Teilen Europas[5] mit der naiven Begründung, dort, an den slowenischen oder kroatischen Grenzen, höre Europa eben auf, dort beginne der Orient, dort hätten sich die Grenzen des alten Byzanz befunden.[6] Ausgerechnet Byzanz, das oströmische christliche Reich dient als ein zentrales Beispiel für die gespaltene Einstellung vieler abendländischer Menschen der Aufklärung gegenüber dem griechisch (kulturell) und orthodox (religiös) geprägten Osten. Einerseits bewunderte man Altgriechenland und seine klassische Zivilisation, Kunst und Kultur, während im Rahmen eines verkannten und negativ gemeinten Byzantinismus ein deutlich dunkles Bild über Byzanz vorherrschend war. In den letzten Jahrzehnten erkennt man dennoch eine klare Wende bei der Meinungsgestaltung über Byzanz. Allmählich wird auch der westlichen Geschichtsschreibung bewusst, dass das insgesamt 1129 Jahre (324–1453 n.Chr.) vorherrschende, zeitweise westlich vom Atlantik bis weit östlich zum Kaukasus

liches Jahrbuch der Theologischen Fakultät von Thessaloniki, Neue Reihe: Theologische Abteilung Jg. 12, Thessaloniki 2002, 35.

3 Bezeichnenderweise wurden die paulinisch-christlichen Ursprünge Europas in der offiziellen Proklamation der Kirche Griechenlands zum Verfassungsvertrag der Europäischen Union folgendermaßen angesprochen: »While the history of Europe often testifies to deviations from the genuine message of the Gospel, still the people of Europe did not cease to consider as the highest criterion of human deeds the values which derive from the Holy Spirit of Christ. This holds true even when they deny or ignore the origins of these values, ascribing them to an irreligious humanism.« Siehe Ekklesia 80 (2003) 491–494.

4 Bezüglich dieser enorm wichtigen Thematik siehe den aufschlussreichen Beitrag von Theodor Nikolaou, Der Hellenismus in seiner Bedeutung für das Christentum und den Europa-Gedanken, in: Orthodoxes Forum 10 (1996), 77–92.

5 Siehe dazu die aufschlussreichen Ausführungen von Grigorios Larentzakis, Die orthodoxe Kirche und die neue religiöse Dynamik in Europa, in: Johannes Papalekas (Hrsg.), Neue religiöse Dynamik? Die katholische, die orthodoxe und die islamische Perspektive nach der Wende in Osteuropa, Köln-Wien 1994, 62.

6 Sehr aufschlussreich für diese Thematik erweist sich die Studie von Rudolf Schieffer, Rom, Byzanz und das Europa von morgen, in: Orthodoxes Forum 19 (2005), 33–38.

reichende Byzantinische Reich eines der historisch, kulturell und sozial wichtigsten Reiche der Weltgeschichte überhaupt war.

Innerhalb dieser unentbehrlichen Bereicherung Europas durch das Christentum spielt die orthodoxe Seite ohne Zweifel eine entscheidende Rolle. Es steht außer Zweifel, dass die Orthodoxie kein »Outsider« und keine »Anomalie« unter den westlichen Organisationen Europas darstellt, wie einst Samuel Huntington Griechenland, das damals einzige orthodoxe Mitglied der EU, charakterisiert hatte.[7] Indem die Ostkirche die Schranke der historischen Vergangenheit mit ihren negativen Erlebnissen und Erinnerungen überwindet, will sie kein einfacher Zuschauer europäischer Umwälzungen sein, sondern zum Vereinigungsprozess konstruktiv beitragen. Außerdem könnte eigentlich der ursprünglich wortwörtlich zu verstehende ökumenische, die damals bekannte Welt umfassende Charakter der byzantinischen Kirche vorbildlich für die heutigen Umwälzungen werden. Die orthodoxe Kirche wurde in der byzantinischen Ära eine tatsächlich ökumenische Größe im eigentlichen (und nicht im innerchristlichen) Sinn des Wortes, und dies ist auf die Struktur und Existenzweise des Byzantinischen Reiches zurückzuführen. Das christlich gewordene oströmische Reich hatte einen deutlich multinationalen und multikulturellen Charakter; eine historische Tatsache, die allgemein wenig bekannt ist und in den Schulbüchern viel zu kurz kommt.[8] Im Rahmen eines solch ökumenischen und multinationalen Umfeldes stellt die enge Verbindung des orthodoxen Glaubens mit dem Griechentum keinen Zufall dar. Diese herauskristallisierte Verbindung wurde nicht durch Propaganda oder Gewalt aufgezwungen. Sie ist das Ergebnis einer effektiven Dynamik des griechischen Geistes, der sich im ganzen Byzantinischen Reich durchgesetzt hatte. Im Hintergrund behält die Orthodoxie jedoch ihre authentische Ökumenizität bei.

Die zeitgenössische Orthodoxie will jeden Versuch zur Bewahrung der Multiformität und europäischen Vielfalt und zur Beseitigung des Rassismus, der Ausländerfeindlichkeit und jeglicher Gewalt unterstützen.[9] Zum geistigen und kulturellen Profil des neuen Europas kann sie durch ihre Spiritualität, ihren mystischen Kultus, ihre genuin altchristliche Lehre der Kirchenväter, ihr asketisches Ethos, ihre soziale Einstellung, ihren Re-

7 Samuel Huntington, The Clash of Civilizations and the Remaking of World Order, New York 199, 162.

8 Giannis Tarnanidis, Εκκλησιαστική τάξη, οικουμενικότητα και εθνικότητα, in: Eleftherotypia (10.05.2004), 50–51.

9 Siehe mehr dazu bei Hilarion Alfeyev, Die Orthodoxie zwischen der kommunistischen Unterdrückung und den Perspektiven eines vereinigten Europa. Erfahrungen und Erwartungen, in: Orthodoxes Forum 19 (2005), 87–93.

spekt vor der Schöpfung, ihre Einstellung zum Tod und ihre Hoffnung auf die Auferstehung enorm beitragen. Die orthodoxe Kirche kann damit eine grundlegende Brückenfunktion haben, wobei sich daraus die große Chance ergibt, dass diese reichhaltige orthodoxe Spiritualität in das gemeinsame Europa einfließt.

In welchem Maße die Orthodoxie um die momentane Entwicklung und die zukünftige Entfaltung unseres alten Kontinentes und seiner Werte besorgt ist, zeigt sich in den vielen Beratungen, Begegnungen und Konferenzen, die auf orthodoxem Boden organisiert werden und sich zugleich an die Adresse unserer westlichen Partner richten. Alle Christen Europas sind aufgefordert, sich der fortschreitenden Säkularisierung, der geistlichen Veränderung und der einseitigen Rationalisierung des täglichen Lebens zu widersetzen. Die Einigung Europas darf nicht nur als ein ökonomisches, wirtschaftliches oder politisches Anliegen behandelt werden. Europa hat auch (noch) eine eindeutige geistige und geistliche Dimension, eine christliche Seele mit einem westlichen und einem östlichen Flügel, nach einer sehr treffenden Metapher des russischen Dichters Vjatscheslav Ivanov.[10] Leider wurde das geistlich/kulturelle Antlitz Europas bei zahlreichen gemeinsamen politischen, wirtschaftlichen oder sonstigen Initiativen mehrfach verdunkelt. Vor allem für Westeuropa sind die Krise der Tradierung des christlichen Glaubens und ein weitgehender Autoritätsverlust kirchlicher Kompetenz empirisch festzustellen. Die christlichen Kirchen dürfen die heutigen Menschen Europas und die zukünftigen Generationen nicht ohne geistige/geistliche Orientierung im Stich lassen.

Die unüberhörbaren Schreie der Menschen, auch vieler junger Menschen im Osten, aber auch im Westen, nach Lebenssinn, spiritueller und existentieller Ausgeglichenheit und ihre Sehnsucht nach Gott rufen die Kirchen dazu auf, Antriebskraft und Mut zur Mitgestaltung Europas zu zeigen. Die Orthodoxie ihrerseits, die einen sehr großen Teil sowohl der erweiterten Europäischen Union als auch unseres Kontinents schlechthin repräsentiert, kann zur geistigen/geistlichen Profilierung Europas zweifelsohne beitragen. Insbesondere innerhalb des neuen größeren Europas ist die Orthodoxie, als der östliche Teil der europäischen religiösen Identität, in der Lage, neue Impulse zur notwendigen Orientierung der EU zu geben.[11] Sie sollte nicht als exotische oder außerirdische Größe im europäischen Bewusstsein angesehen werden.

10 Konstantin Nikolakopoulos, Joseph Ratzinger als Papst Benedikt XVI.: Orthodoxe Erwartungen und Perspektiven, in: Ders. (Hrsg.) Benedikt XVI. und die Orthodoxe Kirche. Bestandsaufnahmen, Erwartungen, Perspektiven, St. Ottilien 2008, 40.

11 Siehe auch: Hilarion Alfeyev, Die Orthodoxie zwischen der kommunistischen Un-

III Das Verhältnis von Kirche und Staat in Deutschland

Die Orthodoxie bildet, wie oben bereits angemerkt, einen realen Bestandteil Europas, in den letzten Jahrzehnten auch Westeuropas. Leben und Wirken von orthodoxen Gläubigen in westeuropäischen Gesellschaften haben auf mehreren Ebenen bedeutsame Ergebnisse hervorgebracht. Charakteristische Beispiele bilden die verschiedenen orthodoxen Metropolien bzw. Diözesen in Westeuropa, die effektive Zusammenarbeit von orthodoxen Theologen in verschiedenen ökumenischen Gremien, die einwandfreie Integration von orthodoxen Gläubigen in die westlichen Länder oder auch die akademische Vertretung der orthodoxen Theologie an westeuropäischen Universitäten.[12] Zur letzten Kategorie gehört beispielsweise die orthodoxe Theologie an der Münchener Ludwig-Maximilians-Universität, die als die einzige universitäre Ausbildungsstätte dieser Art im traditionell protestantischen und römisch-katholischen Westeuropa in konstruktiver Begegnung mit den beiden theologischen Fakultäten der Universität München, der Landeshauptstadt München und ganz Bayern ein besonderes Profil verleiht. Das angebotene Studium bringt auf der einen Seite den authentischen multinationalen und zugleich multikulturellen Charakter der Orthodoxie ans Licht und auf der anderen Seite verhilft es zur Integration der orthodoxen Gläubigen in die moderne westeuropäische Gesellschaft.[13]

Damit kommen wir zum konkreten europäischen Fall »Deutschland«, dessen heutzutage geltende staatskirchenrechtliche Bestimmungen der Religionsfreiheit einen breiten Ausübungsraum begünstigen und den Respekt der Menschenrechte ermöglichen. Das voneinander unabhängige Verhältnis von Kirche und Staat in Deutschland, das nicht streng laizistisch, wie beispielsweise in Frankreich, sondern in vielen Bereichen auf Kooperation

terdrückung und den Perspektiven eines vereinigten Europa. Erfahrungen und Erwartungen, in: Orthodoxes Forum 19 (2005), 91: »Es scheint wichtig, dass bereits jetzt, während die Identität des neuen Europa noch im Stadium der Ausformung ist, während die gesetzlichen Grundlagen geschaffen werden, die das Antlitz der Europäischen Union formen sollen, die Orthodoxen aktiven Anteil nehmen am Dialog mit den europäischen politischen Strukturen.«

12 Verfassungsmäßige und kirchenrechtliche Aspekte dieser Thematik siehe bei Anargyros Anapliotis, Orthodoxe Theologie an deutschen Universitäten. Grundrechte und pluralistische Struktur des Gemeinwesens, in: Orthodoxes Forum 19 (2005), 233–241.

13 Weiterführende Informationen zur orthodoxen Theologie in München siehe im Sammelband: Ost- und Westerweiterung in Theologie – 20 Jahre Orthodoxe Theologie in München, hrsg. von Theodor Nikolaou in Zusammenarbeit mit Konstantin Nikolakopoulos und Anargyros Anapliotis (Veröffentlichungen des Instituts für Orthodoxe Theologie, Band 9), St. Ottilien 2005.

angelegt ist, blickt auf eine sehr reichhaltige Geschichte zurück. »Für die Entwicklung des Verhältnisses von Staat und Kirche in Deutschland in der Folgezeit ist der Augsburger Religionsfriede vom 25. September 1555 grundlegend«, denn »in seinen praktischen Auswirkungen ist er bis zu den großen Bevölkerungsverschiebungen nach 1945 spürbar geblieben.«[14]

Das heute in Deutschland geltende Staatskirchenrecht gründet auf dem im 20. Jahrhundert sich durchsetzenden *Kollegialsystem*, das seinerseits an das prägende rationale Naturrecht der Aufklärung anknüpft. Demgemäß wird »die religiös-weltanschauliche Neutralität des Staates«[15], die in seine »partnerschaftliche« Trennung mit den Kirchen mündet, an erster Stelle genannt. Dabei wird »die sichtbare Kirche als eine freie und gleiche Gesellschaft (*collegium*) von Menschen verstanden, die sich zu gemeinsamer Religionsausübung zusammengeschlossen haben«[16].

Die moderne Realität in Deutschland im Rahmen des Verhältnisses von Kirche und Staat sieht so aus, dass jeder Kirche, Religion oder Weltanschauung jegliche Ausübungsfreiheit gewährt wird. Die offizielle, in der Verfassung verankerte Krönung dieses Verhältnisses (Art. 140 GG in Verbindung mit Art. 137 Abs. 5 Weimarer-Reichs-Verfassung von 1920) stellt jedoch die Verleihung des staatskirchenrechtlichen Status einer »Körperschaft des öffentlichen Rechts« dar. Durch die Verleihung eines solchen Status, der das privilegierte Verhältnis der betroffenen Kirchen zum Staat zum Ausdruck bringt, räumt die staatliche Seite den Kirchen herausgehobene Wirkungsmöglichkeiten im öffentlichen Raum ein. An den Körperschaftsstatus knüpfen besondere Rechte der Kirchen an, wie die Ausstattung mit bestimmter öffentlicher Gewalt eigener Art oder die Verleihung von konkreten Rechtsvergünstigungen. Unmittelbar mit dem Körperschaftsstatus verbunden sind die Dienstherrenfähigkeit, die Organisationsgewalt, die Rechtssetzungsgewalt, das Parochialrecht, das öffentliche Sachenrecht, das Besteuerungsrecht wie auch die Insolvenzunfähigkeit.[17]

Trotz der in letzter Zeit zunehmenden Forderungen von Politik und Gesellschaft, eine umfassende und strikte Durchsetzung der weltanschau-

14 Axel Freiherr von Campenhausen – Heinrich de Wall, Staatskirchenrecht. Eine systematische Darstellung des Religionsverfassungsrechts in Deutschland und Europa, München [4]2006, 11.

15 Siehe dazu Joseph Listl – Dietrich Pirson (Hrsg.), Handbuch des Staatskirchenrechts der Bundesrepublik Deutschland, Bd. 1, Berlin [2]1994, 682.

16 Axel Freiherr von Campenhausen – Heinrich de Wall, Staatskirchenrecht. Eine systematische Darstellung des Religionsverfassungsrechts in Deutschland und Europa, München [4]2006, 18.

17 Ausführlich dazu siehe Joseph Listl – Dietrich Pirson (Hrsg.), Handbuch des Staatskirchenrechts der Bundesrepublik Deutschland, Bd. 1, Berlin [2]1994, 670ff.

lichen Neutralität des Staates vorzunehmen, bleibt Deutschland weiterhin ein Staat, der seinen geschichtlich-traditionellen Wurzeln gerecht wird und den Kirchen, Religionsgemeinschaften und Weltanschauungen den gebührenden Respekt zollt. Die christliche Identität der Bundesrepublik bleibt weiterhin unangefochten. Neben einer Reihe von kleineren christlichen samt der jüdischen Religionsgemeinschaft, denen der öffentlich-rechtliche Status verliehen wurde, prägen das Profil Deutschlands die zwei großen christlichen Kirchen, die mit seiner Geschichte unauflöslich verbunden sind: die römisch-katholische Kirche und die 22 in der Evangelischen Kirche in Deutschland (EKD) zusammengefassten, »weithin selbständigen«[18] lutherischen, reformierten und unierten Landeskirchen. Dem nicht tiefer eingeweihten Beobachter fallen heutzutage zwei, nicht immer unumstrittene Erscheinungsauswirkungen der öffentlichen Körperschaft dieser zwei großen Kirchen auf: a) die Erhebung der Kirchensteuer und b) die zwischen der römisch-katholischen Kirche bzw. den evangelischen Kirchen und dem Staat bestehenden Konkordate oder Konventionen bzw. Kirchenverträge zum Beispiel im Bereich der religiösen Ausbildung. Die ältesten Konkordate bzw. Kirchenverträge mit einem Bundesland sind jene, die bis heute in Bayern gelten und auf das Jahr 1924 zurückzuführen sind.

IV Die orthodoxe Kirche in Deutschland

Seit mehr als dreihundert Jahren leben in Deutschland orthodoxe Christen verschiedener Nationalitäten. Ein systematisch organisiertes Gemeindeleben gibt es ab dem 19. Jahrhundert hauptsächlich in Leipzig, München und Berlin. Erst nach dem Zweiten Weltkrieg und vor allem in den 60er Jahren des 20. Jahrhunderts wuchs die Zahl der Orthodoxen beträchtlich, da genau in dieser Zeit eine intensive und massive Migration »ausländischer Arbeitnehmer« aus mehreren orthodoxen Ländern Süd- und Südosteuropas zu verzeichnen ist. Heute leben in der Bundesrepublik Deutschland ca. 1.500.000 orthodoxer Christen unterschiedlicher Herkunft, Nationalität, Sprache und Kultur. Sie kommen aus Albanien, Bulgarien, Georgien, Griechenland, Polen, Rumänien, Russland, Serbien, der Ukraine, Zypern u. a. Nicht wenige Deutsche gehören inzwischen der orthodoxen Kirche an.[19]

18 http://www.ekd.de/kirche/kirchen.html.

19 Weiterinteressierte können folgendem Buch ausführliche Informationen über die orthodoxe Kirche in Deutschland entnehmen: Athanasios Basdekis, Die Orthodoxe

Da in der Bundesrepublik Deutschland die beiden wichtigsten Prämissen, nämlich die Menschenrechte und konsequenterweise die Religionsfreiheit, per Gesetz gewährleistet werden, dürfen dadurch auch alle orthodoxen kanonischen Kirchen auf deutschem Boden durch eigene Diözesen vertreten sein. Institutionell etabliert konnte man bis zum Februar 2010 die enge Verbundenheit und Zusammenarbeit der sieben (7) in Deutschland ansässigen Orthodoxen Autokephalen Kirchen im Rahmen des am 1. Mai 1994 konstituierten Verbandes ihrer elf (11) Diözesen mit dem Namen: »Kommission der Orthodoxen Kirche in Deutschland« (KOKiD) beobachten. Die einmütigen und sehr produktiven Vorarbeiten dieses Verbandes, der das genuine Profil der Orthodoxie und den echten Kernpunkt ihres Glaubenslebens der deutschen Gesellschaft nähergebracht hat, mündeten in die am 27. Februar 2010 gegründete »Orthodoxe Bischofskonferenz in Deutschland« (kurz: OBKD).

Die Gründung einer solchen Orthodoxen Bischofskonferenz, die von allen Seiten als ein historischer Schritt auf dem gemeinsamen Weg der einzelnen orthodoxen Diözesen in die Zukunft bezeichnet wurde, geht auf die im Juni 2009 getroffene Entscheidung der IV. Präkonziliaren Panorthodoxen Konferenz in Chambésy zurück. Demgemäß wurde seitens der Konferenz empfohlen, in allen Regionen der Erde »Bischofskonferenzen zu schaffen, denen alle als kanonisch anerkannten Bischöfe der jeweiligen Region angehören«[20]. Laut Satzung ist Vorsitzender der neu gegründeten Bischofskonferenz in Deutschland, der zehn Diözesan- und sechs Weihbischöfe angehören, »ex officio der Erste unter den Bischöfen des Ökumenischen Patriarchats«, also der Griechisch-Orthodoxe Metropolit von Deutschland und Exarch von Zentraleuropa Dr. h.c. Augoustinos (Labardakis). Kennzeichnend für die Bedeutung und die Funktionen der orthodoxen Bischofskonferenz, die als ein Zeichen der gelungenen Integration der orthodoxen Kirche in Deutschland gewertet wird,[21] ist folgende Stellungnahme ihres Vorsitzenden: »Ihr gehören alle kanonischen, d. h. rechtmäßigen Bischöfe an; wir tagen gemeinsam, wir beraten gemeinsam, wir beschließen gemeinsam über alle jene Fragen, die für uns wichtig sind, etwa den Religionsunterricht, unsere Beziehungen zum deutschen Staat und zu den anderen Kirchen usw. ... Alle Bischöfe behalten selbst-

Kirche. Eine Handreichung für nicht-orthodoxe und orthodoxe Christen und Kirchen, Frankfurt a. M. 2002.

20 Siehe die vollständigen Beschlüsse der IV. Präkonziliaren Panorthodoxen Konferenz von Chambésy (6.–13. Juni 2009) über »Die orthodoxe Diaspora«, in: Orthodoxes Forum 23 (2009), 209–214.

21 http://www.obkd.de/Presseinformationen/Pressemitteilung%203-3-2010.pdf.

verständlich ihre Verantwortung für ihre Diözesen, gleichzeitig geschieht alles, was gemeinsam getan werden kann und muss, in gemeinsamer Verantwortung. Anders gesagt: Wir sprechen mit einer Stimme, weil wir eine Kirche sind.«[22] Die in Deutschland vertretenen und der Orthodoxen Bischofskonferenz angehörenden kanonischen Autokephalen Kirchen mit ihren Bistümern sind der historischen Ehrenreihefolge nach folgende:

1. *Ökumenisches Patriarchat von Konstantinopel* (Griechisch-Orthodoxe Metropolie von Deutschland und Exarchat von Zentraleuropa * Exarchat der orthodoxen Gemeinden russischer Tradition in Westeuropa * Ukrainische Orthodoxe Eparchie von Westeuropa)
2. *Griechisch-Orthodoxe Kirche von Antiochien* (Metropolie für West- und Mitteleuropa)
3. *Russische Orthodoxe Kirche* (Ständige Vertretung der Russischen Orthodoxen Kirche in Deutschland * Berliner Diözese der Russischen Orthodoxen Kirche des Moskauer Patriarchats * Russische Orthodoxe Kirche im Ausland)
4. *Serbische Orthodoxe Kirche* (Diözese für Mitteleuropa)
5. *Rumänische Orthodoxe Kirche* (Rumänische Orthodoxe Metropolie von Deutschland, Zentral- und Nordeuropa)
6. *Bulgarische Orthodoxe Kirche* (Bulgarische Diözese von West- und Mitteleuropa)
7. *Georgische Orthodoxe Kirche* (Westeuropäische Diözese der Georgischen Orthodoxen Kirche)

Vom in besonderer Weise gestalteten Verhältnis von Kirche und Staat in Deutschland und von ihren daraus abgeleiteten Körperschaftsrechten haben bis heute zwei von den historisch ältesten und zwei von den jüngeren orthodoxen Diözesen Deutschlands profitiert.[23] Den öffentlich-rechtlichen Status besitzen demgemäß *die Russische Orthodoxe Kirche im Ausland* (seit 1936 im damaligen Deutschen Reich), *die Griechisch-Orthodoxe Metropolie von Deutschland* (seit 1974 erstmals, inzwischen in allen westlichen Bundesländern), *die Russische Orthodoxe Kirche des Moskauer Patriarchats* (seit 1992 nur in Berlin und Brandenburg) und *die Rumänische Orthodoxe Metropolie von Deutschland* (seit 2006 nur in Bayern und Baden-Württemberg).

[22] Orthodoxer liturgischer Kalender, hrsg. von der Gesellschaft Orthodoxe Medien e.V., Dortmund 2010, I.

[23] Vgl. dazu auch Joseph Listl – Dietrich Pirson (Hrsg.), Handbuch des Staatskirchenrechts der Bundesrepublik Deutschland, Bd. 1, Berlin ^{2}1994, 678f.

Im Rahmen der multinationalen Präsenz der Orthodoxie in Deutschland vertritt das Ökumenische Patriarchat von Konstantinopel, dem »Neuen Rom«, dem aus historischen Gründen[24] als dem ersten der alten Patriarchate der Ehrenprimat in der Auflistung aller orthodoxen Ortskirchen zuerkannt wird,[25] momentan die arithmetische Mehrheit der orthodoxen Gläubigen auf deutschem Boden. Auf dem verfassungsrechtlichen Konzept einer fördernden Neutralität des deutschen Staates den Kirchen gegenüber aufbauend, gründete das Ökumenische Patriarchat am 5. Februar 1963 die »Griechisch-Orthodoxe Metropolie von Deutschland« mit Sitz in Bonn. Die in der Verfassung von 1972 hinzugekommene zweite Bezeichnung »Exarchat von Zentraleuropa«[26] bedeutet, dass das jeweilige Oberhaupt der Metropolie als Exarch, nämlich Gesandter des Ökumenischen Patriarchen im Bereich von Zentraleuropa anzusehen ist. Die Metropolie wurde am 29. Oktober 1974 als Körperschaft des öffentlichen Rechts, wie oben schon angemerkt, zuerst durch das Landesgesetz von Nordrhein-Westfalen und später in allen alten Bundesländern anerkannt und bildet seitdem die drittgrößte Kirche in Deutschland. Pfingsten 1978 wurde in Bonn-Beuel eine Kathedralkirche mit einem Haus der Metropolie eingeweiht. Im Oktober 1993 wurde die Metropolie vom Ökumenischen Patriarchen Bartholomäos I. von Konstantinopel besucht, der auf Einladung der beiden Großkirchen, der evangelischen und der römisch-katholischen, nach Deutschland kam.[27]

Die Griechisch-Orthodoxe Metropolie hat von Anfang an – insbesondere aber unter ihrem jetzigen Oberhaupt – absolute Priorität und größtes Gewicht auf die pastorale Arbeit und geistliche Betreuung der ca. 400.000 ihr angehörenden Gläubigen gelegt. Dass die Metropolie ihre so wichtige

24 Maßgeblich für die erstrangige Positionierung der Kirche von Konstantinopel waren konkrete Entscheidungen von Ökumenischen Konzilien, nämlich der 3. Kanon des II. Ökumenischen Konzils von Konstantinopel und der 28. Kanon des IV. Ökumenischen Konzils von Chalkedon (siehe die Texte in: G. A. Rallis – M. Potlis, Σύνταγμα τῶν Θείων καὶ ἱερῶν Κανόνων, Athen 1852 (ND: 2002, jeweils 173 und 280f.).

25 Vgl. Konstantin Nikolakopoulos, Die Orthodoxen Kirchen in Selbstverständnis und Glaubenspraxis heute, in: Der Glaube der Christen, Bd. I: Ein Ökumenisches Handbuch, hrsg. von Eugen Biser, Ferdinand Hahn, Michael Langer, München-Stuttgart 1999, 902f.

26 Vgl. dazu die »Verfassung der Griechisch-Orthodoxen Metropolie von Deutschland, Exarchat von Zentraleuropa«, Bonn 1972.

27 Siehe die Dokumentation dieses Besuchs im Band: Der Deutschlandbesuch des Ökumenischen Patriarchen Bartholomaios I. (22.–29. Oktober 1993) – Eine Dokumentation, zusammengestellt von Radu Constantin Miron (Veröffentlichungen des Instituts für Orthodoxe Theologie, Band 4), St. Ottilien 1996.

pastorale Arbeit in 65 Regelpfarreien und 101 zusätzlichen Filialgemeinden, also in insgesamt 166 Gottesdienststätten in ganz Deutschland vollziehen kann, ist zweifellos ein großer Segen Gottes.

In diesem Zusammenhang sollten zwei diesbezügliche »Errungenschaften«, die der Metropolie und ihrem Oberhaupt gelungen sind, angeführt werden: Die eine betrifft *die respektable Zahl und die Qualität der Geistlichen* der Griechisch-Orthodoxen Metropolie, von denen mehrere jungen Alters und somit Hoffnungsträger der Metropolie sind. Außer dem Metropoliten an der Spitze werden die 65 oben erwähnten Gemeinden von drei Vikarbischöfen in Stuttgart, Aachen und Bonn, 70 Priestern und einem Diakon betreut. Die zweite Errungenschaft bezieht sich auf den *Besitzstatus der orthodoxen Pfarreien und Gemeindezentren*, von denen 40 bereits Eigentum der Griechisch-Orthodoxen Metropolie sind und weitere 25 ihr zu fristlosem oder jahrelangem Gebrauch zur Verfügung gestellt worden sind. Diese Tatsachen, die der Metropolit Augoustinos in persönlichen Gesprächen bekanntlich als »Wunder« bezeichnet, weisen auf die bereits ausgeschlagenen festen Wurzeln, die gelungene Integration und die optimistischen Perspektiven der orthodoxen Kirche in Deutschland hin.

V Nachwort

Im orthodoxen Verständnis stellt jede Kirchengemeinde eine lebenswichtige gesunde Zelle dar, die zur sozialen, religiösen und kulturellen Vielfalt und somit Bereicherung der Gesellschaft beiträgt. Eine umso wichtigere und konstruktive Rolle kann, neben den anderen christlichen Kirchen, auch jede orthodoxe Kirchengemeinde und allgemein die orthodoxe Kirche schlechthin mit ihrer Spiritualität innerhalb einer größtenteils säkularisierten westeuropäischen Gesellschaft spielen. Der geforderte Beitrag der Orthodoxie zum Profil von ganz Europa ist nunmehr unumstritten.

Die bisherigen politischen Willensanzeichen seitens der Europäischen Union für eine besondere Hervorhebung der christlichen Prägung Europas sind eher enttäuschend. Hierbei möchte ich drei Beispiele kurz skizzieren: Ein erster schwerwiegender Fall war der seit Jahren entworfene Text einer gemeinsamen Verfassung der Europäischen Union, die im Jahre 2005 aufgrund der einschlägigen Referenden in Frankreich und den Niederlanden schließlich abgelehnt wurde. Im zur Annahme vorgelegten Entwurf der Verfassung fehlte jedoch ein Gottesbezug wie auch die Erwähnung der griechischen Kultur wie auch des römischen Rechtsdenkens als Grundlagen Europas.[28] Besonders die explizite Nichtaufnahme ihrer *christlichen Wurzeln* in die Präambel der Verfassung einer verstärkten EU stellte bereits damals einen Rückschlag bei der beabsichtigten Richtung dar.

Der zweite Fall betrifft den Ersatz der gescheiterten Verfassung, nämlich den sogenannten »Vertrag von Lissabon«, der wesentliche Inhalte des EU-Verfassungsvertrages übernahm, 2007 unterschrieben wurde und nach manchen Verzögerungen 2009 in Kraft trat. Interessant ist in unserem Zusammenhang der Wortlaut seiner Präambel, welche die blasse, »ungefährliche« und völlig lauwarm-neutrale Formulierung der einstigen EU-Verfassung übernommen hat. Hierin ist die Rede vom »*... kulturellen, religiösen und humanistischen Erbe Europas, aus dem sich die unverletzlichen und unveräußerlichen Rechte des Menschen sowie Freiheit, Demokratie, Gleichheit und Rechtsstaatlichkeit als universelle Werte entwickelt haben*«[29]. Vergebens sucht man auch in diesem Text nach spezifisch christlichen Formulierungen. Der Gottesbezug wird einfach mit Humanismus ersetzt.

Das dritte Beispiel betrifft keine offiziellen Verträge, Verfassungen oder Konventionen, sondern einen einfachen Kalender für Schüler. Die Europäische Union hat für das Jahr 2011 in einer Auflage von 3,2 Millionen einen interreligiösen Kalender zur Verteilung an Schulen im europäischen Raum herausgegeben. Hier wurden die Feiertage der Juden, Muslime, Buddhisten und Hindus aufgeführt, aber interessanterweise nicht die christlichen Feiertage, was zweifellos kein oberflächliches Versehen zu sein scheint. Die große Verwunderung ergibt sich dadurch, dass die christlichen Feiertage auf einem Kalender des christlichen (!?) Europas fehlen, und speziell auf einem Kalender, der sich sogar dem interreligiösen Dialog verpflichtet fühlt. Selbstverständlich haben die christlichen Kirchen sofort reagiert, so dass eine Reihe von Protestschreiben in die Brüsseler Zentrale eingegangen ist, unter den ersten auch ein Mahnbrief der Hl. Synode der Griechischen Orthodoxen Kirche an den Kommissionspräsident José Manuel Barroso vom 21.01.2011.[30] Zur offensichtlichen Schadensbegrenzung wurde seitens der Europäischen Kommission inzwischen zugesichert, dass zusätzliche Einlegeblätter für den Kalender verteilt werden. An dieser Stelle erübrigt sich jeglicher Kommentar, da die in den politischen Kreisen der Europäischen Union herrschende Tendenz der Herabsetzung des christlichen Profils von Europa eindeutig ist.

28 Grundlegende orthodoxe Kritikpunkte vgl. in den einschlägigen Berichten in: Ecclesia Report (12.10.2003) und Christianiki 667/09.10.2003, 8.

29 http://dejure.org/gesetze/EU/Praeambel.html.

30 http://www.ecclesia.gr/greeknews/default.asp.

In der heutigen historischen Situation, in der die Europäische Union der 27 Staaten bereits wichtige traditionell orthodoxe Länder aufgenommen hat und sich zugleich zu weiteren – nicht immer harmlosen – Erweiterungen anschickt, steht die Orthodoxie vor einer ihrer größten Aufgaben und zugleich Herausforderungen. Alle orthodoxen Kirchen müssen zu den letzten fieberhaften Diskussionen in führenden europäischen Kreisen über die Bedeutung und Funktionalität der Begriffe »Religion« und »Kultur« Stellung nehmen. Aber auch der geistig-geistliche Beitrag aller christlichen Kirchen zur Gestaltung Europas muss intensiviert werden. Dann könnten die gemeinsamen christlichen Wurzeln und Hintergründe Europas noch deutlicher in Erscheinung treten; andernfalls werden alle Kirchen der Geschichte und Gott gegenüber Rechenschaft ablegen müssen.

ANHANG I

Die in Deutschland vertretenen kanonischen orthodoxen Bistümer (insgesamt ca. 1,5 Mio. Kirchenmitglieder)

1. Ökumenisches Patriarchat von Konstantinopel

- Griechisch-Orthodoxe Metropolie von Deutschland und Exarchat von Zentraleuropa (*KdöR*)
- Exarchat der orthodoxen Gemeinden russischer Tradition in Westeuropa
- Ukrainische Orthodoxe Eparchie von Westeuropa

2. Griechisch-Orthodoxe Kirche von Antiochien

- Metropolie für West- und Mitteleuropa

3. Russische Orthodoxe Kirche

- Ständige Vertretung der Russischen Orthodoxen Kirche in Deutschland
- Berliner Diözese der Russischen Orthodoxen Kirche des Moskauer Patriarchats (*KdöR*)
- Russische Orthodoxe Kirche im Ausland (*KdöR*)

4. Serbische Orthodoxe Kirche

- Diözese für Mitteleuropa

5. Rumänische Orthodoxe Kirche

- Rumänische Orthodoxe Metropolie von Deutschland, Zentral- und Nordeuropa (*KdöR*)

6. Bulgarische Orthodoxe Kirche

– Bulgarische Diözese von West- und Mitteleuropa

7. Georgische Orthodoxe Kirche

– Westeuropäische Diözese der Georgischen Orthodoxen Kirche

ANHANG II

Orthodoxe Kirchen als Körperschaft des öffentlichen Rechts

1) Die Verleihung der Rechte einer Körperschaft des öffentlichen Rechts an die Russische Orthodoxe Kirche im Ausland erfolgte:

- im Deutschen Reich durch das nationalsozialistische Regime vom 14.03.1936 (Anm.: durch die Wiedervereinigung 1990 galt das moderne »westdeutsche Recht« wieder in ganz Deutschland)

2) Die Verleihung der Rechte einer Körperschaft des öffentlichen Rechts an die Griechisch-Orthodoxe Metropolie von Deutschland erfolgte:

- in Nordrhein-Westfalen durch das Gesetz 222 vom 29. Oktober 1974
- in Bayern mit Urkunde vom 26. September 1975 des Bayerischen Staatsministeriums für Unterricht und Kultus
- in Berlin durch Beschluss des Senats vom 18. Mai 1976
- in Niedersachsen durch Beschluss der Landesregierung vom 10. August 1976
- in Hessen durch Beschluss der Landesregierung vom 8. Februar 1977
- in Schleswig-Holstein durch Beschluss des Kultusministers vom 26. Juli 1977
- in Hamburg durch Rechtsverordnung des Senats vom 2. August 1977
- in Rheinland-Pfalz durch Beschluss des Ministerrates vom 29. Oktober 1977
- in Baden-Württemberg am 10. März 1978 aufgrund eines Beschlusses der Landesregierung
- in Saarland am 20. März 1979 aufgrund des Beschlusses der Landesregierung vom 14. März 1979
- in Bremen durch das Gesetz vom 18. Mai 1981

3) Die Verleihung der Rechte einer Körperschaft des öffentlichen Rechts an die Russische Orthodoxe Kirche (Moskauer Patriarchat) erfolgte:

- in Berlin durch Beschluss des Senats vom 23.06.1992
- in Brandenburg durch Beschluss der Landesregierung vom 09.12.2004

4) Die Verleihung der Rechte einer Körperschaft des öffentlichen Rechts an die Rumänische Orthodoxe Metropolie erfolgte:

- in Bayern mit Urkunde vom 24. April 2006 des Bayerischen Staatsministeriums für Unterricht und Kultus
- in Baden-Württemberg am 01. Oktober 2007 aufgrund des Beschlusses der Landesregierung

Begrüßung des Ökumenischen Patriarchen durch den Vorsitzenden des Rates der EKD, Nikolaus Schneider

Eure Allheiligkeit, lieber Bruder Bartholomäus,
Eminenzen und Exzellenzen,
Liebe Damen und Herren,

Im Namen des Rates der Evangelischen Kirche in Deutschland und auch persönlich heiße ich Sie alle sehr herzlich willkommen hier im Berliner Dom. Wir freuen uns auf den Vortrag Seiner Allheiligkeit des Ökumenischen Patriarchen Bartholomäus und laden im Anschluss an den Vortrag ganz herzlich ein zu einem Empfang, den der Rat zu Ehren des Ökumenischen Patriarchen gibt.

Eure Allheiligkeit, Ihr Besuch in Deutschland ist vornehmlich eine Pastoralreise zu den Gemeinden der deutschen und zentraleuropäischen Metropolie. Im vergangenen Jahr haben wir uns gemeinsam mit der Metropolie über deren fünfzigjähriges Bestehen gefreut. Für die Evangelische Kirche in Deutschland ist die griechische Metropolie ein wichtiger ökumenischer Partner. Und persönlich will ich hinzufügen: Einige der griechisch-orthodoxen Geschwister im Herrn sind mir und meiner Familie zu persönlichen Freunden geworden. Das gilt im Besonderen für Metropolit Augoustinos.

Seit 1969 führt die EKD einen bilateralen Theologischen Dialog mit dem Ökumenischen Patriarchat. Dabei stand zu Beginn die Frage der diakonischen Begleitung der damals so genannten »Gastarbeiter« durch das Diakonische Werk der EKD in Kooperation mit der Metropolie im Mittelpunkt. Später dann, als aus »Gastarbeitern« Mitbürger und Mitbürgerinnen geworden waren, gewannen Fragen nach dem konkreten ökumenischen Zusammenleben der Gläubigen in den Gemeinden an Bedeutung. Das Zusammenwachsen der Völker Europas mit ihren verschiedenen kirchlichen und religiösen Prägungen war gleichermaßen von Gewicht. Das Thema

Religionsfreiheit, vor allem unter dem Gesichtspunkt der Gespräche der EU mit der Türkei, erlangte für die christlichen Kirchen eine herausgehobene Bedeutung. Und mit besonderer Aufmerksamkeit blicken wir bis heute auf die Lage des Ökumenischen Patriarchats in Konstantinopel und die Entfaltungsmöglichkeiten kirchlichen Lebens und die Möglichkeit zur Ausbildung von Priestern in der Türkei.

Seit den 1990er Jahren bewegen unsere Kirchen auch die Fragen der Schöpfungsverantwortung. Wir freuen uns deshalb ganz besonders, dass mit Ihnen, Eure Allheiligkeit, einer der bedeutendsten ökumenischen Impulsgeber zur Thematik der Bewahrung der Schöpfung und der nachhaltigen Entwicklung heute zu uns spricht. Sie haben uns immer wieder daran erinnert, dass ein nachhaltiger Umgang mit der Schöpfung eine unverzichtbare Form des Gotteslobes darstellt. Gute Haushalterschaft, griechisch »*oikonomia*«, ist, wie Sie vielfach unterstrichen haben, mehr als »Ökonomie«. Gute Haushalterschaft bedeutet, Gottes Gaben in Liebe zu pflegen und die Heiligkeit der Schöpfung neu zu entdecken, anstatt sie gierig und willkürlich auszubeuten.

Mit der Feier eines Schöpfungstages haben wir in der Ökumene eine von Ihrem Vorgänger Patriarch Dimitrios begonnene Tradition aufgenommen. Aus der orthodoxen Tradition haben wir gelernt, dass die Dankbarkeit für das Geschenk des Lebens eine nachhaltige Motivation für eine gute Haushalterschaft des Menschen zur Bewahrung der Schöpfung ist. Die Synode der EKD hat im vergangenen Jahr die Gliedkirchen gebeten, sich mit den Themen einer »Nachhaltigen Entwicklung« langfristig zu beschäftigen. Dass die bereichernde Erfahrung der Dankbarkeit und des Engagements für Gottes Schöpfung Konfessionen übergreift und zusammenführt, zeigt sich für uns auch an ihrem Besuch, Eure Allheiligkeit. Ich darf Sie nun bitten, zu uns zu sprechen zum Thema »Nachhaltigkeit und Lob des Schöpfers«.

VORTRAG S. A. DES ÖKUMENISCHEN PATRIARCHEN BARTHOLOMAIOS I IM BERLINER DOM

Nachhaltigkeit und Lob des Schöpfers

Plädoyer für eine ökologische Ethik aus orthodoxer Sicht

S.A. Bartholomaios I, Ökumenischer Patriarch

Sehr geehrter Herr Vorsitzender des Rates der Evangelischen Kirche in Deutschland, Nikolaus Schneider,

Sehr geehrte Frau Präses Schwätzer,

Hochwürdigster Mitbruder, Metropolit Augoustinos von Deutschland, Oberhirte dieser von Gott behüteten Diözese,

Hochwürdigste Mitbrüder und Mitbischöfe,

Liebe Brüder und Schwestern in Christus,
Unsere orthodoxe Kirche begegnet in Liebe der Schöpfung, die Gott in seiner Weisheit durch sein Wort, sein einfaches und zugleich entscheidendes Wort »es werde« erschuf. Deshalb wurde auch »die ganze Schöpfung vor Furcht entstellt, als sie (den Menschensohn und Sohn Gottes) am Kreuze hängen sah [...] Die Sonne verfinsterte sich und die Fundamente der Erde erzitterten« (Apostichon aus dem Morgengottesdienst des Großen und Heiligen Donnerstags).

Bevor wir Ihnen, verehrte Zuhörerschaft, jedoch einige Gedanken, Positionen, Einschätzungen, aber auch Initiativen des Ökumenischen Patriarchats und unserer geringen Person ganz persönlich zum vorliegenden Thema mitteilen und aus orthodoxer Sicht eine Einschätzung einer ökologischen Ethik darlegen möchten, danken wir herzlich für die Ehre, heute an diesem Ort zu Ihnen sprechen zu dürfen und erlauben uns, zunächst einige Worte über die Institution zu sagen, die wir vertreten und der wir dienen: über die Kirche von Konstantinopel also, das Ökumenische Patriarchat, das innerhalb der einen und unteilbaren orthodoxen Kirche den ersten Sitz innehat.

Wir vertreten also vor Ihnen eine ehrwürdige europäische Institution, die etwa 1700 Jahre alt ist. Wir, die wir ihr dienen, wären sehr unglücklich, wenn unser Dienst lediglich demjenigen eines Museumswächters entsprechen würde. Die Ehre, hier von Ihnen heute an diesem so bedeutenden Ort der Evangelischen Kirche in Deutschland empfangen zu werden, bezieht sich aber, wie wir glauben, nicht nur auf die geschichtliche Bedeutung des Ökumenischen Patriarchats, der Kirche des neuen Roms und Konstantinopels, sondern vor allem auf die Tradition seiner Ökumenizität. Darunter verstehen wir sein ständiges und standhaftes und durch die Jahrhunderte bis heute aktives Zeugnis und seine Wegweisung mit ökumenischer, also internationaler bis weltweiter Ausstrahlung, die sich sogar bis auf die mit dem Menschen gemeinsam wehklagende und stöhnende Schöpfung erstreckt.

Der Mensch, für den die Schöpfung, das Paradies auf Erden, geschaffen wurde, missachtete leider den Auftrag Gottes, dass er die Welt »bebaue und hüte« (vgl. Gen 2,15), und zerstört sie stattdessen durch seine Habgier; er zwingt sie, Früchte hervorzubringen, er verdunkelt die Sonne durch seine wissenschaftlichen Experimente und lässt die Fundamente der Erde erzittern. Wir werden jedoch später auf die Notwendigkeit und gleichzeitige Verpflichtung des Menschen zurückkommen, die Schöpfung »zu bebauen und zu hüten«.

Etwa tausend Jahre lang (333–1453), hatte in der christlichen Welt jener Zeit der Bischof des neuen Roms, der ersten Stadt, ja der Stadt (Polis) par excellence, das Kreuz der zentralen Verantwortung und des Dienstes für die Einheit der christlichen Gemeinschaften des damaligen byzantinischen Kaiserreiches zu tragen. Seine Aufgabe war es also, das Fundament der gemeinsamen Kultur und der Qualität menschlicher Existenz zu bewahren. Nach 1453 wurde die Rolle des Ökumenischen Patriarchats nicht eingeschränkt, wie manche glauben, sagen und schreiben. Seine Aufgabe setzte sich und setzt sich bis heute ökumenisch im praktischen und aktiven Leben aller Bereiche der menschlichen Existenz und der uns umgebenden Welt fort, im Mittelpunkt steht dabei stets das »rechte Leben« (εὖ ζῆν) auf Erden und das Heil des Menschen in der Ewigkeit. Die Aufgabe und Haltung des Ökumenischen Patriarchats war, ist und wird auch in Zukunft sein, das durch den Sündenfall verdunkelte Bild Gottes, den Menschen, »zur Ähnlichkeit Gottes« zu führen, also alles zur »ursprünglichen Schönheit« zurückzuführen.

Dieser Ausrichtung und diesen konkreten Zielen dienen alle Tätigkeiten des Ökumenischen Patriarchats. Daraus hat sich ein orthodoxes Ethos und ein Dienstprimat der Kirche von Konstantinopel entwickelt, das weltweit und ökumenisch anerkannt, geschätzt und in die Praxis umgesetzt wird. Dies ist kein Amt, sondern eine Verantwortung. Es stellt keine Macht dar, sondern einen Dienst des ersten Bischofs, der das synodale System der Einheit des orthodoxen Christentums in Kraft setzt, der die Großen und Heiligen Konzilien einberuft und ihren Vorsitz innehat. Das Ökumenische Patriarchat und sein Vorsteher dienen, sind schenkend tätig und entäußern sich für den Menschen, für die Welt, für die Menschheit, für die »ganze Schöpfung«.

Die ökologische Krise unserer Zeit, verehrte Zuhörer, ist kein isoliertes Phänomen und darf auch nicht eigenständig betrachtet und behandelt werden. Die ökologische Krise stellt sich als Übergang der moralischen, sozialen und spirituellen Krise vom Menschen auf die Schöpfung dar. Deshalb ist und bleibt jede Betrachtung oder Behandlung der ökologischen Krise und ihrer Folgen ohne unmittelbaren Bezug und ohne Verbindung zur Krise des Menschen in seinen diversen Lebensbereichen unvollständig und greift nicht.

Das Prinzip des ökonomischen Wachstums, das nach dem Zweiten Weltkrieg im Westen vertreten wurde und die Oberhand gewann, wurde dann in der ganzen Welt weiterverbreitet und überschattete fundamentale existenzielle Bedürfnisse, es reduzierte die spirituellen Sensoren und führte den Menschen in eine seelische und spirituelle Hungersnot. Es bedurfte mehrerer Jahrzehnte, bis die Welt verstand, dass die einseitige ökonomische Entwicklung nicht nur ihr Glück nicht garantiert, sondern im Gegenteil ernste negative Auswirkungen auf ihre spirituelle Vervollkommnung, ihre Lebensqualität, ja ihr Überleben selbst hat.

Es ist Ihnen, meine lieben Zuhörer, sicherlich bekannt, dass die Weltkonferenz von Rio (1992) das Prinzip der lebensverträglichen oder nachhaltigen Entwicklung proklamiert hat und zum ersten Mal offiziell die Ideologie der einseitigen ökonomischen Entwicklung infrage gestellt hat. Es ist auf viele Weise auch wissenschaftlich belegt worden, dass »gleichzeitig diese Infragestellung auch die indirekte Infragestellung der einseitigen Ethik der Entwicklung bedeutet. Wenn das höchste Gut nicht mehr die ökonomische Entwicklung ist, sondern die lebensverträgliche ökonomische Entwicklung, muss ihr auch die Ethik entsprechend angepasst werden« (vgl. G. Mantzaridis, Globalisierung und Globalität. Chimäre und Wahrheit <griech.>, Thessaloniki 2001, S. 138). Selbstverständlich ist es nicht gestattet, dass alles auf dem Altar der ökonomischen Entwicklung geopfert wird oder die nicht erneuerbaren oder seltenen Güter verschwendet werden, welche für das Überleben der zukünftigen Generationen notwendig sind.

Unglücklicherweise wurde aber diese Infragestellung nicht direkt und mutig verkündet, sondern nur indirekt und leise. Und auch die Anwendung dieses Prinzips fand nicht unmittelbar und ausreichend konsequent statt. Dies lässt sich an der weiteren Entwicklung der Dinge sehen. Die folgenden zwei Weltkonferenzen von Kyoto (1997) und Den Haag (2000) haben diese Inkonsequenz bestätigt. Die ökonomischen Interessen der Mächtigen haben die Anwendung der vorgesehenen Maßnahmen und die von allen erhoffte Perspektive der nachhaltigen Entwicklung verfälscht.

Als nachhaltige oder lebensverträgliche Entwicklung wird jene betrachtet, die das Gleichgewicht der Natur bewahrt und gleichzeitig den Entwicklungs- und Umweltbedürfnissen der Gegenwart entspricht, ohne die Umwelt extensiv zu belasten und ohne die Bedürfnisse der kommenden Generationen zu missachten.

Hier stellen sich jedoch einige grundsätzliche Fragen: Welches sind die Bedürfnisse der Menschen und in welchem Maß bringt die Befriedigung der ökonomischen Bedürfnisse gleichzeitig eine Befriedigung aller substanziellen Bedürfnisse des Menschen mit sich? Schadet womöglich das Hauptgewicht, das dem ökonomischen Gewinnstreben verliehen wird, der tatsächlichen Nachhaltigkeit oder hebt sie diese gar auf? Und schließlich: Lässt womöglich das ausschließliche Interesse für die materiellen Bedürfnisse des Menschen und ihre Befriedigung seine spirituellen Bedürfnisse unerfüllt?

Die Bedürfnisse des Menschen haben mit seinen biologischen, aber auch mit seinen spirituellen Funktionen zu tun. Es ist möglich, sie auf jene zu reduzieren, die lebensnotwendig sind, ebenso aber kann man sie auch erweitern um jene, die überflüssig oder sogar eingebildet sind. Sie können mit Schlichtheit, aber auch in Luxus befriedigt werden, und dann immer noch existieren. Der Apostel Paulus schreibt im 1. Timotheusbrief und ermahnt die Christen »Wenn wir Nahrung und Kleidung haben, soll uns das genügen« (1 Tim 6,8).

Natürlich beschränken sich heute die Bedürfnisse der Menschen nicht auf Nahrung und Kleidung. In der heutigen Gesellschaft haben die Menschen viel mehr und vielfältigere Bedürfnisse geschaffen, die häufig im Überfluss überbefriedigt werden. Trotzdem fühlen wir Menschen uns bedürftig und arm. Dies geschieht, weil wir habgierig sind. Wir verfügen über zahllose materielle Mittel und nie zuvor bekannte Annehmlichkeiten, und das sogar zu einem Zeitpunkt, an dem ein anderer großer Teil der Menschheit Hunger leidet, aber wir fühlen uns nicht glücklicher. Wir sind wohl unersättlich. Wir sind unglücklich. Zu Recht stellt sich hier nach unserer Auffassung die Frage: Warum ist das so?

Zwei Ursachen gibt es, glauben wir, für dieses Phänomen: zum einen die Habgier des Menschen und zum anderen die Missachtung seiner inneren Welt, d. h. seiner Seele, seines Herzens und seines Geistes.

Wir Menschen sehen und begehren nur die Materie und nicht den Geist. Jeden Tag von neuem vergessen wir die patristische Erfahrung der Kirche, wie sie der weise Mönchsvater Johannes von Damaskus ausdrückt

»Wenn wir ins Grab einziehen, dann gewinnen wir die Welt« (Aus dem orthodoxen Begräbnisgottesdienst für Priester). Der heilige Johannes spricht von der Welt, die eine wahre Welt sein muss für den Menschen, nicht Materie, die vergeht, und Genuss, der vorübergeht, sondern eine beständige Welt, voll des Heiligen Geistes, mit nüchternem Herz und einem wachen Geist und reinen, besonnenen Gedanken (vgl. das Gebet des Mönches Antiochos, das in der orthodoxen Komplet gelesen wird), eine Welt also der Theorie und der Praxis, der in Liebe Handelnden. Dies allein ist der wahre Gewinn, den die orthodoxe Kirche als Ausgangspunkt auch beim so genannten ökologischen Problem sieht, sich nämlich auf die Gebote Gottes zu stützen und auf das ständige und ungetrübte Gedenken seiner Gebote.

Durch die Vergötterung des Konsumismus und der »Überflussgesellschaft« wurden die Leidenschaften des Neides, des Hasses, der Habgier und der Ungerechtigkeit gefördert. Man hat das Wort der Heiligen Schrift vergessen, oder nur als reine Theorie angesehen, das lautet »Lernet Gerechtigkeit, ihr Bewohner der Erde« (Jes 26,9), ebenso wie die Seligpreisung des Herrn »Selig, die hungern und dürsten nach der Gerechtigkeit; denn sie werden satt werden« (Mt 5,6). Anders gesagt: der Hunger und Durst des Menschen können nur durch die Gerechtigkeit gestillt werden.

Der moderne und der postmoderne Mensch begehrt nicht mehr so viel, wie er braucht, er glaubt vielmehr, dass er braucht, soviel er begehrt. Und da das menschliche Genussstreben und sein Verlangen nach einem momentanen Ruhm, der leider vergeht und verwelkt »wie die Blume des Feldes« unersättlich sind und durch profitorientierte Werbung und wirtschaftliche Konkurrenz auch noch ständig angeheizt werden, wird aus der Überflussgesellschaft (das entsprechende griechische Wort ἀφθονία bedeutet etymologisch: »Gesellschaft ohne Neid«) nun zwangsläufig eine »Gesellschaft des Neides«.

In dieser Überflussgesellschaft schaffen der Neid und die Habgier eine große und ständige Spannung, die sich in Hass und Konkurrenzkämpfen, in Leidenschaften und misstrauischem Betrachten äußert, in der Marginalisierung der Werte und letztendlich im Nicht-Respektieren, im Verletzen und im Missachten des Bildes Gottes, des Menschen. Man identifiziert das Sein des Menschen mit seinem Haben und man bewertet ihn nach der Größe seines Vermögens, also der Materie, die doch Staub ist und Staub bleibt.

Die Erfahrung unserer orthodoxen Kirche bringt in besonderer Weise diese Wahrheit zum Ausdruck und zielt nach ihr, die, wenn sie einem in ihrer ganzen Breite und Tiefe bewusst wird, zu einem wahrhaft ökologischen Ethos führt: »Da wir alle in dieselbe Wohnung gedrängt werden, und werden mit dem selben Steine bedeckt und bald selbst Staub sein werden ... Dieses unser Leben auf Erden ist ein Spiel; die nicht Seienden entstehen und die da sind, werden weggenommen; wir sind ein Traum, der nicht bleibt; ein Hauch, der nicht zurückzuhalten ist; der Flug eines vorüberziehenden Vogels, ein Schiff auf dem Meer, das keine Spuren hinterlässt ...« (Troparion aus dem orthodoxen Begräbnisgottesdienst für Priester).

Alle Menschen, insbesondere jene, welche die Geschicke der Völker lenken und berufen sind, ihre Führer zu sein in der Politik, im Bereich des Geistes, der Kirche und der Wissenschaft, möchten die anderen übertreffen und streben dies an, indem sie Gott und sein Urteil ignorieren; dies tun sie vor allem mit menschlichen Mitteln und Handlungen, die nicht immer den Geboten des Evangeliums entsprechen. Wir Menschen vergessen in der Praxis das »sanfte Joch« der Liebe, von dem uns das Evangelium Christi berichtet und das insbesondere wir Christen tragen sollen.

Es ist düstere Realität, wenn wir feststellen müssen, dass bei der gegenwärtigen Lage mit der großen Wirtschaftskrise und der furchterregenden Arbeitslosigkeit die Bemühungen und Anstrengungen des Menschen dramatische, ja manchmal sogar tragische Ausmaße annehmen, insbesondere wenn das nötige spirituelle Gegengewicht fehlt.

Der Mensch unserer Zeit hat seinen Geist (νοῦς) vernachlässigt und die Rationalität (λογική) überbewertet, die ja eine Teilfunktion des Geistes ist. Der Geist aber ist das Auge der Seele. Er ist das Organ, mit dem er herrschen kann und über seine Empfindungen Herr sein kann, mit dem er in seine seelische Welt eintauchen kann und sich in die übersinnliche Welt jenseits der Empfindungen erstrecken kann. Diesen dominierenden Geist hat also der Mensch degradiert und zum Sklaven seiner körperlichen Empfindungen und zum Werkzeug der Befriedigung materieller Bedürfnisse und seiner Sinnlichkeit gemacht. Auf diese Weise ist aber die Seele des Menschen, die Seele eines jeden von uns, unterentwickelt geblieben und kann sich nicht geistlich ernähren. Sie wurde reduziert und letztendlich gefangen in der innerweltlichen Wirklichkeit und jeder überweltlichen Ernährung entfremdet.

Unser Herr lehrt: »Der Mensch lebt nicht vom Brot allein« (Mt 4,4). Der Geist (πνεῦμα) des Menschen wird nicht satt durch materielle Nahrung. So lange ihm die spirituelle Nahrung fehlt, bleibt er unterernährt und hungrig. Und so sehr der Mensch sich bemüht, den Geist mit materiellen Dingen zu sättigen, desto mehr wird er bedrängt und erstickt. Er bleibt unbefriedigt und nicht in der Lage, sein »schlechtes Ich« zu überwinden. Und dann beschäftigt sich dieser unersättliche Mensch ohne Unterlass mit dem Erwerb, dem Gebrauch und dem Missbrauch materieller Dinge, aber auch mit dem Missbrauch des ihm geschenkten Ansehens und der Macht, was ihm keine Befriedigung schafft, sondern seine Habgier noch verstärkt. Denn es fehlt die Frucht der Gerechtigkeit in den Handlungen des Menschen. Nur die Gerechtigkeit allein und die Liebe setzen die Schöpfung und alle sichtbaren und unsichtbaren Dinge fort. Diese Frucht der Liebe und der Gerechtigkeit wird »nicht von der Zeit aufgebraucht, nicht vom Tod unterbrochen, sondern wird dann eher sicherer, wenn man zu diesem in den ruhigen Hafen einläuft« (Johannes Chrysostomus, Kommentar zu Psalm 111, P.G. 55, 294).

So deutet das orthodoxe Gewissen auch die große Zahl wirtschaftlicher, moralischer und gesellschaftlicher Skandale, die in unserer Welt auftreten, insbesondere in der heutigen Zeit, in der die Sünde »übergroß« geworden ist; es sind Skandale, die insbesondere mit reichen und bekannten Persönlichkeiten zu tun haben, die keinerlei wirtschaftlichen Mangel haben. Sie verwenden vielmehr ihre Gaben, die Gott einem jeden von ihnen geschenkt hat, zur Ausschweifung, zur Lustbefriedigung und zum Profit auf Kosten der Anderen, der Mitmenschen, insbesondere der Schwachen, »der geringsten Brüder« Jesu (vgl. Mt 25,40), zulasten, wie gesagt, des Bildes Gottes, das sie mit Füßen treten und entehren; sie vergessen, wenn sie die Güter des Lebens genießen, wie der Reiche im Gleichnis des Evangeliums, dass sie an jenem furchterregenden Tag, »des Gerichtes über die Erde« nach seiner untrüglichen Verheissung (vgl. Ps 97,9 LXX), Rechenschaft ablegen müssen.

Das unersättliche und in die Leidenschaften verstrickte Verlangen des Menschen hat zu einer erbarmungslosen Ausbeutung der Schöpfung geführt und auch die ökologische Krise unserer Zeit und unserer Tage hervorgerufen. Es ist jene Krise, die sich trotz aller internationaler Bemühungen von Staaten und Wissenschaftlern, trotz aller diesbezüglichen Initiativen des Ökumenischen Patriarchats und von uns selbst ganz persönlich, trotz aller materieller Mittel, die auch wir bei allem unserem Mangel dafür eingesetzt haben, ständig verstärkt und zu großen unwiderruflichen Katastrophen führt. Es ist jene Krise, die unsere Umwelt degradiert, unsere Zukunft bedroht, ja auch die Zukunft der kommenden Generationen.

So erweist sich nach Lage der Dinge, dass den Platz der verlorenen Söhne heute die verlorenen Eltern einnehmen. (In der orthodoxen Welt sind wir es gewohnt, vom »zügellosen Sohn« zu sprechen.) So sind wir es, die zügellos leben, da wir das Erbe unser Kinder verschwenden und vergessen, dass »das Reich Gottes nicht Speise, noch Trank ist, sondern Gerechtigkeit und Enthaltsamkeit zu unserer Heiligung« (vgl. Doxastikon der Laudes am 5. Fastensonntag). Wir wiederholen: Das Reich Gottes ist Gerechtigkeit. Aber auch das irdische Reich des Menschen muss in Gerechtigkeit gegenüber allen Lebewesen handeln und insbesondere gegenüber dem Mitmenschen, dem Weggefährten, mit dem wir gemeinsam unterwegs sind.

An der ökologischen Krise sind wie bei jeder vom Menschen verursachten Krise natürlich nicht nur einige Menschen schuld oder bestimmte Elemente der Technologie und der Wissenschaft, die unmittelbar mit ihr zu tun haben, sondern alle Menschen in unterschiedlichem Maß. Wir sind alle in gewissem Maß, ein jeder von uns, mitverantwortlich und mitschuldig an der ökologischen Krise. Genau deshalb muss diese Krise auch von einem jeden von uns als Aufforderung zur Selbstkritik und Selbstverbesserung angesehen werden. Diese Auffassung ist fest verwurzelt in unserer orthodoxen und generell der christlichen Kirche.

Die orthodoxe Kirche hat, lange schon bevor die vom Menschen verursachte Umweltverschmutzung bewusst wurde, durch den Verfasser eines Hymnus, der aus der Position des die Umwelt verschmutzenden Menschen schreibt, erklärt: »Ich ward (...) der Luft und der Erde und der Gewässer Befleckung. Denn meinen Leib habe ich befleckt. Und die Seele beschmutzte ich und den Verstand. Und durch widervernünftige Werke ward Gott ich zum Feind« (Oktoichos, Stichiron der Vesper des Montags im 7. Kirchenton).

Die Verschmutzung des Menschen beschränkt sich nicht auf ihn selbst, seine Seele und seinen Leib, sondern geht über auf seine Umwelt, die sein weiter gefasster Leib ist. Gleichzeitig aber spiegelt sich die Verschmutzung der Umwelt im Menschen selbst wider und hinterlässt Spuren in seiner Seele und in seinem Leib. Es ist nicht möglich, dass der Mensch verschmutzt wird und seine Umgebung unverschmutzt bleibt, eben so, wie es nicht möglich ist, dass die Umwelt verschmutzt wird und der Mensch davon nicht beeinflusst wird. Die natürliche Umwelt ist Schöpfung Gottes. Und ihre Verschmutzung durch den Menschen ist eine Sünde gegen Gott.

Die Menschen vergessen, dass die Umwelt zwar die menschlichen Handlungen passiv trägt, sie lässt sie aber ihre natürlichen Folgen mit der Zeit spüren. Der Mensch, der Geist und Freiheit aufweist, kann und soll seine Handlungen prüfen, auch was die Umwelt betrifft, er soll Maßnahmen gegen die Verschmutzung ergreifen, die er selbst hervorgerufen hat.

Eine ökologische Ethik kann aus orthodoxer Sicht nur auf dem Geist des Menschen basieren, jenem Geist, der die Möglichkeit des menschlichen Herzens, Gott zu erkennen, bedeutet, und den die Kirchenväter mit dem griechischen Wort Nous bezeichnen. An erster Stelle muss dieser

Geist gesunden und die rechten Gedanken müssen wiederhergestellt werden. Wenn die Leidenschaften nicht bekämpft werden und die Gedanken nicht gereinigt werden, wenn die Eingriffe und ungerechten Handlungen gegenüber der Natur und dem Bild Gottes, unseren Mitmenschen, und der Schöpfung insgesamt nicht beseitigt werden, kann es keine rechten und freundschaftlichen Beziehungen mit der Umwelt geben. Man kann sich nicht nur den Sinnen oder dem Nutzen verpflichten und gleichzeitig richtig zu den Dingen verhalten. Damit der Mensch die Welt rein und klar sieht und rechte Beziehungen zu seiner Umwelt hat, muss er die Leidenschaften bekämpfen, welche sein Denken verschmutzen und ihn im gegenwärtigen Leben in Abgründe und zu einem sicheren Scheitern im zukünftigen Leben führen.

Natürlich kann man nicht ernsthaft über eine ökologische Ethik sprechen, wenn nicht wirklich eine Anstrengung unternommen wird, unseren Geist, unseren Nous, zu reinigen. Solange unser Geist durch von der Leidenschaft geprägte Gedanken verschmutzt ist, kann unsere Umwelt einfach nicht unverschmutzt bleiben. Es ist nicht möglich, dass der Mensch seinen Leidenschaften frönt und sie befriedigt, indem er auf jede Art und Weise seinen Gelüsten dient, ohne um sich herum Schäden und Katastrophen zu verbreiten, die manchmal irreparabel oder schwer zu heilen sind. Der Kampf gegen die Leidenschaften, der im Mittelpunkt der orthodoxen und der christlichen Ethik generell steht, hat eine besondere Bedeutung auch für die ökologische Ethik.

An dieser Stelle könnte man erwidern, dass heute auch die Wirtschaft selbst wie eine von den Leidenschaften geprägte Versuchung wirkt, welche sich gegen die Ökologie richtet und die ökologische, aber auch die ökonomische Krise selbst befördert. Diese Feststellung bedeutet, dass die Aufgabe der Wirtschaftswissenschaftler, der ökonomischen Entscheidungsträger und der Politiker sehr wichtig ist.

Solange nicht der eigentliche Grund der Leidenschaften angegangen wird, sondern nur oberflächliche Interventionen und technische Regelungen getroffen werden, welche ihren anthropologischen Hintergrund unberührt lassen, wird sich dieser Zustand ständig verschlimmern. Natürlich herrscht das Böse nur vorübergehend und nützt jenen, die es tun. Letztlich aber hat Gott, der Anfanglose, Unsichtbare, Unbegreifbare, der Unveränderte, der »Ewige und Gleichbleibende«, der nicht in Versuchung gerät, »nichts, was schlecht ist«, geschaffen.

Der Mensch schafft das Schlechte, deshalb zerstört er sich auch selbst und dies bedeutet womöglich nicht eine vollkommene Katastrophe, aber dennoch eine Einschränkung für das Leben selbst, trotz der Entwicklung der Wissenschaft. Auch hier gilt das Wort des Herrn: »Was nützt es einem

Menschen, wenn er die ganze Welt gewinnt, dabei aber seine Seele einbüßt?« (Mk 8,36–37)

Die Schöpfung wurde von Gott geschaffen, damit sich der Mensch an ihr erfreut, damit er das Lebensnotwendige von ihr erhält, aber auch damit er für sie sorgt. Sie wurde dem Menschen aus Liebe gegeben und bleibt der Ausgangspunkt, das Sprungbrett sozusagen für ihn, um zu seinem Schöpfer zu gelangen. Die orthodoxe Kirche beurteilt die Schöpfung nicht nur nach ihrem Nutzwert. Sie betrachtet sie als Geschenk Gottes und als Medium des menschlichen Dankes an Gott. Die Sorge für die Schöpfung, ihr Schutz, die »Bewahrung der Schöpfung« stellt den Ausdruck unseres Dankes und Lobpreises Gottes dar.

Liebe Freunde, wir haben also das Recht, uns von der Schöpfung zu ernähren, zu bekleiden und alles Lebensnotwendige zu besorgen (denn das meint das Wort Gottes »bearbeiten«), gleichzeitig haben wir aber die Pflicht und die Aufgabe, sie in einer derartigen Weise zu genießen, die es der Erde auch in Zukunft gestattet, diese Güter für die kommenden Generationen zu liefern (das bedeutet das Wort »bewahren«).

Im Übrigen hat Gott die Dinge »sehr gut« geschaffen und auf der Erde das ökologische Gleichgewicht und die Harmonie geordnet, die wir nicht durch unbedachte Handlungen stören dürfen, denn die Zerstörung dieses Gleichgewichts schadet uns selbst und unseren Mitmenschen. Und wenn unser Gewissen, dieses unparteiische Kriterium bereits in dieser Welt, es uns nicht gestattet, dem Mitmenschen zu schaden, darf es uns auch keine Handlungen gestatten, welche unmittelbar oder langfristig dem menschlichen Leben selbst schaden, das Gott uns geschenkt hat, damit wir Gutes tun für Ihn, der allein gut ist, damit die Welt das Leben habe.

Dieses Zeugnis und diese Erfahrungen unserer orthodoxen Kirche haben wir Ihnen, liebe Zuhörer, dargelegt und danken Ihnen für Ihre Aufmerksamkeit, wir rufen auf Sie alle und auf die ganze Schöpfung die Gnade und das unermessliche Erbarmen des Vaters und des Sohnes und des Heiligen Geistes herab, in dem wir leben und uns bewegen und sind.

Amen.